研究生卓越人才教育培养系列教材

税法专题研究

SHUIFA ZHUANTI YANJIU

王鸿貌 著

西北大学出版社

·西安·

图书在版编目（CIP）数据

税法专题研究 / 王鸿貌著. —西安：西北大学出版社，2023.9
ISBN 978-7-5604-5057-5

Ⅰ.①税… Ⅱ.①王… Ⅲ.①税法—研究—中国 Ⅳ.①D922.220.4

中国版本图书馆 CIP 数据核字（2022）第 234318 号

税法专题研究

王鸿貌　著

出版发行　西北大学出版社
（西北大学校内　邮编：710069　电话：029-88302621　88303059）
http://nwupress.nwu.edu.cn　　E-mail: xdpress@nwu.edu.cn

经　　销	全国新华书店
印　　刷	西安博睿印刷有限公司
开　　本	787 毫米×1092 毫米　1/16
印　　张	23.5
版　　次	2023 年 9 月第 1 版
印　　次	2023 年 9 月第 1 次印刷
字　　数	438 千字
书　　号	ISBN 978-7-5604-5057-5
定　　价	72.00 元

本版图书如有印装质量问题，请拨打 029-88302966 予以调换。

前　言

按照马克思主义的观点，税收是与国家一起产生的。征税权一直都是国家的固有权力和国家进行政治统治的重要方式。由于"征税的权力是事关毁灭的权力"，故将征税权关入法治的"笼子"，就成为20世纪中叶以来世界大多数国家的共同做法。税法作为一个"新兴的部门法律"，不仅是国家法律体系的重要组成部分，而且也是各大法学院校的重要课程。培养精通税法的专业人才，一直都是各大法学院校的重要任务。

近年来，随着我国税收法治化进程的飞速发展和对税收法律专业人才需求的急速增长，我国的税收法律专业人才培养也取得了重大的进步。财税法学已经进入了法学第二类核心课程（即B核心课程）名单，对高校财税法学教师的培训工作也已进行了四年，开设财税法或税法的法学院校数量也有明显的增加。尽管如此，但还有相当多的法学院校由于师资、课时等原因而不能或不愿在本科生中开设财税法或税法课程。这种状况对我们的直接影响是，我们每年招收的研究生中，大多数在本科阶段都没有学过财税法或税法课程。因此，如何在有限的课程学习过程中，带领学生进入税法的学术之门，就是我们必须研究解决的重要问题。在长期的教学研究和教学实践中，我按照税法学科的内在逻辑关系和自己对税法学的理解，逐步形成了"理论范式→宪法渊源→法律原则→税法制度→税法发展"这样一个教学体系。按照这一体系，我首先在构建税法学理论范式的基础上，通过对税收和税法的概念、税收的宪法基础、税收法律关系等内容进行专题讲授，以使学生对税法学的研究范式和理论体系有比较全面完整的把握。其次，我通过对税收法定原则和税收公平原则的系统介绍，希望学生能够抓住税法的"中枢神经"和"灵魂"，从而对税法理论和税法制度有更深入的认识和理解。再次，我以我国《税收基本法》立法问题为切入点，通过对《税收基本法》的立法背景、立法现状、立法所要解决的重点难点问题等的讲解，使学生能够掌握我国税收法律制度的宏观架构和重要内容。最后，我通过对世界税制改革发展现状和趋势的介绍，希望学生能够开阔研究视野，把握世界税法发展的方向与趋势。经过多年的教学实践，我认为，这一安排具有体系完整、内容科学、方法得当、实用性强等特点，对引导学生学习和掌握税法理论、开展税法理论研究、从事税法实务等，都产生了很大的帮助。

  需要说明的是，本书之所以取名为"税法专题研究"，是因为在我看来，这些专题是学生学习税法必须掌握的基本内容。虽然本书的内容都来自我之前主持的国家和省部级社科基金项目、发表的学术论文和出版的专著，但由于授课的需要，故在将这些内容纳入本书时，我对其中的许多内容作了增删修改。同时，由于授课的需要，一些内容如税收的宪法规定、税收法定原则等会在本书中多次重复。另外，虽然个别专题如税收法定原则、税收公平原则等的篇幅很大，其内容不可能在课堂上完整讲授，但我认为这些内容都是学生应该掌握的，故没有作过多的删减，希望能够留给学生课后自己阅读和学习。

目 录

第一讲 导 论

一、税法研究的理论框架 …………………………………………………… 1
二、税法研究的问题意识 …………………………………………………… 5
三、税法研究的基本方法 …………………………………………………… 16

第二讲 税收与税法

一、税收概念的法理解析 …………………………………………………… 25
二、税收的合法性 …………………………………………………………… 35
三、税收的合理性 …………………………………………………………… 43
四、税法的渊源与特征 ……………………………………………………… 58

第三讲 税法价值及其实现

一、本质与特征：税法价值的一般含义 …………………………………… 67
二、公平与效率：税法基本价值目标的选择与契合 ……………………… 73
三、税收优化理论：税法价值指导下税法理论的发展 …………………… 81
四、税制设计与税制改革：税法价值指导下税制的构建与完善 ………… 88
五、结束语 …………………………………………………………………… 92

第四讲　税收法律关系

一、中国税收法律关系的范式转换……………………………… 94
二、税收国家：税收的国家形态…………………………………… 110
三、"经济人"：纳税人的人性假设与税法发展…………………… 121
四、纳税人的权利与义务…………………………………………… 131
五、"纳税人问题"及其化解………………………………………… 141

第五讲　税收宪法

一、税收宪法的理论依据…………………………………………… 146
二、税收宪法的现实基础…………………………………………… 149
三、税收宪法的模式………………………………………………… 152
四、税收宪法的基本内容…………………………………………… 155
五、税收宪法的价值………………………………………………… 162
六、中国的税收宪法问题…………………………………………… 165

第六讲　税收法定原则

一、税收法定原则的历史沿革和理论基础……………………… 168
二、税收法定原则的基本内容…………………………………… 177
三、税收法定原则的理论发展…………………………………… 187
四、税收法定原则的实践价值…………………………………… 203

第七讲　税收公平原则

一、税收公平原则的学理解释…………………………………… 232
二、税收公平原则的法理构造…………………………………… 240
三、税收公平原则的现代发展…………………………………… 252
四、税收公平原则的实践价值…………………………………… 277

第八讲　我国税收基本法的立法

一、税收基本法的基本理论 ··· 298
二、税收基本法的立法基础 ··· 304
三、税收基本法的体例结构 ··· 317

第九讲　税制改革的法律原则与发展趋势

一、对税制改革的基本认识 ··· 327
二、税制改革的基本原则 ··· 329
三、世界税制改革的发展方向（一）：税法趋同化 ························· 335
四、世界税制改革的发展方向（二）：征管科学化 ························· 342

参考书目 ··· 356
后　　记 ··· 363

第一讲 导 论

一、税法研究的理论框架

在当代，由于税收活动对于国家和纳税人的重要性及其所具有的复杂性，研究税收现象和税收活动已经成为许多学科的重要任务。经济学、法学、社会学、政治学、管理学等都把税收作为其研究的对象，从而形成了多个不同的学科，如税收经济学、税收管理学、税收会计学、税法学等。之所以能够围绕税收形成这么多不同的学科，除了各个学科研究的出发点或其视角各有不同之外，更重要的是由于研究方法、理论内容等的不同而形成了不同的科学研究框架（Scientific Research Programs，也有学者将其译为"科学研究的纲领"）。它体现着包括概念结构、基本假定、研究方法以及主要原理在内的一组理论的总体特征，是一个学科区别于另一个学科的重要标志，也是一个新理论取代旧理论的重要形式。当一个新的研究框架产生后，我们是接受还是拒绝，关键在于与传统的研究框架相比较，这一框架是"进步的"还是"退步的"。如果某个研究框架能够解释所有与之对抗的框架所预言的事实，并且还能做出进一步的预言，那么这个框架就是进步的，就会优于其他的研究框架。①因此，是否形成了自己的研究框架，是判断一个学科

---

① ［英］马克·布劳格：《经济学方法论》，北京大学出版社1990年版，第42页。

是否形成的基本标志。一个新的研究框架能否取代旧的研究框架，是判断一个学科是否发展的重要标志。

税法学虽然是按照法学基本理论和研究方法来研究税收现象的，但由于其研究对象与法学其他学科存在较大的区别，从而形成了自己独特的理论研究框架。根据笔者的研究，税法学的理论研究框架主要由基本假设、价值导向、理论建构、研究方法、理论检验和评判等几个方面的内容构成。

基本假设相当于数学中的公理，是一门学科的基石和硬核。它是一门具体学科理论赖以建立的最深层次、最为基础的部分，是构建学科理论体系或学说的初始命题或逻辑起点。在法学研究中它也被称为法学研究的理论起点。法学学科抑或其他学科都存在着这样的基本假设，只不过在有些学科中，这样的假设是明确的，而在有些学科中，这样的假设是隐含的。在税法学中，当然也存在着这样的理论假设。根据笔者的研究，税法学的基本假设主要有以下几个方面：第一，作为征税主体的国家是霍布斯所讲的"利维坦"。现代国家职能的扩张使国家对税收收入的需要呈现出无限膨胀的趋势，国家对税收收入的无限扩张会导致对纳税人权利的过度损害。第二，纳税人在本质上是具有有限理性的"经济人"。在具体的税收征纳活动中，纳税人自愿选择纳税而不是抗税、偷税或逃税，在许多情况下是出于对后果的理性计算或评估的结果。第三，纳税人的纳税行为从本质上来讲是一种交换行为，即纳税人通过纳税而换取国家所提供的公共产品。第四，税法是纳税人与国家为了实现上述的交换行为而达成的一项契约。正是因为有了这样的理论假设，现代税法学才真正获得了它的理论基础和学科建构的出发点，才有可能构建起真正科学和合理的理论体系，税法学的理论也才有可能获得更为深刻和强大的理论说服力和解释力，从而能够真正从理论上说明税法产生的必要性和税法的实质，并对税法学的理论建构和税法的制度安排提出较为合理的理论指导。

价值导向也叫价值取向。在任何一门社会科学或人文科学中，价值判断和价值选择都是一个不容回避的重大问题。由于任何社会科学都不可避免地要对所形成的理论体系和观点以及所研究的社会现象的好与坏、善与恶、优与劣等进行价值评论，甚至社会科学研究中"选出供我们进行科学考察的问题，这本身就包含着价值判断，因此要想对科学知识和价值判断做出明确的划分，并不能回避价值判断的办法，而只能通过明确地说出主导价值来做到这一点"[①]。因此，在社会科学的研究中，要想做到"价值无涉"或

---

① [英] 弗里德里希·冯·哈耶克：《经济、科学与政治——哈耶克思想精粹》，冯克利译，江苏人民出版社 2000 年版，第 14 页。

"价值中立"显然是不可能的。社会科学不可能做到完全的"客观"或"中立","可能的仅只是一种'价值—观念'的研究选择"①。从这种意义上来讲,社会科学本身从一开始就在进行着价值评价或价值选择。相反,如果一门社会科学缺乏价值主导或价值评价,那它本身就可能是无意义和无目的的,也是注定不可能取得成功的。税法学作为法学的分支学科,在其研究过程当中当然也不可能真正地做到"价值中立"或"价值无涉",它也有它的价值目标。而且,它的价值目标也首先应该符合一般法律科学和法学理论对法律价值目标的追求,如安全、自由、公平、正义、秩序、文明等。但是,税法学毕竟又是法学一个独立的分支学科,因此,税法学的价值目标除了必须符合法学的一般价值目标外,还应当有其独特的内涵及要求。这种特殊性就表现在税法学对公平和效率这两个价值目标的特别追求和对其内涵的特别规定上。无论是税法学的理论建构还是税法制度的创制与完善,都是围绕着这两个价值目标进行的一种权衡与取舍。因此,税法的价值及其导向,就不只是一个理论问题,而且也是一个实践问题。它对税法理论和税法制度的形成与发展都起到了直接的指引、评判和制约作用,因而就成为税法学理论研究框架中不可或缺的重要内容。

理论建构是把一门学科中的有关概念以某种方式组织成由子系统构成的结构。杨小凯通过对经济学分析框架的研究后认为,在经济学的理论化过程中,组织概念的方式有时比概念的形成还要重要。②在税法学的研究框架中,这种理论建构仍然是构成税法学研究框架的重要内容。它是把税法学中的基本概念按照一定的逻辑结构组织成为理论体系的一种手段或方法,具有逻辑上的一致性、理论上的完备性以及学科上的发展性。其中,逻辑上的一致性是指在所组成的理论体系内部每一个概念都被按照一定的逻辑关系而联结成为一个严密的体系,且它们之间在逻辑上是一致的和无矛盾的。理论上的完备性是指由此所形成的理论体系比原有的理论或学说具有更强大的理论解释力和预测力,不仅能够说明其他理论所不能解释的现象或事实,而且能够对研究对象做出比其他理论或学说更具合理性的预测。学科上的发展性是指所形成的理论或学说在学科体系上是开放的和包容的,能够吸收其他学科或学说的观点、理论与方法,从而使其获得更大的发展空间和更好的发展前途。在当代税法学的发展中,以债权债务关系说为核心的现代税法理

---

① [德] 迪尔克·克斯勒:《马克斯·韦伯的生平、著述及影响》,郭锋译,法律出版社2000年版,第236页。
② 杨小凯:《现代经济学的分析框架》,载《经济学方法——十一位经济学家的观点》,复旦大学出版社2006年版,第1页。

论就是一种更为科学和合理的税法学理论。它与以权力关系说为核心的旧有税法理论相比，不但能够说明许多原有理论所不能够解释的问题和现象，而且还能够从税收宪法的高度对现代税法的本质做出更为科学合理的解释，同时还能够对未来税法和税法学的发展做出更符合时代精神和社会发展趋势的预测和展望。

科学的理论是以科学的方法为基础而建立起来的。没有科学的方法作为工具和手段，要想建立科学的理论基本上是痴人说梦。因此，税法学的理论建构离不开科学严格的方法论支持。事实上，自20世纪以来，对法学方法的研究不仅成为现代法学理论研究中的一个重要内容，而且也成为许多新的法学学科和法学理论产生和发展的助推器和"孵化器"。税法学也不例外。因此，税法学的理论研究框架中就不能没有方法论的内容。而在其具体内容上，虽然税法学和法学学科中的其他分支一样，都可以运用社会科学的一般方法来进行研究。并且，事实上，其他"社会科学在许多领域，提供给法律者一个新的和琳琅满目的工具箱"[①]，可以供法学家选择使用。甚至自然科学中的一些研究方法也可以被运用到税法学的研究中来。但是，由于税法学的独立性和特殊性，笔者认为，在这些可资运用的研究方法中，规范分析方法和实证分析方法具有特别重要的地位和作用。其中，规范分析方法之所以重要，是因为税法学作为一种社会科学，本身就是在一定价值目标指导下的理论建构和学术探索。而税法制度及其实践，更多地体现为在不同价值观指导下的制度选择和制度实践。税法学在理论体系的建构及对税收法律制度的解释和选择过程中，就不能不考虑人们的价值观念和价值选择。同时，注重规范分析还有另一个原因，就是税法学作为一门实践性很强的法学学科，无论是在中国还是其他国家，相对于其他许多法学学科而言，由于其产生发展的历史很短，故其理论体系的组织化程度不高，学术创新的能力有限。因此，加强对税法学的规范研究，不仅为税法学研究者提供了一个比较明确的研究思路和研究主线，也为税法学的理论研究和税法的制度建设提供了一个评判和选择的标准，从而有助于税法学的理论深化和税法的制度发展。之所以需要加强税法的实证研究，是因为作为税法学研究对象的税收活动从本质上就是一项实践性活动。因此，加强实证研究，不仅可以从税法实践中发现问题、提出问题和找到解决问题的思路和办法，而且可以对税法理论和税法制度进行实证和检验，以验证税法理论的科学性和税收法律制度的有效性。

从整体上来看，学者们进行理论研究、建立理论体系的目的并不是为了自娱自乐，不

---

① [德] 阿图尔·考夫曼、温弗里德·哈斯默尔主编：《当代法哲学和法律理论导论》，郑永流译，法律出版社2002年版，第465页。

是为理论而理论,而是要用理论来解释一定的社会现象、解决一定的社会问题、预测社会某一方面的发展。税法学也不例外。因此,税法学新理论的提出,也必须接受检验和评判。这种检验和评判一般包括两个方面:一是理论的解释力,二是理论的预测力。所谓理论的解释力是指学术理论对所研究问题的解释程度。在税法学中,对于同一个问题,人们往往可以根据不同的理论对其进行解释。在此情况下,在不同理论之间进行比较或选择的基本要求除了要对各个理论自身的一致性进行评判之外,更重要的,就是要对不同的理论对于同一问题解释能力的大小进行评判。一般来说,一般化程度越高、解释力越大的理论,其可接受的程度就越高。相反,一般化程度越低、解释力越低的理论,其可接受的程度就越低。理论的预测力是指学术理论对于所研究的对象或问题的预测能力。评价一个税法理论预测能力的标准一般有两个:一是理论能够预测的税法现象或税法事实越多,则这个理论的预测能力就越强;二是一个理论的预测能力比另一个理论的预测能力更强,则这个税法理论就比另一个税法理论更为优越。例如,债权债务关系理论作为一种新的税收法律关系理论,与传统的权力关系理论相比,不仅更能说明国家和纳税人在税收法律关系中的性质及地位,从而为加强纳税人权利保护提供更为深刻的理论解释,而且能够按照债权债务理论的内在逻辑,对税法理论和税法制度的发展方向和发展目标提供更为明确和确定的预测和指导。因此,它就比权力关系说更具有解释力和预测力。

二、税法研究的问题意识

一般来说,"导引我们走向思想深处的,不是先哲们精辟的结论,而是大师们苦苦思索未能解决的问题"①。科学是"一种解决问题和以问题为定向的活动""科学的目的在于解决问题"②。提出问题、研究问题和解决问题不仅是科学活动的中心,对科学的发展和进步起着极大的推动作用,而且也是评价科学自身发展与进步的标准与尺度。法律科

---

① 孙伟平:《事实与价值》,中国社会科学出版社 2000 年版,第 1 页。
② [美]拉瑞·劳丹:《进步及其问题》,刘新民译,华夏出版社 1999 年版,第 14—15 页。其实,持此种观点者并不仅限于劳丹,其他许多的哲学家、科学家也都持与此相同或相近的观点。

学更是如此。"法律思维不是完全以系统为中心，它更多的是以问题为中心。"①法律科学所特有的实践性和社会性，使得问题在法学研究中具有特别重要的地位。而税法学由于历史短暂，需要研究解决的问题就更多。

（一）税法问题的学理界定

按照学界的一般观点，税法学是一门非常年轻的学科。唯其如此，它也是一门问题非常多的学科。要研究这些税法问题，就首先需要对"税法问题"的概念进行界定。而按照一般的研究方法要达到此目的显然是非常困难的。在此，我们在语义说明的基础上通过排除法对税法学问题的含义作一界定。

在现代汉语中，根据《现代汉语词典》的解释，"问题"一词大体具有以下几种不同的含义：①要求回答或解释的题目；②须要研究讨论并加以解决的矛盾、疑难；③关键、重要之点；④事故或麻烦。而在英语中，根据学者的考证，Problem、Query、Question 三个词都与汉语中的"问题"一词含义相通。不过这三个词的差别在于，Problem 不仅指简单的、一般的问题以及待解的习题，而且是指"难解之题""不可解之事物"和"令人困惑的事"。Query 是一个正式用语，指关于某个特殊事情的特殊问题（如对预算中的某个项目提出几个问题），不仅表现提问者的怀疑和反对倾向，而且表示提问者意在提出问题以供他人考虑和解决。Question 特指想发现某物或想得到确切信息而询问，这类问题通常是亟待答复的问题，此外，它还表示议题和交付表决的问题。作为科学研究对象的问题，主要指的是 Problem 一词所表示的问题。②本书也是在此种意义上来使用这个概念的。因此，从语义学的角度来看，税法问题实际上就是指税法学中的难解之题或令人困惑的问题，正是这些问题构成了税法学的研究对象。

除上述语义学上的解释之外，"税法问题"还需要通过下述方法做更进一步的解释。

首先，税法问题指的是税法学理论或税法学研究中的一些真问题。真问题是与假问题相对的。所谓假问题，是指事实上并不存在，也不具有研究价值的问题。虽然如此，但假问题并不是像想象的那样容易识别。事实上，在税法学中，就像在其他学科中一样，不但存在着假问题，而且，假问题还特别多。另外，更重要的是，这些假问题常常是和真

---

① [德] 特奥多尔·菲韦格：《论题与法学》1974 年第 4 版。转引自 [德] N. 霍恩：《法律科学与法哲学导论》，罗莉译，法律出版社 2005 年版，第 145 页。

② 张掌然：《问题的哲学研究》，人民出版社 2005 年版，第 157 页。

问题混在一起，并且表现得比真问题还具有探讨的必要，因而经常会干扰研究者的视线，导致税法研究走弯路，甚至会把税法学的研究引上歧途。例如，在税法的价值取舍上，有一种观点认为应该坚持公平与效率并重。但事实上，公平作为税法的价值目标，反映的是在税法价值体系中不同的价值主体相互之间的一种关系，即纳税人之间、纳税人与国家之间的一种关系。而效率作为税法的价值目标，它反映的是在税法价值体系中价值主体与价值客体之间的一种关系，即纳税人、国家与纳税本身之间的一种关系。它们二者是不同性质的问题，且对其无法进行同等的度量。因此，要做到二者并重，不仅在理论上没有办法测量，在实际上也没有办法把握。故在笔者看来，这就是一个假问题。研究这样的假问题，不仅不会获得正确的答案，而且还会空耗大量的人力、物力和财力，造成学术资源的浪费。因此，在税法学的研究中应该注意区分真问题与假问题。而要达到此目的，笔者认为应该从两个方面去进行：第一，所研究的问题是否具有客观性，即它是真实存在还是由学者在书斋中杜撰出来的问题；第二，所研究的问题是否具有价值性，即它是否对于税法理论的发展或税法制度的制定与执行有意义。这样，真问题既是客观存在的问题，又是具有研究价值的问题。研究这样的真问题，才会创造新的理论，税法学与税法制度本身也才会产生新的进步。

其次，税法问题指的是税法学中的一些研究性问题。税法学中的研究性问题是与税法学中的知识性问题相对应的。所谓税法学中的研究性问题是指需要问题的提出者或研究者花费大量心血去进行探索或认知的未解难题。它的根本特征在于探索性和创新性。它可被进一步分为知识中的难题和实践中的难题两个部分，分别对应基础研究和应用研究两个不同的研究领域。而税法学中的知识性问题是指提问者为了获得税法理论或税法制度中的某项确定的观点、制度或规定而向他人提出的问题。它的根本特征在于传播性。在税法学的研究过程中，虽然我们并不否认知识性问题的重要性，但是，我们还是主张以研究和解决研究性问题为主。至于一些知识性问题，应当交给其他的社会机构或成员去解决。

最后，税法问题指的是税收活动所涉及的法律问题，而不是税收活动中的事实问题或经济问题。税法学是以研究税收活动中的法律问题而形成的专门学科。在当代，由于世界各国普遍实行税收法定原则，故税收活动在本质上被看作是一种法律活动。但事实上，对于税收活动仅仅从法学的角度来研究显然是不够的和不可能的。因为，税收活动作为一种复杂的社会活动，它不仅涉及纳税人财产的转移与变化，而且直接影响着国家的财政收入和国家利用税收手段对宏观经济进行调节的力度与效果。因此，除了从法学的角度对税收问题进行研究外，还有许多学科也从不同的角度、采取不同的方法对税收进行研究。例如，政治学从税收活动所产生的政治后果及税收对于国家政治体制与政治活动的影响的角度研究税收，经济学从税收对资源配置影响的方面研究税收，管理学从对税收进行管理与安排的角度研究税收，会计学从税收会计设置的角度研究税收，等等。在这些学科中，税法学只是从对税收活动的法律规制的角度来研究税收的，它不可能取代其他学科对税收问题的研究。在此情况下，税法学所研究的问题，只能是税收活动中所涉及的法律问题，而不是纳税活动本身的经济问题或事实问题。在这里，特别需要说明的是对税收活动所涉及的法律问题与事实问题的区分。一般而言，税收活动中的法律问题主要是指在税收活动中对税收法律理论、税收法律制度或税收法律规则的确认、解释和适用的问题，而税收活动中的事实问题主要是指通过证据或其他方式对纳税人与征税活动相关的经济行为或取得收入、保有财产等行为或状况加以确认或证明的问题。例如，在某一个具体的税收争议中，当事双方对某一个法律条文的理解或适用的合法性或适当性发生争议，这就是一个法律问题；而当事双方对一个具体的交易行为或转让行为的真实性发生争议，这便是一个经济问题或事实问题。在税法学的研究中虽然也要涉及一些事实问题，但主要研究的还是法律问题，事实问题应当交由经济学家或其他的人员去研究。虽然这种区分在有时候是非常艰难的，但它对于区分税法学和税收学（或税收经济学）、税收管理学、税收会计学（目前通常的叫法为税收会计和税务会计）、税收政治学等学科之间的差别是非常重要的。同时，研究这些问题，对于区别税法学与法学学科中的其他部门法学如刑法学、宪法学、民事法学、诉讼法学等学科和促进税法学的独立与发展，也具有重要的意义。

（二）税法问题的类型

如前所述，由于在税法学中所要研究的问题很多，而不同的问题都具有各自不同的特点和内容，故为了对税法问题做进一步的认识，还需要根据税法问题的指向，对其进行归类，将其分为税法的理论问题、税法的制定问题和税法的适用问题三类。

税法的理论问题主要指的是把税法作为一种特殊的法律现象而对其加以研究时所形成的理论问题。它一般包括税法概念、税法体系、税法价值、税法原则、税收法律关系等。其中，税法的价值问题是最有价值和意义的问题。因为，一方面，税法的价值问题不仅代表着人们对税法的基本观点或看法，而且是制定税法和实施税法的根本导向和出发点。另一方面，由于税法价值的多元性，不同的社会主体对税法的价值有着不同的看法，故会导致对税法的不同评价与需求。例如，从国家角度而言，税法是国家的"征税之法",是国家筹集财政资金的法律依据和制度保障。因此,效率自然成为税法的首要价值目标。但从纳税人的角度而言,税法则是纳税人的"权利保护法",其根本目的在于防止国家因过度征税而导致对纳税人财产的过度损害和对纳税人财产权的过度伤害。因此,公平自然就成为税法的首要价值目标。这样,公平与效率,就成为税法学的两大主要价值目标,对税法理论和税法制度都会产生重大的影响。任何一种税法理论都只有很好地解决了公平与效率的关系问题,才可能成为一种好的理论,也才可能具有较强的说服力,进而才有可能对税法实践提供理论上的指导。任何一国的税收法律制度也只有摆正了公平与效率之间的关系,才有可能真正发挥其应有的作用。但在现实中,作为两种不同的价值目标,公平与效率之间更多地表现为一种内在的紧张或冲突,而不是协调。之所以如此,根本原因还在于对公平与效率的概念及两者之间关系的不同理解。因为,一般来讲,公平具有多种多样的含义。例如,根据不同的标准或依据,公平可以分为政治公平、经济公平、社会公平,也可以分为分配性公平、矫正性公平、程序性公平,还可以分为实质公平、形式公平等。在如此多种多样的分类中,税收公平的地位与作用如何界定?效率也是如此。根据学者们的研究,效率也可以根据不同的标准进行不同的分类。如它可以分为经济效率、政治效率、伦理效率等,也可以分为社会效率、个体效率,还可以分为长期效率与短期效率等。在此情况下,税法效率的地位与作用如何界定?此外,更难以解决的是公平与效率的关系问题。从之前的论述可以看出,公平与效率分别针对不同的对象,因此它们二者之间是不同质的。在此情况下,如何从理论上对税法的公平与效率进行比较?在税法的制定与适用过程中,如何安排它们之间的顺位?这就是一个非常难以解决的问题,也是需要税法学重点解决的理论问题。

在税收法定原则的规范下,税法应当是成文法。故通过税收立法活动制定税收法律法规是国家进行一切税收活动的前提和基础。这样,研究税收立法的相关问题,就是税法学研究的重要内容。而从立法学的视角来看,税收立法所面临的问题,不仅包含税收立法的体制问题,而且还包括税收立法的技术问题和方法问题。但是,在这些问题中,笔者以为,最为重要的问题,还是税收立法权的划分问题。因为,按照税收法定原则,税法必须实行法律保留原则,故此有关税收活动的一切基本事项,如税种、税率、纳税人、税收法律责任等内容必须由法律来规定,而不得由税收行政法规或税收部门规章来规定。然而,尽管理论上的界定十分清楚,但在实证层面上,严格意义上的税收法定原则很难得到完全地执行。从当代世界各国税收立法的实践来看,无论是财政集权国家,还是财政分权国家,在税收立法权的占有与行使中,都存在着税收立法权的横向分配与纵向分配的问题。在税收立法权的横向分配上,虽然按照税收法定原则的要求,税收立法权应该由国家立法机关所独占。但事实上，也存在着"依法授权行政机关适量地行使税收立法权"①的情况。而在税收立法权的纵向分配上，即使在财政集权制的模式下，也存在着税收立法权在中央与地方间的分配。正如凯尔森（Hans Kelsen）所言，集权与分权的程度，以法律秩序里中央规范与地方规范的多少与轻重的相对比例而定。全部的集权与全部的分权只是理想的两极，因为法律社会里有一个集权的最低限度与一个分权的最高限度，国家才不致有瓦解的危险。②这样，在税收立法中，为什么分权？如何分权？中央的税收立法权止于何处？地方税收立法的空间有多大？如何处理税收立法权的分配与税收法定原则之间的关系？如何看待授权立法等等的这些问题就构成了税收立法的核心问题，对这些问题的研究就成为税收立法所面临的重大问题。因此，税法学还必须研究这些问题，以便给实践上解决这些问题提供理论指导。

税法作为一国法律体系中的重要组成部分，它被制定出来绝不是为了满足立法者的个人嗜好或展现立法者的个人才华或能力，而是为了解决国家在征税过程中和纳税人在纳税过程中所遇到的某些难题。因此，税法之所以需要，就是因为它能够解决某些社会问题。而税法解决这些问题的过程，实质上也就是税法的适用过程。由于税法文化的特征和税收法定原则被视为税法的第一原则，故税法的适用过程就被认为是在税收法定原则的拘束下进行演绎推理的过程。其中，演绎推理的大前提是有关的税收法律法规或规定，演绎推理的小前提是纳税人的有关经济活动或经济事实，演绎推理的结论即是对纳税人是否纳税或纳多少税的确定或否定。如此看来，税法的适用过程似乎是一个十分简单的过程。然而，事实并非如此。

首先，虽然当代世界许多国家都将税收法定原则视为最重要的原则，但是由于税法本身的不周延性和不确切性，因此税法本身在体系上和内容上都存在着漏洞，需要对漏洞进行补充。同时，税法也存在着意义不明的用语或概念，需要进行解释。尽管我们一直强调无论是税法漏洞补充还是税法解释都必须在税收法定原则的拘束下进行，但若过分地拘泥于税收法定原则的字面意思，就有可能构成对税收公平原则的实质性伤害。同时，虽然我们也提出了许多进行税法漏洞补充与税法解释的原则与方法，以保证税收法定原则能够得到尊重与维护，但事实上，由于各国在进行具体的税法漏洞补充或税法解释时所采取的立场与方法不同，在进行税法漏洞补充和税法解释时违反税收法定原则的情况并不少见。例如，在税法解释中，从理论上学者们提出了包括字面意义、可疑时不

---

① 张守文：《财税法疏议》，北京大学出版社 2005 年版，第 72 页。
② 转引自张守文：《财税法疏议》，北京大学出版社 2005 年版，第 72 页。

利于国库、立法意图、目的方法、根据事实裁判、真实的法律性质、经济实质、尊重行政机关、宪法解释、重新制定原则、纳税人有权信赖行政解释、税收评估中的程序错误12种不同的解释方法或准则，但事实上，各国对税法中的概念或条文进行解释时，出现扩大或缩小解释的情况并不少见，从而导致对税收法定原则的违背或抵触。

其次，作为演绎推理的小前提，是对纳税人课税要件事实的认定。然而，对纳税人进行征税的对象是纳税人的经济活动，它与作为小前提的法律事实之间并不是必然对应的。一般来讲，纳税人作为一种经济人，当他们的经济行为在实质上已经满足了税法的构成要件而应该承担纳税义务时，他们中的一部分人为了逃避纳税义务而违反税法的立法意旨，滥用法律形式，蓄意制造外观上或形式上的法律关系或法律状态而使其不符合税法构成要件或符合减免条件，借以减轻和免除其应纳之税。在此情况下，就不应当拘泥于法律形式，而应从纳税人的经济实质方面来确定其纳税义务。这就是实质课税原则。然而，实质课税原则毕竟在内容上突破了税收法定原则的规定，当在实践中涉及对这两个原则的应用与比较时，就必然会产生大量的问题与困惑。例如，这两个原则在税法上的意旨究竟何在？它们是否具有针锋相对的冲突？如果我们禁止实质课税的适用过程，在出现税收规避等问题时应如何解决？如果我们允许实质课税的适用过程，那么税务机关是否有足够的能力对纳税人行为的经济实质进行判断？当这种判断存在被滥用的危险时，如何制约这种判断？如何保障在这一过程中纳税人的权利不被侵害？在征税手段、相关法律制度设置尚不完善的情况下，对纳税人纳税能力的衡量存在着严重的信息偏差，税务机关又如何能够证明自己的判断就是一种符合公平原则的量能课税？等等。而对于解决这些问题，还需要税法学从理论上提供研究和指导。

（三）税法问题的解构

从发展史的角度来看，税法学的发展过程，实际上就是不断研究和解决税法理论、税法制定与税法适用过程中出现的问题的过程。因此，税法学的发展史实际上也就是税法问题的解构史。税法的制定与适用都表现为一种具体的实践活动，故它们的问题也是一种实践性的问题，而税法的理论则是一种蕴藏在具体的税法制度或税法背后的问题，但这些问题却对税法的制定与适用直接起到制约作用。因此，从解决问题的角度来讲，它更是值得首先研究和解决的问题。

关于税法的理论问题，特别是税法公平与效率的关系问题，笔者认为，鉴于不同的目标追求，它们之间的关系，虽然有着协调与一致的方面，但从总的方面来看，它们之间更多的是一种内在的紧张与冲突关系，而且这种内在的紧张或冲突是必然的、普遍的和长期的。因此，税法学在研究和处理它们之间的关系时，都必须在坚持税收法定原则的前提下，以协调它们二者之间的关系为核心目标。

在具体处理公平与效率的关系问题上，目前理论界有三种不同的主张，即效率优先、兼顾公平的理论，公平优先、兼顾效率的理论，公平与效率二者兼顾的理论。虽然其中的每一种理论都具有一定的合理性，但是，不管是哪种理论，或者它们在理论上如何的周全与完善，在实际上，它只能是一种理论主张，而对于解决公平与效率之间的实际关系还是非常有局限性的。如前所述，公平关系反映的是在税法价值体系中不同价值主体相互之间的关系，即纳税人之间、纳税人与国家之间的关系。公平问题是一个规范性问题。而效率关系反映的是在税法价值体系中价值主体与价值客体之间的关系，即纳税人、国家与纳税本身之间的关系。效率问题是一个实证性问题。它们二者之间是不同质的关系。对它们进行比较，并对它们之间的关系进行排序，以确定它们两者何者为先，或是要做到二者并重，这虽然在理论上可以进行探讨，但在实践上是没有办法来进行测度和衡量的。因此，要实现二者之间何者为先，或是要实现二者之间的并重，实际上是不可能的，这本身就是一个如前所述的假问题。但这并不等于公平问题与效率问题不可解决。由于公平与否是一个相对性的问题，故税法学理论发展的过程和税法制定与修改的过程，实际上就是在公平与效率之间进行权衡与协调的过程。它是根据社会发展的不同阶段或税收法律制度在不同历史时期的不同任务和所面临着的不同问题，而适当地进行调整和改革的过程。例如，一般来讲，当一个国家处于经济发展的初期，对于财政需求的迫切性比较强，通常都比较注重税法的筹资功能，而相对忽视了税法的公平分配功能。在此情况下，税法的效率功能就更突出一些。而当一个国家发展到一定程度，国家财政收入比较充足，但国家在收入分配方面差距较大，导致贫富分化加大，社会矛盾比较突出时，国家就会注重税法的调节收入分配职能，这时，税法的公平功能就更突出一些。国家就会通过制定新税法或对现有税法进行修改，加大高收入者的税收负担或者减轻中低收入者的税收负担，以加强税收的分配职能。因此，从这种意义上来讲，无论是税法学的理论发展过程还是税法的制度发展过程，实际上都是根据国家在不同时期对于税收法律制度的不同要求，寻求税收法律制度在公平与效率之间平衡与协调的过程。并且，由于社会发展历时性的特点，这个过程也就是寻求一个动态平衡的过程。这就像和面原理一样，永远是一个水多了加面、面多了加水的过程。而只有当水和面达到一定的比例，使所和的面达到了和面者的要求时，水和面之间才达到了一定的平衡。

关于税法的制定问题，其中最大的问题是税收立法权的分配问题。这个问题需要从两个方面进行解决。一方面，是税收立法权的横向分配问题，即立法机关与其他机关，主要是行政机关之间对税收立法机关的分享问题。根据学者们对税收法定原则的理论研究，税收法定原则中"之'法'并非是从我们之前指其抽象的、整体的意义上来使用的，而是仅指法律"①。由此可以看出，在税收法定原则的视野中，税收立法的实质是税收法律保留。它并没有否认国家行政机关制定税收行政法规的权力。而且，在事实上，世界上有许多国家都在宪法中规定了国家最高行政机关制定税收行政法规的权力。由此可见，税收立法权无论是在理论上还是在实践中，都不排除其他机关与立法机关之间的分享，只不过它们各有其范围和边界。因为，根据税收法定原则，有关税收方面的一切一般的和基本的事项，均须以法律的形式进行明确规定，而不得授权行政机关或由行政机关自行加以决定；允许授权的行政机关或由其自行决定的事项，仅为具体的和个别的事项。行政机关不得侵占或越权行使税收法律的立法权。由此可见，立法机关税收立法权的范围是规定有关税收的一般的和基本的事项。而行政机关或地方立法机关立法权的范围是除一般和基本的事项之外的其他事项，即非基本事项。而对于税法中的一般的和基本的事项，根据学者们的共同认识和世界各国宪法对税收立法事项的规定可以看出，它一般包括纳税人、征税对象、税目、税率、税收征纳环节、税收征纳时间、税收优惠、税收法律责任等。因此，从理论上讲，立法机关税收立法权的范围，主要限于上述事项。而除此之外的其他事项，都可以授权行政机关或由行政机关依照职权进行立法。但从当代世界各国税收立法的实践来看，在对待税率的问题上，世界各国有不同的做法。一些国家认为税率属于重要的立法事项，不得由行政机关或授权行政机关加以规定。但另外一些国家如印度，根据该国学者沙克尔（Thakkre）的观点，依据印度宪法第 265 条的规定，立法机关不得把征税这一重要的职能授权行政机关。但是，下述几种情况例外：第一，在上述规定的限制下，可以把免除对某一特定商品征税的权力授予行政机关。同样也可以把对某种商品征税的权力授予行政机关。第二，规定税率是一项立法功能，但是如果立法机关已经制定了立法政策，并规定了相应的准则，那么就可以把这种权力授予行政机关。第三，立法机关和行政机关都可以对不同商品规定不同的税率。第四，在没有公正合理的基础的情况下，对归属同一种类的商品，不得规定不同的和歧视性的税率。②而美

---

① 刘剑文：《中国税收立法问题研究》，载徐杰主编：《经济法论丛（第 1 卷）》，法律出版社 2000 年版，第 110 页。

② C. K. Thakkre：Administrative Law，1992，pp. 93-95，转引自陈伯礼：《授权立法研究》，法律出版社 2000 年版，第 218 页。

国的法律则认为，确定税率被认为是重要的立法职能，在没有制定标准的前提下，立法机关不得将此项权力授予任何行政机关。然而，如果立法机关制定了规定税率的标准和规则，则就可以授予行政机关下述权力：（1）针对法律中涉及的事实和事件，对税率做数字上的减少；（2）依据情况的变化，修改税率。由此可见，在税收立法权的分配上，除税率以外的其他税收事项上的立法权的范围都是清楚的。另外，在税率的问题上，即使像美国和印度等国，也规定在立法机关制定了立法政策或规定税率的标准和规则的前提下，行政机关或地方立法机关才可以对税率进行规定或修改。另一方面，是税收立法权的纵向分配问题，它主要指的是中央立法机关与地方立法机关之间税收立法权的分享问题。从当代世界各国的具体实践可以看出，这个问题比较复杂。这主要是因为，税收立法权的纵向分配问题不仅涉及中央与地方的税收权力与税收利益，更重要的是还涉及不同国家的结构形式以及中央与地方的事权划分。因为，在当代世界，各个国家的结构形式有三种不同模式，即单一制、联邦制和邦联制。在单一制国家中，中央政府代表国家的所有主权，地方政府只是中央政府的分支机构，故一般实行高度集中的中央税收立法，即使赋予地方税收立法权，那也只是地方政府在中央税收立法的基础上对一些具体的事项进行一些适当的调整，而不能单独就有关税法基本事项进行立法，如中国、法国等。而在联邦制的国家，中央与州一级之间基本上是一种纯粹的法律关系，它们各自都有独立的政府制度、法律制度和税收体系。因此，在税收立法权上，一般实行比较彻底的分权原则。如加拿大、澳大利亚、美国等国的联邦、州和地方都各有自己的税收立法权，德国的中央与州一级都有各自的税收立法权，等等。而且，这些中央与州一级的税收立法权，一般都是由联邦宪法规定的。另外，由于各州都具有自己的议会，可以制定本州的宪法和法律，美国的一些州还有自己的法典。因此，从这种意义上来讲，在联邦制国家中各州所拥有的税收立法权都是联邦宪法规定的权力。各州所拥有的税收立法权是与联邦分权的结果，它并不违背税收法定原则的规定。而邦联制下的税收立法权，从严格意义上来讲，并不存在分权的问题。因为，一般邦联制的各成员国本身就是一个独立的国家，拥有独立的立法权。由此可见，在税收立法权的纵向分配上，中央与地方各自税收立法权的边界和各自进行税收立法的空间，是根据国家的结构形式，由国家宪法规定的。这样，在联邦制的国家中，州一级所拥有的完整的税收立法权，并不违背税收法定原则的理论要求。

在税法的适用过程中，税法解释和税法漏洞补充是两个非常重要的问题。税法的漏洞是由于立法者的思虑不周或社会经济的发展而导致法律所出现的罅隙或缺陷。对税法的漏洞进行补充，是指司法者判决个案所适用的法律依据出现漏洞或罅隙时，可以根据自己对相关的法律原则或法律制度的理解而做出的一种解释或补充。它虽然在形式上具有解释的一些特征，但在实质上是一种由法官所进行的"准立法活动"，具有立法的性质。因此，笔者认为，从税法问题的广泛性上来讲，税法适用中最主要的问题还是税法的解释问题。

在进行具体的税法解释时，目前学者们已经提出了多达12种以上的解释方法。其中，除一些方法如可疑时不利于国库的原则等，由于不符合现代法学的一般理论而被大多数国家所弃用外，其余方法均具有存在的价值及其合理性。尽管如此，这些方法之间并非平行关系且不可任意选用。由于选用不同的方法会导致不同的结果，因此，如何选择最能够符合法律原义的方法就是税法解释最重要的问题。根据目前国内外学者比较一致的观点，文义解释方法是最基本的方法，这主要是由税收法定原则和税法的成文性特征决定的。税法必须付诸文字，税法的存在与表达必须通过文字的方式来实现。故在对税法进行解释时，必须围绕税法的条文展开，以税法条文的文字意思为基础，而不应该脱离表达税法条文的文字可能的意思范围。因此，有学者因文义解释的方法过于严格而对其提出了这样或那样的批评，而郑玉波先生对此种观点的解释颇具代表性。他认为，"税法之解释，因宜考虑一切解释要素，而动用一切解释方法，唯无视法律文义一节则绝对不可。虽不免有人以泥拘于法律文义乃法律文义之奴隶等语相讥笑，但吾人认识法律之际，必然以立法者所表达之文义为对象，法律秩序或法律精神，纵居于法律文义之上位，但自宪法始，以及其他法律，莫不由法律文义抽寻而出，若舍弃法律文义，则法律秩序或法律精神，实不可想象"①。因此，文义解释当然就成为税法的基本解释方法而得以优先适用。这样，在税法的解释过程中，"文义解释首先确定法律解释活动的范围，接着历史因素对此范围再进一步加以调整界定，并对法律的内容，即其规定意旨，做一些提示(der Hinweis)。紧接着体系因素与目的因素开始在该范围内进行规范意旨之内容的发现与确定工作。这个时候，合宪性因素也做了一些参与，并最终获得了解释的结果。最后，再复核一下看它是否合乎宪法的要求"②。

在税法解释的主体上，行政机关作为税法的执行者，面对大量而具体的税务行政管理活动，需要针对不同的事件做出不同的解释和说明。因此，税务行政管理机关就成了税法解释的重要主体。同时，由于税务行政解释的指向性和与具体事件的密切相关性，税务行政机关在对税法进行解释时，它不仅要对相应的法律条文进行解释，而且还需要对

---

① 转引自颜庆章：《租税法》，月旦出版社股份有限公司1996年版，第45页。
② 黄茂荣：《税法总论（第二册）》，植根法学丛书编辑室2005年增订版，第89页。

与案件相关的法律事实进行解释。因为,"法律事实的独特个性往往向法律解释提出'难题',构成法律解释无法回避的焦点,并由此决定着法律解释的价值取向"①。否则,离开了案件所涉及的法律事实,行政机关的法律解释活动不但会失去其选择法律解释目标的意向性,而且,所做出的法律解释的内容也就失去了其是否具有合法性与恰当性的判断标准,使法律解释活动本身失去了解释的目的和意义,变成无聊的文字游戏。同时,由于税法行政解释的主体是税法行政机关,他们进行行政解释的目的是为了解决行政执行中所遇到的问题,因此,在进行税法解释时,如果碰到"有疑义时,则作有利于国库的解释"和"有疑义时同,则作有利于纳税人的解释"的两种情况冲突时,行政解释机关一般都会选择前者作为解释的基本价值取向。之所以如此,这是由行政机关自身的立场和行政活动所追求的目标决定的。因此,这是无可厚非的。但是,需要特别注意的是,行政机关这种价值立场的选择,不得恣意扩张和任意妄为,它必须要受到解释对象所属法律法规的整体目标及价值判断的制约,它不得与解释对象所属的法律法规整体的价值立场及价值目标相抵触。同时,它还必须要符合业已发展出来的一般的税法原则或法律原则,如法治国家原则、公民财产权保障原则、税收法定原则、税收公平原则等。此外,这种立场选择还必须能够经受得住法院的行政审查,以确保其形式与内容的合法性。

三、税法研究的基本方法

税法方法论既是税法理论体系的重要组成部分,也是税法研究的基本前提。每一种新方法的采用,不仅会为税法学理论研究提供一种新的分析论证工具,而且也会为税法学理论研究提供一种新的理论基础和分析视角,成为税法学新的理论增长点。因此,对税法学方法论的研究始终应该成为税法学理论发展的重要内容和恒久的动力。

---

① 郑金虎:《影响法律解释的因素研究》,载陈金钊、谢晖主编:《法律方法(第2卷)》,山东人民出版社2003年版,第93页。

(一) 税法学方法论的一般理论

在国内外理论界，虽然有学者认为"方法"（Method）与"方法论"（Methodology）二者之间是同义词，但更多的学者认为二者之间存在着较大的区别。①一般来说，"方法"一词多指人们为了解决某些问题而采取的办法、技术和手段，而"方法论"一词多指对在给定领域内进行探索的一般途径的研究，即是关于方法的学问。前者更多地表现为一种认识事物的手段或技术，在科学研究或社会实践过程中，它可以实现价值中立。而后者更多地表现为一种学问或理论体系，它在实践中或在科学研究中很难做到价值中立，主要体现为一种基于不同价值立场之上的价值判断。因此，在学科理论的建构过程中，学者们更青睐从方法论的角度来探索科学研究过程中的一般途径及其原理。

在税法学的理论研究中，探索税法学研究的方法论，对于丰富税法学的理论体系、认识税法学研究和税法实践中方法的使用及推动税法实践的发展，都具有重要的意义。

税法学方法论从本质上讲，是属于税法哲学的认识论内容。在税法学的研究中，研究者是作为认识的主体而存在的，而研究对象的税法理论、税法制度及税法实践是作为认识的客体而存在的。因此，税法学的研究活动就是作为主体的研究者对作为客体的研究对象的税法理论、税法制度和税法实践的认识活动或认识过程。要实现这种活动，从哲学认识论的角度来讲，仅有主体的研究者和客体的税法是不够的，还必须具有把主体和客体联系起来的中介或桥梁。而这个中介或桥梁就是认识的方法或工具，特别是认识的方法，它虽然是以观念的形态存在于研究者的大脑之中，但却通过具体的研究活动而表现出来，并反过来成为影响研究者研究过程或研究活动的主观工具，对于研究过程的实施和研究结论的得出具有直接的影响作用。因此，对于研究方法的研究就构成了税法学研究方法论的主要内容。税法学研究方法论就是研究税法学研究方法的学问或理论。

税法学方法论既是一般科学研究方法论或社会科学研究方法论在税法学研究领域内的具体应用，也是法学研究方法论的重要组成部分或重要分支。它虽然在整体上具有一般科学研究方法论或社会科学研究方法论所具有的共同特征，但它毕竟是上述方法在税

---

① 对此问题的具体说明，参见胡玉鸿：《法学方法论导论》，山东人民出版社2002年版，第95—99页。此外，其他的许多著作也都持与此相同或相近的观点。参见李可、罗洪洋：《法学方法论》，贵州人民出版社2003年版，第203—217页；[美]唐·埃思里奇：《应用经济学研究方法论》，朱钢译，经济科学出版社1998年版，第27页；朱成全：《经济学方法论》，东北财经大学出版社2003年版，第1—2页。

法学研究领域中的特殊应用，因此，它在内容上也就有了税法学研究过程中的一些特殊性规定。这些内容，既包括由于研究对象的特殊性而造成的税法学方法论在内容上的特殊性，也包括在研究过程中由于价值观念或价值导向的特殊性而造成的税法学方法论在内容方面的特殊性。因此，对于税法学方法论，绝不能够把它看成是一般科学研究方法论、社会科学研究方法论或法学研究方法论在税法研究中的简单应用。在税法学的研究中也不能机械地照搬上述理论或方法，而必须对其进行科学的选择、改造或创新，以使其能够真正适用于税法学的理论研究。

税法学方法论作为一门体系化的科学理论，它由三个层次的内容构成：第一层次，是关于税法方法论的元理论。根据通俗化的说法，它是关于税法学方法论的理论。它要解决的问题主要有三个，即对税法学方法论的理论界说、税法学方法论与其他科学方法论之间的关系、税法学方法论的功能与作用。第二层次，是关于税法学研究的具体方法。由于税法学研究具体方法的多样性，故它可以从不同的角度，按照不同的标准进行分类。如按照主体的不同，可以分为个人主义的研究方法和整体主义的研究方法；按照研究对象的不同，可以分为税法学发现的方法和税法学理论论证的方法；按照研究过程的不同，可以分为规范研究方法与实证研究方法；按照研究过程中思维方式的不同，可以分为归纳研究方法和演绎研究方法，等等。第三个层次，是关于税法学研究的具体技术。按照笔者的理解，它主要是指在税法学理论研究中所采取的一些具体的手段或程序，如在规范研究中进行逻辑推理的技术，在实证研究中进行调查统计分析的技术，在学术论著写作过程中运用学术规范的技术等。本书限于内容的要求，只在本章中研究税法学研究中的规范分析方法和实证分析方法。

（二）实证分析方法

按照学术界对于"实证"与"规范"二分法的一般理解，实证分析方法所要解决的问题是研究或分析对象"是什么"的问题。与解决研究对象"应该是什么"的规范分析方法不同，它建立在对事实与价值、经验陈述与规范陈述严格区分的基础之上，是对客观事物及其相互之间关系进行分析判断的方法。税法学研究中的实证分析方法从根本上来讲是法学研究中的实证分析方法在税法学研究中的具体应用。而法学研究中的实证分析方法则又来源于西方近现代哲学中的实证主义（包括后来的逻辑实证主义）的理论主张。根据实证主义哲学创始人奥古斯特·孔德（Isidore Marie Auguste Francois Xavier Comte）的观点："实证哲学的基本特征是把一切现象都看作是服从自然规律的。准确地发现这些规律，并把它们的数目减少到最小可能的限度，乃是我们一切努力的目标，因为我们认为，探索那些最初因和目的因，对于我们来说，是绝对办不到的，也是毫无意义的"。①而约翰·奥斯丁（John Austin）、汉斯·凯尔森（Hans Kelsen）等人则将实证主义的理论引入法学研究，创立了分析实证主义的法学理论，对现代西方法学理论的发展做出了重大的贡献。尽管如此，但需要强调说明的是，作为一种具体的科学研究方法，它并不必然具有实证主义哲学的某些特征，也并不必然地固守实证主义哲学的一些信条或理念。它只是强调研究过程中的客观性和经验知识的重要性，以及研究结论的可证实性。

根据学者们一致的观点，实证分析方法有广义和狭义之分。广义的实证分析方法泛指所有经验型研究方法，如调查研究法、实地研究法、统计分析法等。狭义实证分析方法是指利用专门的数量分析技术，分析和确定有关研究对象各因素间相互作用的方式和数量关系的方法。由于狭义的分析方法具有以数理统计和计量经济技术作为技术手段、分析过程有特定的程序、分析技术比较成熟、技术含量也比较高等优点，故已经成为科学研究中的一种专门方法。

实证分析作为一种科学研究方法，它虽然"不是简单地用数字说话或用案例说明问题"②，但"用数字说话"或"用案例说明问题"却是实证分析方法中最为重要的内容。

在税法研究中，"用数字说话"的研究方法包括两种不同的方式：其一，是通过对税法制定和运行中的相关数据进行统计分析的研究方法。由于运用这种方法所取得的数据比较真实全面，故所得出的结论也就具有较大的真实性，能够比较准确地反映实际存在的问题及其发展的状况。其二，是对抽样调查或问卷调查所获得的数据进行统计分析的方法。它对于掌握和分析纳税人的纳税行为、纳税态度、心理活动及征税人的相关活动等都具有比较重要的意义。

"用案例说明问题"则是另一种比较重要的研究方法。在税法学中，就像在其他法学学科之中一样，典型案件是推动税法发展和进步的重要标志和力量。因此，研究典型案例，对于税法学和税收法律制度的发展意义重大。

实证分析方法在税法学研究中的重要意义在于：首先，实证分析作为一种检验理论的科学方法，对于税法学理论的提出与验证具有重要的作用。税法学作为历史比较短暂的一门新的法学分支学科，面对目前市场经济的发展，更需要进行理论的创新。然而，一些新的理论或观点，是否符合税法学的内在要求，是否能够解释税法中的问题，是否能

---

① [法] 奥古斯都·孔德：《论实证精神》，黄建华译，商务印书馆1996年版，第29-30页。
② 李其瑞：《法学研究与方法论》，山东人民出版社2005年版，第174页。

够对税法的发展提供一些必要预测等,都需要通过实证分析的验证。只有能够解决新的问题,或者比原有的理论具有更大的解释力,才可以是新的理论。其次,实证分析方法具有发现问题的功能。税法学的研究对象是税收法律现象,即税法制度及其实施的问题。而税法在实践中所存在的许多问题,都需要通过实证分析的方法如研究具体案例、进行统计分析、进行实际调查研究等才能够发现。故它是发现问题的一种必不可少的方法。最后,实证分析方法还是对税法理论和税法制度进行评价的重要方法。税法和其他法律一样,都是为了解决现实问题而产生的。一项税法制度是否能够满足现实需要,是否能够解决需要解决的问题,换言之,一项税法是否是一个良法,就需要进行实证性的评估。只有通过评估,才能解决上述问题。因此,实证分析方法还是对税收法律制度进行评估的重要方法。

(三)规范分析方法

与实证分析方法不同,税法中的规范分析方法是以一定的价值判断作为出发点和基础,对税法问题进行分析、判断和评价的研究方法,因而也被称为价值分析方法。它是一种从应然角度,研究税法"应当是什么"的问题,是为了追求更好的税收法律制度而做出的一种探索。因此,它是超越了税法的规则要求而对税法进行的价值判断和终极追求。

从根本上讲,税收法律制度是人类长期以来进行理性选择的结果,其核心是建立一个良好的税收秩序和完善的税收征纳行为规范。因此,人们就不可能不对税收法律制度及其运行情况进行好与坏的判断与评价。这是对税法进行规范分析的理论基础。因此,要想在税法学研究中剔除价值判断和价值评价,只采用实证分析方法而把税法学打造成像物理学等自然科学一样的"硬科学"的想法是不科学的和不现实的。如果强行这样做,其结果就只能是专注于对实然税法的描述,忽视或抛弃了对税法的目的正当性和对更好的应然状态的税法制度的追求,就有可能因税法的"价值迷失"而导致"恶法亦法"的现象,出现税法的暴政,对国家和纳税人造成无法弥补的损害。因此,建立在价值判断和价值评价基础上的规范分析方法就是税法学理论研究中的基本方法,在税法学理论研究中发挥着不可替代的作用。

一般来讲,税法学的规范分析方法就是根据人们自身的需要和特定的价值标准对税法制度和税法现象进行价值估量、价值比较、价值批评和价值预测。因此,它在结构上,除了必须具有作为评价主体的人和作为评价对象的税法制度和税法现象之外,还必须具有价值标准、评价内容、评价方法等要素。其中，价值标准是对税法现象进行价值评价的尺度。由于人们对税法现象认识的复杂性和对未来税收法律制度合理状况需求的多样性，因而就形成了价值标准的多样性，例如，好与坏、对与错、善与恶、美与丑、公平、秩序、正义、自由、效率，等等。尽管如此，作为一种科学的研究方法，公平和效率仍是对税法现象进行价值评价时最重要的两个标准，并且已经形成了独特的理论内涵。评价内容是指人们对税法现象做出的是否具有价值或者价值大小的判断。一般来说，它包括了四个方面的内容：一是价值估量，是指对评价对象有无价值的一种判断。它的结论一般是用"有"或"无"、"正"或"负"来表达。二是价值比较，它包括两个方面的内容，一方面是对于同一个对象按照不同价值标准进行比较。例如，对于《中华人民共和国企业所得税法》，我们可以认为它的公平价值远远大于其效率价值。另一方面是对于不同对象按照同一个价值标准进行比较。例如，在流转税与所得税的问题上，学术界有多种不同的观点。有人认为，流转税无论在公平还是在效率上都优于所得税；而有人认为，所得税在公平上优于流转税，而流转税在效率上要优于所得税；还有人认为，所得税无论在公平还是在效率上都优于流转税，等等。这些不同的观点，实际上就是对不同的对象所进行的一种价值比较和价值评判。三是价值批判，它是指对不符合一定价值标准的税法现象进行的批判或谴责。四是价值预测，它是指根据对税法现象的评价来预测税法的发展路径或方向。例如，当前有许多学者根据对所得税的研究，认为未来所得税的发展趋势是向单一税（Flat tax）的方向发展。评价方法是指进行税法价值评价的具体方法。由于每个研究者对税法评价时所采取的方法各不相同，因此，很难在此对其进行具体的列举。但是，我们可以通过分类的办法对其加以认识。根据评价主体的不同，可以分为个人评价和群体评价；根据评价的对象不同，可以分为专项评价和整体评价；根据评价的结果不同，可以分为肯定性评价和否定性评价，等等。

规范分析方法作为税法学研究的一种重要方法，它对于促进税法学的理论发展和税收法律的制定与实施都具有极其重要的意义。第一，规范分析方法是推动税法理论研究和税法制度完善的重要方法。税法学作为一种社会科学，它和自然科学不同，不仅要探讨研究对象"是什么"的问题，而且还要探讨研究对象"应该是什么"的问题。而"应该是什么"的问题本身就是一个规范判断。因此，如果不使用规范分析方法，就无法解决研究对象"应该是什么"的问题，税法学的理论研究也就失去了存在的必要。而探讨研究对象"应该是什么"的问题，它从本质上是对"追求更好的税收法律制度"的一种努力或表现，是对税法理论和税法制度的合目的性的追求。它通过对税法"应该是什么"问题的研究，使税法理论和税法制度所蕴涵的价值理念和价值目标更为科学、明确和具体,从而为税法学的理论发展和税法制度的发展指明了追求的目标,是推动税法理论研究和税法制度发展的重要方法。第二,规范分析方法是解决税法理论和税法制度中的价值冲突和价值选择的重要方法。在本书中,虽然笔者一直把公平价值作为税法的首要价值加以强调,但事实上,在税法的理论发展和税法制度的制定和实施过程中,它的价值目标并不总是单一的、清楚的和明确的,而往往与许多价值目标纠结在一起,呈现出一种相互缠绕、相互冲突的状况。在这种情况下,解决这一问题的最好办法仍是利用规范分析的办法,对相互冲突的价值目标进行"诸善权衡"式的规范分析与论证。它通过把相互冲突的诸价值目标分为终极价值和现实价值、目的价值和工具价值、道德价值和经济(法律)价值等,从而为价值选择提供一种理性的指导。因此,它是解决价值冲突和价值选择的导向性方法。第三,规范分析方法是解决税法制度的创立与实践问题的重要方法。税收立法是建立税收法律制度的源头。而立什么样的法,在某种意义上,只不过是对一定价值评价的记录和外在化而已。实际上,在立法之前和在立法过程中,立法者已经确立或者修正了自己的价值目标和价值追求。因此,运用规范分析方法,对税法的价值目标进行分析和评价,就有利于立法者确立正确的立法目的,从而创制出更为科学合理的税收法律。同时,它也有利于立法者对于现行税收法律进行评价,及时对税法进行修改或废止,以保证税法在合法性基础之上的合理性和正当性。此外,规范分析方法还是税法解释和税法实施过程中的重要技术手段,对于弥补税法漏洞、指导执法者在相互冲突的法律规定之间进行选择都具有重要的意义。

(四)实证分析方法与规范分析方法的统一与融合

实证分析方法与规范分析方法作为两种不同的科学研究方法,不同学者对其有不同的认识。逻辑实证主义的理论是建立在事实与价值二分法的基础之上,强调对事实的陈述可借经验进行验证,而价值陈述是不能够借助经验加以验证的,且从事实陈述中是不能够得出相应的价值陈述的。因此,持逻辑实证主义观点的学者认为,规范分析方法不是一种"科学的"研究方法,它不能够运用于理论研究,而只能运用于对策性研究之中。而在主张规范分析的学者们看来,逻辑实证主义者强调实证方法的"科学性",其目的是要在社会科学中排除价值判断,力图把社会科学变成一种像物理学或化学那样的"纯粹科学"或"硬科学"。他们认为,这种想法是不现实的;在社会科学的研究中,价值判断是无所不在的;没有一定的价值或目标,就不可能形成社会科学的基本理论和基本假设。因此,对于规范分析方法与实证分析方法之间的关系,一直存在争论。

笔者认为，作为税法学研究的科学方法，实证分析和规范分析是两种各具特色、无可替代的研究方法。尽管它们各自奉行不同的原则，在实践中往往会表现出相互排斥的情况。但在税法研究中，人们却不可能把研究的对象一分为二，并明确地规定其中的一部分只能运用实证分析的方法，而另一部分只能用规范分析的方法。事实上，在税法学研究中，就像在其他部门法的研究中一样，实证分析方法和规范分析方法往往是交织在一起，同时使用的。因此，在税法学的方法论研究中，如何使二者有机结合起来，达到有机互补和理论上的高度统一，这就成为税法学方法论研究的最高目标。而要达到此目标，笔者认为，关键的问题就是要分析两种不同方法之所以成立的理论基础。

从大量的有关实证分析方法的研究中我们可以知道，实证分析方法之所以能够成为一种科学的研究方法，根据其推崇者的主张，是由于其建立在"客观性"的基础之上。但通过研究我们可以发现，在社会科学特别是法学中的客观性，与自然科学中的客观性有着巨大的差别。自然科学中的客观性是指作为研究对象的自然现象是一种不依附于研究者的主观意志而存在的客观现象。而在社会科学，特别是法学中，作为研究对象的法律制度和法律现象本身就是人的创造物和人的参与物。如果没有人的创造与参与，这些法律制度和法律现象就不可能产生和存在。而人在创造和参与这些法律制度和法律现象的过程中，是不可能不受其已有知识、经验、人生观、价值观的影响与指导的。否则，离开了人的主动参与和主观的指导，就不可能产生这样的法律现象和法律制度，也就不可能进行这样的研究。因此，在社会科学特别是法学研究中，要想做到如自然科学中的"客观性"，根本是不可能的。从这种意义上来讲，社会科学特别是法学研究中的"客观性"，实际上与自然科学中的"客观性"是不同的。作为法学研究对象的法律制度和法律现象是人在主观指导下的创造物和参与物，因此，在法学研究活动过程中的客观性，实际上就是一种主观指导下的客观性。

从规范分析的角度而言，虽然规范分析方法可以建立在不同的价值目标基础之上，并且每个研究者的价值目标也各不相同，但是税法学研究作为一种社会性行为，是由一群称之为税法学者的人们的共同的事业。因此，为了进行学术交流，促进学术发展，税法学研究者还必须在税法的价值目标上达成共识，形成了一些为大多数学者所接受的价值原则，如公平、正义、效率等。这些价值原则是指导和制约税法学理论研究的基本理念，为税法学者进行理论研究提供路径和方法。因此，这些价值原则一经形成，对于每一个研究者而言，它就成了客观的原则，制约着税法研究者的价值选择、学术理念和研究的思路与方法。因此，从这种意义上来讲，税法学的规范研究方法也是建立在价值理念和价值目标客观性的基础之上的。

从上述分析可以看出,虽然实证分析方法和规范分析方法在具体内容上各有不同,但它们都是建立在客观性的理论基础之上。而这种客观性都是在主观性前提下的客观性。这样,它们就在客观性的问题上达成了一致。由此,也就实现了实证分析方法与规范分析方法在客观性基础之上的一致和融合。在此基础上,实证分析方法与规范分析方法在其功能与作用上也就实现了相互的补充和完善。这主要表现为,作为实证分析方法,不但作为其研究对象的税法制度和税法现象是人在主观指导下的创造物和参与物,是主观活动的结果,而且它的整个研究过程也都是在一定价值观的指导下进行的。离开一定价值观的指导,研究活动也就失去了目标和动力。因此,规范分析方法是实证分析方法的前提。对于规范分析方法而言,不但它据以进行分析的理论前提应来自实证的归纳和总结,而且,它的研究结果也必须接受实证的检验和证成。否则,如果没有实证的检验,则规范分析也就失去了实践的支持,变成了研究者们的文字游戏,没有什么实际意义,也就不可能对税法的理论发展和制度完善提供任何指导意义。

第二讲　税收与税法

一、税收概念的法理解析

（一）问题的提出

在市场经济国家中，税收作为政府筹集财政收入的主要手段，不仅是政府存在和运行的经济基础，而且也是政府对市场进行宏观调控和调节国民收入分配的重要工具，是政府职能的重要内容和政府运行的重要方式。随着税收法定原则的广泛确立，税收的法治化进程得到了很大的发展。不仅世界各国越来越重视税法的发展和完善，而且对税法的理论研究也已形成了一门名之为税法学的法学学科，国内外许多大学的法学院和财政经济学院都开设了税法学课程，每年出版的税法学论著也都有了显著的增加。无须多言的是，无论是在税法学中还是在税法制度之中，"税收"都应当是最基本的概念，对它的含义首先进行界定，都应当是再自然不过的事情，但实际情况是"这个概念很难解释"[1]。因为，在税法理论界，不同国家的学者基于本国税收法律制度的不同而对它的理解各不相同，即使在同一国家中，各个学者的观点也不会完全一致。不仅如此，更让人难以理解和接受的是，国内外的税法学研究者基本没有从法学的视角或按照法学的

---

[1]［美］维克多·瑟仁伊：《比较税法》，丁一译，北京大学出版社2006年版，第45页。

理论范式对税收的概念进行定义，而是直接采纳了经济学的定义。同时，许多国家在税收法律法规之中也不对这一概念进行界定。即使另外一些国家在法律中对税收的概念做了规定，也基本上是采纳了经济学的定义。另外，由于经济学家对税收概念界定的多样性，就导致在不同国家的税法中对税收概念的规定各不相同，甚至在同一个国家，不但宪法和法律中对税收的界定有所不同，而且即使在税收法律的层面上，不同税法对税收概念的界定也可能会有所不同。这种现象之所以会出现，一般来讲，是因为经济学对税收问题的研究要比法学历史更为悠久、方法更为科学、内容更为全面、见解更为深刻，因而法学界和许多国家直接接受经济学的定义自有其历史、理论和现实的必然性和合理性。虽然经济学与法学都把税收现象作为研究对象，但它们毕竟是两个不同的学科，由于这两门学科在研究税收现象时，不仅理论范式和分析工具各不相同，而且所关注的重点也存在差别。直接采纳经济学对税收概念的定义，不仅说明了税法学的理论研究还不够深入和科学，而且也说明目前各国对税收法律制度的认识还存在不足或缺陷。因此，在借鉴经济学对税收定义的基础上，运用法学的分析工具和方法对税收概念的内涵与外延进行分析，就不仅有助于税法学研究的深化，而且也有助于推动各国税法制度的发展和完善。

（二）经济学对税收概念的理解

毋庸置疑，尽管当代有许多学科都把税收现象作为自己的研究对象，但经济学对税收的研究不仅历史最长而且成果突出，已经形成一个被称之为"税收学"的分支学科。它通过对税收的特征、职能等问题的深入研究，形成了较为完整的理论体系，并对税收制度的制定和运行产生了深远的影响。

在经济学的视野中，税收是以国家为主体的资源配置活动。按照现代经济学的基本理论，在市场经济中，社会生产可以分为提供私人产品的私人部门和提供公共产品的公共部门。在私人部门中，资源配置是通过市场实现的，只要市场机制能够有效地发挥作用，私人部门之间的资源配置就可以有效地进行。而在公共部门中，资源配置则是通过非市场的方式实现的。这种配置，一方面是通过税收等手段实现资源由私人部门向公共部门的流动；另一方面又通过提供公共产品的方式实现资源由公共部门向私人部门的流动。从这种意义上来讲，税收就被认为是对私人享受公共产品所付出的对价。在税收征管关系中，国家不仅是税收收入的所有者，而且是税收活动的组织者，在税收征纳过程中占据着主动的地位。纳税人则是税收负担的承担者和纳税义务的履行者，负有依据法律规定纳税的义务。同时，由于税收的目的是为了满足政府经费支出或社会公共支出的需要，因此，它不仅与政府的其他征收项目或收入项目相区别，而且还是强制的、无偿的和固定的，纳税人不但不能拒绝履行纳税的义务，而且不能要求得到报偿。正是由于税收的上述功能和特征，故经济学家们普遍认为，"税收的作用在于为了应付政府开支的需要而筹集稳定的财政资金。税收具有强制性，它可以直接向公司或居民征收。"①它"是政府向人民所征收的一种强制分担，与政府给予纳税人的劳务报偿无关，亦异于对任何违法者所征收的罚金"，②等等。

在当代，鉴于经济学对税收问题的深入研究，就使它的理论观点对其他学科和多国政府都产生了深远的影响。不仅一些权威工具书直接接受了经济学对税收的定义，而且许多其他的学科如法学等也都直接接受了经济学对税收的定义。例如著名的《新大英百科全书》认为："在现代经济中，税收是国家财政收入最重要的来源。税收是强制的和固定的征收，它通常被认为是对政府财政收入的捐献，用以满足政府开支的需要，而并不表明是为了某一特定的目的。税收是无偿的，它不是通过交换来取得。这一点与政府的其他收入大不相同，如出售公共财产或发行公债等。税收总是为了全体纳税人的福利而征收，每一个纳税人在不受任何利益支配的情况下承担了纳税义务。"③日本税法学家金子宏教授认为："税，不是作为国家对特别支付的一种补偿，而是国家以实现为提供公共服务而筹集资金这一目的，依据法律规定向私人所课的金钱付给。"④另外，世界上个别在本国税法中对税收概念进行定义的国家，也直接接受了经济学的定义。例如，《克罗地亚共和国税收基本法》规定，"税是货币款项和征集用以预算进行公共支出的预算财政收入"。《乌兹别克斯坦税法典》规定，"税收是指本法规定的必须要向财政缴纳的一定数额的款项，具有定期、不返回和无偿性质"，等等。

然而，需要指出的是，虽然由于经济学对税收的研究要比其他学科更为深入，故其他学科和多国政府接受经济学的观点也属正常，无可厚非。特别是在 20 世纪中叶之前，由于其他学科对税收研究的局限性，因此，这种做法也就有其合理性和正当性。但是，自从 20 世纪中期以来，税收法定原则作为一个宪法原则和税法的基本原则，不仅得到了国

---

① The Dictionary of Modern Economics, McGraw-Hill Book Company, 1984, p. 347.
② 於鼎丞：《税收研究导论》，暨南大学出版社 2003 年版，第 1 页。
③ The Encycolopadia Britan, Vol. 17, Helen Hemingway Beriton Publisher, 1973-1974, p. 1076.
④ [日] 金子宏：《日本税法》，战宪斌、郑林根等译，法律出版社 2004 年版，第 7 页。

际学术界的普遍认可，而且也得到了越来越多国家的认可。① "税收是法律的创造物"（Creature of Tax Statute）已经成为一个普遍公认的原则，税收只有获得了法律上的认可和授权才能获得其合法性和正当性。国家依法征税，公民依法纳税，这已经成为税收征纳活动的基本常识。正是因为看到了这一点，近年来国内外许多学者在对税收定义时，都加上了诸如"依法""根据法律规定"等字眼，试图体现税收的法律属性。但总体而言，这样的定义，仍然没有超出经济学的范围。②

（三）法学视角中税收概念的内涵

如前所述，尽管在经济学的视野中税收是一种资源配置方式，但与市场体制中资源配置不同的是，税收作为一种资源配置方式，不是通过市场定价机制形成的，而是通过公民自愿让与的方式形成的。换言之，虽然国家为了维持其存在与运转需要税收，但在国家如何征税、征什么税、征多少税等问题上，却需要得到国民的同意才行，这一点在许多重要的宪法性文献中都有非常明确的规定。早在1215年，英国《大宪章》第12条就明确规定，"除下列三项税金外，设无全国公意许可，将不征收任何免役税与贡金。"法国大革命中制定的《人权宣言》第14条也明确规定，"所有公民都有权亲身或由其代表来确定赋税的必要性，自由地加以认可，注意其用途，决定税额、税率、客体、征收方式和时期。"而美国《独立宣言》则表示，美国人民之所以要从英国殖民者统治下独立，其中的一个原因就是"他不得到我们的允许就向我们强迫征税"。此外，当代许多国家的宪法对此也有类似的规定。由此可见，在现代税收关系中，国家的征税权力来自公民的同意和让与，公民同意才是国家征税权力的来源和税收活动成立的前提。而公民同意权的具体表达方式，就是由国家立法机关通过制定税收法律的方式实现的。在我国，由全国人民代表大会制定税法，实际上就是由全体公民通过他们的代表赋予了国家征税的权力。税收始于立法，体现为法律，并通过法律的实施得以实现。如果没有法律的规定，国

---

① 根据翟继光博士对《世界宪法全书》所收录的当代世界111个国家宪法的统计，有85个国家在宪法中明确规定了税收法定原则，另外有一些国家在宪法中暗含了这一原则，还有一些国家则在实际上贯彻了这一原则。参见翟继光：《税收法定原则比较研究——税收立宪的角度》，载《杭州师范学院学报（社会科学版）》2005年第27卷第2期。

② 这是目前学术界的基本观点。参见陈丹：《论税收正义——基于宪法学角度的省察》，法律出版社2010年版，第13页；刘丽：《税权的宪法控制》，法律出版社2006年版，第7页；等等。

家便不能开展税收活动，公民也不需要承担纳税的义务。从这种意义上来讲，税收活动在本质上就是一种法治活动。对税收概念的界定和理解，就首先应该从法学或法律的视角来进行。在此过程中，虽然经济学界对税收的定义具有很大的借鉴意义，但经济学与法学毕竟是两个不同的学科，它们的理论范式、研究方法、学科体系等都存在很大的不同。因此，要从法学的视角来揭示税收概念的内涵和对税收概念进行定义，就必须研究解决好以下几个问题。

第一，关于税收定义的立足点问题。一般来讲，税收关系是国家与公民之间的一种金钱给付关系。在税收关系中，国家是税收活动的组织者和管理者，享有对税款的请求权和税收活动的管理权，公民是纳税义务的承担者，主要承担依法纳税的义务。按照传统的税法学理论，在税收征纳关系中，作为国家代表的税务机关和纳税人之间是不平等的行政管理关系。但是，近年来，一方面，随着税法学理论研究的深化，越来越多的学者已逐步放弃了传统的税收法律关系的理论观点，而认为代表国家的税务机关与纳税人之间是一种平等关系；另一方面，目前大多数国家在税收征收管理上，已逐步减少或放弃了赋课征收的方式，而代之以申报纳税的方式，现实中绝大部分的税收征纳业务都是建立在纳税人主动申报纳税的基础上。只有在纳税人不申报纳税或申报纳税不准确的情况下，税务机关才会采取其他的方式和手段迫使其申报纳税或进行申报修正纳税，并承担相应的不利后果。故在税收关系中，纳税人虽然是纳税义务的承担者，却在大多数情况下处于主动的地位。正是由于纳税人主动履行纳税义务，才使得税收征纳关系能够正常运行。因此，只有从纳税人的角度来界定税收的概念，才有可能真正把握税收概念的内涵和税收活动的本质特征。

第二，关于税收活动的本质问题。与经济学的核心问题是资源配置不同，法学的核心问题是法律主体间权利义务的分配问题。税收自然也不例外。在税收法律关系中，国家作为征税者，它所拥有的征税权实际上是对税款的请求权。虽然这种请求权从形式上看，它来自法律的规定，但它在实质上却来自公民的自愿让与。而公民作为税款的承担者和给付者，他在税收法律关系中主要负有纳税的义务。这种纳税义务虽然在形式上也是来自法律的规定，但在实质上却来自公民的自愿承诺，是公民自愿承诺对自己部分财产所有权的让渡。在这种意义上，税法就是公民与国家之间自愿达成的一项协议，是国民对自己纳税义务的自愿承诺。在法学的视角中，由于财产分配的实质是对财产所有权及其派生权利的分配，故税收作为对公民部分财产的分配活动，它实质上是围绕着对公民部分财产权的分配而形成的权利义务的分配活动。因此，将公民的纳税活动界定为一种法定的给付义务，更能体现税收的内在本质和特征。同时，也只有这样的规定，才能明确税收的固定性、强制性和无偿性的特点。而纳税人的纳税行为，也只是纳税人履行纳税义务的方式而已。

第三，关于纳税义务的履行方式问题。虽然在历史上和理论上，纳税除以金钱的方式进行外，还可以通过实物、劳役等方式来实现。但实际上，现代世界各国基本上都已经不再采用实物或其他的纳税方式，而一致采用金钱的方式。之所以如此，除了金钱给付具有方便、可准确计算等原因外，更主要的原因在于金钱给付具有对纳税人自由限制最少的特点，纳税人如果能够以金钱给付的方式纳税，自然就能够保证他们的营业和职业（行为）自由。①同时，以金钱给付的方式纳税，就可以把国家的征税行为与其他的行政征收行为区别开来。因为，在当代世界上，国家公益征收的对象主要是不动产等实物性的财产权，不存在对"货币"的征收。②因此，将纳税义务的履行方式界定为金钱给付，不仅符合现代税收的实际，而且可以将此与现代国家的其他征收方式相区别。

第四，关于对税收特征的认识问题。目前国内外学术界对税收特征的表述主要有两种：一种是从税收的形式方面将其概括为固定性、强制性和无偿性，这是国内外大多数学者的做法。③另一种是根据税收主体、税收依据等的不同，将其概括为五个或六个、甚至七个方面的特征。例如，日本《现代经济学辞典》认为税收具有如下特征：（1）税收依据课税权征收，具有强制性；（2）税收是一种不存在直接返还性的特殊课征；（3）税收以取得财政收入为主要目的，以经济调节为次要目的；（4）税收的负担应与国民的承受能力相适应；（5）税收一般以货币形式课征。④一些专家教授也都持与此相同或相近的观点。⑤无论采取

---

① 葛克昌：《行政程序与纳税人基本权》，北京大学出版社 2005 年版，第 21-22 页。
② 房绍坤、王洪平：《公益征收法研究》，中国人民大学出版社 2011 年版，第 94 页。
③ 这种方法主要流行于我国的经济学界和财税学界。根据笔者掌握的资料，目前一些主要的财税学教科书和著作都持此种观点。另外，一些财税法学者也持与此相同或相似的观点。例如，陈少英教授编著的《税法学教程》（北京大学出版社 2005 年版）和徐孟洲教授主编的《税法学》（中国人民大学出版社 2005 年版）等一些税法学教材或著作也持与此相同或相近的观点。当然也有个别学者的观点与此有一定的差异。例如，杨斌教授认为，税收的特征是四个，即强制性、无偿性、确定性或固定性、均一性，具体论述请参见杨斌：《税收学原理》，高等教育出版社 2008 年，第 2-4 页。马国强教授认为，税收的特征是整体有偿性、规范性和法制性，具体论述请参见马国强：《转轨时期的税收理论研究》，东北财经大学出版社 2004 年版，第 41-44 页。
④ 张守文：《税法学》，法律出版社 2011 年版，第 4 页。
⑤ 参阅［日］金子宏：《日本税法》，战宪斌、郑林根等译，法律出版社 2004 年版，第 7-8 页；葛克昌：《税法基本问题（财政宪法篇）》，元照出版公司 2005 年版，第 101-105 页；刘剑文、熊伟：《税法基础理论》，北京大学出版社 2004 年版，第 4-10 页。

哪种形式，但对于税收的固定性、强制性和无偿性的特征，大多数学者都直接或间接地表示了认同。同时，对于这三个方面特征的理解，学者们基本上也都是从法律或法学的视角来进行的。例如，对于税收的强制性，英国学者巴斯泰布尔认为，指的是法律规定了缴纳的税额、方式、时间以及课税主体，而没有接受纳税人意见的余地。①国内学者们也大都认为，税收的强制性表现为税务机关依法行使征税权力，纳税人在税法规定的范围内履行纳税义务，当纳税人无正当理由拒不履行纳税义务时，违法者将会受到法律的制裁。对于税收的无偿性，学者们大多是从税收与政府其他征收项目相区别的角度来理解的，认为税收的无偿性是由公共产品的非竞争性和非排他性决定的。而税收的固定性，则是来源于征税标准的法律规定。由于在税法中对税收的名称、税目、税率、纳税时间、纳税地点、税收优惠等内容都进行了具体明确的规定，因而就形成了税收固定性的特征。虽然这样的理解对于掌握税收的特征具有重要的意义，但仅仅从一般法律所具有的强制性和确定性来理解税收的强制性和固定性，则有些过于简单，而从一般法律的角度可能无法归纳出税收无偿性的特点来。而要完整准确地把握税收的特征，就需要从税法本质的规定上，来寻求对税收特征更深入的解释。由于税收立法的过程，是立法机关作为民意代表机关与国家达成税收契约的过程。在这种契约关系中，国家的征税权力来自公民的授权，是公民对部分私有财产权的自愿让与，而公民的纳税义务则来自公民的自愿承诺。因此，税收的三个特征都是基于公民的自愿承诺而产生的。其中，税收的无偿性，是来自于公民对自己部分财产所有权的自愿放弃，以换取国家所提供的公共产品。也正因为是公民的自愿放弃，因此，它就是无偿的，不得要求相应的对价或补偿。同时，也正因为是对自己部分财产所有权的自愿放弃，其目的是为了保护其余财产的安全，因此，他所放弃的这部分财产相对于其余的财产而言，就是固定的和明确的。也正因为是一种自愿承诺的放弃，因此，纳税也才变成了公民的义务。因为，义务产生于自愿和承诺，而不是强制。这一点，卢梭在《社会契约论》中有明确的论述。他说，假设强力可以产生义务，那么一个被强盗所挟制的人就有义务交出自己的钱，而这是很荒谬的。②同时，也正是因为纳税来源于公民的自愿承诺，因此，当有部分纳税人拒绝纳税时，他实质上就是对其承诺的违背，在这种情况下，所谓税法的强制性，实质上就是对违约者的制裁。

---

① 徐孟洲：《税法学》，中国人民大学出版社2005年版，第2页。
② 卢梭：《社会契约论》，张友谊译，外文出版社1998年版，第12页。

最后，关于税收的目的问题。需要特别说明的一点是，在许多教科书或著作中，都一再强调税收的目的是为了筹集公共资金或政府资金。但从当代世界各国的税收实际和对税收活动的理论分析来看，这一观点起码是不准确或不全面的。因为，从现实来看，如果说在完全自由市场体制下税收的唯一目的是为了筹集政府财政资金的话，那么，随着国家对市场干预的不可避免，税收已经成为国家干预市场的一种常规手段。在此情况下，税收的收入目的已经不再是它的唯一目的，甚至在有些税种中已经不再是主要的目的，而变成了附随的目的。从理论上来看，由于纳税对于公民来讲只是一种义务，缴纳税款只是一种履行义务的方式，国家所取得的税款只是公民履行义务的后果。正因为如此，《德国租税通则》第3条明确规定，"收入得为附带目的"。故在税收的定义之中，就不可过分强调税收的收入目的。

综上所述，在现代社会中，不仅税收的形式合法性来源于法律的规定，而且其实质是公民在自愿承诺的基础上对部分私有财产所有权的转移或让与，是公民必须承担的一项基本义务。不仅税收的特征来自税收法律的内在规定性，而且税收与政府其他收入的区别也来自于此。基于这样的认识，笔者认为对税收做这样的定义可能更为科学和合理：税收是公民或其他社会组织依据法律的规定，向国家无偿缴纳金钱的义务。

（四）法学视野中税收概念的外延

税收概念的外延，实际上就是指税收概念所指称的对象。换言之，就是政府哪些征收项目或公民缴纳的哪些款项可以被称之为税或税收。根据上述我们对税收内涵的理解可知，凡是依据法律规定由政府无偿征收或公民无偿缴纳的款项皆为税收。但事实上，一个国家或地方政府征收什么样的税种，这不仅是一个学理问题，而且是一个国家税收制度选择的结果。因此，一方面，我们需要对税收概念的语词表达进行统一和规范；另一方面，我们也需要对税收概念在实际中所指称的对象进行归类和界定。

由于历史的原因，税收在不同时期的语言表达方式也有所不同，甚至有很大的差异。例如，在中国古代，就曾出现过"税""赋""租""捐""课""调""算"等词，即使在当代，也有"税""赋税""租税""税捐""税收"等语词。在英语中有 Tax、Taxation、Excise、Impost、Duty、Rate 等单词，在比利时语中也有 Taxe、Contribution、Impôt 和 Droit 等术语。根据学者们的研究，从语言学的角度来看，这些语词之间存在着明显的区别。例如，在古代汉语中，"税""赋""租""捐"等语词的含义是不同的。"税"指的是对臣属土地的课征，"赋"指的是对臣属本身的课征，且他们二者的作用也不相同。"税以足食，赋以足兵。"①"租"的含义是土地所有者让度土地使用权取得的收入，"捐"的含义是自由献纳。在以后的历史发展中，"税"与其他三个字相继结合，才出现了"赋税""租税"和"税捐"的概念。而"税收"一词则首次出现于1916年贾士毅所著的《民国财政史》一书，此后，它的使用范围不断扩大，并为人们普遍接受。②在当代，不但一些汉语工具书对"税"和"税收"这两个词的解释有所不同，而且一些学者也认为"税"与"税收"这两个词是有区别的。③在英语中，Tax 和 Taxation 这两个单词的解释也有所不同。根据《韦氏大学词典》的解释，"Tax"主要指"Money Paid by Citizens to the Government for Public Purposes"，意即公民为了公共目的而向政府支付的货币，而"Taxation"主要指"System of Raising Money by Taxes"，意即通过各种税收筹集资金的制度。除此而外，Excise、Impost、Duty、Levy、Cess 和 Rate 等术语在英语中也被用来指称不同的税收。④由此可见，在语言学上，不仅上述语词之间存在着这样或那样的区别，而且在税收学、税法学或税法、税收政策中，上述语词在不同语境中的含义或内容也存在一定的区别。尽管如此，从税收学或税法学的角度来看，这些差别都还是细微的和次要的。根据维克多·瑟仁伊的观点，这些不同的术语并不一定表示存在法律上的差异，对不同税收使用不同的术语主要还是一个习惯的问题。⑤因此，笔者认为，应该将"税""税收""租税""赋税""税捐"看作是同一个概念加以使用，而不再对它们之间的差别做更细微的区分。

税收概念的外延，即是指税收概念所反映的具体税种。这些税种是指由法律规定的，并实际运行的税种，而不是学者们作为理论观点提出来的，以理论形态存在的税种。由于当代世界各国普遍实行复税制，故所谓的税收只是一个总括性的范畴，在现实中，任何一个国家的税收制度都是由许多不同的税种组成的。因此，为了从外延上明确税收的概念，在税收学中形成一个名之为"税系理论"的学说，专门研究复税制下税收制度的分类问题。根据该理论，可以按照不同的标准将一个国家的所有税种作10种不同的

---

①班固：《汉书·食货志》，颜师古注，中华书局1985年版。
②马国强：《税收学原理》，中国财政经济出版社1991年版，第16页。
③马国强教授认为，汉语中的"税"与"税收"的关系同英语中"Tax"和"Taxation"的关系大体相同。首先，"税"指的是一部分社会产品价值，而"税收"指的是对社会产品的筹集。其次，"税"指的是筹集社会产品或价值的具体形式，而"税收"指的是由各种税所组成的整体体系。具体参见马国强：《税收学原理》，中国财政经济出版社1991年版，第14—17页。
④[美]维克多·瑟仁伊：《比较税法》，丁一译，北京大学出版社2006年版，第53页注释第28条。
⑤[美]维克多·瑟仁伊：《比较税法》，丁一译，北京大学出版社2006年版，第53页。

分类。①但是，不论如何分类，从理论上讲，所有的税种都应该具备上述税收定义所规定的内涵，反之，凡是不具备上述内涵的征收项目都不能称之为"税"或"税收"。事实上，凡是开征税收的国家，大多数税种都已经具备了上述的内涵，同时，大多数具备上述特征的征收项目也都被命名为"税"。然而事情并非总是如此，现实中，在税种的设置上，总是存在着两种例外的情况。一种情况是，虽然政府的某一个征收项目或公民缴纳金钱的义务符合上述关于税收内涵的规定，但在一些国家中，这些项目却并不被称之为税收，而是被称为捐献、基金甚至其他的名称。典型的例子是关于社会保障款项的缴纳。在美国将为一般社会保障项目筹资的征税称之为 Payroll Tax，可译为工资税或工薪税；在挪威被称之为 National Tax，可译为国民税；还有的国家称之为 Social Insurance Tax，可译为社会保险税，但在英国该项目名称则为 National Insurance Contributions，或者为 Social Security Contributions，可译为国家保险捐（款）或社会保障捐（款）；爱尔兰则名之为 Pay Related Social Security，可直译为社会保障付款。很显然，虽然英国和爱尔兰的社会保障筹款项目在实质上符合有关税收的内涵规定，但英国和爱尔兰政府却并不将其视为税收。我国的教育费附加和文化事业建设费事实上都是作为附加税而存在的，但这两个项目却并不被认为是税收。另外一种情况是，虽然某些政府的筹款项目或公民缴纳金钱的行为被称之为税收，但实际上，这些征收项目却并不具有税收的内涵和特征。例如，美国《国内收入法典》第 4941 条规定，对于私人基金会与某些主体之间的自我交易征收基金会消费税。该法第 4980C 条还规定，对于那些没有遵守特定管制要求的长期医疗保险的提供者按每一保户每天 100 美元的标准征税。事实上，这两个征税项目不仅不具备税收所应有的内涵，而且从实质上来看，更像是对某些违反相关法律规定者的一种罚款，然而它却被规定在《国内收入法典》之中，被作为一种税收来看待。

从上述例外情况可以看出，虽然税收概念外延所包括的大多数税种都与前面所提出的税收的内涵相一致，但也有一些税种却并不具有上述的内涵，同时也有一些具有上述内涵的征收项目并不被看成是税收。这种现象说明，虽然从理论上讲，任何一种税收都应该具备上述的内涵或凡是具有上述内涵的政府收入项目都应该被当作税收来加以规定，但在现实中，政府征收的什么项目是税，什么项目不是税，这并不总是由该政府收入项目的内涵决定的，而在大多数情况下是由该国的立法决定的。如果立法机关认为政府的某种收入项目为税，尽管它实质上是收费或罚款，那也应该把它看成是税，并按照税收

---

①对此问题的详细介绍，可参考王玮编著：《税收学原理》，清华大学出版社 2010 年版，第 153—157 页。

的征管程序进行管理和征收。反之，如果立法机关认为政府的某个收入项目不是税，尽管它在实质上具有税收的一切内涵及特征，那也不能将其看成税，也不一定按照税收征管的程序进行管理和征收。但无论如何，它们都只属于例外和特殊情况，不可能改变税收的内在规定性。

（五）结论

在当代，由于全球范围内税收法定原则的宪法化和法律化，税收活动在本质上已不仅是一项经济活动，而且是一项法治活动。因此，税收概念的内涵就必须在借鉴经济学研究成果的基础上，按照税法学的研究范式和方法，通过揭示税收活动的本质特征对其进行理论界定。而在税收法律制度的层面上，虽然每个国家的每一个税种都应该具备税收的本质属性和一般特征，但在现实中，每个国家通过立法开征什么样的税种，这却不是一个理论问题，而是一个制度选择的问题，是一个立法问题。表现在税收概念的外延上，不但在不同国家中税收概念的外延会有所不同，而且，即使在同一个国家中，个别被称之为税的征收项目却并不具备税收的本质规定，同时，某些符合税收的本质规定的征收项目却并不被认为是税收。所以，对税收概念外延的认识，就需要根据不同国家的税收制度具体确定，而不能一概而论。

二、税收的合法性

在当代社会中，合法性作为民主政治的核心问题，是事关国家政治权力和政治制度能否存在与运行的根本问题。一切政治权力和政治制度都必须以合法性作为其存在的基础与前提。在税收法定原则的拘束下，由于税收权力和税收制度不仅是国家重要的经济权力和经济制度，而且首先是国家重要的政治权力和政治制度，因此，研究和解决税收的合法性问题，不仅对于维护国家的税收秩序和经济秩序、保障国家的财政收入、促进国家的经济发展和经济繁荣具有非常重要的意义，而且对于促进国家的政治稳定与法律发展都具有非常重要的意义。

（一）税收合法性的理论依据

根据学者们的共识，税收是国家依据政治权力强行参与社会剩余产品分配的活动，它意味着社会剩余产品由私人部门向社会公共部门的无偿转移，是对私人财产的一种无偿转移或"剥夺"，会造成纳税人财产的减少或损失。这样，税收合法性研究首先需要解决的一个问题就是：税收既然是对私人财产权的一种无偿的剥夺，为什么还要允许它存在？换言之，在国家与社会成员之间，前者为什么要对后者课税？后者为什么要向前者纳税？这一问题在经济学界和税收理论界被称之为税收的理论根据或税收的根据。由于这一问题是关系到税收能否存在的重大问题，因此，从17世纪以来，西方就不少学者试图从理论上去回答这个问题，并因此而形成了多种不同的观点。

（1）公需说。公需说也称为"公共福利说"，起源于17世纪德国的官房学派，代表人物主要有奥布利支、K.克洛克（K.Klock）以及法国的J.波丹（Jean Bodin）等人。该学派认为，国家的职能是满足公共需要和增进公共福利，这一职能的实现要靠税收来提供物质资源，故税收存在的客观依据就在于公共需要或公共福利的存在。克洛克曾明确地指出："租税倘非出于公共福利需要者，即不得征收；如果征收，则不能认为是正当的租税"。[①]

（2）交换说。交换说也称为"交易说""均等说""利益说"或"代价说"，起源于18世纪资本主义经济发展的初期，其主要代表人物是英国的栖聂和法国的巴斯德。该学派以自由主义的国家观为基础，认为国家与个人是各自独立平等的实体，国家因其活动而使人民受益，人民就应当向国家提供金钱交换，税收就是这两者之间的交换。

（3）义务说。义务说起源于19世纪欧洲国家主义盛行时期。该学派认为，国家是人类组织的最高形式，个人依存于国家，国家为了实现其职能，必须强制课征税收，人民纳税是应尽的义务，任何人不得例外。例如法国的劳吾曾说："租税是根据一般市民的义务，按一定标准向市民征收的公课。"[②]因此，对于纳税人来说，税收就是强制义务。

（4）经济调节说。经济调节说也称市场失灵说，是资本主义发展到垄断阶段的产物。代表人物是凯恩斯学派的经济学家。该学派认为，由于市场失灵，不能实现资源的优化配置，所以需要社会政策来进行矫正。税收作为国家政策的主要手段，是完善市场机制、

[①] [日] 小川乡太郎：《租税总论》，陆孟武译，商务印书馆1934年版，第57页。
[②] 转引自尹文敬：《财政学》，商务印书馆1935年版，第229页。

调节国民经济的重要工具。

（5）公共产品说。这是二次世界大战后产生的一种新观点。该学派认为，提供公共产品是政府的重要职能，由于公共产品的非排他性和不可分割性，就使得政府对公共产品的提供必须是免费的。在现代市场经济条件下，税收之所以必要是为了抵补支付，以便保证政府能够有充足的经济能力为社会提供足够的公共产品。

此外，我国学者近年来还提出了许多新的观点，如公民需要论、社会职能论、国家需要论、商品交换论、社会费用论等，试图对这一问题做出科学的回答。

综上所述，从17世纪以来，虽然人们就一直试图解决税收的合法性问题，但由于各自的出发点和研究方法的不同，因此，尽管上述各种观点都涉及税收合法性的某些方面，但都未能从根本上解决这一问题。之所以如此，笔者认为，税收作为一种分配活动，是由国家和纳税人两个方面的主体组成的。国家作为税收活动的组织者是征税主体，纳税人作为税收义务的履行者是纳税主体。在税收法律关系中，国家绝不是只有征税的权力而不需要履行任何义务，纳税人也不是只有纳税的义务而不享受任何权利。实际上，在税收征纳活动中，国家除了依法行使征税的权力外，还必须依法履行保护纳税人合法权利的义务。而纳税人在依法履行纳税义务的同时，也同样享有法律所规定的各种权利。因此，二者在税收征纳法律关系中的地位是平等的①，且在任何一种税收活动中，二者都是缺一不可的，否则，如果缺少了任何一方，税收法律关系就无法建立起来，税收征纳活动也就无法展开。既然如此，那么，国家在制定税收法律制度、建立税收法律关系、确立税收征纳的权利义务时，就必须要同时兼顾征纳双方的利益，既要满足国家的税收需要，又要考虑纳税人的纳税意愿和税收负担的能力。只有这样，国家的征税权力才能得到纳税人的首肯，税收制度也才能得到纳税人的遵从，税收活动也才能真正发挥其应有的职能。但在上述各种观点中，除交换说外，其余的各种观点都只是将注意力集中在国家的需要上，而忽视了纳税人的实际意愿或纳税人对于税收活动的认同感。而交换说虽然强调了纳税人在税收活动中的重要地位，但却把税收活动看成是国家与社会成员之间的一种简单的"交换"，从而否认了税收活动的强制性和无偿性。所以，笔者认为，要解决税收合法性的问题，就必须同时考虑国家的税收需要和社会成员对税收权力与税收制

---

① 传统观点认为，在税收法律关系中，征税机关与纳税人的关系是不平等的。但近年来，随着税法理念研究的深入，越来越多的学者认为，在税收法律关系中，税务机关与纳税人的地位应该是平等的。详细的分析请参见刘剑文：《税法专题研究》，北京大学出版社2002年版，第69—79页；陈少英：《中国税法问题研究》，中国物价出版社2000年版，第16—25页。

度的认同与遵从。只有这样，才能真正从根本上解决这一问题。

（二）国家对税收的依赖性：税收合法性的前提

税收是国家利用政治权力强行参与社会剩余产品分配的活动，因此，税收活动的主体首先是国家。如无国家的存在，税收也就不可能存在。所以，在研究税收合法性问题时，首先需要解决的问题就是国家为什么需要税收，这是研究税收合法性问题的前提。笔者认为，国家之所以需要税收，这是由国家的职能和税收的本质及作用决定的。

首先，国家之所以需要税收是因为税收是国家政权的重要组成部分和行使方式。从本质上来讲，税收权力是国家的一项政治权力，是国家主权的重要组成部分和体现。在国际法上，它以税收管辖权的方式，表明了国家对其主权范围内的一切人和物进行征税的权力，从而成为国家的基本权力之一。税收权力具有国家主权所固有的独立性和排他性。一个主权国家对于本国的税收事务，完全依据本国的政治、经济、法律和文化状况等因素自主地加以决定，而不受其他国家的干涉和控制。在国内法上，税收权力按照税收法定原则，依据国家宪法和税收法律，通过确立国家的征税权力和纳税人的纳税义务，从而体现了国家政治权力在税收事务上的强制性。同时，税收权力作为一项公权力，是专属于国家的权力。任何一个国家都有权要求本国政府管辖区域内的所有法人和自然人毫无条件地接受法律的管理，依法履行纳税义务。如果纳税人拒绝承担税收义务，国家就会动用政治权力对其施加制裁。因此，税收权力既是国家政权的重要体现，也是国家政权实现的重要途径。

其次，国家之所以需要税收是因为税收是国家存在的经济基础。从经济学的角度来讲，由于存在市场失灵，所以，需要国家来解决社会公共产品的供给。由于公共产品具有非排他性和非竞争性，就使得国家在进行社会公共产品的供给时，必须要获取足够的财政收入。虽然国家获取财政收入的途径较多，如收费、借贷、公共财产收入等，但鉴于税收具有下述三个方面的特征，就使得税收成为国家财政收入的最主要来源：第一，税收是以国家政治权力为基础的分配活动，它与财产权力无关，不受所有制形式的限制，从而具有收入来源的广泛性；第二，税收分配是单向的分配活动，国家在分配活动中不需要支付任何对价，且收入形成后就归国家永久的占有和支配；第三，税收分配是按照事先规定的标准进行的，可以确保收入的稳定和可靠。正因如此，税收已成为现代国家最主要的财政来源和国家向社会提供公共产品的经济保障。据不完全统计，在现代大多数国家中，税收收入已占到财政收入的80%以上，许多发达国家更是高达90%以上。如果没有税收，国家就不可能获得足够的财政收入，也就不可能向社会提供足够的公共产品，国家也就没有了存在的必要。故在这种意义上，税收是国家赖以存在的经济基础。

再次，国家之所以需要税收是因为税收是国家进行资源配置的重要手段。资源配置是指在经济活动过程中资源在各种不同的使用方向之间的分配。在资源有限供给的情况下，如何把经济活动中的各种资源分配于各种不同的用途，做到人尽其才，物尽其用，以便于使这些资源尽可能多地生产出社会所需要的产品和劳务，就是现代经济学和现代各国政府必须要认真研究解决的一个重大问题。由于市场的自发性、盲目性和滞后性，因此在市场经济条件下，资源的有效配置还必须依靠国家运用政治手段来进行辅助性的调节。而在国家所掌握的诸多政治手段中，税收手段既具有法律性，又具有经济性，所以，自然成为国家最主要的资源配置手段。这主要表现在以下几个方面：首先，税收会引导商品的流通与分配。由于税收会使商品价格发生变化，导致商品供求关系随之发生变化，从而就会影响商品的供求平衡，引导商品的流通与分配。其次，税收还能够影响经济结构。由于不同的税收政策会影响企业或产品的成本和利润，从而影响资源在不同产品、不同行业、不同产业、不同地区、不同所有制、不同组织形式企业之间的分配。最后，税收还能够通过纠正外部经济，节约利用资源。由此可见，国家的税收活动将成为企业资源转移的重要砝码，引导企业的资源流向，使资源配置趋向合理。

最后，国家之所以需要税收是因为税收是国家对国民经济进行宏观调控的重要杠杆。税收杠杆是指国家通过制定不同的税收政策，建立不同的税收制度，规定不同的税收鼓励措施或限制措施，给予纳税人有利或不利的税收条件，以此来影响纳税人的经济行为，使其朝着政府所设定的宏观经济目标和社会目标的方向转变。与其他调节手段相比，税收调节手段具有下述几个方面的优点：第一，具有广泛性。它对于社会再生产的各个环节、各种经济组织、各种经营方式、各种企事业单位和社会各阶层的居民都能够发挥作用。第二，具有多重性。它可以通过选择不同的税种进行调节，也可以通过选择不同的税率进行调节，还可以通过选择不同的纳税人、税目、税收优惠、计税依据、退税、会计核算等来进行调节。第三，具有全面性。它可以通过对经济运行的全过程进行调节，来实现对经济的宏观调控。正因如此，就使得税收具有其他经济手段所不具备的调节功能，成为政府对经济进行宏观调控不可替代的重要杠杆，对国民经济发展产生重大的调节作用。

综上所述，由于税收具有上述的功能与作用，就使得其成为国家不可替代的政策工具和政策手段，对国家的经济发展和社会稳定具有极其重要的意义。因此，如果说著名经济学家熊彼得（Joseph Alois Schumpeter）在 1918 年提出"税收国家"的概念时只是为了从某些方面刻画近代国家的经济职能的话，那么，在现代世界，"税收国家"已经成为一种常态，征税权力也已经成为现代国家最重要的权力。对征税权力的依赖已成为现代国家的重要特征和存在与发展的基本条件。如果国家没有了征税权，不能进行征税活动，就势必造成国家财政收入的不足和社会公共产品的供应不足，妨碍国家机器的正常运转，导致社会政治、经济与文化等各方面的停滞。所以，赋予国家必要的征税权力，以保证国家有足够的税收收入来维持国家机器的正常运转和社会政治、经济和文化的发展，就是十分必要的。国家对征税权力的依赖是税收合法化的重要前提。

（三）税收民主化：税收合法性的核心

从历史上来看，税收经历了自由纳贡时期、税收承诺时期、专制课税时期和立宪课税时期四个不同的发展时期。其中，税收合法性的问题源自专制课税向立宪课税的发展过程中，并成为新兴资产阶级与封建君主进行斗争的重要武器。

在封建社会，国家主权被国王和封建君主所掌握，国家是统治者剥削和压迫广大人民群众的工具。税收由于具有无偿性、强制性、固定性等特点自然就成为统治者攫取社会财富和广大人民群众利益的有力工具。在英国，自公元7世纪进入封建社会后，国王就可以任意向领主、臣民征收款项、增加税赋，从而使得纳税人的经济负担苦不堪言。特别是在金雀花王朝时期，由于约翰国王滥征苛捐杂税以及干涉教会选举而导致社会矛盾进一步激化，封建贵族和教士联合骑士、城市自由民一起迫使王于1215年签署了《大宪章》，以限制王权、保障教会与领主的特权及自由民的某些利益。关于税收问题，《大宪章》第12条明确规定："朕除下列三项税金外，不得征收代役税或贡金，唯全国公意所许可者，不在此限"。这是人类历史上对国王征税权的第一次限制，也是人类历史上对"无论何种负担均需得到被课征者的同意"这一税收合法性问题的实质内容的第一次表述。1295年，这一思想在《无承诺不课税法》中被进一步明确表述为："非经王国之大主教、主教、伯爵、男爵、武士、市民及其他自由民之自愿承诺，则英国君主或其嗣王，均不得向彼等征课租税，或摊派捐税"。第一次对公意的范围进行了明确的界定。1297年，英王爱德华一世在重新确立《大宪章》时承认"国民同意"即是议会批准，第一次对公意的表达方式做了明确的界定。1689年，英国资产阶级终于取得了对封建王朝战争的最后胜利。在标志这一胜利成果的《权利法案》中，税收合法性问题才最终以法律的形式被表述为："凡未经国会准许，借口国王特权，为国王而征收，或供国王使用而征收金钱，超出国会准许之时限或方式者，皆为非法"。由于《权利法案》是资本主义的第一个宪法性法律文件，所以，上述规定就在人类历史上首次以宪法的形式对税收的合法性问题进行了明确规定，并被后世学者概括为税收法定原则，成为现代国家的宪法原则和税法的根本原则。嗣后，这一原则在1791年的法国宪法和1787年美国宪法中都得到了更进一步的巩固与发展。如法国《人权宣言》第14条规定："所有公民都有权亲身或由其代表来确定赋税的必要性，自由地加以认可，注意其用途，决定税额、税率、客体、征收方式和时期。"

综上所述，税收合法性问题是在资本主义发展初期产生的，是新兴资产阶级对封建国王进行斗争的重要武器。它以税收法定的形式强调了税收的设立必须得到立法机构所制定的法律的认可。而立法机关作为一种由选民代表组成的国家权力机关，它恰恰是间接民主的重要特征和根本内容。所以，强调税收法定原则和税收活动必须以立法机关所制定的法律为依据，从本质上来讲，就是强调税收活动必须以民主化为根本。它通过确立"国民的同意"和"无代议士则不纳税"的原则，从而肯定了在代议制国家中，税收民主化是税收合法化的根本内容。国家的征税权力是建立在由社会成员自己参与制定的法律的基础之上。国民的同意是税收设立的前提和公民纳税义务成立的前提，如无以国民所推选出的代表组成的国家立法机构的同意并以国家法律的形式进行确认，国家就不得对国民进行征税，国民也不得被要求缴纳各种税收。从这种意义上来讲，"税法，就是获得了国民同意的规则。国民同意税法的过程，就是税收立法中民主发挥作用的过程"。[①]

（四）税收法律化：税收合法性的形式

从上述讨论可知，税收合法性的实质是以税收法定原则为表征的税收民主化。只有获得了法律上的认可与支持，税收才是合法的。因此，税收合法性问题就在形式上表现为税收法律化。

法的形式，学术界一般认为是指法的外部表现形态，是法的内容的组织形式。在一定的法律制度中，何种形式的法被承认，是与这个法律制度中何种法律渊源被承认密切相关的。因此，通常意义上人们也将其与法律渊源的概念等同使用。它是区分法律规范与其他社会规范、不同国家机关的立法权限、不同法的效力和不同法的调整对象的重要依据。税收合法性的形式问题，也主要是指税法的渊源问题。除此而外，还包括税法的立法权限与立法程序的合法性以及税法体系的一致性等问题。

[①] 宋丽：《民主视野下的中国税收立法》，载刘剑文主编：《财税法论丛（第2卷）》，法律出版社2003年版，第7页。

法律渊源的概念对于不同的时代、不同的国家、不同的法学家都具有不同的意义。由于实行税收法定原则，税收活动必须按照事先制定的法律才能够进行，故在税收活动中一般不存在习惯法和判例法，而主要是成文法。所以，税法的渊源主要是指税法作为成文法的不同分类和存在与表现的方式。它主要包括宪法、税收法律、税收行政法规、税收行政规章、税收地方性法规、税收国际条约与协定等，其中宪法与税收法律构成了税收法律渊源中的主要内容。

宪法作为国家的根本大法，是确立国家的根本制度和进行国家权力分配的最高法律依据。由于税收事关国家的政治权力和经济权力以及与公民的财产权和自由权，因此，有关税收活动的基本法律原则与基本制度都理应由宪法加以规定，使之成为指导一切税收活动的根本原则与出发点。事实上，随着现代社会民主化和法治化的发展，实行税收立宪，在宪法中规定税收法律的基本原则与基本制度，已成为世界大多数国家的基本共识和共同做法。据笔者的不完全统计，在当代世界，除朝鲜等极少数国家外，绝大多数国家都在本国宪法中对税收活动的基本原则或基本制度做了不同程度的规定，以体现宪法对税收活动的规范与制约。因此，宪法是税法的最高法律渊源。

根据税收法定原则，一切税收的课赋和征收都必须以国家立法机关制定的法律为依据；没有法律依据，国家无权向私人征税。按照学者比较一致的观点，税收法定原则的基本要求是法律保留与法律优位。其中，法律保留是指凡有关税收实体方面的一般的和基本的事项，如税种、税目、税率、纳税人、税收优惠，以及税收征收与管理的基本程序等内容都必须要由法律加以规定，而不得授权行政机关或地方权力机关加以决定，或由行政机关或地方权力机关自行决定；即使有权的国家立法机关授权国家行政机关或地方权力机关制定有关的税收行政法规或地方性法规，也只限于个别的和具体的事项。法律优位是指凡行政机关超越权限做出的决定一律无效。因此，税收法律就成为税法渊源中最主要的内容。有关各税种和税收征管程序方面的基本制度都必须要由国家立法机关通过制定法律的方式来进行规定，税收行政法规和地方性法规不得涉及税种、税目、税率等内容，而只能是对税收法律的具体化和必要的补充。

税收立法权限是指各有权机关根据宪法的规定所享有的制定税收法律法规和规章的权限。税法渊源的多样性和复杂性使得税收立法呈现出多元化的特征：既有国家权力机关的立法，也有国家行政机关的立法，还有地方权力机关的立法以及国际税收协定等。按照各国宪法的规定和立法体制的不同，不同的机关所享有的立法权限是不同的。这就要求不同的立法机关不得超越权限进行税收立法活动。否则，凡是超越权限所立之法就是无效的，在实践中是不得执行的。

税收立法程序是制定税收法律法规时必须遵循的法定步骤与方法，是使税收立法活动规范化和科学化的重要保证。由于税法是强行法和侵权法，为了保障税法的合法性和把税收活动对国民财产的剥夺限定在一定的、合理的范围内，世界许多国家都对税收立法程序做了严格的规定。纵观世界各国的具体规定可以看出，尽管各国的税收立法在内容和程序上各有不同，但他们在税收立法的民主化、科学化和合法化的要求上都是基本一致的。所谓税收立法的民主化，就是要求税收立法过程必须坚持公开立法原则，要广泛听取各方面的意见和建议，并对税法的内容进行广泛的协商。所谓税收立法的科学化，就是要求税收立法的程序必须要科学合理，只有这样，才能使人民参与立法的权利得到保证，也才能保证所制定出的税法是科学的和合理的。而税收立法的合法化就是要求税收立法活动必须按照已经制定好的法律法规的规定来进行。只有这样，才能保证税收立法的民主化和科学化。

税收法律体系的一致性是指税收法律体系内部各法律法规之间的协调一致和无矛盾。否则，如果各法律法规之间存在明显的矛盾或不一致，就会使人们无所适从，从而影响整个法律法规的执行效果。所以，税收法律法规要具有合法性，还必须在体系上具有一致性，而不能出现矛盾与不一致。

三、税收的合理性

在当代民主国家中，任何一项公共权力和社会制度除了必须具备合法性之外，还必须同时具备合理性。只有如此，它才能够为广大社会成员所承认、接受和自觉地遵守。因此，对合理性的追求是现代公共权力和社会制度发展的必由之路。税收也不例外。

（一）寻找阿基米德点：税收合理性的实质

从国家角度而言，一般认为，税收作为一种以国家为主导利用其所掌握的政治权力强行参与社会剩余产品分配的活动，是国家财政收入的主要来源。据不完全统计，税收收入在一些发展中国家占到了其财政收入的80%以上，在一些发达国家更是高达90%，因此，"税收是喂养政府的母奶"①。它不仅直接关涉政府从公民及其他社会组织手中取得财政收入的数量和规模，而且也直接关涉政府自身的存在和向社会提供公共产品的数量和质量。如无税收收入，政府的存在与运转就是值得怀疑的。同时，税收又是国家对市场进行宏观调控的重要手段。国家通过税收活动不但实现了对剩余产品的分配，而且税收活动在客观上还改变了市场的资源配置，对国民经济发挥了重要的调控作用，从而使其成为调控宏观经济的重要杠杆。国家正是依据税收杠杆实现了对市场的宏观调控。正因如此，随着现代国家职能的多元化和国家向社会所提供公共产品的多样化，国家对税收的依赖越来越强。"税收国家"已经成为一种常态化的国家形态。征税权力也已经成为现代国家最重要的权力之一。国家对征税权力的依赖已成为现代国家的重要特征，征税权是国家存在与发展的基石。国家若无征税权，不能进行征税活动，势必会造成国家财政收入不足，导致公共产品供应不足，妨碍国家机器的正常运转，进而影响社会政治、经济、文化与生态等各方面的协同发展。故美国第 4 任首席大法官马歇尔的名言"征税的权力事关毁灭的权力"②可谓一语中的。所以，赋予国家必要的征税权力，以保证国家有足够的税收收入来维持国家机器的正常运转就是十分必要的。在这种意义上，税法之所以被制定和执行，首先在于保障国家税收收入和国家对经济进行宏观调控。故从国家角度而言，税法就是国家的"征税之法"。这是一方面。

另一方面，从纳税人的角度而言，税收作为对社会剩余财产的一种分配活动，是对公民私人财产权的"转让"或"剥夺"，具有"重度干预人民权利之性质"③。而从法律的角度来看，财产对于人们的意义是个别的和独特的。由于每个人的福利是不可替代和转移的，所以，个体是财产权利的终极所有者。个人的财产权利先于集体的财产权利，集体的财产权利只是个人实现其财产权利的制度安排。而在个人的财产权中，所有权乃是最基本的一项权利，它先于国家而生，具有神圣不可侵犯的特征。国家的职能就是要保护私人的财产所有权。未经法律许可，任何人、任何组织都不得剥夺他人的财产。但是，由于财产所有权的个体性和绝对性，每个人在实现其财产所有权时必将会对他人构成排他性和限制性。为了避免个人为实现其财产所有权而引发无休止的争斗，导致集体走向灭亡，公众才建立国家，授权其运用公共权力为公众提供生命和财产保障。因此，政府

---

① 《马克思恩格斯选集》，人民出版社 1995 年版，第 1 卷第 452 页。
② 转引自冯兴元为布坎南的《宪政经济学》所写的编校序，载 [澳] 布伦南、[美] 布坎南：《宪政经济学》，冯克利等译，中国社会科学出版社 2004 年版。
③ 黄士洲：《税务诉讼的举证责任》，北京大学出版社 2004 年版，序言第 9 页。

就是一种"必要的恶"。所谓"必要"是指国家能够解决或提供公共产品的供给，增进公共福利。为了维持政府的存在与运转，公众必须"出让"或"转移"自己的部分财产给国家或政府，以保障国家或政府能够正常运转。所谓"恶"是指国家或政府权力具有天然腐败的特征，如不对其进行有效的限制和监督，往往就会偏离设立的初衷，侵犯公众的私人利益，从而成为国家侵害公民权利的主要方式，因此，对政府必须实行必要的限制。税收是公民向国家"出让"或"转移"个人财产所有权的主要方式，亦是国家获取财政收入的主要方式。国家之所以制定税法，就是为了限制国家征税权的滥用，以保护纳税人的合法权益不受国家因过度征税而造成伤害。从这种意义上来讲，税法又是纳税人的"维权之法"。

从上述分析可以看出，税收活动事实上处在一种两难选择的境地。对于政府而言，这种两难选择在于：一方面，税收作为国家财政收入的主要来源和对经济进行宏观调控的重要手段，它的存在具有绝对的合理性。另一方面，基于对政府"利维坦"的假设和政府追求税收收入最大化偏好的理论假设，如果政府的征税权力不受到必要的限制，政府就可能会随意扩大征税的范围和数量，从而严重损害纳税人的财产所有权，对纳税人的财产自由、生命安全等造成危害。因此，政府的征税权必须被限制在合理的范围内，使得政府在筹集足够的财政收入以保障公共产品供给的同时，又不会破坏纳税人的财产自由和生命安全。对于纳税人而言，这种两难的选择在于：一方面，政府所提供的公共产品是每个纳税人都必需但又无法自给，需要依赖政府的供给。在此情况下，作为交换，纳税人就必须承担纳税义务，为自身享用的公共产品间接付费。另一方面，基于对纳税人"经济人"的人格假设，纳税人不会承担无限的纳税义务，而只会承担与其负担能力和所享受公共产品相适应的纳税义务。纳税人的纳税义务一旦超过了其负担能力或其负担意愿的界限，就会造成对纳税人财产所有权的破坏，进而威胁到纳税人的自由、安全乃至于生命。因此，对于纳税人而言，其纳税义务也并不是无限的，而是有限的，它必须被限制在一个合理的范围内。只有这样，它才能够得到实现。这样，税收合理性的问题对于国家来讲，就是国家对于税收收入需要的合理性，这可以通过国家对于税收收入的数量及其范围的需要来表明。而对于纳税人来讲，税收的合理性就是公众对于税收"转让"的合理性，这可以通过公众所能够承受的税收负担的范围或数量的合理性来表明。由于这两个方面并不总是一致的，因此，税收的合理性问题实际上就是在国家税收需要的合理性和纳税人税收负担的合理性之间的一种平衡。在此情况下，研究税收的合理性，实际上就是在寻求既满足国家税收收入的需要又确保纳税人私有财产保护之间的平衡点，这是一个税法学研究中的阿基米德点。

（二）税种选择与搭配：税收结构的合理性

关于税收的结构问题，一般而言，它有两个方面的含义：即外在结构和内在结构。所谓外在结构，一般是指税收的存在方式和表现方式。而内在结构则是指不同税种之间的相互联系与相互制约关系。税收结构的合理性，既包含了外在结构的合理性，又包含了内在结构的合理性。其中，外在结构的合理性主要是指税收作为一种法律制度，它在形式和体系上所应该具有的理性、科学的特征，即制定有序、体系完整、概念准确、逻辑严谨，等等。而内在结构的合理性，则主要是指税收作为一个相对独立的法律体系，它在内部各个税种之间的相互协调与相互制约。由于税收外在结构的合理性必须服从一般法律的要求，故本讲把研究重点放在了税收内在结构的合理性上。

在当代，无论是从组织财政收入的角度，还是从调节经济运行的角度，复合税制都优于单一税制，这已成为一种共识。世界各国的税制结构一般都是由多个税种组成的复合税制。大多数国家的税制都是由十几个乃至几十个税种组成，如我国有 18 个税种，美国有 70 多个税种。即使税种比较少的国家，其税制也由七八个税种组成。在税种比较多的国家，其税制可能由上百个税种所组成，如意大利就有 140 多个税种。在这种多税种的格局下，如何合理安排不同税种之间的关系，使其在结构上主次有序、和谐统一，从而保证整个税收法律制度的完整性、一致性和有效性，就是税收合理性问题必须关注的重大问题。因此，税收结构的合理性就是在复合税制条件下关于税种的选择与搭配的合理性。它要求税法合理选择各个税种并科学设置其相互关系，以保证整个税收法律制度在内容上和谐一致。

根据学术界比较一致的分类，目前世界各国的税制结构一般由四大类税种所组成，即商品税、所得税、行为税和财产税，其中每一类都包括了若干个具体的税种。在这四大类税收中，根据它们在一国税收制度中的功能与作用的不同，又可以分为主体税种和辅助税种。其中，主体税种是指在一国税收制度中占主导地位，起主导作用的税种。一般而言，主体税种在税收收入总额中占较大比重，是体现政府税收负担政策的主要载体。而辅助税种则是指在整个税制结构中处于辅助地位，为主体税种起辅助作用的税种或税类。它以特定收入和个别调节为目的，在某一经济领域内课征，具有主体税种无法替代的功能。同时，辅助税种牵扯面小，课征范围窄，可以根据经济发展需要因地制宜地设置。从税收收入的角度来看，它的收入量较少，一般在税收收入总额中所占比重不大。因此，税制结构合理性问题，就主要是关于主体税种的选择与设计的问题。

根据学者们的研究和现代各国的具体实践,主体税种的选择一般应同时满足以下几个方面的要求:第一,财政目的,即税收制度的制定与实施能够满足国家的财政需要,以保证国家有足够的财政收入来维持其存在与发展。第二,政策目的,即税收制度在内容上能够成为国家宏观经济政策的载体和经济稳定增长的推动力,促进资源有效配置。第三,公平目的,即税收制度的设计与实施一方面要能够促进社会收入的公平分配,缩小差距,减少社会矛盾;另一方面在具体税收负担的分配上,要实现纳税人之间的税收负担公平,以保证纳税人能够得到公平的对待和待遇。第四,效率目的,即税收制度的制定与实施要尽可能地降低征收成本和遵从成本,以提高税收征管效率和纳税效率。一般来讲,只有同时满足上述四个方面内容的税法制度才是合理的,否则,就是不合理的。

在主体税种的选择上,西方学者一般都比较推崇所得课税。著名学者希克斯(J. R. Hicks)和约瑟夫(M. F. N. Joseph)分别在《价值与资本》和《间接税的额外负担》两本书中,对所得税与商品税进行了比较研究,并得出了所得税优于商品税的结论。

他们二人的理论研究是建立在下述的理论前提之上。课税前的经济处于完全竞争的状态,无外部因素的影响,且存在着"帕累托最优";生产要素的供给固定,且在课税前后都能做到充分利用;所有纳税人的状况相同(包括收入状况和个人的偏好状况);税收既无征收费用,也无遵从费用;不论是所得税,还是商品税,课征数额均为 R^*,政府支出模式也不变;纳税人只消费两种商品 X_1 和 X_2;政府只有两种选择,即对其中一种商品征税,或是对所有收入课征所得税。有下图:

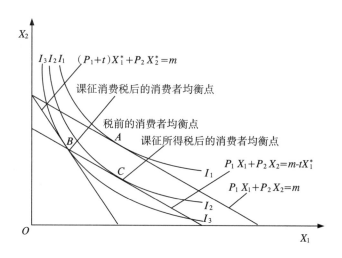

此图表示消费者购买两种不同的商品 x_1 和 x_2 的不同选择的组合，政府课税之前，消费者有一定的货币收入 m，x_1 和 x_2 的价格分别为 P_1、P_2，其面临的预算限制可用公式表示为：

$$P_1 x_1 + P_2 x_2 = m$$

图中 $P_1 x_1 + P_2 x_2 = m$ 线的斜率为 $-P_1/P_2$，表示 x_1 和 x_2 的相对价格。消费者的偏好可以用一组无差异曲线（indifference curve）表示，每条曲线表示消费者同等满足程度下在 x_1 和 x_2 之间进行消费选择组合的轨迹。税前的消费者均衡点为 $P_1 x_1 + P_2 x_2 = m$ 线与其所能达到的最高的无差异曲线 $I_1 I_1$ 的切点 A。

当政府对 x_1 征收消费税（从量征收，税率为 t）时，消费者面临的新的预算限制为：

$$(P_1 + t) x_1^* + P_2 x_2^* = m$$

这是因为对 x_1 征税后，x_1 的相对价格提高了，由 P_1 升至 $P_1 + t$，预算限制线的倾斜度因之加大。在 $(P_1 + t) x_1^* + P_2 x_2^* = m$ 线与其所能达到的最高的无差异曲线 $I_3 I_3$ 的切点 B，形成课征消费税后的消费者均衡点。可以看出，新的消费者均衡点较之税前为低。无差异曲线 $I_1 I_1$ 上 A 点所获得的满足程度同无差异曲线 $I_3 I_3$ 上 B 点所获得的满足程度之间的差额，代表由于征收消费税而使消费者境况变坏的数量，政府由此取得的收入为 $R^* = t x_1^*$。

现再假定政府课征的不是消费税，而是所得税，则消费者面临的新的预算限制为：

$$P_1 x_1 + P_2 x_2 = m - R^*$$

为了表示政府征税数额没有变化，可将 $R^* = t x_1^*$ 代入上式，即：

$$P_1 x_1 + P_2 x_2 = m - t x_1^*$$

它同样会使预算限制线 $P_1 x_1 + P_2 x_2 = m$ 向内移动，只不过所得税不会影响消费者对 x_1 和 x_2 的选择，两种商品的相对价格不会因此而变化。所以，新的预算限制线 $P_1 x_1 + P_2 x_2 = m - t x_1^*$ 必然与原来的 $P_1 x_1 + P_2 x_2 = m$ 线具有相同的斜率 $-P_1/P_2$。所得税减少个人收入，因此会同时减少两种商品的消费。

根据政府征税数额没有变化的假设，$P_1 x_1 + P_2 x_2 = m - t x_1^*$ 线肯定经过 B 点，说明消费者无论是缴纳消费税，还是缴纳所得税，税后都有能力购买 B 点组合下的商品。但问题在于，相对于 $P_1 x_1 + P_2 x_2 = m - t x_1^*$ 线而言，B 点并不是其最高的满足程度点，它还可以达到更高的无差异曲线 $I_2 I_2$。在 $P_1 x_1 + P_2 x_2 = m - t x_1^*$ 线与 $I_2 I_2$ 线的切点 C，形成课征所得税后的消费者均衡点。很明显，$I_2 I_2$ 的境况要好于 $I_3 I_3$。

由此得出的结论是，所得税给纳税人带来的额外负担（或说是对经济效率的损害程度）比同量的消费税轻。其原因在于，所得税不会影响商品的相对价格，对消费者的选择和资源配置的干扰相对要小。因此，选择所得税比选择商品税更为合理。①

除上述分析结果外，所得税一般还被认为具有以下优势：所得税是直接税，故一般不会通过提高商品的价格而发生转嫁；所得税是经济生活的内在稳定器，可以削弱国民收入对经济波动反应的灵敏程度；所得税是一种政策变量，可以通过相机抉择的政策措施在促进经济稳定方面发挥作用，等等。

上述理论对众多国家税制结构的形成与调整产生了重要的影响。统计资料显示，目前世界上有美国、澳大利亚、加拿大、比利时、意大利、英国、日本、挪威、瑞典、瑞士等30多个发达国家和发展中国家或地区都实行了以所得税为主体税种的税制结构②。

尽管如此，但学者们也发现，所得税并非"从任一角度来看都是一种比较好的税"③。因为，对所得课税存在税收的额外负担，影响人们的消费、储蓄、休闲、投资等行为。同时，所得税制较为复杂，管理征收成本相对较高，税收负担感强，征收难度较大，在资源配置方面也难有作为。而商品税制较为简单，易于征收管理，具有较高的征收效率，能很好地体现政府的调控意图，对生产、流通、消费有较强的调控作用，同时能有效促进公平竞争及资源的优化配置，进而实现政府促进公平与效率的目标。因此，在这些学者们看来，商品税也可以作为一种主体税种。学者的这一理论对大多数发展中国家和少数发达国家产生了重要的影响。统计资料显示，包括我国在内的45个发展中国家和奥地利、希腊、冰岛、爱尔兰、葡萄牙5个OECD（经济合作与发展组织）成员国都实行的是以商品税为主体税种的税制结构。④尽管如此，但学者们也认为，商品税制由于具有累退的性质，不能实现真正的公平，且会影响消费者的水平及产业发展。

另外，需要说明的是在理论上，主体税种的选择可以有三种不同的模式，即以所得税为主体税种的模式、以商品税为主体税种的模式和以所得税和商品税并重的模式。但实际上，由于所得税与商品税并重的模式只是一种过渡形式，最终会被其中某一种形式所取代，故在理论上一般只探讨上述两种模式。

从上述的讨论中我们可以看出，虽然所得税作为主体税种具有很大的优越性，但它也有其不足之处。而商品税的缺点虽然比较明显，同样，其优点也很明显。因此，在理

---

① 本部分对西方主体税种选择理论的介绍，来自王传纶、高培勇所著《当代西方财政经济理论》一书。具体参见王传纶、高培勇：《当代西方财政经济理论（下册）》，商务印书馆1995年版，第270—272页。
② 陈志楣：《税收制度国际比较研究》，经济科学出版社2000年版，第21页。
③ 袁振宇、朱青、何乘才、高培勇：《税收经济学》，中国人民大学出版社1995年版，第184页。
④ 陈志楣：《税收制度国际比较研究》，经济科学出版社2000年版，第19页。

论上不存在完全好的税种，也不存在完全坏的税种。故无论选择其中的哪一种作为主体税种，在理论上都具有其合理性和不合理性。

此外，还需要说明的是，某个国家之所以选择某一税种模式，除了要考虑该税种本身的优缺点外，还要考量本国政府对税收工具的掌握程度、税收征管水平及本国经济的发展水平。例如，许多发达国家之所以选择所得税作为主体税种，除了以发达的生产力和较高的人均国民收入作为经济基础外，一般来讲，它还必须要考虑所得税的社会政策功能。例如，所得税由于实行累进税率，故能够调节社会收入分配、缓和社会各阶层的矛盾，又如，所得税比流转税能够更好地促进企业间的竞争，再如，所得税能够更好地调节和控制社会总需求与总供给之间的矛盾与平衡，等等。而大多数发展中国家之所以选择商品税，则是更多地考虑到了财政收入的需要和本国经济发展的实际水平。因为，发展中国家一般经济发展水平较低，故需要选择税基较宽的税种，在此方面，商品税明显优于所得税。另外，商品税的税制结构相对简单，管理费用和遵从费用相对较低，便于进行税务管理和税款征收。

最后，每个国家在选择主体税种时还必须清楚地认识到，国家税收政策目标的实现不能仅靠某一个税种，它需要多个税种相互配合、整体发力，故合理的税制结构应该是主次搭配、相互协调、目标明确、适用有效的。因此，只有同时满足这些条件的税制结构才是合理的税制。

总之，税制结构涉及一国税收法律制度中各个税种之间的相互组合与搭配。其中，主体税种的选择是需要重点解决的问题。无论一国选择什么样的税种作为主体税种，都应当根据本国政治经济发展的实际水平而做出最终的选择，故都有其政治上和经济上的合理性。同时，在主体税种的具体设计上，必须要注意各个税种之间的搭配与平衡。只有这样，才可能真正形成科学合理的税收结构。

（三）课税要素的确定：税收内容的合理性

税收的内容合理性也叫税收的实质合理性（Substantive rationality）。主要是指作为实体性的税收法律制度在内容构成上的合理性。由于任何一项税收实体法律制度在内容上都是由纳税人、税种、征税对象、税率等课税要素构成的，因此，税收制度的内容合理性，一般就表现为税收法律制度在课税要素确定上的合理性。

纳税主体是指根据税法的规定具体承担纳税义务的组织或个人。在现代税法学或税收学中，纳税主体一般被称为纳税人，其目的在于明确"向谁征税的问题"。由于实行复合税制，故不但不同税种的纳税人是不同的，而且，在同一个大的税制框架内，同一个人或组织同时又可能是多个税种的纳税人。鉴于经济交往和税收征收管理的国际化，同一个组织或个人或许同时成为多个国家的纳税人。在此种情况下，为了科学地确定每一个税种的纳税人，使其能够公平、合理地负担纳税义务，以保证国家征税权的行使和国家的税收收入，各个国家一般都是根据税种的不同而选择不同的纳税人。

商品劳务税的征税对象是商品劳务的流转额，商品劳务的流转自然就涉及交易的双方或多方。从理论上讲，商品劳务交易中的任何一方都可以成为商品劳务税的纳税人，但在实际上，国家一般都会根据税收的本质和商品劳务流转的可转嫁性，依据税收征管是否方便、税源是否集中、征税活动是否易于控制等因素，习惯上选择商品劳务的出卖方作为纳税人。这样规定，其好处是显而易见的。因为，商品劳务的交易一旦发生，向出卖方征税，既能保证税收及时实现，又方便税收征管，合理控制纳税人，节省税收成本。反之，如果以商品劳务的购买方作为纳税人，则会影响购买方的消费行为；且由于购买方人数众多、分散，不仅会相对增加征税成本，而且也不便于对纳税人进行控制与监管。至于选择购销双方都作为纳税人，则更是不可能的。因此，在商品劳务税中，把销售方作为纳税人是一种更为科学和合理的选择。

所得税的征税对象是一定组织或个人的所得或收益。由于在民法上，我们把民事主体一般分为法人和自然人，因此，所得税的纳税人也相应地分为法人和自然人两类。其中，法人主要是指能够独立承担民事责任和独立行使民事权利的组织。在我国，根据《民法典》和《公司法》的规定，主要包括有限责任公司和股份有限公司等。因此，企业所得税纳税人在我国主要指的是取得应纳税所得的有限责任公司和股份有限公司，以及一些由国家有关部门批准、依法注册登记、有生产经营所得和其他所得的事业单位、社会团体等其他组织。而合伙企业和个人独资企业由于不具备独立承担民事责任和独立行使民事权利的能力，故不再将其视为企业所得税的纳税人。另外，税法中的"自然人"也不同于日常生活中的自然人。一般来说，其不仅包括日常生活中的自然人，而且还包括了不具备法人资格的企业社团组织。这些企业社团组织在取得应纳税所得后，由于不具备独立的法人资格，故一般不能单独作为纳税主体，而是由其以业主或各个投资人的身份履行个人纳税义务。

另外，为了区分纳税人纳税义务的大小，世界各国一般还将纳税人分为居民纳税人和非居民纳税人。其中，居民纳税人主要指的是与征税国之间具有一定人身依附关系的纳税人。这种人身依附关系主要指的是纳税人与征税国之间具有一种比较固定的、密切的关系，如国籍关系、居民身份关系、公司的注册地、企业的管理机构所在地，等等。而非居民纳税人主要指的是与征税国之间具有一定的经济依附关系的纳税人。这种经济依附关系主要是指纳税人与征税国之间并无上述人身依附关系,但却存在某些经济利益,如设立了常设机构等。根据依附关系的不同,现代国家在制定税收法律法规时,一般都会根据合理性的要求把纳税人的纳税义务分为无限纳税义务和有限纳税义务两种。其中,对于具有人身依附关系的纳税人依照税收管辖权中的属人原则,就其来源于该国内外的一切所得向该国负担无限纳税义务。而对于具有经济依附关系的纳税人,则根据税收管辖权中的属地原则,仅就其来源于该国国内的所得向该国负担有限纳税义务。

征税对象是指税收征纳关系中双方权利义务所指向的对象。它要解决的是对什么征税的问题,体现了每一个税种的征税范围,是一个税种区别于其他税种的重要标志,也是对各种具体税种进行区别和归类的主要依据。从理论上讲,国家依据政治权力征税,任何经济或非经济事项都可以成为政府征税的对象。然而,现代国家征税不能只满足于单纯的筹集税收收入,还必须充分考虑税收的调节职能和经济稳定职能。因此,在征税对象的选择上,国家就必须斟酌税收的经济目标、公平和效率及对经济、社会发展的影响等因素。所以,合理地选择征税对象,就是设计税法制度的关键问题和重要内容。

根据税法学的基本理论和当代各国的具体实践,出于公平、效率和税收的经济目标和社会政策的考虑,一般国家在复合税制的条件下都同时把商品劳务、所得收益和财产三大类作为普遍的课税对象,并由此而形成了商品劳务税、所得税、财产税三大税系。

商品和劳务税也叫流转税,是以商品的销售和劳务的提供为前提,以商品或劳务的实现为标志而征收的一种税。因此,商品的销售或劳务的提供与否就成为判断对其征税的根据,商品或劳务的销售价格是对其进行计税的依据。虽然从理论上讲,商品和劳务的单次销售都可以成为流转税的征税对象,但出于公平、效率和税收的社会政策和经济政策等因素的考虑,所有国家都会根据商品和劳务的性质不同而确定不同的税种。如世界上有一百多个国家选择对一般性的商品销售征收增值税,大多数国家对产品的进出口征收关税,对金银珠宝、豪华游艇等征收消费税或特别销售税,等等。同时,在征税环节的选择上,虽然可以是销售方(提供方),也可以是购买方(接受方),也可以是购销双方,但出于合理性的考虑,一般都选择以销售方作为纳税人。另外,由于流转税的流转额并不能真正代表纳税人的税收负担能力,故在税率的确定上,一般都实行比例税率或定额税率,而不实行累进税率。

所得税是以纳税人的所得收益作为征税对象的税种。根据所得收益者的身份不同,所得税一般分为公司(企业)所得税和个人所得税。其中,公司(企业)所得税是专门针对公司（企业）的所得收益而征收的，个人所得税则是专门针对个人的所得收益而征收的。同时，由于所得税的征收更加公平和合理，在确定所得税的征收对象和计税依据时，一般都需要考虑下述问题：一是在确定所得税的纳税人时，为了避免重复征税，一般都要注意区别不同的纳税人和所得的来源地和支付地；二是为了考虑纳税人实际负担水平的公平，一般都要考虑相关费用的扣除问题；三是为了体现所得税的负担能力原则和税收负担公平原则，一般在税率的设计上实行累进税率；四是在税收征收管理上，要根据所得收益的性质不同而确定其合理的纳税期限。只有同时考虑到了上述四个方面因素的所得税制才是合理的，否则，所形成的税收法律制度就是不合理的。

财产税是针对纳税人所拥有或取得的财产作为征税对象而形成的税种。与所得税和流转税不同的是，财产税是对财产本身征税，其征税对象是财产本身的数量或价值（即财产的存量），而不是财产的收益或所得（即财产的流量）。因此，它的征税对象大部分都不参与流通，不发生交易或交换。同时，由于财产可以分为动产与不动产，故选择财产税的征税对象时要考虑财产税本身的特点和需要。当代世界许多国家在制定财产税法时，通常不会把纳税人的所有财产都作为征税对象，而是重点选择如土地、房产、不动产、机动车辆、遗产等作为征税对象，并因此而形成了土地税、房产税、不动产税、机动车辆税、遗产税、赠与税等。同时，世界各国一般都会考虑财产的评估、财产税的起征点、财产税的征收期限等方面，以保证财产税的公平与合理。

由上述可以看出，在理论上，由于税收是国家依据政治权力而进行的，因此，只要国家愿意，就可以对任何对象进行征税。但事实上，出于国家财政目的和国家利用税收手段调节社会收入分配和对市场进行宏观调控的需要和征税效率等的考虑，国家一般都会根据税种的不同而选择不同的课税对象和课税环节。一般来讲，流转税的课税对象是商品和劳务，其课税环节一般选择在销售阶段；所得税的课税对象是企业或个人的收益，故课税环节一般选择在收入环节；而财产税的课税对象是财产本身，故国家不会把纳税人的所有财产作为课税对象，而是有重点地选择一些财产作为课税对象。另外，出于公平、效率等的考虑，在具体征税对象的选择上，国家一般都会考虑一些特殊的方法，对一些特别的项目进行选择性征税。

税率是应纳税额与征税客体之间的比例。税率的结构及设计，不仅会对税收职能的实现产生重要的影响，而且会对纳税人的社会和经济生活产生重要的影响。因此，为了使税率能够发挥其应有的作用，在税率的设计中，一是要合理地选择税率的形式，二是合理地确定税率的水平。

在税率的形式选择上，目前世界上普遍实行两种不同的税率，即比例税率和累进税率。从总体上来讲，累进税率在公平方面优于比例税率，而比例税率则在效率方面优于累进税率。在税收立法实践中，各国税收立法会尽量考虑税收的公平问题，兼顾考虑税收的效率问题，从而使两种税率都能够兼而有之。而在具体税种中，由于各个税种所要解决的问题各不相同，故对于不同的税种，适用不同的税率则较为合理。如对于所得税和财产税，适用累进税率较为合理，而对于商品税，适用比例税率则比较合理。

税率水平的确定是税率设计中另外一个重要的问题。税率过高就会导致纳税人负担过重，从而竭泽而渔，导致税收收入减少。而税率过低，则会使国家的财政收入减少，从而无法保证国家职能的实现。因此，如何合理地确定税率水平就是一个重大的问题。对此，美国经济学家拉弗（Arthur Laffer）提出的"拉弗曲线"则为税率水平的设计提供了一个比较直观和科学的说明。

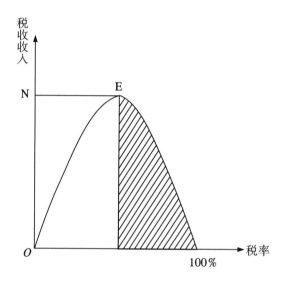

根据拉弗曲线，一个国家的整体税率（以下简称税率）和税收收入及经济增长之间存在着相互关系。当税率为100%时，从社会再生产角度来讲，生产会因此停顿，政府也就无税可征，因此同税率为零时的结果相同，税收收入均为零。当税率由零开始逐步提高，税收收入就会随之增加。但若税率超过某一限度（图中E点）时，从一次性征收过程看，税率提高，税收收入会相应增多。但从持续的再生产动态过程来看，由于提高税率削弱了生产的增长，从而会缩减税源。这时，税率提高不仅不会增加税收收入，反而会使税收收入下降。因此，图中E点是政府税收收入和生产增长的最佳结合点，也是政府选择税率的最佳点。图中右边阴影部分，拉弗称之为税收禁区，意思是禁区内的税率过高，既妨碍生产，又减少税收收入，故不可取。这样，从拉弗曲线就可以看出，税率并非越高越好。过高的税率会影响人们从事经济活动的积极性，从而影响税基的规模，导致税收收入下降。因此，准确地确定税率的水平，对于建立合理的税制体系具有重大的意义。

（四）税务行政自由裁量权的行使：税收实践的合理性

税收的实践合理性（Practical rationality，又称为实践理性）是指税收制度在运行过程中的合理性问题。由于任何税收制度都是为了解决现实中的税收问题而制定和实施的，因此，任何税收制度都必须要付诸实践，并接受实践的检验和论证。只有经过实践检验，被认为是与立法目的相一致并能够解决现实税收问题的税收制度，才是合理的税收制度。因此，税收的实践合理性问题，从根本上来讲，指的是税收制度的形式合理性和内容合理性的统一、主体合理性和行动合理性的统一，同时也是合法性和合理性的统一。

税收作为一种法律制度，无论是在普通法系国家还是在民法法系国家，都应当按照税收法定原则的要求，严格按照法律的规定进行税收管理和税款征收。由于税收法律是由国家立法机关依据其职权制定的，因此，一般认为，这样的法律就同时具备合法性和合理性。故只要税务机关严格依照法律的规定进行税收征管活动，其所作出的决定或采取的措施就都是合理的。但问题是，由于现实中的税收征管具有广泛性、复杂性与多变性等特征，故立法者不可能在立法时预见到税收征管的一切情况，也不可能对税收征管的手段和措施做出详尽无遗的规定。立法者不得不赋予税务机关一定的自由裁量权，以使其在税务管理活动中能够根据具体情况进行斟酌权衡从而采取适当的措施，做出适当的决定。因此，税务行政自由裁量权就是税务机关必须拥有的权力。这是一方面。另一方面，由于税务行政自由裁量权又存在着被滥用的可能，会破坏税法的严肃性和纳税人的合法利益。因此，为了防止税务行政自由裁量权的滥用，就要求其在受到合法性制约的同时，还必须要受到合理性的制约。职是之故，税收的实践合理性问题，就主要是关于税务行政自由裁量权的合理性问题。

一般认为，税务行政自由裁量权主要适用于以下几种情况：（1）对征税原因事实的有无及证据证明力如何认定的行为；（2）在适用类型化征收和推计课税时有关应税所得额等课税基础事实的判定与调整行为；（3）裁量减免税行为；（4）税收检查行为；（5）税收处罚行为；（6）税收强制行为。[①]因此，税收实践合理性的问题，实际上就是税务机关在上述事项上适用自由裁量权的合理性问题。

[①] 施正文：《税收程序法论》，北京大学出版社2003年版，第108页。

作为一种实践合理性，税收实践合理性的根本要求是，税务机关在行使自由裁量权，做出具体的自由裁量行政行为时不仅要符合法律的目的和一般原则，而且要具有适当性和可接受性。为此，税务机关在做出具体的行政自由裁量行为时，就必须满足以下几个方面的要求：第一，行为选择的合目的性。对于税务行政执法，法律往往在规定执法方式、执法手段等的同时，还应当同时规定执法的目的。因此，税务机关在进行税收行政执法时，对执法方式和手段的选择就必须要首先考虑其所选择的执法行为或执法方式的合目的性问题。一般而言，这种合目的性主要表现为两个方面：一方面，税务机关做出执法方式或执法手段的选择是否出于正当的动机或目的。它要求，税务行政执法行为或执法方式的选择必须基于正当的和善良诚实的目的。税务机关或税务人员不能以执法的名义将其主观意志或个人的好恶、情结等加诸纳税人或其他税务行政相对人。例如，只因纳税人与税务机构之间发生过其他争议就对其进行频繁的税收检查，显然是不合目的的。另一方面，税务行政执法方式或执法手段的选择必须符合立法目的或一般原则。例如，法律之所以规定对违法纳税人进行处罚，其目的是为了制裁和矫正其违法行为。因此，如果对某一违法纳税人的处罚，虽然是在法律规定的幅度范围内，但却明显过轻而不符合过罚相当原则，则这种处罚显然就是不符合立法的目的，是不合理的。第二，税务行政执法行为选择的适当性和必要性。适当性是指在做出某一项具体的税务行政执法行为时，所选择的具体行政行为应该是最适合的和代价最小的行为。而必要性则是指在具有多种可供选择的具体行政行为时，没有必要选择成本或代价较大的行为或手段。这个要求的目的是防止税务行政机关在税收征管中"小题大做"，给相对人造成不必要的损失或麻烦。例如，对于已经生效的处罚决定，税务机关可以自己执行的，就没有必要申请法院强制执行；对于依靠税务机关自己的检查行为就可以获取纳税人的纳税资料的，就没有必要要求银行或其他金融机构提供，等等。第三，税务行政执法行为选择的相称性，也叫狭义的比例原则或平衡原则。它要求对纳税人采取任何不利措施所造成的损害应轻于达成目的所获得的利益。其目的在于防止税务行政机关为了实现行政目的而对纳税人造成过度损害。

（五）结束语：建立一种合理的税收法律制度

一般而言，在现代世界各国，合理性是税收法律制度的内在硬核，是税收法律制度得以存在与发挥作用的重要保障。没有合理性的税收法律制度是不可能存在的，更不可能得到长久的实施和遵从。只有具备合理性的税收法律制度，才能在社会政治、经济、文化和制度方面具有存在的基础，才可能得到整个社会的认同和遵从。因此，税法的合理性问题就是税法学理论研究和税收法律制度建设中一个不可忽视的重大理论问题和重大实践问题。税法学理论研究必须要从理论上对税法制度的合理性问题提供科学的分析和指导，而税收法律制度的发展必须要在税法理论的指导下，通过制度的优化与完善来实现税收制度的合理化。

  从以上论述可以看出，税法的合理性既涉及税法价值的合理性，也涉及税法结构的合理性，还涉及税法内容的合理性以及税法实践的合理性。其中，税法价值的合理性主要指的是税法制度的价值目标和价值选择上的合理性。虽然税法的价值目标是多元的，但公平与效率及其相互间的纠结与冲突则是税法价值问题中最重要的也是最难以解决的问题。不同国家或同一国家在不同时期对税收功能的不同需求，则会导致国家在税收价值目标的选择上，对公平与效率的顺位进行不同的安排，从而出现公平型的税收制度和效率型的税收制度两种不同的税制模式。税法结构的合理性则是在复合税制下主体税种的选择与安排的合理性。它要求，主体税种的选择与确定必须考虑税收的收入职能和调节职能，同时，还必须兼顾税收的公平与效率。税法内容的合理性则是在税法价值目标确定的前提下，根据不同的税制模式，合理安排每一个税种的构成要素。在设计每一个税种时，都必须要考虑到纳税人、征税对象、税率、征税环节等因素的合理性，以保证每一个税种都能够符合公平与效率的要求。税法实践的合理性则是指在税法的实施过程中，税法执行机关必须依据合目的性、必要性、适当性和相称性的原则来合理地选择和适用税收行政自由裁量权，以保证税法能够真正得到实现。由此可以看出，在税法的合理性问题上，价值合理性是税法合理性的内核，它规定着税法的立法目的和税收立法与税收执法活动过程中的立场选择和目标导向。税法结构的合理性则是关于主体税种及其相互搭配的问题，它是税法价值合理性的重要表现。税法内容的合理性是税法价值合理性的具体展开。而税法实践的合理性则是实现税法价值合理性和税收内容合理性的具体途径和手段。因此，为了实现税收制度的合理性，任何一个国家都必须在税法的制定和执行过程中，进行价值目标的选择和税收制度的具体设计，以使公平、效率等问题都能够得到真正的实现。

四、税法的渊源与特征

在中外学术界，虽然对税法概念的讨论较之对税收概念的讨论要少得多，但也形成了多种不同的观点。其中，最为简洁的观点当属日本学者金子宏先生的定义。他认为："税法，是关于税收的所有法律规范的总称。"[①]英国学者沃克（David M. Walker）则认为，税法是"有关确定哪些收入、支付或交易应当纳税以及按照什么税率纳税的法律规范的总和"[②]。国内一些学者也对税法的概念进行了研究。例如，许建国教授认为，"税法是国家制定的各种有关税收活动的法律规范的总称，包括税收法律、法令、条例、税则和制度等"[③]。张守文教授认为，"税法是调整在税收活动中发生的社会关系的法律规范的总称"[④]。刘剑文教授认为，"税法就是调整税收关系的法律规范的总称"[⑤]。国内还有一些学者从不同的角度对税法的概念进行了定义。[⑥]此外，还有一些学者对上述税法的定义进行了分析和评价。[⑦]

从上述列举可以看出，虽然在有关税法定义的语言表述方面存在着种种差异，但有一点是大家都认可的，即税法是关于税收的法律规范的总称。因此，在明确税收概念的基础上，关键是要理解税收法律规范的含义、来源和特征。

[①] [日] 金子宏：《日本税法原理》，刘多田、杨建津、郑林根译，中国财政经济出版社1989年版，第17页。

[②] [英] 戴维·M. 沃克：《牛津法律大辞典》，北京社会与科技发展研究所译，光明日报出版社1988年版，874页。

[③] 许建国等：《中国税法原理》，武汉大学出版社1995年版，第1—3页。

[④] 张守文：《税法学》，法律出版社2011年版，第26页。

[⑤] 刘剑文主编：《税法学》（第2版），人民出版社2003年版，第28页。

[⑥] 有兴趣的读者可以参看徐孟洲主编的《税法学》（中国人民大学出版社2005年版）、罗玉珍主编的《税法教程》（法律出版社1993年版）、严振生主编的《税法》（中国政法大学出版社1996年版）等著作。

[⑦] 刘剑文主编：《财税法学研究述评》，高等教育出版社2004年版，第162—163页。

依法学界的共同观点,法律规范是指由国家制定或认可并由国家强制力保证实施的行为规则。一方面,税法规范作为一种法律规范,具有一般法律规范所共有的特征。另一方面,税法毕竟只是一国法律体系中的一个部门法,因此,税法规范除了只适用于税收征纳活动之外,它在规范的来源、规范的表达方式与作用方式等方面都形成了与其他部门法规范不同的特点,从而形成了税法区别于其他部门法的特征。

(一)税法的渊源

由于现代世界各国普遍实行税收法定原则,故无论是在大陆法系国家还是在英美法系国家,税法都属于成文法。这样,税法的渊源一般包括宪法、法律、行政法规、部门规章、条约等。

宪法作为国家的根本大法,它的主要内容是规定国家的基本制度和公民的基本权利。然而,由于税收涉及国家存在的经济基础和对公民财产权和自由权的限制,因此,在宪法中对税收的基本法律原则进行规定,已经成为当代世界大多数国家宪法发展的一种共同趋势。根据翟继光博士对《世界宪法全书》进行的统计,在该书收录的111个国家的宪法中,包含税收条款的有105个国家,占94.6%。其中,明确规定税收法定原则的有85个国家,占81.0%;明确规定税收公平原则的有29个国家,占到了27.6%。[①]此外,在许多国家的宪法中还规定了对征税权和税法内容的限制性条款。例如,《美国宪法》第1条第7款规定:"所有征税议案首先在众议院提出,但参议院得像对其他议案一样,提出或同意修正案。"《菲律宾共和国宪法》第6章第28条第4款规定:"非经国会全体议员过半数同意,不得通过准予免税的法律。"《巴西联邦共和国宪法》第19条规定:"禁止联邦、州、联邦区和市:第1款:在本宪法规定情况外,设立或增加未经法律规定的税收项目;……第3款:设立下列税收:(1)遗产、收入或向他人提供的服务;(2)任何宗教信仰的圣堂;(3)遵守法律的政党、教育机构或社会救济机构的遗产、收入和服务;(4)书、报纸和期刊,以及用于印刷这些书刊的纸张。"《塔吉克斯坦共和国宪法》45条规定:"规定设置新税的法律或者使公民经济状况恶化的法律都没有回溯效力。"《比利时共和国宪法》第111条规定:"国家税须每年投票通过。规定国家税的法律,如不展期,其有效期仅为一年。"《委内瑞拉共和国宪法》第225条规定:"私人不得开展任何税收业

[①] 翟继光:《税收法定原则比较研究——税收立宪的角度》,载《杭州师范学院学报(社会科学版)》,2005年第27卷第2期。

务"。另外，在一些联邦制国家的宪法中，还对联邦政府与地方政府之间的征税权与税种分配等问题进行了明确的规定。由此可见，宪法作为税法的法律渊源，在税法体系中发挥着十分重要的作用。

税收法律是各国税法最主要的渊源，是宪法中有关税法原则与税法制度的具体化和法律化的结果，其地位仅次于宪法。由于世界各国普遍实行税收法定原则，故"征税的基本构成要素必须在正式的法律中得到规定，包括税收主体、税收客体、估税基础和税率"①。在当代世界，受各国立法体制、立法程序和立法技术的制约，不同国家税收法律的表现形式各不相同。大体而言，主要可以归纳为三种不同的模式。第一种模式为法典模式，即将税法的主要制度和内容统一在一部法典中加以规定。例如，美国法典第 26 部是国内收入法典，即美国税法典，在其中，对美国国内税收法律制度的主要内容都做了具体明确的规定。法国、俄罗斯等国也采取了税收法典化的方式。第二种是税收基本法（或税收通则法）加各单行税法的模式，即在税收基本法（或税收通则法）中对有关税法中共同的和基本的事项加以规定，再在各单行税法中对有关各税种的内容和有关税收征收与管理的具体内容加以规定。例如，日本的税收征管制度包括了《国税通则法》《国税征收法》和《国税犯则取缔法》三个法律。其中，《国税通则法》是对税收法律关系的基本事项以及各项中央税中共同的事项进行规定的法律，《国税征收法》是对国税滞纳处分的程序以及国税同其他债权优先劣后的关系所制定的法律，《国税犯则取缔法》是关于违反国税通则法案件的调查以及处理并对之规定以特别程序的法律。这三大法律是通则法，所以只要个别税法没有特别规定，均适用于所有的国税。而所得税法、法人税法等属于个别税法，是关于个别国税课税要件的规定和关于对个别国税特殊问题的规定以及通则法的特例规定为内容的法律。②第三种模式是各单行税法，即针对不同的税种和不同的征税事项制定不同的税收法律。我国目前的情况就是如此。

在税收领域中，受税收法定原则的支配，有关税收活动的基本事项都必须要由法律加以规定。但由于税收活动极为复杂且变动频繁，税收立法也受立法体制和立法技术等因素所限，故要以法律的形式对税收活动进行全面深入的规范难度很大。在此情况下，允许行政机关在宪法或法律授权范围内制定有关的税收行政法规，就成为一种不得已的选择。"这些（正式的）税收法律的指导方针会通过行政被多次补充。它涉及由行政机关

---

① ［德］迪特尔·比尔克：《德国税法教科书》（第 13 版），徐妍译，北京大学出版社 2018 年版，第 19 页。

② ［日］金子宏：《日本税法》，战宪斌、郑林根等译，法律出版社 2004 年版，第 79 页。

（通常是联邦政府）颁布的法规。这些法规同正式法律的区别不在于它们的内容或约束力，而在于颁布机关。这些法规仍然须通过一个正式法律（《基本法》第80条第1款第2项）获得根据内容、目的和范围确定的授权"。①

至于规章，虽然不同国家对于税收行政规章的态度各不相同，但"法律和规章之间的关系是税法的一个关键问题"②。之所以如此，是因为在税收法律与税收规章之间存在着两个非常重要的问题。一是如何区分税收法律与税收规章各自的内容范围。虽然在税收法定原则支配下，要求有关税收的基本事项都必须要由法律来规定。但事实上，有关税率、税目等的基本事项，在不同国家宪法中的规定却各不相同。例如，《危地马拉共和国宪法》第239条规定："合法原则。议会的专属职权是根据国家的需要和税赋的公平、正当，规定普通税、特别税和捐赋，并确定征收的起点，特别是以下的起点：（1）产生税赋的事实；（2）免税；（3）税赋的被动主体和共同责任；（4）税赋的起点和税赋种类；（5）推论、扣除、减免和附加；（6）税赋中的违章和惩罚。违反或者歪曲、调节税赋起征点，等级上低于法律规定的，依法律是无效的。规定不会改变这些起征点，而应具体地化为对政府征收税赋的规范和对方便税赋征收程序的确定"。韩国宪法第59条也明确规定税率要由法律来规定。但另外一些国家宪法中的规定则有所不同。再如，《土耳其共和国宪法》第73条规定："为应付公共开支，每个人都有根据自己的财力纳税的义务。……税、捐、费及其他财政负担的征课、变更或废止均由法律规定。得授权内阁根据法律规定的上限和下限，变更有关税、捐、费和其他财政负担的减免率和例外照顾率。"由此可见，对于税率、征税对象等事项，不同国家的规定各不相同。二是税收规章对税收法律的修改在何种程度上是可接受的。当然，这个问题在理论上是不成立的。因为，规章必须与法律相一致，这是一个基本要求。如果规章与法律不一致，在大多数国家中法院就可以撤销这样的规章。但事实上，"规章几乎总是在修改法律的适用范围"③。因此，哪些规章是有效的？哪些规章是与法律相冲突而无效的？这样的问题只能取决于各个国家的不同规定。但无论如何，规章都是一个国家税法体系中重要的法律渊源。

随着当前世界范围内经济交往的日益扩大，国家间的税收利益协调与分配已成为制

---

① [德]迪特尔·比尔克：《德国税法教科书》（第13版），徐妍译，北京大学出版社2018年版，第19页。
② [美]维克多·瑟仁伊：《比较税法》，丁一译，北京大学出版社2006年版，第122页。
③ [美]维克多·瑟仁伊：《比较税法》，丁一译，北京大学出版社2006年版，第122页。

约国际经济贸易发展的重大问题。因此，制定和实施国际税收条约①，已成为促进国际经济贸易发展的重要举措。不仅国家与国家之间签订了大量双边或多边税收协定，而且一些国际组织也在大力推进国际税收条约的发展。例如，联合国制定了《关于发达国家与发展中国家避免双重征税的协定范本》、经济合作与发展组织（OECD）也制定了《关于对所得和财产征税的协定范本》，供各个国家在签订双边或多边税收协定时采纳。不管各个国家对于条约在国内法中的效力问题如何规定，但本着条约必须遵守的原则，即使在宪法规定法院可以对条约的有效性进行审查的国家中，也都要极力避免法院对国家签订的条约宣布无效的情况。因此，税收条约也成为一个国家税法的正式渊源。

除上述宪法、法律、规章、条约等均为各个国家正式的法律渊源外，在欧盟各成员国，欧盟的宪法和指令也成为各成员国税法的正式渊源。在普通法系国家中，法院的判例也构成了正式的税收法律渊源。在实行完全分税制国家中，地方立法机关制定的地方税法和地方政府机关制定的税收规章，也构成了该国税法的正式渊源。此外，在个别国家中，一些税收行政先例、行政规则、法律解释、理论学说等也被看作税法的正式渊源。

（二）税法的特征

税法作为一国法律体系中重要的法律部门，与其他法律部门之间的区别，除了体现在税法具有独特的调整对象和调整方法外，更重要的区别是税法所表现出来的、有别于其他法律部门的特征。因此，抽象和概括税法的特征，不仅有利于进一步把握税法的本质和作用，而且有利于将税法与其他的法律部门区别开来。

然而，税法具有什么样的特征，学术界的观点却并不统一。例如，陈清秀教授将税法的特征概括为实质和形式两个方面，其中前者具有税收法律关系的公共性和公益性、课税权人的优越性两个特征；后者具有成文性、强行性、复杂性与技术性、类型化与外观形式性四个特征。②张守文教授将税法特征概括为基本特征和引申特征两个方面，其中基本特征为经济性和规制性，引申特征为成文性、强制性和技术性。③张松教授认为税法的

---

①依1969年《维也纳条约法公约》的规定，"称'条约'者，谓国家间所缔结而以国际法为准之国际书面协定，不论其载于一项单独文书或两项以上相互有关之文书内，亦不论其特定名称为何"。在现实中，条约的名称众多，如公约、协定、联合声明、议定书、换文、盟约等。

②陈清秀：《税法总论》（第4版），元照出版有限公司2006年版，第7—10页。

③张守文：《税法学》，法律出版社2011年版，第28页。

特征应该是税法带有共性的、其形式上的特点。他认为税法的特征应该与税收法律关系的特征和属于经济范畴的税收的形式特征相区别。由此他认为税法的特征为以下四个方面：税法属于成文法、税法属于公法的范畴、税法具有强制性、税法具有综合性。①刘剑文教授认为税法的特征为税法结构的规范性、实体性规范与程序性规范的统一性、税法规范的技术性、税法规范的经济性。②而日本学者金子宏先生和我国学者杨小强教授则只承认陈清秀教授关于税法形式特征的观点，③等等。

  从上述简单列举我们可以看出，其中的许多观点实际上是值得商榷的。首先，将税法的特征分为实质和形式两个方面的观点是不符合学术界对于税法特征的规定的。因为，既然税法的特征是税法表现出来的、有别于其他法律部门的特征或特点，那么，它就一定是形式的，而不是实质性的，将税法的特征概括为实质性的观点就是站不住脚的。其次，将税法的特征概括为经济性，显然也不符合事实。一方面，经济性是税法的实质内容，而不是形式特征；另一方面，将税法的特征概括为经济性，难以将税法与经济法中的其他法律区别开来。再次，将税法的特征概括为成文性也说不通。大陆法系国家抑或英美法系国家，不只是税收实行法定原则，而且在刑事犯罪领域也普遍实行法定原则，因此，刑法也是成文法。不仅如此，由于在一些别的法律领域内，也越来越多地实行法定原则，例如，行政处罚法定原则也被许多国家所接受。故仅凭成文法的特征也无法把税法与刑法等区别开来。最后，认为税法具有属于公法的范畴、税法具有强制性、税法结构具有规范性、税法具有技术性等的特征，也无法把税法与其他法律相区别。由此可见，对于税法的特征，需要依据我们对税法质的规定性和税法本身所具有的、区别于其他法律部门的特点来进行归纳。

  笔者认为，税法作为一个部门法，与其他部门法的区别主要表现为两个方面，由此也形成了税法的两个特征，即税法的综合性和税法的复杂性。

  所谓税法的综合性，是指税法作为一国法律体系中的一个部门法，与其他部门法的最大区别在于，对于其他的部门法，如刑法、民法、知识产权法、国际法、刑事诉讼法、民事诉讼法等，我们都可以将其划入实体法或程序法的范围，但对于税法来说，则很难做出这样简单的划分。这是因为，税法调整税收关系，而税收关系本身就包含了两个方

---

  ① 张松编著：《税法原理》，中国税务出版社 2008 年版，第 3—5 页。
  ② 刘剑文主编：《税法学》（第 2 版），人民出版社 2003 年版，第 29—30 页。
  ③ 分别参见［日］金子宏：《日本税法》，战宪斌、郑林根等译，法律出版社 2004 年版，第 23—25 页；杨小强：《中国税法：原理、实务与整体化》，山东人民出版社 2008 年版，第 16—17 页。

面的内容,即税收分配关系和税收征收管理关系。作为前者,它的实质内容是有关国家与纳税人在税收事务中权利义务的分配关系。作为后者,它是有关国家征税权行使和纳税人履行纳税义务的程序关系。尽管现代世界各国对税法的性质有着不同的观点,例如,税法在日本被认为是行政法的一部分,法国、意大利和西班牙的学者认为税法是公共财政的一部分等,但是无论是在法典化国家,还是在各税种单独立法的国家,税收行政程序都是税法中不可缺少的重要组成部分。例如,在美国国内收入法典中,从第61章往后的内容,都是有关税收征收管理的程序性规定。而在中国、日本、韩国等国家,在税收实体法之外,还单独制定税收征收管理的程序法,如我国的《税收征收管理法》、韩国和日本的《国税征收法》、英国的《税收管理法》(Taxes Management Act)等。还"有些国家在各实体税法中制定有单独的税收行政规范。这在英联邦国家很常见"[1]。这样,所谓的税法,就既不是单纯的实体法,也不是单纯的程序法,而是实体法和程序法的结合。这种情况在其他部门法中是几乎难以见到的。这就形成了税法区别于其他法律部门的一个重要特点。

税法的复杂性,首先是指税法作为一个部门法,它在外观上所表现出来的,比其他法律部门更大的外观体量。所谓税法的外观体量,是指税法作为一个法律文本,它的载体的容量。根据维克多·瑟仁伊(Victor Thuronyi)的观点,几乎没有哪个国家的税法是简单的,其中,美国的税收立法是最复杂的,澳大利亚、加拿大、英国则紧随其后。[2]据统计,目前美国的税法典已达1300万页,字数达到了5亿多字;法国的税收指南有15000页,其中税法典有2000条,附录有3000条,行政解释有8000条。即使一些国家的税法比上述国家简单得多,但与本国其他的部门法相比,体量还是最大的。此外,在一些国家中,大量司法判决以及内部行政规则等的存在,使税法实际上的体现更为庞大。税法复杂性的第二个方面表现在税法内容上的复杂性。现代信息技术快速发展促进交通通信水平大幅度提高以及全球经济一体化的快速发展,使得经济活动中新情况不断出现,为防止税收规避,就需要不停地对税法进行补充修正,从而使税法的内容日益复杂。同时,由于现代国家形态的多元化(如法治国家、社会国家、福利国家、税收国家、预算国家等),使税法在承担了固有的财政功能外,还承担起了更多的政治功能、社会功能和经济功能,这就使得税法的规定更加复杂。再加上人们对税法公平的强烈要求以及对税法公平认识的逐步深化,为尽可能避免简单税法规则导致不公平的后果,税收立法者会

---

[1] [美] 维克多·瑟仁伊:《比较税法》,丁一译,北京大学出版社2006年版,第207页。
[2] [美] 维克多·瑟仁伊:《比较税法》,丁一译,北京大学出版社2006年版,第17页。

制定更加详细的法律规则以对原有的规则进行解释、补充、限制等，从而使税法具有强烈的"补丁法"特征。每一个征税基本规则都会被大量的补丁法所解释、修正或限制，致使对税法内容的理解更具复杂化。税法复杂性的第三个方面是税法操作的技术性。这种技术性的要求主要表现为税收活动无法把握纳税人经济活动的内部实质关系，而只能对其外观形式进行类型化和一般化的处理，因此，这就需要采取高度技术化的方法和手段来确定税法构成要件适用的广度和深度。这就使得在税法的适用上表现出高度技术化的特征。未经过专业的学习和训练，没有掌握税法适用的规则和程序，就很难进行税收事务管理和税款征收活动。而在一些税收计量规则不同于财务会计规则的国家中，为了确定税法规则的适用，还需要另外制定一套其技术性不低于财务会计规则的税收计量规则，这就进一步加大了税法操作的技术性。

第三讲　税法价值及其实现

在当代，随着科学的发展与分殊，人们一般把自然科学称之为"硬科学"（hard science 或 solid science），而把包括哲学、语言学、法学、经济学等在内的人文科学和社会科学称之为"软科学"（soft science）。之所以进行这种二分法，除了基于自然科学与人文科学具有不同的研究方法和表达方式之外，更为主要的理由，是因为自然科学与社会科学分别是建立在休谟所提出的"事实"与"价值"二元区分的基础之上的。自然科学是关于自然现象客观事实的研究或表述，它是"价值无涉"的或保持"价值中立"的，只要能够说明"自然现象是什么"的问题就可以了。而社会科学作为一种研究社会现象及其规律的科学，它除了要说明所要研究的社会现象是什么之外，还不可避免地要对所研究的社会现象进行好与坏、善与恶、优与劣等的价值评论，甚至社会科学研究中所"选出供我们进行科学考察的问题，这本身就包含着价值判断，因此要想对科学知识和价值判断做出明确的划分，并不能回避价值判断的办法，而只能通过明确地说出主导价值来做到这一点"①。在社会科学的研究中，要想做到"价值无涉"或"价值中立"显然是不可能的。社会科学不可能做到完全的"客观"或"中立"，"可能的仅只是一种'价值—观念'的研究选择"。②从这种意义上来讲，社会科学本身从一开始就已经在进行价值评价或价值选择。相反，如果一门社会科学缺乏价值主导或价值评价，那它本身就可能是无意义的和无目的的，也是注定不可能取得成功的。

在各种社会科学和人文科学中，法学作为一种以法律制度作为其研究对象的社会科

---

① [英] 弗里德里希·冯·哈耶克：《经济、科学与政治——哈耶克思想精粹》，冯克利译，江苏人民出版社 2000 年版，第 14 页。
② [德] 迪尔克·克斯勒：《马克斯·韦伯的生平、著述及影响》，郭锋译，法律出版社 2000 年版，第 236 页。

学，集中地揭示了各种法律制度对社会成员的行为方式进行的评价与规范。因此，在法学研究中不但不可能真正地做到"价值中立"或"与价值无涉"，而且，法学研究本身也需要揭示法律制度背后蕴涵着的立法者和社会大众对法律制度的价值追求。对此，美国法学家博登海默（Edgar Bodenheimer）曾明确指出："任何值得被称之为法律制度的制度，必须关注某些超越特定社会结构和经济结构相对性的基本价值。"①这些基本的法律价值隐藏在形形色色的法律制度和法律规范背后，是人们对于法律所表现出来的普遍的、无差别的欲求和对现实的各种法律制度进行评价的标准和尺度，是人们在立法、执法、司法、守法活动中对法律的应然评价和追求。税法作为现代社会法律体系中的一个重要的组成部分，也理应具有一般法律所具有的价值。然而，税法毕竟又与其他法律部门在调整对象、调整方法上有着较大的差别，这就决定了税法在其价值追求和价值目标的内涵上与其他的部门法相比又具有自己的特殊性。因此，研究税法的价值问题，不仅会促进税法本身的发展和完善，而且也会促进税法学的发展和税法理论的进步。

一、本质与特征：税法价值的一般含义

从终极意义上来讲，价值问题是一个高度抽象化的哲学问题，故法的价值问题也相应地就是一个法哲学的问题。因此，在法学界，不论是坚持作用论的法价值观，还是坚持关系论的法价值观，抑或是意义论的法价值观或评价论的法价值观，②但实际上都是关于法律关系的主体（即人）对法律关系的客体（即法）之间的相互关系的评价，即作为客体的法对作为主体的人的意义、作用或功能。因此，法的价值问题就不是一个事实问题，而本身也是一个价值问题。同时，对法的价值确立与评价的问题，也不是一个事实判断的问题，而是一个价值判断的问题。不同的人或同一个人在不同的时期对于同一法

---

① [美] E. 博登海默：《法理学——法哲学及其方法》，邓正来、姬敬武译，华夏出版社 1987 年版，作者致中文版前言第 1 页。

② 对于这四种不同法价值观内容和来源的简单介绍，读者可以参考杨震：《法价值哲学导论》，中国社会科学出版社 2004 年版，第 6—7 页。

律也会做出不同的甚至相反的评价。但无论如何，在一个国家或社会中，对于任何一个法律的价值评判，都是以这个国家或社会中大多数人的意志为依据，都是以这个国家或社会的主流看法作为价值评判的标准。税法作为一国法律体系中的一个部门法，它的价值是税收法律关系的主体（即人）对作为税收关系的客体（即税法）的一种评价，即作为客体的法对作为主体的意义、作用或功能的评价。这种评价是由作为主体的人做出的，是对作为客体的税法的好与坏、有用与无用、能用还是不能用等问题的一种判断。它作为一种由大多数人所主张的主流观点，不但直接决定着对税法的看法，而且还决定着税法在现实中的运用及其命运。在立法活动中，立法者都会去制定有价值的税法，而不会去制定无价值的税法；在税法适用过程中，人们都会去积极地执行和遵守被人们认为是有价值的税法，而一般不会执行和遵守被认为是无价值的税法。由此可以看出，税法的价值问题虽然是一个理论问题，但它对税法的制定、执行和遵守等都起着直接的决定作用。

（一）税法价值的本质

近年来，税法价值问题引起了越来越多国内学者的关注。根据笔者的检索，在诸多的研究中，李刚博士和王惠教授的观点最具代表性。根据李刚博士的观点，"税法的价值可界定为：税收法律关系的主体根据自己的需要而认为、希望税法所应当具有的最基本的性状、属性或作用"[1]。而王惠教授则认为，"税法的价值就是作为税法价值主体的人和作为税法价值客体的税法的关系中表现出来的税法对主体的效应。……税法的价值反映的是税法作为税收关系的调整器的规范征纳主体行为的规则体系对国家和人民的需要之间的特殊效用关系，是税法能够满足人民自由和秩序需要的性能和属性，是税法对于国家和人民社会生活的积极意义"[2]。虽然这两个定义都存在进一步探讨的余地，但笔者在此并无意对其加以评说，只是想通过对这两个定义的列举来说明税法学界对税法价值问题的基本观点。

从上述两个定义来看，虽然它们之间存在明显的差异，但在下述问题上却是一致的：首先，税法价值反映的是作为主体的人与作为客体的税法之间所存在的一种关系。因此，

---

[1] 李刚：《税法公平价值论》，载刘剑文主编：《财税法论丛（第1卷）》，法律出版社2002年版，第503页。

[2] 王惠：《税法基本问题研究》，江西人民出版社2004年版，第37页。

税法的价值问题就首先是一种关系范畴，而不是一种属性范畴。它不能够脱离主体而只依赖于客体而存在，也不能够脱离客体只依赖于主体而存在。它只有在作为主体的人与作为客体的税法的关系之中才能够得到界定。否则，这种关系就无法建立起来，税法的价值问题也就成了无皮之毛，根本无法存在。其次，税法的价值问题反映的并不是作为客体的税法本身所具有的内在属性及其在运行过程中所发挥的各种作用，而是主体的人对客体的税法的一种主观评价。其中，主体的人作为评价者，是对客体的税法对人的满足程度的一种判断。这种判断是人根据自己的喜好或需求做出的，评价的标准是人的需求或好恶。最后，这种评价是主体的人在积极主动地认识、了解和运用作为客体的税法过程中做出的，是根据作为客体的税法本身所具有的性质或在运行过程中所发挥的功能而做出的。因此，它并不是无妄之语，也不是被动接受，而是人主动地认识掌握税法活动的结果，对人主动的适用税法和改造税法提供了一定的价值导向。

（二）税法价值的特征

从总体上来讲，税法价值属于法律价值的范畴。故它应该具有一般法律价值所共有的内容、属性与功能。但是，税法毕竟又是一个单独的部门法，因此，这也就决定了税法价值在主体、客体、内容等方面与一般法律价值有不同的特征或者属性。

第一，税法的价值主体具有普遍性和平等性。

在当代，一方面，国家是税法的制定者，它通过税收立法的方式，确认并规范了税收关系的实质和内容。另一方面，国家是税收活动的管理者和税收利益的获得者，它以征税人的身份，通过对税收征纳活动的管理，不仅维护了正常的税收秩序，而且取得了对税收收入占有和支配的权力。因此，国家当然就是税法的主体，因而也就成为税法的价值主体。同时，在税法的运行过程中，税务机关作为依据国家授权专门从事税务管理和税款征收的职能机构，它的主要任务就是代表国家具体进行税务管理，取得税收收入。同时，海关机关等相关的国家机关也因为法律的授权而从事一些税务管理和税款征收工作。因此，它们作为形式意义上的征税主体，当然也是税法的价值主体。另外，纳税人作为纳税义务的具体承担者，它不仅包括自然人和法人，而且也包括了一些非法人组织和社会团体，它们当然也是税法的价值主体。由此可见，无论是国家、各级税务机关或各种类型的纳税人，虽然它们在税收法律关系中的地位与作用不尽相同，但都是税法的主体，因而也都是税法的价值主体。这样，税法的价值主体就因涵盖了社会上的所有组织和个人，从而具有极大的广泛性。

近年来，随着税法学的理论发展，人们对税法的认识也在发生着重大的变化。税收关系不再是基于国家政治权力单方控制之下的行政管理关系，而是一种由纳税人与国家之间就税收的征收与缴纳而形成的一种契约关系。税法不仅是表面上所表现出来的、对纳税人的财产或所得进行"剥夺"或"转移"的"侵权法"，而且是保护纳税人财产或所得不受非法征税所侵害的"权利保障法"。由此，税收关系从宏观上来讲就不是一种简单的行政关系，而是一种契约关系。在税收征纳关系中，虽然征税人与纳税人作为税收征管活动的管理者和相对人，在实际的税收征管过程中居于不同的地位并发挥不同的功能，但二者之间的主体地位是平等的。这种平等性主要是基于征税主体与纳税主体在权利义务设置上的相对对等性，而不是基于在具体的税收征纳活动过程中的主导性或主动性。因此，有学者以税务机关代表公共利益、在税收征纳关系中处于主导地位为由而否认税收征纳双方主体地位的平等性的观点就是无法令人信服和接受的。① 在税收活动中，由于税法的主体也就是税法价值的主体，故税法主体的平等性也就决定了税收价值主体的平等性。

第二，税法的价值目标具有多元性和特殊性。

在当代社会，虽然税收活动的主要目的依然是为国家筹集足够的财政资金，以保证国家的存在及其职能的实现。但是，随着市场经济体制的进一步发展和国家对市场经济进行宏观调控的力度越来越大，税收手段也逐渐成为国家对市场经济进行宏观调控的最重要的工具和手段，对引导和调节市场经济的发展起着不可替代的作用。在此情况下，国家制定税法，除了要以法律手段保证税收的筹资职能之外，同时还必须要以法律手段来保证税收对市场经济的引导调节职能和对纳税人的权利保护职能。由此就决定了税法的价值目标不可能是单一的，而必须是复合的和多元的。其中，税法的生命价值是税法首先应该具有的基本价值。这是因为，无论是税法的任何一方主体，都必须是自然人或由自然人组成的。如无人的存在，则税法的制定与执行都是一句空话。而对于人而言，最重要的是生命。人为了生存，首先必须要获得最基本的物质条件和财产保障。而税法恰恰是对人的财产的无偿"剥夺"或"转移"，会造成纳税人的财产减少或"损失"，从而影响纳税人的发展乃至生存。故税法在其价值目标的确立上，首先必须保障纳税人的生存权。税法的制定不得剥夺纳税人的生命或生存的条件，税法的执行不得置纳税人于死亡或贫穷的境地。否则，如果税法没有生命的价值，不保障纳税人的生存，则这样的税

---

① 对于纳税人与税务机关地位不平等地位的观点论述，参见邓联繁：《税收平等主义：价值与内涵》，载刘剑文主编：《财税法论丛（第 1 卷）》，法律出版社 2004 年版，第 127—128 页。

法就根本不可能存在，税法的价值也就无从谈起。其次，税法的自由价值是税法的重要价值。自由是人生而具有的一种本能和天性，是须臾不可离开的东西。而财产自由更是人的生命自由的基本保障。税法的制定和执行，必须要保障纳税人基本的财产自由不因征税行为而受到严重的损害。第三，税法的民主价值是税法的应有价值。根据现代税法理论，既然税法在本质上是纳税人与国家达成的一项契约，则税法的制定过程就必须要倾听民声、反映民意，以使税法确实能够体现纳税人的意志。税法除了要具备形式的合法性和正当性之外，还必须同时具备实质的合法性和正当性。即税法不仅要符合法律的形式性要求，而且还必须在实质上要真正能够体现民意、反映民情，获得纳税人真正的赞同与接受。第四，税法必须具有公平价值。一般来说，公平是所有法律都与生俱来的基本价值。税法除了要满足法律公平的价值与要求外，还必须要满足其对公平的特殊要求。这种特殊要求，就表现为税法作为一种分配法，除了要在纳税人之间公平的分配税收负担外，还必须要在国家与纳税人之间公平的分配有关税收事项的权利与义务。因为，税法只有在国家与纳税人之间对税收权利与义务的分配是公平的，这样的税法才有可能在纳税人之间税收义务的分配上实现真正的公平，这样的税法也才会得到人们的认可与遵从。最后，税法还必须具有秩序价值。按照马克思主义的理解，法"是由社会上的一部分人积极地按自己的意志规定下来并由另一部分人消极地接受下来的秩序"[①]。故"与法永相伴随的基本价值，便是社会秩序"[②]。而税法除了具有法律的一般秩序价值外，还必须真正达到规范税收经济秩序的目的，保证税务管理机关能够进行正常的税收征管活动。与此同时，它还要保证纳税人在正常的经济活动过程中能够正常地履行纳税义务。同时，税法还必须具有效率、正义、法治、理性等价值，等等。这样，在现代社会中，税法的价值目标不仅在形式上是一个由多元目标所组成的复合体系，而且在内容上也各具特色和特殊的要求。各种价值目标只有相互契合、和谐发展，才能够真正保证税法功能的实现。

第三，税法的价值客体具有成文性和复杂性。

税法的价值客体，指的是税法价值所指向的对象，即现实中的税收法律法规。在当代，由于税收法定原则在许多国家中不仅是税法的基本原则，而且已经成为一个宪法原则，因此，当代世界的许多国家基本上都是按照税收法定原则的要求，将课税权作为国

[①]《马克思恩格斯全集（第2卷）》，人民出版社1957年版，第515页。

[②][英]彼德·斯坦、约翰·香德：《西方社会的法律价值》，沈宗灵、董世忠译，商务印书馆1984年版，第114页。

家的一项基本权力,由国家立法机关以制定法律的方式加以行使。这样,就形成了税法成文性的特征。即使我们惯常所称的"国际税收惯例",它实际上也是"一国经过立法后采取的措施为其他国家所仿效,多数国家立法确认后,逐渐成为国际惯例,而并非是从纳税习惯演化而来,所以与习惯法不相干。至于判例,即使在英美法系国家也仅仅是税法的补充,其主体也是成文法"①。这样,成文性作为税法的特征,自然也就成为税法的价值客体的特征。

税法价值客体的另外一个典型特征是它的复杂性。这主要表现为以下几个不同的方面:第一,是由于税法体系的庞杂性而导致的复杂性。对于税法体系的庞杂性,可以从两个方面去理解:一方面,是税法在渊源上的庞杂性。根据现代税法理论,税法在渊源上,既包括了宪法中的涉税条款,也包括了税收法律、税收行政法规、税收部门规章,还包括了地方性税收法规、税法解释、国际税收协定及条约。在英美法系国家,还包括了税收判例。另一方面,是税法在内容上的综合性。一般而言,法律可以根据其性质而分为程序法与实体法,且在大多数情况下,二者之间的区分是非常清楚的。但就税法而言,由于其既调整税收分配关系,也调整税收征收管理关系,故使得税法在内容上既包括了实体法的内容,也包括了程序法的内容。其中,在实体法中,除少数国家制定了税法典外,绝大多数国家都实行的是各税种单独立法的方式,每一个税种都单独制定相应的法律,从而形成了"一税一法律"的格局。由于在复合税制的格局下,一个国家的税种往往有数十种之多,因此就形成了非常庞大的税种法体系。除此而外,由于税收活动还涉及诉讼与救济,因此,还涉及与其他法律部门之间的交叉,这就使得税法的内容非常庞杂。第二,是由于税法规范的技术性而导致的复杂性。由于税法涉及经济生活的方方面面,故随着经济活动的多样化和复杂化,税法也必然要适应这种变化。同时,税法还涉及与宪法、民法、刑法、经济法、诉讼法等其他法律部门的衔接,如何处理这种衔接,也需要税法具有非常强的技术性。"具体而言,税法的技术性主要表现在两个方面:一是表现在税收实体法中,在具体税目的选择、税率的确定,特别是税收优惠的确定等方面都体现了税法规范的技术性。二是表现在税收程序法中,在税务登记制度、发票制度和管辖制度等方面都体现了税法规范的技术性"②。正是因为税法作为成文法的这种体系庞大、内容复杂,而导致税收法律具有了复杂性的特征。

---

①张松主编:《税法学》,高等教育出版社2005年版,第5页。
②刘剑文主编:《财税法学》,高等教育出版社2004年版,第309页。

二、公平与效率：税法基本价值目标的选择与契合

如前所述，税法的价值目标具有多元性和特殊性。而在其中，税法的公平价值和税法的效率价值对于税法的制定和运行具有十分重要的意义。

（一）税法的公平价值

在当代，税法应该具有公平价值，这对于任何一个税法理论研究者或税收制度的制定者或执行者而言都没有异议。但是，对于税法公平价值的内涵是什么的问题，却人言人殊，很难取得较为一致的观点或看法。笔者认为，之所以出现这种情况，是由于学者或税法的制定者和执行者在对待税法的公平问题时出现了两个方面的问题：第一，混淆了税法公平与税收公平之间的界限，把二者混为一谈；第二，把税法的公平价值与税法的公平原则混为一谈。因此，要从理论上对税法的公平价值做出比较科学合理的界定，笔者认为，就必须首先区别上述两个方面的问题。

一般来说，税收公平属于经济学的研究范畴，是经济公平的下位概念。按照马克思主义的观点，经济公平是指有关经济活动的规则、权利、机会和结果等方面的平等与合理。西方经济学家们也认为，经济公平根据经济活动的不同环节，可以分为起点公平、机会公平和结果公平三种；根据经济运行的机制，可以分为机会均等、制度公平、规则均衡三种。它是建立在市场经济等价交换原则基础之上的平等。它强调，人们的收入分配应该以平等竞争为前提，与所投入的生产要素相适应。从这种意义上来讲，经济公平就只属于分配公平的范畴。因此，一方面，税收公平主要是关于税收义务分配的公平；另一方面，税收公平只是一种经济理论或经济原则，只具有理论或思想上的指导性，而不可能对税收义务的实际分配具有拘束性或制约力。而税法公平属于法学的研究范畴，是法律公平的下位概念。而在法学中，公平的实质是指权利与义务的对称，即人们的获得（不仅仅是经济上的收入）应当与他们所承担的责任以及所做出的贡献相一致。因此，税法公平首先指的是在税收活动中权利与义务的对称或平等。其次，税法公平除了具有公

平配置税收权利义务的职能外，它还具有矫正社会发展过程中已经形成的权利义务分配不公的职能。最后，税法的公平价值是通过税法的制定与实施而实现的，它带有强制性的特征。正是由于税法公平与税收公平存在上述的不同，因此，它们二者之间是不能够相互取代的，更不能以税收公平来解释税法公平。

至于税法的公平价值与税法的公平原则，二者之间的区别也是非常明显的。公平作为税法的价值目标，它是税法所追求的理想之一，是人类关于公平、正义等观念在税法领域内的具体体现，是先验的、主观的、相对的和有条件的。无论是用逻辑的方法还是用事实的方法都是不可证成的。它既是对税收立法者的基本要求，又是对税法的现实评价准则，是法律原则与目标模式的终极根据。它通过对法律本身或人们的法律活动进行评价，从而具有目标导向与指引的功能。而税法的公平原则则是税法公平价值在税法制度中的具体体现，它是税法基本制度中的基础或原理性的内容，可以作为税法规则的基础或税法规则的原理或准则，从而为税法的其他构成要素提供基础或出发点，并对税法规则或税法的实际操作进行规制。因此，税法公平原则虽然相对于税法规则而言抽象性较强，但仍然可以证成，而其证成的依据就是税法的公平价值。由此可见，税法的公平价值与税法的公平原则虽然具有紧密的联系，但二者从根本上则是两个层次的东西，是不可能混同的。

关于税法公平价值的具体含义，李刚博士认为，它包括了三个层次的内容：第一层次是税法的形式正义，"主要体现为税法在法律适用上的平等，它包括了'平等保护、平等遵守、平等适用和平等制裁'等四个方面的内容"。它实际上指的是税法横向公平的问题。第二层次是税法的实质正义，"主要是指税法的征税公平，即国家在税法中制定什么样的征税标准对纳税人来说才是公平的，也就是传统理论中通常所说的税法的公平问题"。它实质上指的是税法的纵向公平问题。第三层次是税法的本质公平。它是"指作为征税主体的国家为什么要征税或者说国家征税是否应该"。它是"契约精神及其内涵的公平价值"之具体化的"平等原则"，是指税法主体之间（主要是纳税人与征税机关之间，以及纳税人与国家之间）的平等性问题，是一种税法主体之间的"内部平等"。它是税法公平价值内涵的最深层次，因而具有更根本的意义。他认为，这三个层次的公平之间具有"内在逻辑联系"，因而形成了税法的公平价值体系。其中，第一层次的形式正义，即平等价值，是税法公平价值体系中的前提性或基础性的价值，第二层次的实质正义是一般性价值的表现，是税法公平价值系统中的主体部分，但不是主要部分。第三层次的本质公平是税法的根本价值，最集中地体现了税法的"契约精神",但一般不为人们所认识。①

王惠教授则认为,税法的公平价值,主要体现为税法建立和维护社会公平的价值。它主要体现为两个方面:第一,税法将公平作为立法、执法、守法的基本原则,通过实行普遍征税、平等征税、量能课税,从三个层面保障纳税人权利义务的公平分配。第二,税法通过宏观调控功能,公正地解决国家与纳税人之间、不同纳税人之间甚至不同国家之间的税收矛盾,实现各种不同利益之间的动态理性平衡。②

笔者认为,税法的公平价值作为税法所追求的理想目标,它所要解决的核心问题是税法中权利与义务的分配应当符合人类公平正义的价值目标。它是税法的核心内容,对税法的制定和执行起着极其重要的指导作用。因此,它在内容上可表现为以下几个方面:其一,是国家与纳税人之间在税收征纳活动中的权利与义务的分配公平。其二,是不同级次的政府之间税收利益和税收管理权限与职能的分配公平。其三,是纳税人之间税收负担的分配公平。

(二)税法的效率价值

效率(efficiency)原本是一个经济学的概念,指的是投入与产出、成本与收益之间的关系。目前我国学术界对其含义有三种不同的理解:"投入产出效率,指资源投入与生产产出之间的比率;帕累托效率,即资源配置效率,指社会资源的配置已达到这样一种境界,任何一种资源的重新配置都不可能使一个人福利增加而不使另一个人的福利减少;社会整体效率,指社会生产力对提高社会成员的生活质量,促进社会发展的能力。"③由于这三种不同的理解都是基于经济学中的资源"稀缺性"和"机会成本"的理论,反映着人们对资源配置的一种普遍的理性的追求,因此,它已经成了一种普遍的价值目标,因而也就成为法律当然也包括税法的价值目标。

税法的效率价值从根本上来讲,是要求税法中权利义务的配置和税法制度的设计要以最小的成本获取最大的税收收入,并最大限度地降低税收对经济和社会发展的妨碍。它的具体内容,可以分为两个方面,即税收的行政效率和税收的经济效率。

---

① 李刚:《税法公平价值论》,载刘剑文主编:《财税法论丛(第1卷)》,法律出版社2002年版,第514—531页。

② 王惠:《税法基本问题研究》,江西人民出版社2004年版,第45页。

③ 万光侠:《效率与公平——法律价值的人学分析》,人民出版社2000年版,第97页。

税收的行政效率是指税收权利与义务的配置及税法制度的制定和实施所产生的成本最小化，它包括征税效率和纳税效率。其中征税效率是指国家在税法制定和税法执行过程中成本的最小化。它又包括三个方面，即立法成本、执法成本和司法成本。立法成本是指国家立法机关及行政机关为制定税收法律法规而支付的各种费用；执法成本是指税务机关在执行税法，进行税收征收管理过程中所发生的各种费用；司法成本是指司法部门办理税务案件时所发生的费用。在其中，执法成本所占的比例最大，也最容易进行衡量，故一般所讲的行政效率主要讲的是执法效率。征税效率可以用征税成本与所征税额的比重来进行衡量。它可用公式（1）来表示：

$$征税效率＝征税成本/所征税额 \qquad (1)$$

在美国，征税效率大约为 0.58%。①而我国的征税成本"据国家税务总局公布的数据测算，1994 年税制改革前，中国税收征收成本率为 3.12%，到 1996 年达到 4.73%，到 20 世纪末大约为 5%～8%"②。另外，由于现代国家基本实行复合税制，故不同税种的征收效率也不尽相同。"一般来说，所得税单位税额所耗费的征税费用最高，增值税次之，简单按销售额征收的销售税的征税费用又较增值税低。"③

纳税成本又称为税收奉行成本或税制遵从成本，它是指纳税人为履行纳税义务而支付的各种费用。纳税效率可用公式（2）来表示：

$$纳税效率＝纳税成本/所征税额 \qquad (2)$$

根据一些学者的观点，一般而言，征税成本所占税收总额的比例应该控制在 5% 以下，纳税成本所占税收总额的比例应该控制在 2.3%～4.4% 之间。④而斯莱姆罗德的索拉姆以 1982 年对美国明尼苏达州约 600 名居民的纳税申报表的调查为基础，得出美国联邦和州个人所得税的遵从成本总额每年约在 170 亿～270 亿美元之间，约占联邦和州税收的 5%～7%，且这些费用还不包括第三方的费用，如雇主在执行代扣所得税时发生的费用。⑤

---

① 数字来源见张楚楠：《主要 OECD 国家中央政府的税收征收成本》，载《涉外税务》1995 年第 10 期，第 23 页。

② 《调查报告称中国纳税成本高居世界第八》，载中国新闻网 2006 年 12 月 21 日，http：//www.sina.com.cn。

③ 李海连编著：《税收经济学》，对外经济贸易大学出版社 2004 年版，第 56 页。

④ 文英：《税收调控的理论与实践》，西南财经大学出版社 1998 年版，第 26 页。

⑤ 资料来源，[英] 彼德·杰克逊主编：《公共部门经济学前沿问题》，郭庆旺等译，中国税务出版社 2000 年版，第 78 页。

把税收的征收成本与纳税成本相加,再除以税收总额,就可以得出税收的征收效率。故有公式(3):

$$征收效率=(征收成本+纳税成本)/税收总额 \quad (3)$$

根据一份资料显示,在美国,管理成本加上纳税成本的总和是一个非常大的数字,估计接近税收总额的7%,或者说每年多于1000亿美元。①

从以上公式可以看出,在税收收入总额确定的前提下,征税成本和纳税成本越低,则税收的行政效率就越高。因此,为了提高税收的行政效率,除了要加强严格执法和加强税务人员的业务素质和职业道德外,关键还要从源头上通过立法使所制定的税收法律法规具有科学性和合理性,使税收法律制度能够满足具体明确、有可实施性和尽量简化的要求。②

税法的经济效率是指税法对权利义务的配置及其实施尽可能减少税收对社会经济的不良影响,或者最大限度地促进社会经济的良性发展。它可以从微观和宏观两个方面来理解。其中,微观意义上的经济效率是指尽可能降低税法实施所带来的额外负担,把税收对市场的扭曲和干扰降低到最小,以保持税收对市场的中性作用。宏观意义上的经济效率是指利用税收所产生的额外负担(额外收益),通过调节纳税人的行为来体现政府意图,达到稳定经济、促进发展的目的。

从微观层面上来讲,税法的实施和税收的征收,对纳税人不可避免地会产生两种不同的效应,即收入效应和替代效应。前者是指税收的征收会降低纳税人的可支配收入;后者指税收的征收会改变纳税人的相对收益或相对成本,促使他用一种经济活动代替另一种经济活动。由于税收的收入效应只是改变了纳税人的收入水平而未影响商品或生产要素的相对价格,故从社会总体来讲,它不会扭曲市场机制的资源配置职能。而替代效应则不然,由于它直接改变了商品或生产要素的相对价格,故会对市场的资源配置职能产生扭曲作用。因此,为了使税法实施和税收征收尽可能地减少税收对市场资源配置的扭曲作用,微观意义上的经济效率就要求税收的开征尽可能选择收入效应大、替代效应小的税种。即税收应该尽可能保持"中性"。但由于实际上只具有收入效应而没有替代效应的"中性"税收是不可能存在的,税收中性只能是一种理论上的假设。"因此,倡导税收中性的实际意义在于,尽可能减少(而不是完全避免)税收对经济的干扰作用'度',尽

---

① [法]伯拉德·萨拉尼:《税收经济学》,陈新平等译,中国人民大学出版社2005年版,第180页。
② 对此问题的具体论述,参见李友元等:《税收经济学》,光明日报出版社2003年版,第73—74页。
③ 许正中、张孝德主编:《税收经济学》,国家行政学院出版社2005年版,第54页。

量降低（并非完全取消）因征税而使纳税人或社会承受的额外负担'量'。"③

从宏观层面上来讲，税法的实施和税收的开征会产生两种不同的作用，即乘数作用和自动稳定器作用。其中乘数作用是指在其他条件不变的前提下，政府提高（降低）税率、增加（减少）税收收入时会引起的社会总需求和国民收入产出以数倍数额减少（增加）。因此，政府可以运用增税或减税手段，通过税收的乘数作用调节宏观经济的运行。自动稳定器作用是指对于实行累进税率的所得税，在经济发展的经济繁荣（经济萧条）时期，由于人们的收入增加（减少）而进入高一级（低一级）的税率等级，造成了实际税率的增加（减少）和税收收入的增加（减少），其结果完全和增税（减税）一样，从而在一定程度上调节社会总需求，促进宏观经济的稳定。由于在复合税制条件下不同税种的乘数作用不尽相同，对于稳定经济的作用也大不一样，故一般要求政府应该尽量选择有较宽税基的税种作为调节经济的手段。

（三）税法公平与效率的对立与统一

公平和效率作为税法两种不同的价值目标，从以上的分析中可以看出，它们之间在内涵上的差别是非常明显的。公平反映的是在税法价值体系中不同的价值主体相互之间的一种关系，即纳税人之间、纳税人与国家之间的一种关系。它是"法律面前人人平等"原则在税法中的体现和具体化。它以横向的平等为主，以纵向的差别为辅，要求税收法律制度在税收权利与义务的配置上要具有正义性，即在国家与纳税人之间的税收权利与义务的配置上要体现对称性和制衡性，在不同的政府之间的税收利益和税收管理的分配上要体现合理性，在纳税人之间税收义务的分配上要体现横向公平和纵向公平的差别。它的核心是平等。因此，按照公平价值目标的要求，一个公平的税收法律制度应该是以所得税为主体而建立起来的税收实体法律制度。而效率反映的是在税法价值体系中价值主体与价值客体之间的一种关系，即纳税人、国家与纳税本身之间的一种关系。它所追求的是作为价值主体的人或国家在税收法律的制定或执行过程中所取得的结果的时效性，即在单位时间内所取得的税收效益，它的核心是效益。因此，按照效率价值目标的要求，一个有效率的税收法律制度应该是以商品税为主体税制所建立起来的税收实体法律制度。正是由于公平与效率在内涵方面的上述差别，导致了在对税法进行价值判断和价值评价时对于二者的不同顺位和取舍。

一般而言，税法的公平和效率两种价值目标之间可以有 7 种不同的组合。第一种，是公平与效率之间都实现了最大化的组合。第二种，是只有公平而没有效率的组合。第三种，是只有效率而没有公平的组合。第四种，是既没有公平也没有效率的组合。第五种，是既有一定的公平，也有一定的效率，但公平大于效率。第六种，是既是一定的公平，也有一定的效率，但效率大于公平。第七种，是既有一定的公平，也有一定的效率，且公平与效率相等。在这七种组合中，第一种组合应该说是一种最佳的组合，是任何一种税收法律制度都梦寐以求的组合。然而，在现实中要想同时达到公平与效率的最大化，几乎是不可能的，故它只能是一种理想的状态。而第四种情况则是一种最差的组合，也是任何一个法律制度都不愿意看到的组合，没有任何一个国家会选择这样的状态。第二种和第三种情况，虽然它们都实现了公平或效率某一方面的最大化，但却是以失去另一个价值为代价的，这也不是一种可以接受的情况，因为，失去了公平的税法就不可能产生效率。这个道理非常简单，那就是不公平的税法必然挫伤纳税者的生产积极性和纳税积极性，使社会经济活动和纳税人的纳税活动缺乏动力和活力，甚至还会引起社会的不稳定。同时，没有了效率，税收分配也就失去了对象，公平也就成为无本之木，即使在此情况下实现了所谓的形式上的公平，那也是不可能长期存在的。因此，它是属于一种次差的组合，在现代国家中，相信不会有国家做出这样的选择。而第五、第六和第七种组合，其中既有一定的公平，也有一定的效率，只不过它们之间的区别在于公平与效率二者之间大小的比较而已。因此，笔者认为，这是一种次佳的组合，也是比较现实的组合。因此，税法公平与效率的关系问题，实际上就表现为公平与效率二者能否并重或二者优先劣后的问题。

在西方经济学界，对于公平与效率的关系一般有三种不同的观点，即重公平论、重效率论和公平与效率并重论。而在我国国内学术界，也有三种不同的看法，即效率优先、兼顾公平的观点，效率与公平辩证统一的观点，公平与效率并重的观点。[①]笔者认为，如果说在经济学领域内公平与效率并重或二者辩证统一的观点也许有其科学合理的内涵的话，那么，在税法领域内，提出公平与效率并重的观点则是一个不科学的伪问题。之所以如此，笔者认为，公平不仅包含了税法在制定和实施过程中的经济公平，而且最重要的是税法中的权利义务的分配公平。而对于权利与义务的公平问题，则是一个人言人殊的问题，它在更多的时候表现为人们的一种主观感受。同时，税法的效率价值，虽然在某些情况下（如在征税的效率方面）是可以用数字来进行衡量的，但在大多

---

① 对国内外关于效率与公平关系不同观点的具体论述，参见白暴力、李苗：《公平与效率关系问题研究述要》，载《思想理论教育导刊》，2006年第4期，第75—79页。

数情况下（如在税收的经济效率、税收的纳税效率方面）是无法用数字来进行衡量的。另外，税法的效率问题也并不是说在税法制定和执行时的费用支出越小越好。因此，在此种条件下，提出税法中的公平与效率并重或二者辩证统一的观点，笔者认为，就有可能陷入了无法进行衡量与证明的境地，从而成为一个伪问题，在税法学中不但没有意义而且可能还会产生误导作用。因此，笔者认为，真正有意义的问题就是在税法中它们两个何者为先的问题。

笔者认为，在税法中，公平与效率的关系问题应该坚持公平为先、兼顾效率的原则。之所以如此，主要原因是：首先，根据学者们的观点，"在许多情况下，人们往往把公平看作是法律的同义词"，更普遍的看法是"公平是法律所应当始终奉行的一种价值观"①。"真正的和真实的意义上的'公平'乃是所有法律的精神和灵魂"②。它是法律的第一要义。在民主社会中，如果一部法律没有了公平，则这部法律也就失去了存在的意义，就不可能继续存在下去。税法作为任何一国法律体系中的一员，也必须把公平价值作为其首要的价值。其次，税法属于分配法。它通过制定和执行税收法律，对社会剩余产品进行强制性的再分配。因此，如果说市场的初次分配是市场按照自己的逻辑行动的结果，是市场效率的体现。那么，税收分配作为国家或者政府的行为，它则是对市场分配结果的强制性矫正，因此，它就应该体现公平。只有这样，才能真正保证市场的正常运行和社会的稳定与发展。因此，如果说效率是经济活动应当考虑或追求的目标的话，那么，公平则是税法首先应当追求的价值目标。当然，由于公平与效率的不可分割性，因此，税法应该在追求税收权利义务分配公平的同时，最大可能地考虑到税收的效率问题，以实现二者之间的契合与相互促进。这种观点并不是笔者本人所独持，许多税法学家，甚至一些经济学家也持此种观点。如，著名经济学家斯蒂格利茨就明确表示："在大多数人的心目中，第一条标准是公平。……健全税制的第二条标准是效率"③。

---

① [英] 彼德·斯坦、约翰·香德：《西方社会的法律价值》，王献平等译，中国法制出版社2004年版，第86页。

② [美] 金勇义：《中国与西方的法律观念》，陈国平、韦向阳、李存捧译，辽宁人民出版社1989年版，第79页。

③ [美] 斯蒂格利茨：《经济学（上册）》（第2版），梁小明、黄险峰译，吴敬琏校，中国人民大学出版社1997年版，第483—484页。

三、税收优化理论：税法价值指导下税法理论的发展

"'自从恺撒、奥古斯都以后，实现了对整个世界的课税。'（《新约·路加福音》第二章第一节）事实的确如此，从那时起，世界一直处于'恺撒时代'"。[1]自从人类社会产生以来，税收就一直与国家相伴相随。但由于税收是一把"双刃剑"，如果运用不当，则会损害纳税人的利益和国家存在的经济基础。因此，如何设计科学合理的税收制度，从而实现税收权利义务的合理分配，最大化的实现国家财政需要和纳税人利益保护之间的平衡，则是千百年来困扰人们的一个重大问题。中外历史上的许多政治家、法学家、经济学家都对此进行过许多思考和研究。不过，直到 1927 年，英国福利经济学家拉姆齐（Ramsey）发表的论文《对税收理论的一个贡献》，才使得最优税收理论开始进入人们的研究视野。随后，法国经济学家布尔塔斯克（M. Boiteux）、美国经济学家萨缪尔逊（P. Samuelson）、米尔利斯（J. Mirrlees）、戴蒙德（P. Diamond）等人的进一步研究，才使最优税收理论形成体系。

最优税收理论从根本上来讲，就是按照公平和效率两大价值的内在要求，研究如何设计一组最优的税收制度，在保证政府能够筹集到足够资金的情况下，实现社会福利的最大化。因此，最优税收理论实际上是税收在公平与效率两大价值理念紧张和此消彼长之间的权衡与选择的理论。

根据目前学术界的研究，最优税收理论包括三个方面的内容，即最优商品税理论、最优所得税理论和商品税与所得税的搭配理论。

（一）最优商品税理论

最优商品税理论最早源自拉姆齐的论文。他假设在经济中的每个家庭都具有相同偏

---

[1]［英］詹姆斯（James, S.）、诺布斯（Nobes, C.）：《税收经济学》，罗晓林、马国贤译，中国财政经济出版社 1988 年版，第 1 页。

好结构的基础上，研究了最优商品税的基本结构。由于他的这个假设将消费者经济视为只有一个消费者的经济，或者由多个相同消费者组成的经济，因此，可以假定经济中只存在一个家庭。在此基础上，他提出了后来被称之为"拉姆齐法则"的著名理论。该理论由两个基本内容组成：一个是等比例下降准则。它要求政府所有的商品税对于消费品扭曲效应加总，相当于税前消费量减少了一个常数的比例。换言之，如果政府不得不采用扭曲性的商品税来保证政府的开支，那么最优税率结构应该使得每一种商品的实际消费等比例的减少，从而税前与税后的消费结构保持相对不变，而减少的消费全部以税收的形式转移到政府的手中，这样就使税收的扭曲效应降到最小，效率损失降到最小，从而使社会福利最大化。另一个则为反弹性准则。它要求政府对具有不同补偿需求的商品征税时，要想做到效率损失最小化，则各自不同的税率应该这样确定，即其税率之比应该等于其补偿需求弹性的倒数，换言之，商品税率的高低应该与其补偿需求成反比。从等比例下降准则可以看出，它关心的只是税前与税后资源配置结构是否相同，而不关心初始的资源配置是否公平合理。因此，它实际上是一个效率原则。而他的反弹性准则意味着对生活必需品要征以重税，而生活必需品是中低收入者的主要消费品，因此，它意味着低收入阶层的税收负担应该大于高收入阶层。由此可见，拉姆齐理论只是在家庭假定基础上按照效率要求而得到的一个理论推导，他不可能也没有考虑到公平的要求。同时，由于拉姆齐法则是建立在每种商品价格的变动不影响其他商品需求的基础之上，而现实中许多商品的价格是相互影响、相互依赖的，征收商品税会降低休闲（休闲可视为一种特殊的商品）与非休闲商品之间的相对价格，故 1968 年科利特（E. J. Cortett）和黑格（D. C. Hague）通过研究提出，应该对休闲课税，以抑制这种替代。但由于现实中不可能直接做到这一点，故最优商品税要求对与休闲相互补充的商品（如娱乐品）征高税，对休闲的替代品（如工装）征低税，这就要求实行差别税率的商品税。这就是科利特—黑格法则，它被认为是对拉姆齐法则的补充。

戴蒙德（P. Diamond）和米尔利斯（J. Mirrlees）将拉姆齐单一消费者假设下的最优商品税结构的分析扩展到了多个非同质的消费者经济中去分析最优商品税的结构问题。这自然就引入了公平的问题。通过一系列的数学分析[①]，他们认为，政府征收商品税时，最优税收应使得对那些主要由穷人消费的商品的补偿需求的下降比例较低；如果某种商品

---

① 对于多个消费者假设下的最优商品税结构的数学推导，可参看毛程连主编：《中高级公共经济学》，复旦大学出版社 2006 年版，第 220—225 页。

主要由那些纳税额随其收入水平而大幅波动的消费者消费时,最优税收应该使得这种商品的补偿需求的下降比例较小。这样,与拉姆齐法则相比,它就比较明显地考虑到了税收的公平问题。

从以上可以看出,虽然戴蒙德和米尔利斯扩展性的研究阐明了"公平因素对于最优税收结构的影响,并证明了如何解决公平和效率的权衡问题",但他们的研究"只是描述了最优商品税应具有的特征,并没有给出具体税收结构的显性信息"[①]。到目前为止,一些有限的有关最优商品税的税率的数值分析也只是针对较少的商品组别进行的,而没有推广到一般的情形,但它的确给我们指出了研究的方向。

(二)最优所得税理论

与最优商品税理论一样,最优所得税理论所关注的也是公平与效率如何影响最优所得税制的设计。根据学者们的观点,兼顾公平与效率的最优所得税制应该达到这样的平衡,即所得税使更多公平所增加的好处恰好等于更大的非效率所增加的代价。或者说累进所得税税率的确定应该达到这样一点,使得它引起的社会边际收益等于社会成本。为此,米尔利斯等人进行了科学的分析。

1971年,米尔利斯与戴蒙德在《美国经济评论》上合作发表了《最优税收与公共生产(一):生产的有效性》和《最优税收与公共生产(二):税收规则》两篇论文。此外,他还单独发表了《最优所得税理论探讨》一文。在这些论文中,他首先假定:第一,经济自身会产生一种不公平的分配结果,从而在所得税模型中引入了公平因素;第二,所得税必然影响消费者的劳动供给,从而在所得税模型中引入了效率因素;第三,假定经济具有灵活性,从而经济对决定最优所得税结构的函数不具有任何约束性。在此基础上,他把最优所得税分为两种情况,即最优线性所得税(即比例所得税)和最优非线性所得税。根据斯特恩(J. Stern)的研究,反弹性原则同样适用于线性所得税的优化问题,即劳动的供给弹性越大,则税率的值应该越小。而在非线性所得税下,米尔利斯的研究得出了一个非同一般的结论,即处于收入最上层的人们(能力最高者)面对的边际税率应该为零。其理由认为,由于在实际中政府并不拥有个人真实的生产能力、纳税能力等信息,因此政府只能完全按个人的收入征税。而如果这样按照累进税制对收入最高的人征

[①] 毛程连主编:《中高级公共经济学》,复旦大学出版社2006年版,第226页。

收最高的税,就会对其产生负激励,导致其降低努力程度,增加闲暇,从而降到低一级的税级中。因此,当个人处于收入最高时,再高的边际税率也不会增加税收收入。相反,一旦高收入者的边际税率为零时,就可刺激其更加努力地工作,从而有可能使税收收入总额增加,社会福利增加,更有助于公平的实现。在此基础上,他提出了著名的"倒U型"最优所得税税率模式,主张适当提高中等收入者的边际税率,而大幅度降低低收入者和高收入者的边际税率。根据这一理论,他得出了以下三方面的结论:第一,无论社会福利函数的具体形式如何,但只要收入分配数量存在一个上限,则最高收入档次的边际税率应该为0;第二,最优税率是近似线性的,并附有特定的免税水平,收入低于该水平者,纳税义务为负值,即政府应该给予补贴;第三,边际税率应当保持较低的水平,一般在20%~30%之间。

从以上的简要介绍来看,最优所得税理论也是研究在存在分配不公的经济中如何设计最优税制来实现公平与效率的平衡问题。由于它的结论是在市场完全竞争的假设下得来的,因此,与现实具有较大的差异。在现实中没有哪个国家会完全按照它的建议去做。但是,它却给我们提出两点非常重要的启示:第一,对于最优所得税理论的研究给我们提供了一种科学审视所得税问题的视角和方法。它对于转变研究者的思维方式,不无裨益。第二,虽然该观点与现实具有较大的差异,但它却影响了自20世纪80年代以来西方国家税制改革的一些具体措施。许多西方国家在税制改革中,大幅度地降低了个人所得税的高边际税率。如美国由1986年时的50%降低到了2003年时的33%,英国由60%降低到了40%,加拿大由47%降低到了29%,等等。

(三) 商品税与所得税的搭配理论

1977年,美国经济学家阿特金森(A. B. Atkinson)以"目标—工具"的形式提出了商品税与所得税的最优搭配问题。他认为,该问题就是政府如何选择所得税和商品税以实现"提高效率与实现公平"这两大目标。他的研究表明:在每个消费者的能力相同(即工资率相同)、偏好相同的情况下(相当于单一消费者经济),所得税优于商品税;如果每个消费者的能力不相同,出于效率目标应该征收人头税,出于公平目标应该征收商品税,其中对于奢侈品应该实行更高的税率;如果考虑征收非线性所得税,假设劳动和其他所有商品之间是弱可分的(即商品间的边际替代率与劳动无关),则仅应征收所得税,否则,则应该征收商品税和所得税。

从阿特金森的研究可以看出,由于在现实中每个消费者的能力都各不相同,且现实中的所得税基本上都是非线性的，并且劳动和其他所有商品之间不是弱可分的，故在现实应该征收商品税和所得税。这样，阿特金森就从理论上证明了同时征收商品税和所得税的合理性。事实上，从目前世界各国的税收现实来看，绝大多数国家都实行的是复合税制，同时征收商品税和所得税。因此，研究税收优化问题，还必须研究这两种税种的最优组合搭配问题。

在现实中，根据征税对象的不同，所有的税收都可以分为四种不同的类型，即商品税、所得税、行为税和财产税。其中，尽管行为税和财产税在某些情况下扮演着非常重要的角色，但总体而言，它们在一个国家的税制结构中，一般都只是一些辅助性税种，而扮演主体税种的只能是商品税或所得税。在此情况下，研究最优税收搭配理论，实际上也就是主要研究商品税与所得税的搭配问题，即在商品税和所得税中，何者为主体税种的问题。

从纯粹公平的角度来看，所得税比商品税更符合公平价值的要求。而从纯粹效率的角度来看，则商品税更具有实现政府收入分配的职能和资源配置的职能，即更有效率。这种观点在国内外学术界没有什么太大的分歧。但如果把公平与效率结合起来，则会产生三种不同的观点。第一种观点认为，所得税适于实现分配公平目标，商品税适于实现经济效率目标，因此，最优税收搭配应该是在商品税和所得税之间实现一种大致的平衡。其中，用所得税解决收入分配的公平问题，用商品税解决政府收入的效率问题。而第二种观点则相反。该观点认为，在实现公平方面，商品税优于所得税，而在效率方面，所得税则优于商品税，故应该用商品税解决税收的公平问题，用所得税解决税收的效率问题。第三种观点则认为，"直接税被认为比间接税更能满足公平、效率和管理成本的标准，所以直接税从任何一个角度来看都是较好的税"[①]。故所得税在各个方面都优于商品税，但由于所得税在经济发展初期管理成本过高才导致了商品税的广泛采用。因此，随着经济发展和行政管理水平的提高，商品税的比重应该下降。

从上述各种不同的观点可以看出，在商品税和所得税的最优搭配上，目前学术界的观点分歧较大。哪个应该成为主体税种，这从理论上并不是一个可以说清楚的问题。之所以如此，主要是由于两方面的原因：第一，是因为对于公平与效率的理解，不同学者有不同的观点。比如在对效率的理解上，有的学者注重的是税收的经济效率，而有的学者强调的是税收本身的效率；再如对于公平的理解上，有的学者强调的是税收的横向公

---

① 袁振宇、朱青、何乘才、高培勇：《税收经济学》，中国人民大学出版社1995年版，第218页。

平，而有的学者注重的是税收的纵向公平。因此，不同观点之间很难进行优劣比较。第二，是由于商品税和所得税本身各有其优点和缺点。因此，仅仅根据公平与效率，是无法对此进行取舍的。这样，对于商品税与所得税的最优搭配问题，就是一个需要研究和解决的问题。

（四）最优税收理论与税收制度的选择

从上述分析可以看出，无论是最优商品税，还是最优所得税，抑或是商品税与所得税的最优搭配，都是在公平与效率两大税法价值目标的内在紧张与冲突之间寻找一种平衡与协调的理论，是公平与效率如何影响税收制度的选择与协调的具体体现。上述理论都是在严格的假设下，由经济学家们运用数学模型与数学方法得到的。由于严格的理论假设与复杂的现实之间存在着巨大的差距，因此，这些研究所得出的结论就只能是一种理论目标，在现实中是不可能完全实现的。正因如此，在目前世界上没有一个国家是完全按照上述理论来建立自己的税收法律体系，并按照上述理论的要求来进行税收制度的建设和税收征管的。尽管如此，上述理论的理论意义和现实意义还是巨大的和不容忽视的。

首先，上述理论的提出和研究过程与结果都表明，税法的价值对于税法理论的发展具有深刻巨大的影响。传统理论认为，税法作为一种"国家的征税之法"，它的功能就在于保障国家的税收需要。因此，如果说它有什么价值理念或价值目标的话，也就只能是效率。而且这种效率也只是指税法的运行对国家税收收入方面的效率，即税收的收入效率，而不可能考虑税法的分配效率和资源配置的效率。因为，税收活动本身就是在市场资源配置过程加入的一个"楔子"，即"税收楔子"（tax wedge），使消费者愿意支付的数量与生产者愿意提供的数量之间产生了差额，造成消费者剩余或生产者剩余，必然影响消费行为或生产行为，带来效率的损失。而税法价值目标的引入，特别是税法公平价值目标的引入，对于重新审视现行的税收法律制度，为重构税法学理论提供了重要的视角和切入点。它使人们意识到，税法不能只考虑保证税收收入方面的效率，还必须考虑税法在调节收入分配、优化资源配置方面的效率问题。同时，它也告诉人们，税法不能只考虑效率问题，还必须考虑公平问题，而且还必须把公平问题放到一个非常重要的位置加以考虑。否则，没有公平的税法是不可能受到人们的认可和遵从的，故也是不可能长久存在和发挥作用的。不但如此，而且不公平的税法还可能成为引起社会动荡与变革的重要因素。因此，税收的价值理论和价值目标，特别是公平与效率的问题不容忽视。任何一种税法理论都只有很好地解决了公平与效率的理论关系，才可能成为一种好的理论，才可能具有较强的理论说服力，因而才有可能对税法的实践提供理论上的指导。任何一国的税收法律制度也只有摆正了公平与效率之间的关系，才有可能真正发挥其应有的作用。因此，税法的价值问题，特别是其中的公平与效率的问题，是当代任何一个税法理论和任何一国税收法律制度建设都绕不开的问题，对于税法理论的发展和税法制度的完善都有着巨大的影响。

其次，上述理论表明，最优税收理论的核心是公平与效率的权衡与协调。它要追求的最终目标是公平与效率二者之间的兼顾。但从税收优化理论的具体内容来看，公平与效率之间更多的是表现为一种内在的紧张或冲突，而不是协调。而且这种内在的紧张或冲突是必然的、普遍的和长期的。在此情况下，最优税收理论实际上就是在效率目标和公平目标发生矛盾时，力图寻找一种在二者之间适当平衡的最优税收工具。因此，最优税收理论所面临的主要问题就是公平与效率的两难选择：或者以损失一定的效率来获得更多的公平，或者以放弃一定的公平来得到更高的效率。但在现实中，如何来衡量所损失的效率与所换来的公平或所放弃的公平与所得到的效率之间的大小或平衡，却不是一件容易办到的事情。因为，效率与公平本身就是两个不同的价值目标。但是，这种研究却具有非常重大的意义。它使人们认识到，要想同时达到最大效率和最大公平的税收制度在理论上是不可能的。现实选择只能是次优的，即在保证政府既定的税收目标的前提下，选择能够充分协调效率与公平的税收工具。这就需要在公平与效率之间进行重复博弈，以期达到协调与均衡。因此，从这种意义上来讲，公平与效率的博弈与均衡正是推动税法学理论研究和税法制度改革与演进的根本动力。

最后，上述理论也表明，尽管最优税收理论的结论不具有完全的现实意义，但对于税法制度的设计具有很大的理论指导意义。例如，1978 年，以米德为首的"米德委员会"发表了改革英国税制的报告。该报告认为，评价最优税收的一般原则应该是：（1）高收入者应该按高平均税率纳税，低收入者应该按低平均税率纳税；（2）收入级别最高档与最低档的边际税率都应该特别低。第一条原则要求税率应当具有累进的性质，以更好地促进公平；第二条原则要求在促进公平的同时也促进效率，因为当个人处于收入的最高级别时，再高的边际税率也不会使税收增加，所以对其规定一个特别低的边际税率并不会破坏税收公平，而一旦高收入者受到几乎为零的税率的激励，就会更少地选择闲暇，从而有可能使税收数额反而增加，更加有助于公平的实现。该报告还认为，当代西方税制在效率和公平两方面都有严重缺陷。例如，虽然名义上英美等国个人所得税是累进的，但有着极为复杂的减免条件，富人有很多合理避税的途径，故工薪阶层成了主要纳税主体。另外，由于当代西方税制的管理成本很高，因此，"米德委员会"经测算后认为，可以选择不太低的单一税率，废除现有的税收减免，并同时对每个公民进行无条件的"社会分红"。这种"单一税"加"社会分红"比起现行的名义上的累进所得税，更能促进效率与公平。

四、税制设计与税制改革：税法价值指导下税制的构建与完善

税法价值作为一种关系范畴，它存在于作为主体的人与作为客体的税法的关系之中，是主体的人对客体的税收法律法规所做出的一种价值评价或价值判断。由于作为客体的税收法律法规是以成文法的形式存在的，故税法的制定和修改既是税法创制和发展的过程，也是税法价值确立的过程。任何一个国家都只有通过制定成文税法，才能使税法的价值获得载体，人们也才有可能对税法进行价值判断和价值评价。

（一）税制设计

"税制"一词是一个在税收理论界和经济学界被广泛使用的术语，财经类院校还专门开设有"中国税制""外国税制""比较税制"这样的课程。但何为"税制"？它的本质是什么？我国学术界对此有三种不同的理解。笔者分别将其名之为"法律法规说""广义狭义说""两层含义说"①。虽然这三种观点在具体内容上存在较大的差异，但都承认税制本身是一种法律制度或首先是一种法律制度。事实也的确如此。由于现代各国普遍实行税收法定原则，故只有通过立法，将有关税收的一些重要的和基本的事项和要素以法律法规的形式固定下来，税收活动才能够获得合法性、规范性、稳定性和强制性，从而也才能得到社会的广泛承认和纳税人的普遍遵从，税收的功能和作用也才能得到具体的实现。因此，从这种意义上来讲，税收制度从本质上而言就首先是一项法律制度。

从当代世界各国税制结构的实际来看，绝大多数国家都实行的是由多个税种组成的复合税制。因此，税收法律制度的建立，除了必须考虑税收整体的筹资功能、调节功能

---

① 对这三种不同观点的归纳与分析，有兴趣的读者可参看本书第九讲《税制改革的法律原则与发展趋势》的有关内容。

外，还必须要确定不同税种在整个税收法律体系中的地位和作用等问题。这就是税制设计所要解决的问题。它具体又包括了三个方面的问题，即税种的配置、税源的选择和税率的确定。其中，与公平与效率相关的主要问题是税种配置和税率确定。

1. 税种配置

税种配置是指实行复合税制的国家根据本国的具体情况，选择不同的税种并使之相互搭配、功能互补，从而形成完整的税收法律体系的活动。由于当代许多复合税制国家的税收法律体系都是由多个税种组成的。因此，如何科学合理地设计税种的配置，使其能够相互协调、相互补充，从而形成一个在整体布局上能够满足公平与效率两项要求的税制结构，便是当代世界各国一直在致力探索的问题。

在税种结构的配置中，关键的问题是主体税种的选择。所谓主体税种，是指在一国税收法律体系中起主导作用的税种。它一般具有两个特征：一是该税种的税收收入数额较大，在税收收入的总额中占有相当大的比重，对国家财政收入有较强的支撑作用。二是该税种覆盖面较广，对社会经济领域施加影响，并具有一定的调控功能。因此，主体税种并不是任何税种都能够胜任的，它必须"天生丽质"，能够满足国家的需要。从目前世界各国的实际情况来看，一般有三种不同的模式：即以所得税为主体税种的模式、以流转税为主体税种的模式、以流转税和所得税为双主体税种的模式。其中，经济发展水平较高的工业化国家大多数实行以所得税为主体的税制结构，而经济欠发达国家则主要采用商品劳务税为主体的税制结构。之所以如此，主要是因为流转税的直接调控作用较为明显，且征收效率较高，便于实现经济效率的目标，故对财政要求强烈的发展中国家和经济欠发达的国家多以流转税为主体税种。而所得税由于在公平方面优于流转税，便于实现政府公平分配的目标，故经济发达国家多以所得税为主体税种。由此也可以看出，在主体税种的实际选择上，除了要考虑不同国家的社会经济结构外，还应当考虑政府税制设计的目标，即政府希望税收制度所要达到的社会政策目标是经济效率还是社会公平。

2. 税率确定

税率作为征税深度的体现，对于实现政府的税收目标具有非常重要的作用。税率设计主要解决两个问题：一是国家总体的税率水平，二是税率的形式。

在拉弗曲线提出之前，西方理论界关于总体税率水平的问题有两种不同的观点，即无限课税说和有限课税说。其中无限课税说是指税收虽然会减少纳税人的收入，但却增加了社会财富，故即使课以重税，也不会影响国民经济。而有限课税说则认为，政府课税不应该超过再生产的全部，不应该课征所得的全部，也就是不能课征到人民生活的最低限度。显然，有限课税说是比较合理的。而拉弗曲线的提出则进一步回答了在有限课税的前提下最高税率水平的问题。根据拉弗曲线，在一定范围内，提高税率可以增加国家的税收总额。但是，一旦税率超出了它的临界点，则就进入了所谓的禁区，此时如果再提高税率，则税收总额不但不会增加反而开始下降。当税率达到100%时，税收总额将趋近于零。拉弗曲线对于西方国家总体税率水平的确定起到了重大的影响。20世纪80年代以来，西方之所以进行大幅度的降低税率，实行大规模的减税，在很大程度上是受到了拉弗曲线的影响。

税率形式一般有两种，即比例税率和累进税率。它们二者在不同的价值目标下各有其优劣。如比例税收比较符合公平的要求，而累进税率比较符合效率的要求。由于公平和效率相互之间存在冲突，不可兼得，故要想实现税收制度的公平与效率的兼得就必须同时采用两种不同的税率。其中，对于所得课税和财产课税应当适用累进税率，而对于商品课税则应该适用比例税率。而在累进税率和比例税率的权衡上，应该根据客观经济形势的需要来确定二者之间的大小份额。当国家面临的主要问题是分配不公时，应该加大累进税率的份额，以调节税收分配的差距，解决社会公平问题；而当国家面临的主要问题是经济发展停滞或缓慢时，就应该加大比例税率的份额，以刺激经济发展，解决社会效率问题。

（二）税制改革

何为"税制改革"？根据学者的观点，一般而言，税制改革（Tax Reform）是通过税制设计和税制结构的边际改变来增进福利的过程。它是通过对现行税收法律制度的重新构造，从而对现行的税收结构进行调整，以实现税收负担的合理分配。它既包括税率、纳税档次或起征点的升降和税基的变化，又包括新税种的出台和旧税种的废弃，还包括税种搭配的变化等。[①]因此，它不是对现行税制的小修小补，而是要动大手术。它不仅会引起一国税制结构的明显变化，从而改变国家的收入分配格局，影响国家的财政收入和国家的宏观经济形势，影响纳税人的经济利益，而且会影响国家税收法律法规的稳定性及税法与其他法律法规之间的协调性，从而影响一国整个法律体系的稳定性。因此，税制改革是一项十分复杂的系统工程，必须对其采取极其严肃、慎重的态度。

---

① 刘军、郭庆旺主编：《世界性税制改革理论与实践研究》，中国人民大学出版社2001年版，第2—3页。

20世纪80年代以来，在世界范围内掀起一股税制改革的浪潮。虽然各国税制改革的具体内容各不相同，但考察各国税制改革的实际状况后我们发现，无论何种的税制改革，实际上都是基于对公平与效率这两个税法价值目标的重新认识而对现行的税收法律制度进行的调整。根据研究，发达国家税制改革的主要原因有：（1）使税制更加公平合理，并促进纳税人的自我遵从意识。（2）使税制更具效率和国际竞争力，使本国税制适应经济全球化和经济发展的变化，具有灵活多样性；减少税制对工作、储蓄和投资的扭曲，提高纳税人工作、储蓄和投资的积极性，促进经济发展。（3）简化税制，降低纳税人的遵从成本及税务机关的管理成本。（4）通过使用税收和其他相关措施保护环境。①而税制改革的内容主要表现为以下几个方面：第一，在公平与效率的权衡上，由偏向公平转向了突出效率。由于发达国家过去寄希望于通过税收来调节收入分配，缓解收入分配不公，故比较重视公平问题。而20世纪80年代以来的税制改革则通过对所得税实行降低最高边际税率、合并压缩税率档次等的方式，使原来的高累进税变成了近乎单一税率的比例税，从而反映出这些国家以牺牲公平来换取效率的趋向。第二，在税收的公平上，由偏重纵向公平转向追求横向公平。这主要表现为两个方面：一方面，中等收入阶层的税率降低幅度要小于高收入阶层；另一方面，由多级累进税率向比例税率靠近。由此可见，横向公平越来越突出。第三，在税收的效率问题上，由注重经济效率转向税收的经济效率和税收本身运行效率的并重。这主要通过简化税收法律制度，降低税收征管成本和纳税遵从成本等的方式来进行。第四，在税收的经济效率上，由全面干预经济向适度干预经济的转变，以加强市场在资源配置方面的基础作用，促进企业在平等纳税基础上的竞争。②而发展中国家虽然各国国情差异和税制改革的差别很大，但也出现了一些共同的特征，例如，由过去单纯依赖商品税向增加所得税在税收结构中的比重的转变；减轻穷人的税收负担；合理设计税率结构，等等。而在改革的具体措施上，1966年加拿大出台的《皇家税收委员会报告》则是在公平课税理论影响下建议大规模修改加拿大的税制。美国的《基本税制改革方案》（1977）和《实现公平、简化和经济增长的税制改革》（1984）则试图将个人所得税建立在综合税制的基础之上。特别是后一份报告还成了《总统税制改革建议》（1985）和《1986年税制改革法案》政策讨论的背景。而米德

---

① 张文春、鲁德华：《近三十年来发达国家和发展中国家税制改革的经验与教训》，载《涉外税务》2006年第6期，第68—71页。

② 对20世纪80年代以来发达国家税制改革趋势的进一步具体分析，参看刘军、郭庆旺主编：《世界性税制改革理论与实践研究》，中国人民大学出版社2001年版，第182—184页。

委员会的《米德报告》(1978)、瑞士的《累进支出税———一种选择？》、爱尔兰的《税收委员会的第一报告》等也都是在公平、效率等价值目标的指导下提出的，对政府的税制改革起到了重大的影响。

五、结束语

　　税法价值作为税法哲学的一个基本问题，不仅具有浓厚的理论品格，而且也具有浓厚的实践品格。谓其具有浓厚的理论品格是因为税法的价值问题本身就是税法学理论体系中非常重要的内容。任何一个税法学理论体系，都不可能不具有其内在的价值目标和价值追求，也不可能不建立起自己独特的价值判断和价值评价的标准和要求。否则，这样的税法理论就是无追求的和无意义的。不同的税法理论就是在不同的价值体系和价值目标的指引下发展起来的。因此，在税法学的理论研究过程中，税法的价值就发挥了税法学理论发展的定向标和导航仪的功能，对税法学的发展起着至关重要的作用。谓其具有浓厚的实践品格，是因为税法的价值问题对于税收立法和税法的实施具有重要的意义。它是税收立法和税法实施的思想先导和保障。任何国家的税收立法活动和税法实施活动都是在一定价值观的指导下进行的。立法者的价值观念不同，所立之法也就有所不同。执法者的价值观念不同，在税法的执行过程中也会做出不同的行为选择。立法者与执法者任何行为都是由一定的价值目标决定的，并满足一定的价值需求和价值评判标准。因此，在税法的制定与实施过程中，它不仅决定了立法者和执法者的行为方式和行为结果，而且首先决定着立法者和执法者的思想意识和认识水平，从而对于税收法律的制定与实施起到了重要的思想先导和思想保障。

　　在税法的价值体系中，虽然包含了很多的价值目标，但公平与效率的纠结与冲突则是税法学理论发展与税收法律制度建设过程中难以解决的重大问题。由于税法公平强调的是国家与纳税人及纳税人之间在税收权利与义务分配上的平等与公正，而税收效率强调的是税收制度的制定与运行所带来的利益最大化或损失的最小化。因此，它们之间最根本的问题是关于何者为先的问题。即在税法的价值目标选择上，是以公平为先，还是以效率为先，抑或是实现二者之间的相互平衡。由于税法的价值问题在理论层面上，更多表现为学者们的理论主张或学术观点，是由学者们的个人价值观念或价值选择决定的。因此，在学术自由的前提下，它们之间的不同观点和理论只要言之有据和言之有理就都可以和谐共处，百家争鸣。但是，税法学毕竟是一门经世致用之学，它必须要用以指导具体的税收立法和税收法律的实施活动，因此，在实践层面上，一方面必须要进行价值目标的选择，另一方面必须要按照不同的价值目标来指导税收立法和税法实践活动。但是，公平与效率在内涵和适用对象上的不同，再加上公平与效率这两种价值目标都既有其合理性的一面，又存在着一定的局限性。同时，在税法的实践中也不能以牺牲公平来换取效率，也不能以牺牲效率来换取公平，无论是强调税率优先还是公平优先，都必须考虑兼顾另一方，因此，在税法实践中，特别是在税收立法中，要进行这样的抉择就是非常困难的。事实上，笔者认为，从某种意义上讲，现代税法学的发展过程，实际上也就是研究如何进行这种价值目标的选择过程。另外，笔者也认为，由于社会发展和税法发展的历时性和公平与效率在内涵上的发展性，因此公平与效率的冲突和选择将是税法学发展中永远不可能最终解决的问题，它将成为一个永恒的研究课题而影响着税法学的理论发展和税法的制定与实施。

税法作为一种处理税收权利义务分配关系的法律规范，虽然在不同的时期或不同的国家中，其价值目标的选择或许有所不同，但笔者认为，无论如何，都必须兼顾其他的价值目标。税法在追求效率最大化的同时，还必须同时保障最低限度的公平、秩序与安全。同时，税法在追求最大程度的公平时，也必须同时保障最低限度的效率、自由与发展。不仅如此，税法还应该寻求不同价值目标之间的"张力"①。只有这样，才能够真正实现税法各个价值目标的最大化，才有可能使税法真正成为国家规范税收活动的工具和手段，为推动国家的经济发展和社会进步发挥真正的作用。

---

① "张力"（tension）是由当代西方科学哲学家库恩在其《必要的张力——科学的传统和变革论文选》一书中所提出的一个重要的概念。它指不同事物之间的紧张关系或紧张状态。它即是两种力量达到平衡时所产生的合力，这种合力不仅是维持自身平衡的内在力量，而且也是作用于环境的积极力量。

第四讲 税收法律关系

税收法律关系是由税法规定的,调整国家和纳税人在税收活动中所形成的特殊的权利义务关系。税法的制定与实施都是为了确立或实现某种特定的税收法律关系而展开的。因此,"它历来是税法学中最大的焦点课题。对这个问题也是研究税法学理论不可回避的首要问题"。①研究税收法律关系,对于领会税法的精神实质,认识不同主体在税收法律关系中的地位,进行税法的制定、解释和适用,都具有非常重要的理论意义和实践价值。

一、中国税收法律关系的范式转换

在西方税法学的发展过程中,围绕着税收法律关系的性质问题,不仅产生过比较激烈的争论,而且形成了权力关系说和债权债务说两种不同的理论,并对税法学和税收法律制度的发展产生了较大的影响。但在国内,受传统法学理论的影响,税法学因为从一开始就接受了权力关系说的理论,因而被认为是行政法学的分支。这就使税法学事实上变成了税收政策学,成了政府政策的诠释工具。②税法学也就因此而丧失了其独立性。自

---

① [日]金子宏:《日本税法学原论》(第五版),郭美松、陈刚译,中国检察出版社2008年版,第170页。
② 刘剑文、熊伟:《税法基础理论》,北京大学出版社2004年版,第71页。

进入 21 世纪以来，随着国内税法学的理论发展和税法制度的逐步完善，权力关系说的缺陷与不足表现得越来越突出。在此情况下，学者们开始运用债权债务说，对税收法律关系的性质进行重新定位，并期望以此推动中国税法学的发展和中国税收法律制度的完善。到目前为止，虽然债权债务说已经得到了国内税法学界多数学者的认同，但权力关系说并没有完全被抛弃。同时，虽然债权债务说与权力关系说相比，具有更大的理论合理性和实践合理性，但也还面临着一些无法解决的理论问题和现实问题。有鉴于此，笔者借鉴科学哲学中的范式理论，通过梳理国内税收法律关系理论研究的发展历程和研究成果，以期能够促进国内税收法律关系的理论发展和我国税收法律制度的完善。

（一）范式创建：权力关系说的形成及影响

一般以为，中国当代税法学方面的最早著述是刘隆亨教授 1986 年出版的《中国税法概论》一书。①在该书中，作者以马克思主义的法学理论为指导，对中国当时的税收法律制度进行了比较系统的整理与阐述。

《中国税法概论》共分 4 编 19 章 56 节。这 4 编分别为：第 1 编 "新中国税收法律制度的沿革"、第 2 编 "我国社会主义税法的原理和税收管理制度"、第 3 编 "我国现行的工商税收和农业税收法律制度"、第 4 编 "我国现行的涉外税收法律制度"。在这 4 编中，对于我国税法学的产生与发展意义最大的是第 2 编中关于我国社会主义税法原理的部分。在该部分中，作者明确表示，"我国税法所调整的对象是社会主义性质的征纳关系，也就是以法律形式正确处理国家与多种经济形式之间的一种分配关系，是工人阶级和广大人民意志的反映，体现了工人阶级和劳动人民同国家之间在根本利益一致基础上的共同愿望和要求，是为社会主义现代化建设和人民民主专政服务的，维护社会主义分配程序和税收秩序，保障国家机器的正常运转和各项建设事业的顺利进行"②。他认为，税法所规定的权利义务关系不是对等的，不是按照协商自愿、等价有偿的原则建立起来的，而是以国家权力和法律制度为依据建立起来的强制性的财政分配关系。这是因为 "税法始终

---

①当然，仅从时间上来看，我国第一本税法学方面的专门著述应该是由刘隆亨编著、1985 年由时事出版社出版的《国际税法》。但从学术界的一般观点来看，学者们更愿意把《中国税法概论》看成是中国税法学方面的第一本著作。参见刘剑文：《中国税收立法研究》，载徐杰主编：《经济法论丛（第 1 卷）》，法律出版社 2000 年版，第 82 页。

②刘隆亨：《中国税法概论》，北京大学出版社 1986 年版，第 75-76 页。

维护国家政权为权利主体的一方,直接参加一部分社会产品的分配,所以就形成了国家和国家代表机关享有决定性的权利,可以单方面决定产生、变更、停止征纳的权利义务关系"①。另外,在税法的作用上,刘隆亨教授也认为,虽然税法的作用是多方面的,但主要作用则只有下述四点:税法是国家向一切纳税义务人征收税款、积累资金的法律依据;税法可以保证国家税收政策和有关经济政策的正确贯彻和执行;税法是调整税收关系的准则;在国际经济交往中,税法是体现国家主权、保卫民族经济和打击走私活动的手段等。由此可以看出,刘隆亨教授的税法学理论是建立在国家权力本位基础之上,它的实质内容是传统的马克思主义国家意志论和国家分配论。因此,如果要给其理论进行命名的话,可以套用目前国内外税法学界关于税收法律关系性质中的权力关系说的名称,将其命名为"权力关系说",以此与后来所产生的各种税法学理论相区别。在此基础上,作者探讨了税法制度的基本内容、我国税法制度建立的六大基本原则和我国社会主义税法的体系、我国税法制度的作用、我国社会主义税收法律关系等内容。此外,作者还在其他各个章节中对我国税收制度的具体内容进行了系统的归纳与整理,从而使我国税法学的体系基本形成。

该书出版后,在国内外产生了很大的影响。这主要表现为两个方面:第一,该书对中国的税法教育和税务机关的税收行政执法工作产生了很大的影响。该书出版后,在 10 多年的时间里被很多大学法学院系和其他相关的院系作为税法学的教材选用,也被很多税务机关用作对税务干部进行培训的教材和辅导资料,因此,它影响了许多法学院的学生和税务机关的工作人员。直到现在,当笔者和一些法学院系的毕业生或税务机关的工作人员交流时,他们都还会有意无意地提起此书或引用此书中的许多观点。第二,该书奠定了中国税法学理论体系的基本框架。虽然此书自初版至今已随着我国社会政治经济和法律发展的实际而修订再版了多次,本书的结构也已经发生了不小的改变,有些观点或内容已经发生了较大的变化。但万变不离其宗,本书的基本理论框架却没有变化。"它系统地阐述了新中国税收法律制度的沿革、经验及今后的发展,深入论述了一些概念和特征,全面分析了我国现行的税收法律制度。该书是学习、研究、运用我国税收制度的一部比较全面丰富的税收专著"②。因此,此书深深地影响了我国税法学的研究和发展。在此后很长一段时间内,我国所出版的税法学著作和教科书,在体系结构和基本理论观点上也都基本与此书相同或相近。因此,可以说,《中国税法概论》一书构造了中国税法

---

①刘隆亨:《中国税法概论》,北京大学出版社 1986 年版,第 76 页。
②陈守一:《人民日报·海外版》,1993 年 12 月 10 日。

学的第一个理论范式。

（二）范式困境：权力关系说的理论难题

《中国税法概论》一书出版于中国改革开放的早期。当时国内的主流意识形态是马克思主义的阶级斗争理论，国家的基本经济体制是社会主义的计划经济体制，基本的法律理论是国家理论与法律理论合而为一基础上形成的"国家与法的理论"，法学理论研究也是以规则为核心的"固守规则模式论"①。因此，《中国税法概论》一书被深深地打上了这种时代的烙印。但是，随着改革开放的进一步发展，中国社会的政治、经济、文化等领域都发生了巨大的变化。市民社会的出现和市民社会的理论使政治国家与市民社会的二元结构取代了原来单一的政治国家的社会结构，市场经济体制的实施和市场经济建设的进步极大地改变了中国的经济结构，法律理论的移植与法律制度的创新使中国的法学理论和法律制度建设取得了日新月异的变化。在此情况下，继续坚持权力关系说的税法理论就越来越不能够解决我国税法学发展中的一些重大的理论问题。因此，虽然此书从1993年以来多次再版，且每次再版时作者都会吸收一些新的理论，也会对原有的理论进行一些修正，但由于这一既有的范式已经形成，要改变这种"路径依赖"实非易事。故此书基本上还是保持了其原有的研究范式。这样，在目前中国新的社会发展时期，这一理论研究范式就面临着许多无法解决的困境。

首先，权力关系说无法说明税法和税法学存在的必要性。权力关系说的基本内容是国家权力的至上性和个人对于国家权力的服从性。而根据研究，在一个国家权力可以左右一切的社会中，税收并不是国家取得财政收入最经济、最便捷的工具或手段。国家使用其他工具或手段完全可以更方便、更有效的获取足够的财政收入。因此，在国家本位论的前提下，税收的存在并不是必然的和必需的。我国过去几十年计划经济体制下所实行的"无税论"就是对这一观点的最好佐证。既然如此，税法的存在也就不是必然的和必需的，税法学的存在也就不是必然的和必需的。

其次，权力关系说无法说明税法的独立性和税法学的独立地位。权力关系说在税收活动中的主要体现是强调征税权作为国家意志所表现出来的强制性、单方面性和无偿性。这种权力被定义为凌驾于私人财产权利之上的、不同于国家财产所有权的一种政治权力，

---

① 这是张文显教授对当时中国法学研究范式的一个评价。参见张文显：《法哲学范畴研究（修订版）》，中国政法大学出版社 2001 年版，第 376 页。

是国家单方所享有的权力。纳税人作为"纳税义务人"只具有纳税的义务。税收的征纳过程是财产所有权由公民向国家单方转移的过程，税收征收活动就像警察维持社会治安一样是国家税务机关代表国家进行的一种行政执法活动。在此意义上的税法也就充其量只能是行政法中的一个很小的内容。这样，税法的独立性就无法得到保证，税法学也就相应地失去了其应有的独立地位，而变成了行政法学的一个分支学科。

再次，权力关系说无法说明税法的本质和税法学的本质问题。按照权力关系说的基本观点，税收是一种以国家为主体所进行的单向度的分配活动，满足国家的财政需要是税收活动的主要目标和评价标准。由此造成在税收立法活动中，立法者们总是站在国家的立场上，过分强调国家的征税权力和纳税人的纳税义务，而忽视了国家的义务和纳税人的权利，使所制定的税收法律法规中国家与纳税人的权利义务关系处于一种失衡状态。即使在税法中对纳税人的权利做了一些必要的规定，这些规定也只是限于与纳税有关的一些程序性的权利，而对于与纳税人的基本义务相关的一些纳税人的基本权利则没有或很少进行规定。在此意义上的税法也就成了所谓的"国家税收收入保障法"或国家的"征税之法"，税法学也就变成了研究如何保障国家税收收入的"国家税收收入保障法学"或国家的"征税法学"。它不能够真正说明税收"取之于民，用之于民"的基本性质与功能，也不能够说明税法作为纳税人权利保障的"维权之法"的根本性质，更不能够说明税法学如何成为纳税人的权利法学的本质。

最后，权力关系说无法解决税法的制度创新和税法学的理论创新问题。按照权力关系说的理论，税收是一种以国家为主体的分配活动，税法是由居于统治地位的国家制定的一整套国家征税的规则，是国家权力和国家意志的表现和象征。它凌驾于社会之上，成为控制人们的绳索和制裁人们的武器。它一经制定，就高高在上，容不得人们对它进行分析和评论，更不允许对它进行修改和废止。这样，它虽然可以使税法制度和税法条文长期稳定不变，满足了税法作为法律所具有的稳定性的优点，但同时也可能会使税法因脱离社会经济发展的实际情况而对社会的发展产生一些严重的负面影响。同时，权力关系说的理论还会限制税法学的理论创新，使税法学在内容上只满足于对税收知识的罗列和对税法条文的解释，而不注重对税法理论的建构和对税法制度及其运行情况的评析。由此导致中国税法学在长达十多年的时间里，一些主流教材和著作与一些经济、税收院系所用的教材和一些财经研究者所写的经济类的著作大同小异，造成我国的税法学理论研究"主攻方向不明，研究力量分散，研究方法单一，学术底蕴不足，理论深度尤显欠缺""法学家们也只满足于对现存的规则就事论事的注释，税法在法学体系中基本属于被人遗忘的角落"，"总体说来，中国税法学目前仍然在较低水平上徘徊"。①

尽管笔者通过以上内容对权力关系说的理论缺陷进行了分析,但需要说明的是,笔者的目的并不是出于对这一理论范式的指责或批判。笔者认为,任何理论的产生和发展都有特定的理论基础和实践背景,社会科学理论的产生和发展更要受特定时期、特定社会条件的制约,只要在一定时期内对社会经济发展有一定的理论意义和实践价值,就值得去学习和研究。况且,权力关系说在我国法学界和财政税收理论界曾产生了广泛的影响,对指导我国特定时期的税收法律制度及其实践发挥过积极的作用。故它所存在的缺陷或不足,是由当时的社会历史所决定的。它的一些用于指导计划经济体制下税收法制建设的原则和理论已不适应目前我国市场经济建设的要求,这是一种时代进步所造成的现实问题。因此,无须对此做过多的指责或批评。

(三)范式整合:二元关系说的过渡

根据库恩的范式理论,任何范式的范围都是有限的,当在一个范式内不能解决的问题累积起来,这个科学共同体就面临危机,作为对危机的反应,一种新的范式将会出现。这个新范式要优于旧范式,因为它能提供新的理论框架可以解决旧范式所不能解决的问题。这种新范式取代旧范式的过程就是所谓的范式转换。

如前所述,经过 10 多年来中国市场经济体制的发展和中国社会政治经济文化的进步,到 20 世纪 90 年代中期,中国社会已经进入了一个新的历史发展时期,与此相应,原有的税法理论和税法研究范式所固有的缺陷及不足就逐步地表现出来。在此情况下,从 1996 年开始,一些税法研究者开始试图用一些新的理论和方法来解决原有范式所不能解决的问题,从而导致中国税法学研究的范式转换。在此需要说明的是,这种范式转换,并不是一下子就完成的,而是由许多学者在很长一段时期内从不同的方向或角度分别逐步实现的。

1. 从差别到平等——税收法律关系中征纳双方的地位变化

如前所述,中国 20 世纪 90 年代中期以前税法学的主流观点认为,国家在税收活动中扮演着绝对的主导地位,是税收法律关系中的权利主体,而纳税人被称为"纳税义务

---

① 刘剑文、熊伟:《二十年来中国税法学研究的回顾与前瞻》,载刘剑文主编:《财税法论丛(第 1 卷)》,法律出版社 2002 年版,第 2-4 页。

人"①，是义务主体，只负有纳税的义务。因此，二者之间的地位是不平等的。由于这种观点是不符合现代税法的精神实质，故从20世纪90年代中后期开始，就有学者对此提法进行了批判。1996年陈少英教授著文认为，坚持"征纳双方法律地位不平等"的认识障碍主要在于：把税收法律关系当作税务行政关系的简单描述，混淆了社会地位与法律地位的区别；以民事法律关系中双方当事人权利义务的对等性作为衡量税收法律关系中征纳双方法律地位的尺度，忽视了两种法律关系的不同性质；用税收的强制性、无偿性的特征，作为"征纳双方法律地位不平等"是税收法律关系特征的理念根据，未免乏力。因此，她认为，"纳税人与税务机关之间的权力与义务从根本上讲是对等的，其法律地位也应该与税务机关相平等"②。其他学者也对"纳税义务人"的概念进行了批判。他们认为，"从法律的角度来研究主体资格，更关心的是其在特定法律关系中是否具有相应的法律地位以及应当具有怎样的法律地位，从这个意义上来讲，似乎纳税义务人更多地反映和折射出法律的要求，然而，恰恰是这样一个称谓或概念，使得整个税收法制难脱不幸的境地"。他们认为，"'纳税义务人'的存在是缺乏相应的法律依据的，也是与法制发展的一般要求相违背的""不再单纯地理解纳税人就仅仅是纳税义务人，缴纳税款行为只是履行义务这一单方面的含义，而是更多地将纳税人作为我们税收法律关系不可忽视的权利主体，不仅共同构成了税收法律关系，更重要的是通过向国家纳税这一纳税人行使的主张权利的行为，表现出纳税人主动参与税收关系和税收事业的积极热情，变被动的纳税行为为主动纳税，变人为要求为主动的要求，从法律地位上改变纳税人的身份，使社会主义税收法律关系建立在应有的良好的基础之上，为社会主义税收法律制度的发展确定良好的基础和前提"。③正是由于学者们的努力，自20世纪90年代后期以来，"纳税义务人"的概念才从一些主流教科书和一些研究性的著作中基本消失，税收法律关系中征纳双方法律地位平等性的观点也逐步为财税法学界的大多数学者所接受，并逐步取代了传统的观点。

2. 从制度描述到理论建构——从"制度税法学"向"理论税法学"的转向

20世纪90年代中期以前中国税法学的理论体系基本上都是以刘隆亨教授的《中国税

---

①这是中国20世纪90年代中期以前的税法学教材和著作中对纳税人的一种普遍的称呼。如刘隆亨教授的《中国税法概论》（北京大学出版社1986年版）、严振生教授所主编的《税法》（中国政法大学出版社1989年版）、蔡秀云主编《新税法教程》（中国法制出版社1995年版）等教材中都把纳税主体称作"纳税义务人"。

②陈少英：《试论税收法律关系中纳税人与税务机关法律地位的平等性》，载《法学家》1996年第4期，第68—72页。

③涂龙力、王鸿貌主编：《税收基本法研究》，东北财经大学出版社1998年版，第131、139、143页。

法概论》一书为蓝本进行构造的，且大多是以教材的形式出现的。它在内容的组织上，一般由三大块组成，即：（1）理论部分，一般包括了税法的概念与特征、税法的功能与作用、税法的分类、税收法律关系等，有的还增加了税收立法（如严振生教授主编的《税法教程》及《税法》，中国政法大学出版社1989年、1996年版）、税法的基本原则（如孙树明主编的《税法教程》，法律出版社1995年版）等；（2）历史部分，一般主要介绍新中国的税法发展史，但也有教材没有此内容（如严振生主编的《税法》）等；（3）中国税收法律制度部分，一般都包括了国内税法、涉外税法或国际税法、税收征管法等。其中，中国税收法律制度部分占据了三分之二以上的篇幅，理论与历史部分总共不到三分之一。同时，理论部分的内容也只是根据法学的一般理论和税收学的理论，对税法的上述内容进行一般性的介绍，很少有深入的理论研究和独到的学术见解，制度部分也主要是对现行的税收法律制度进行客观性的介绍，几乎没有进行理论的分析与评价。因此，为了方便，笔者将其命名为"制度税法学"，意在指其主要进行制度描述。但是，税法学作为现代法学体系中的一个重要分支，不能没有自己的理论体系。因此，从20世纪90年代中期开始，就有人开始探索建立税法学的理论体系。1994年由邱正荣等四人主编、南京大学出版社出版的《税收法学》一书首开先河。该书共分十五章，较为系统地探讨了税法学的研究对象、税法的概念、税收管辖权、税收法律关系、税收法律文化、税收法律意识以及税法的制定、实施、监督等内容。但令人遗憾的是，由于受作者的理论修养（该书的作者全都是税务部门的实际工作者）及研究视野的局限，从而使该书在对税法进行理论阐述时只是简单地套用了一般法学的理论与观点，而没能够提出或形成真正的税法学理论与观点。1998年张松著、中国税务出版社出版的《税法学概论》一书则比《税收法学》一书有了较大的进步。该书不仅研究了税法的概念、特点、作用、地位等基本内容，而且还研究了税法的原则、渊源、效力、解释、税收法律关系等，并在此基础上研究了税收立法、税收基本法、税收行政执法、税收法律责任、税收救济等内容，且提出了一些独到的见解。但总体来讲，此书的理论创新内容有限。2002年刘剑文教授主编的《税法学》一书由人民出版社出版。该书分为上、下篇，其中上篇名之为"税法总论"，主要探讨了税法的基本理论，如税法的概念、税收法律关系、税收之债、税收管辖权、税法解释与适用、税法意识等问题。下篇名之为"税法各论"，主要探讨了税收实体法、税收征管法、税务代理法、税收制裁法、税收救济法等内容。该书不仅改变了传统税法学以制度描述为主、以基础理论为辅的理论格局，而且，借鉴了民法的研究内容和研究方法对税法的概念和税收法律关系等内容进行了开拓性探索，使中国税法学摆脱了"制度税法学"的定位，开始了对现行税法制度的理论分析、批判和重构。因此，它标志着中国理论税法学的初步诞生。同年杨小强博士的《税法总论》一书由湖南人民出版社出版。该书借用了民商法的理论方法和国外税法学研究的成果,对税法学中的一些重大理论问题进行了比较法意义上的专题式研究,对于提升中国税法学的理论水准产生了较大影响。此外,张守文教授的《税法原理》、刘剑文教授的《财政税收法》、徐孟洲教授的《税法》等教材的先后出版不仅使中国的税法学理论得到了进一步的发展,而且也对中国税法学理论体系的发展起到了较大的推动作用。

3. 从权力关系说到二元关系说——税收法律关系性质的理论转向

税收权力关系说源于德国行政法学家奥托·迈耶（Otto Mayer）。该学说把税收法律关系理解为国民对国家课税权的服从关系,而国家总是以优越的权力主体身份出现,因此体现为典型的权力关系。由于该理论与马克思主义的国家学说如出一辙,故这一观点就为我国的税收学界和税法学界所接受。"几乎所有的税法学和税收学教科书都特别强调国家凭借政治权力参与分配,强调税收的强制性、无偿性,强调国家与纳税人权利义务的不对等。而在立法观念上,我们也是一直将国家视为权力主体,将纳税人看作义务主体,税收立法的目的主要在于保障国家财政收入的实现,保障税收经济调节功能的发挥,至于规范国家征税行为,保护纳税人的权利则完全不能与前者相提并论。"[①]税收权力关系说就成为我国税法学的主流观点,并指导着我国的税收立法与税收执法。但是,由于这种观点过于强调国家在税收法律关系中的主导地位而忽视了纳税人在税收法律关系中的权利,"由此才会存在《宪法》上只规定公民纳税义务、《税收征管法》上纳税人被理解为纳税义务人,以及行政权力膨胀、授权立法混乱不堪的种种不合理现象"[②]。因此,税收权力关系说需要改变。2001年,日本税法学家北野弘久《税法学原论》（第四版）一书由陈刚等人翻译后在内地出版发行。由于该书是根据德国法学家阿尔伯特·亨泽尔（Albert Hensel）所提出的债务关系说,把税收法律关系界定为一种公法上的债务关系,它不仅划清了税法学与行政法学的基本界限,使税法学获得了真正的独立性,而且也解决了过去税法学中一些无法解决的问题,故该书的出版为我国税法学的研究提供了一种全新的思路。许多年轻的税法学研究者在自己的理论研究中开始将税收债权债务关系说作为自己理论研究的前提。[③]此外,刘剑文教授在其2002年以后出版的一些学术著作和教材都对债权债务关系说进行了许多有益的探索。而杨小强博士在《税法总论》一书中对税

[①] 刘剑文:《税法专题研究》,北京大学出版社2002年版,第15页。
[②] 刘剑文:《税法专题研究》,北京大学出版社2002年版,第15页。
[③] 对此问题的具体论述,参见刘剑文:《税法专题研究》,北京大学出版社2002年版,第16—19页。

收债权的许多具体问题进行了深入的研究。这对于推动中国税法学界对税收法律关系性质看法的转变起到了重要的作用。学者们逐步认识到,"当对某一具体的税收法律关系加以定性时,应当根据其内容、所涉及的主体以及其所处国家税收活动过程的不同阶段,来界定处于特定情形下特定税收法律关系的性质;当需要对抽象的作为整体的税收法律关系进行定性时,可以认为其性质是税收债权债务关系"①。"权力关系说更侧重于税收的征收权和征收程序;债务关系说更侧重于强调纳税人对国家负有的税收债务。但仅仅从上述任何一个角度都很难对全部的税收法律关系的性质做出全面的概括。因此,对不同的税收法律关系应区别对待"②。由此形成了税收法律关系二元论的观点,并逐步被许多学者接受,成了当时我国税法学界的主流观点。

4. 从税收原则到税法原则——税法基本原则的确立

众所周知,税法基本原则是税法本质的集中体现,是税收立法和执法必须遵循的基本规则。它对于指导税收立法、规范税法解释、克服成文税法的缺陷、发挥税法的功能等都具有不可替代的作用。因此,确立税法的基本原则,对于完善税法学理论体系、规范税法功能、保障税法实施等都具有十分重要的意义。正因如此,早在《中国税法概论》一书中,刘隆亨教授就提出了我国税法制度建立的六项基本原则,即(1)兼顾需要与可能,有利于国家积累建设资金的原则;(2)调节市场经济,促进经济发展原则;(3)公平税负,合理负担原则;(4)维护国家主权和经济利益,促进对外经济交往和对外开放原则;(5)统一领导,分级管理和以法治税的原则;(6)税制简化的原则。聂世基主编的《税法概论》(农村读物出版社,1992年)、蔡秀云主编的《新税法教程》(中国法制出版社,1995)等也都持与此相同或相近的观点。严振生教授主编的《税法教程》《税法》书中则提出了普遍纳税原则、合理负担原则、效率原则、宏观调控原则、简化手续原则等五大原则。从上述列举可以看出,尽管刘隆亨教授与严振生教授的观点略有不同,但他们所主张的税法基本原则,都强调的是税收的功能与作用,而不是税法本身的性质与特性,因此,从根本上讲,都属于税收的原则而不是税法的原则。1989年,谢怀栻先生在刘隆亨教授主持的以法治税研讨班上,对西方国家税法的基本原则做了专题介绍。他认为,西方国家税法的基本原则包括税收法定主义原则、税收公平主义原则、实质征税原则、促进国家政策实施的原则等,并认为税收法定主义原则是最重要的原则。③这是

---

① 刘剑文:《税法专题研究》,北京大学出版社2002年版,第62页。
② 张守文:《税法原理》(第二版),北京大学出版社2001年版,第25页。
③ 对此问题的具体论述,参见谢怀栻:《西方国家税法中的几个基本原则》,载刘隆亨主编:《以法治税简论》,北京大学出版社1989年版。

1949年之后国内学者对税收法定原则的首次引入。1996年，张守文教授发表了《论税收法定主义》一文，在国内第一次对税收法定主义原则做了较为系统的研究。他不仅论述了税收法定主义原则的基本内容，而且还研究了税收法定主义与其他法律原则的适用、税收法定主义在我国宪法中的完善等，从而确立了税收法定主义在我国税法中的主导地位。2000年，徐孟洲教授在《论税法的基本原则》及《论税法原则及其功能》两篇论文中，不仅对税法基本原则的含义、功能、分类等进行了比较深入的探讨，而且对税收法定原则、税收公平原则、税收效率原则等进行了深入的研究。李刚博士则在《税法公平价值论》一文中对税法的公平价值进行了比较系统的研究。至此，虽然国内税法学界对税法基本原则的具体内容还存在多种不同的观点，但都基本上认为税收法定原则和税收公平原则是税法的基本原则，从而使国内税法学界对税法基本原则的基本内容有了比较一致的理解。

（四）范式转换：债务关系说的形成

从2004年开始，中国税法学进入了快速发展的时期。这一年，中国税法学的研究成果不仅在量上有了非常大的扩张，而且在质上也有了重大的发展。根据笔者所搜集到的资料，这一年除发表了大量的学术论文外，仅税法学方面的著作、教材等就达到了30多本，[1]数量

---

[1] 据笔者的不完全统计，这一年出版的教材有刘剑文主编的《财税法学》及配套用书四本（高等教育出版社）、刘剑文主编的《国际税法学》（第二版）（北京大学出版社）、金朝武所著的《中国税法（英文版）》，（法律出版社）、韩灵丽主编的《税法学》（浙江大学出版社）、朱大旗主编的《税法》（中国人民大学出版社）、杨萍主编的《税法学原理》（中国政法大学出版社）等；出版的论文集有刘剑文主编的《财税法论丛（第三卷、第四卷）》（法律出版社）、刘隆亨主编的《当代财税法基础理论及热点问题》（北京大学出版社）、陈寿灿主编的《财经法律评论（第一辑）》（中央编译出版社）、甘功仁主编的《财经法律评论（2004年第一卷　总第2卷）》（法律出版社）、靳东升主编的《依法治税——构建中国税收法律体系的基本研究》（经济科学出版社）等；著作方面的有刘剑文任总主编的《税法学研究文库（第1—8辑）》及《WTO体制下的中国税收法治》（北京大学出版社）、王鸿貌、陈寿灿所著的《税法问题研究》（浙江大学出版社）、王惠所著的《税法基本问题研究》（江西人民出版社）、樊静所著的《中国税制新论》（北京大学出版社）、朱洪仁所著的《欧盟税法导论》（中国税务出版社）、樊丽明、张斌等著的《税法法治研究》（经济科学出版社）等；翻译方面的有日本学者金子宏所著的《日本税法》、V. 图若尼主编的《税法的起草与设计》等。

为前 18 年总和的一半。①中国的税法学研究者们在吸收国内外同行研究成果的基础上，开始了税法学研究范式的整合工作。

2004 年日本税法学家金子宏教授的《日本税法》一书在国内重新翻译出版。②它和 2001 年翻译出版的日本税法学家北野弘久的《税法学原论》一起给国内的研究者们展示了日本税法学研究的重要成果。这两本著作都是以"税债务"为核心而构筑的税法学体系，它使国内的研究者第一次比较全面地了解了这种建立在债务关系说基础之上的税法学理论体系，对国内学者产生了比较大的启示作用。同年，由刘剑文教授主持的《税法学研究文库》推出了台湾学者的五本税法学著作，③使大陆学者看到了台湾地区学者根据税收法定主义原则的要求对税法进行全面深入的理论研究所取得的重要成果。同时，国内学者对税收立宪问题、④对税法本质问题和对税法实施问题的研究，⑤对于拓展中国税法学研究的视野，促进中国税法学研究范式的转换都起到了较大的推动作用。

除上述各项成果外，这一年在国内影响最大的税法著作当属刘剑文教授与熊伟博士合著的《税法基础理论》一书。在该书中，作者秉承了北野弘久税法学的基本理念，即"若从现代税法体系的人权意识出发，税法不单纯是税务机关行使征税权的根据，即'征税之法'，更为重要的是，税法中保障纳税者的基本权利的、旨在对抗征税权滥用的'权利之法'"⑥，并把这种浸透着民主、人权、宪政的理论作为统率全书的主线，指导着对

---

①据笔者的不完全统计，从 1986 年第 2003 年的 18 年间，我国共出版各类税法学方面的教材、著作等 70 多种。

②需要说明的是，该书最早是在 1989 年由刘多田等人翻译、中国财政经济出版社出版。但在当时出版该书时，一方面，为了"读者阅读的方便、节省篇幅"（原书译者语），在翻译出版时译者对原书中论述各项具体问题时所附的大量注释、出处说明等做了适当的删减，对书中的部分章节做了删减和精炼，从而使中译本的字数只有 28.2 万字，只有 2004 年中文版字数的一半，故国内的读者无法对该书的内容进行全面的把握。另一方面，由于该书翻译出版时我国的税法学正处于范式创立的阶段，研究基础薄弱，理论准备不足，对国外最新的税法理论的接受能力和水平有限。从而使得该书在当时并没有起到较大的影响。

③这些分别是葛克昌教授的《所得税与宪法》《税法基本问题（财政宪法篇）》，黄俊杰教授的《税捐正义》《纳税人权利之保护》，黄士洲博士的《税务诉讼的举证责任》。

④见刘剑文主编：《财税法论丛（第 3 卷）》"财税法热点问题"栏目下的五篇论文及笔者的《税收立宪论》（载《法学家》2004 年第 2 期，后收入《税法问题研究》一书）。

⑤王惠：《税法基本问题研究》，江西人民出版社 2004 年版，第 83–145 页。

⑥[日]北野弘久：《税法学原论》（第 4 版），陈刚、杨建广等译，中国检察出版社 2001 年版，代译者序第 18 页。

税法基础理论的研究。①在此基础上，该书作者首先从法学的角度分析了税收的概念，认为"税收是国家或其他公法团体为财政收入或其他附带目的，对满足法定构成要件的人强制课予的无对价金钱给付义务"②。这是国内学者第一次认为税收是一种给付义务，而不是一种分配活动。这不但使中国税法学第一次有了自己对税法的定义，而且也从根本上区分了税法学与财政学对税收活动的不同理解。其次，该书完全接受了金子宏教授的理论观点。金子宏教授在评价德国税收债务说的理论时认为，"债务关系说照亮了迄今为止的法律学上的一直被忽视的'公法上的债务'这一法律领域；使运用课税要件的观念就可对公法上的债务——税债务（Steuerschuld）进行理论上的研究和体系化成为可能。因此债务关系说对税法的概念给予了全新的界定和独立的体系……只有把税债务观念作为税法的中心，税法才能成为有别于行政法的独立科学，另外，把构成税债务内容的课税要件的领域作为一门研究对象，并不单单是因为被其他法律学科所遗漏的缘故。我们在研究这一领域的同时也应强调这领域的重要性。这正是向我们提供了把税法作为一门法学的独立学科进行研究契机"③。该书作者认为，金子宏教授对德国税收债务关系说的评价对于中国今天税法的发展十分贴切。因此，在该书中，刘文教授等放弃了之前提出的"分层面关系说"④理论，而开始接受债务关系说理论。他们认为，为了推进税法学与传统行政法学的诀别，税法研究必须以实体法为核心，而税收实体法律关系应以债务说为基础和核心，至于税收程序法，它的功能仅限于服务税收债权的实现，因此，应该以税收债务关系为基础，将程序权力置于实体法的制约之下。这样，就不但可以避免中国税法学研究中的两个误区⑤，而且可以使中国税法

---

①对此具体论述参见刘剑文、熊伟：《税法基础理论》，北京大学出版社2004年版，第1页。

②对此具体论述参见刘剑文、熊伟：《税法基础理论》，北京大学出版社2004年版，第10页。

③［日］北野弘久：《税法学原论》（第4版），陈刚、杨建广等译，中国检察出版社2001年版，第21页。

④刘剑文教授认为，可以从两个层面对税收法律关系的性质进行界定，即在抽象的层面上将税收法律关系的性质整体界定为公法上的债务关系，而在具体的层面上，也就是技术的层面上，将税收法律关系的性质分别界定为债务关系和权力关系。其中税收实体法律关系为债务关系，税收程序法律关系为权力关系。这就是所谓的"分层面关系说"。对此问题的具体论述，参见刘剑文主编：《税法学》（第2版），人民出版社2003年版，第94页。

⑤刘剑文教授等认为，中国税法学研究存在两个明显的误区：第一，过于抬高税收程序法在税法中的地位，忽视税收实体法的重要性，甚至直接将税法定位为行政法的一个分支；第二，税法学逐渐蜕变成为税收政策学，在理论上始终未能跳出权力关系说的樊篱。对此问题的具体论述，参见刘剑文、熊伟所：《税法基础理论》，北京大学出版社2004年版，第71页。

摆脱对行政法的依赖，厘清税法学与税收政策学的关系，还可以轻松地解决中国税法的体系化问题，构筑与其他法学分支自由交流的宽阔平台。在此基础上，该书花费了大量的篇幅对税收债法的具体内容进行了比较系统的研究。最后，该书还研究了纳税人的权利问题。该书认为，纳税人权利是税法的根本命题。在此基础上，该书从政治学和经济学的角度论证了国家不是一个权利主体，而是一个受纳税人制约的义务主体，只有纳税人才是真正的权利主体。纳税人的身份其实就是公民身份在税法领域内的具体化，纳税人的主体地位主要通过人民主权和宪法公民权加以体现。纳税人必须利用其公民身份，凭借公民权为纳税人在政治上拓展活动空间。因此，税法学在考察纳税人的权利时不仅要关注纳税人在税法上的权利，而且要关注纳税人在宪法上的权利；不仅要关注宪法条文，而且要关注宪法的实践。在此基础上，该书不仅从税法和宪法的层面上探讨了纳税人的权利体系，而且还研究了纳税人权利的实现机制。这对于确立纳税人在税收法律关系中的中心地位，建立以纳税人权利保护为核心的现代中国税法学体系具有重要的意义。因此，可以说，《税法基础理论》一书是中国税法学理论研究过程中的一次比较大的突破。它所确立的以纳税人权利保护为基础、以债务关系说为核心的税法学理论体系，是中国税法学研究范式的一次重大转换。自此之后，陈少英教授[①]等越来越多的税法学教学研究者开始接受债务关系说理论，并将其运用于她们的理论研究之中，从而取得了许多重要的成果。[②]

（五）范式发展：债务关系说需要解决的问题

按照托马斯·库恩（Thomas S. Kuhn）的理解，范式是一个学科的研究者从事共同研究的基础，是对一门学科在一定时期内的主流理论学派的信念、理论、方法的归纳与概括。同时，范式作为一种学术共同体所共有的东西，它的功能首先在于其所具有的方法论意义。有学者指出，在理论与范式的关系中，范式提供视角，理论则用于解释看到

[①] 从 2005 年开始，陈少英教授先后出版了《税法学教程》和《公司涉税法论》等著作，并发表了许多论文。在其中，她依据债务关系说理论对税收法律关系和对纳税人权利保护问题等开展研究，取得了许多重要的成果。具体参见陈少英主编：《税法学教程》北京大学出版社 2005 年版，第 70—73 页。

[②] 近年来，许多税法学教师在各自的课堂教学中，都开始以纳税人的权利保护和税收债务说作为自己的理论基础。对此问题的具体描述，参见刘剑文主编：《润物无声——北京大学法学院百年院庆文存之财税法治与财政法教学》，法律出版社 2005 年版。

的东西。①它为理论研究者提供基本的学术视角、框架和方法,使其成为理论研究的基本出发点和评判理论研究成果的基本标准和规则,以便排除理论研究的任意性,保持理论解释的一致性、确定性和整体性。因此,研究一个学科的范式问题,实际上就是在探寻该学科在一定发展时期的主流观点、理论和方法,以便为用理论解释现实提供一个正统的观点。研究范式的困境、范式的转换、范式的整合等问题,实际上就是在研究一个主流理论的困顿、更替问题,其目的在于对现有的学术范式进行整理、完善和发展。

税收债务关系说与权力关系说相比,具有更为深刻的合理性和更为强大的理论解释性。它不但完全可以解决权力关系说所不能解决的问题,使税法学真正摆脱行政法学的束缚而成为一门独立的法学学科,而且它还为现代税法学的发展提供了一种全新的理论进路和学术研究的技术平台。我国的税法研究者可以在这个平台上,借鉴债法的理论研究范式,将税法的构成要件作为税法独有的研究对象来构建自己的理论体系,以使税法可以成为与民法、行政法等并列的法学学科。因此,税收债务关系说的引入进而成为我国税法界的主流观点和新的研究范式,对于中国当代税法学的发展和中国税收法律制度的进步,将会产生重大的影响。

但是,需要特别注意的是,税收债务关系说在理论建构上更多地借鉴了债法的原理。众所周知,债法属于私法,税法属于公法,二者之间应该说存在着比较大的差异。把债法的内容引入税法,就可能因"水土不服"而出现诸多难题,需要进行仔细的研究。但是,由于种种原因,目前的许多问题在我国税法学界还都没有进行必要的研究。例如,把债法的内容移入税法之中,是属于整体的移植还是属于部分的借鉴?如果属于整体移植,那么,税法就有可能从行政法中分离出来后又变成民法的内容,税法本身的独立性又会丧失。此法显然行不通。但如果属于部分借鉴,那么,哪些可以借鉴?哪些不可以借鉴?是否可以找到解决这个问题的一般原则或具体的思路?虽然有学者认为,税收之债与民法之债的相通之处,属于债的共通法理,可以在税法上适用,而税收之债与民法之债的区别,则是税收之债的特别之处,一般不能适用民法债的原理。但具体哪些属于相通之处、哪些属于区别之处,这需要对税收之债和民法之债进行具体的研究。

再如,一般认为,税收之债属于一种公法之债,是一种国家债权。在此情况下,如何界定国家与税务稽征机关的关系?如何确定税收稽征机关行政执法权力的来源和边界?对此问题,显然还需要进一步的研究。

---

① [美] 艾尔·巴比:《社会研究方法》,邱泽奇译,华夏出版社 2000 年版,第 69 页。

又如，移入税法中的债法的内容如何与税收法定原则相融合？由于税收法定原则已经成为税法的基本原则，因此，如何使二者之间能够在理论上取得比较一致的理解，还需要进行更深层次的研究。

最后，是对我国税法中有关债权保护制度的研究。我国在税收立法实践中虽然没有引入"税收债权"或"税收债务"的概念，但却在《税收征收管理法》中引入了许多税收债法的具体制度，如纳税担保、税收保全、税收优先权等。但事实证明，上述内容在实践中的效果并不理想，有的还可能很差。究其原因，除了由于我国一贯的立法水平较低，立法技术粗糙，导致上述内容在法律中的表达过于简单粗疏外，笔者认为，真正的原因还在于立法者在进行上述制度的引入时，没有从理论上搞清楚这些制度的真正内涵及其在应用于其他领域时的限制条件。因此，这些内容需要在科学理论的指导下进行必要的改造。日本学者虽然对于税收债务关系说的实践意义有不同的意见，[①]但笔者认为，理论的生命力就在于解释事实、指导实践，否则，如果一个理论只适合于从基本原理的层面进行讨论，而不适用于指导实践，不能解决实践中的具体问题，则这种理论就只能是研究者炫耀智力的玩具而不会具有任何的生命力和意义。因此，笔者认为，税收债务说作为税法学的基本理论和研究范式，它除了必须具备学术研究中的理论价值之外，还必须要面对现实，能够指导和解决现实中的具体问题。而事实上，虽然目前税法学界近年来对税收的优先权制度、代位权制度等进行了一些研究，但由于这些研究没有基于科学的理论指导，而沦为一种就事论事式的对策研究，其作用和意义非常有限。有鉴于此，笔者认为，这需要从税收债法的角度对上述制度引入税法时的适用条件等进行必要的理论研究。

综上所述，税收债务说虽然在我国税法理论界已经成长为一种新的理论范式，但它毕竟还有许多理论问题需要进一步的研究和解决。它的理论价值还需要接受时间的考验，它的完善和发展还有赖于国内税法界同仁们的共同努力。

（六）结束语

根据本文的研究可以看出，范式的形成与更替是一门科学成熟与发展的重要标志。1986 年，刘隆亨教授在《中国税法概论》一书建立的以权力关系说为核心的理论范式，

[①] 对此问题的具体观点，参见刘剑文、熊伟：《税法基础理论》，北京大学出版社 2004 年版，第 73 页。

标志着中国税法学的正式诞生。尽管从现代眼光来看,这一范式远远落后于当时世界上一些税法学发达的国家,①但从中国当时的税法发展和中国当时的社会政治经济文化发展的实际情况来看,这一理论范式所具有的重大意义是不容忽视的。它标志着中国税法学从此正式成为一门法学学科。而权力关系说所面临的种种难题和二元关系说、债权债务说的提出与发展,不仅是中国税法学理论发展的结果,而且是中国社会整体发展的必然结果。所以,上述各种范式在特定历史条件下所面临的种种困难和问题,都是时代的局限性造成的,不能对其责之太苛。同时,我们也必须看到,正是由于范式之间的前后更替,才导致了税法学理论的发展和科学的进步。从这种意义上来说,研究不同范式之间的理论更替,实际上也就给我们提供了一种研究中国税法学理论发展的视角和方法。没有新范式的产生就没有中国税法学的发展。因此,范式的转换正是税法学发展的必经过程。在此过程中,新范式之所以能够取代旧范式,就是因为新范式具有比旧范式更科学的理论观点和更强大的理论解释力和预测力,这是一种比较优势。在税法学理论范式发展中,"没有最好,只有更好"。因此,我们有理由期待在中国能够产生更新的税法学理论范式。

二、税收国家:税收的国家形态

一般来说,税收是以国家为主体的分配活动。因此,在整个税收活动中,一方面,国家是税收活动的主导者。国家通过所掌握的政治权力和国家机器,从而实现对公民财产权的单向转移或"剥夺"。从这种意义上来讲,税收就是国家意志的体现。"税法不仅体现了作为国家制度基础的公平原则,同时还体现了国家的目标、价值观和国家与公民的

---

① 因为,在德国,早在 1919 年的税收基本法中就已经以"租税债务"为中心对租税实体法以及租税程序法的通则部分做了完备的规定。而 1926 年在明斯特召开的法学家大会上,以海扎尔为代表的一方面就已经明确提出了租税债务关系说的理论,并与以奥特马路·比拉(Ottmagar Bijhler)为代表的权力关系说进行了公开的大论战。对此问题的具体阐述可参见[日]北野弘久:《税法学原论》(第 4 版),陈刚、杨建广等译,中国检察出版社 2001 年版,第 159 页。

关系"①。另一方面，国家又是税收活动的参与者，是税收法律关系的重要主体。国家通过组织开展具体的征税活动，从而实现税收收入的最终分配和对市场的宏观调控。特别是在当代，随着民主政治和市场经济的发展，税收在国家政治经济生活中的作用越来越大，国家已经成为名副其实的"税收国家"。因此，研究税收国家的基本理论，不仅对于提高税收在国家政治经济社会生活中的地位和作用具有非常重要的意义，而且对于深刻认识国家在税收法律关系中的重要地位也具有非常重要的意义。

（一）什么是"税收国家"

"税收国家"（Tax state）的概念最早来自德国经济学家熊彼特（Joseph Alois Schumpeter）1918年发表的《税收国家的危机》（Die Krise des Steuerstaats）一文。他的这篇文章原为反驳德国财政学家鲁道夫·葛德雪（Rudolf Goldscheid）于此前一年发表的《国家社会主义或国家资本主义》一文。在《国家社会主义或国家资本主义》中，鲁道夫·葛德雪认为，由于第一次世界大战失败所导致的战争债务，国家无法依赖传统的税收手段负担，必须另行开拓营利收入的财源。国家必须有计划地闯入私有经济领域，自行掌握生产工具。国家只有从"负债的税收国家"转换为"具有资本能力的经济国家"才能获得一线生机。此文一发表，立即引来了许多经济学家的反驳。其中，熊彼特的《税收国家的危机》一文最具有代表性。在该文中，熊彼特认为，税收国家与现代国家一同诞生、一起发展。现代国家是存在于经济主体的个人利益运用能力的私有经济基础之上，其本质在于，经济活动"须赖新的动力在新的轨道上运行，其间国民之生活观及文化内涵，乃至心理习惯等社会结构均须彻底变动"。税收国家即寄生于其上。国家财政支出愈高，愈需依赖个人追逐自我利益之驱逐，更不能反其道而行，以战争借口，干预私人之财产与生活方式。他还认为，由于国家的财政收入限于间接取之于税收，不仅足以负担正常的财政开支，而且由于税收是对企业盈余课征的，所以不会对企业的活动造成巨大的伤害。同时，他认为，财政需求问题一般不难解决，但有一个前提条件，即国民不能有日益高涨的支出意愿与权力要求，这是税收国家的财政所不能负担的。虽然，熊彼特的这个观点遭到了不少人的反对，但却成为西欧现实政治的主流，引导着20世纪诸多国家的运作。德国在二次世界大战后的复兴，不得不说与该理论有着密切的关系。他所提出的税收国家的前提

---

① [德] 迪特尔·比克尔：《德国税法教科书》（第13版），徐妍译，北京大学出版社2018年版，第1页。

和限制，从今天的财政情况来看也是富有远见的。①

　　一般来说，税收国家是与所有者国家、企业者国家、警察国家等相对应的一种国家形态。根据学者研究，古往今来，人类历史共有过四种不同的国家活动的主导形式，即军事化国家、宗教化国家、政制化国家、经济化国家。这四种不同的发展阶段，并不表明政治国家本身在不同的历史阶段有不同的本质，而是说政治国家在不同的历史时期要通过不同的基本活动来实现自己的职能和目标，表现自己的本质。在这四种主导形式中，经济化国家是20世纪二次世界大战以后才产生和发展的一种新的社会形态或国家形态。它的出现意味着在政治共同体中政治运动与社会经济运动的相互融合，意味着政治国家承担着调节社会经济活动的主要职责。②在经济化国家中，由于国家大规模地介入到了社会经济活动之中，日甚一日地承担起了更多的社会职能和经济职能，从而使国家表现出了更多的特征或侧面，如工团国家、协作国家、多元国家、服务国家、福利国家等。在这些对经济化国家的不同描述中，税收国家作为对现代国家某些方面特征的一个描述，只是揭示了经济化国家某一个方面所具有的一些共同的特征。

　　与上述其他的国家类型相比，税收国家主要是从税收的职能方面强调了税收在现代国家中的重要地位。根据马克思主义的基本观点，"赋税是政府机器的经济基础，而不是其他任何东西的经济基础"③。它的主要职能就在于为国家机器的维持及其运转提供必要的经费，"是官僚、军队、教士和宫廷的生活源泉，一句话，它是行政权整个机构的生活源泉"④，"是喂养政府的母奶"⑤。它与国家机器紧密相连，是国家特有的问题。征税权作为国家特有的一项权力，是国家的基本权力。它建立在国家政治统治的基础之上，是国家凭借政治统治权力强行行使的，是国家存在的经济基础和具体体现。如果没有税收的存在，国家就没有存在的经济基础，国家就不可能存在与运转。从这种意义上来讲，税收奠定了国家存在的经济基础。尽管如此，这并不意味着有税收的国家就是本文意义上的税收国家。要想成为税收国家，还必须要研究税收国家的具体形态和特征。

---

①关于熊彼特对税收国家的论述，参见葛克昌：《国家学与国家法》，月旦出版社股份有限公司1996年版，第97页之注释；刘剑文、熊伟：《税法基础理论》，北京大学出版社2004年版，第30页。
②王沪宁：《比较政治分析》，上海人民出版社1987年版，第40-42页。
③《马克思恩格斯选集（第3卷）》，人民出版社1995年版，第315页。
④《马克思恩格斯选集（第1卷）》，人民出版社1995年版，第681页。
⑤《马克思恩格斯选集（第1卷）》，人民出版社1995年版，第452页。

葛克昌教授认为，从宪法学的角度观察，税收国家的含义主要包括以下三个方面：第一，以税收收入作为国家的主要收入来源。第二，在税收国家中，税收的目的往往就是国家的目的，税收国家即此目的实现的主体。第三，由于在税收国家中，课税权为国家统治权之固有的、主要的表现形态，国家统治活动，往往以此工具为限。课税是国家收入的唯一合法形态，其他方式则不得利用统治权以行使。①

关于税收国家的特征，根据伊森泽（Isensee）的研究，主要具有以下 11 个方面的表现：第一，税收国家的国民不负有劳务或实物给付的义务。在税收国家中税收的缴纳，乃以金钱给付为原则。第二，为满足税收不断增加之财源，税收国家的税收金钱给付乃以定期、规律性的收入为标准。第三，只有税收才能满足现代国家财政增长的需求，故税收国家乃现代理性国家之特征。第四，税收是现代国家主权之表征。就民主国家而言，税收非仅为政治上之现实，而实寓有宪法上之理念：税收象征主权，乃确保多数统治与代议意思之形成。第五，税收义务乃与纳税义务人的对待给付无关。税收国家本身不受对价之拘束，得自行选择其目标，自行确定其手段。第六，取得财政收入为税收唯一的目的。第七，国家不从事经济活动，而留予社会去开发，国家仅对社会无力进行的经济活动加以参与。税收不仅是负担，同时也是经济自由和职业自由之保证。第八，税收国家乃以国家社会二元化为前提。第九，在税收国家中，国家与经济的关系并非为固定或一成不变。虽其多少应受"自由放任"理念的约束，但税收之目的及作用，仍有变迁的可能。第十，税收自身具有法则，不容违反，否则税收制度与税收国家均受危害。其最主要之法则即为课税平等原则及税源保持原则。第十一，社会主义体系即意味着税收国家之没落。②

国内有学者认为，探讨税收国家的特征可以从形式与实质两个方面去进行，其中，税收国家的形式特征就是税收国家以税收作为财政收入的主要来源，"在国家获得财政收入的各种形式中，只有以税收为主的国家在形式上才能称为税收国家"。而税收国家的实质特征是税收必须符合税收的经济要素、法律要素和宪法要素。其中，税收的经济要素是指税收在经济上必须具备国家主体性、政权依赖性、财政收入性、强制性、非惩罚性、无偿性和固定性等要素；法律要素是指税收必须具备法定性要素，即税收要素法定、税收要素明确和征收程序合法等；宪法要素是指税收在宪法上必须具备合宪性要素，即符合

---

① 葛克昌：《国家学与国家法》，月旦出版社股份有限公司 1996 年版，第 142—143 页。
② 葛克昌：《国家学与国家法》，月旦出版社股份有限公司 1996 年版，第 145—148 页。

宪法的原则和理念。①

从以上论述可以看出，虽然税收是与国家的产生相伴相随的，但税收国家的形成只是国家发展到现代社会的产物。它作为现代国家的一种形态，虽然强调了税收在国家财政收入体系中的重要地位与作用，但它同时也说明，税收国家的形成除了税收在国家财政收入体系必须居于主要的地位外，它还必须要同时具备其他的条件。如税收必须要具备合宪性和合法性的要求，要受到国家法律的严格约束与控制，并严格依据法律的规定征收和管理。它在经济上要具备无偿性、固定性的特征，等等。同时，税收国家只是国家诸多形态中的一种，它的产生不可能取代国家的其他形态，相反，它与其他的国家形态一起构成了现代国家形态丰富多彩的特征。因此，研究税收国家，绝不可能抛开国家的本质属性和国家的其他形态而单纯从税收的角度来进行。

（二）为什么是税收国家

现代国家之所以会成为税收国家，不仅是因为税收收入是国家财政收入的最主要的来源，而且也是因为税收权力、税收制度和税收活动会给国家带来种种的影响和作用。

第一，国家征税权是国家的重要权力。国家征税权也称国家课税权。它是国家基于其主权对在其管辖范围内的一切人或物课征税收的权利，是国家政权的重要组成部分和行使的重要方式，是国家为实现其职能而取得一定物质财富的前提和基础，是国家不可或缺的重要权力。它从本质上来讲，是国家的政治权力，是国家主权的重要组成部分和体现。任何一个国家都有权要求本国政府管辖范围内的所有法人和自然人应当接受本国法律的管理，依法履行纳税义务。如果纳税人拒绝承担纳税义务，国家就会动用政治权力对其施加制裁。同时，国家征税权作为一项公权力，是专属于国家的权力。任何组织和个人都不能取得或拥有征税权，对公民或其他社会组织征税。因此，征税权既是国家政权的重要体现，也是国家政权实现的重要途径。对征税权力的依赖已成为现代国家的重要特征和存在与发展的基本条件。如果国家没有了征税权，不能进行征税活动，就势必会造成国家财政收入的不足和社会公共产品的供应不足，就会妨碍国家机器的正常运

---

① 翟继光：《论税收国家》，载《中国法学会财税法学研究会 2004 年年会暨第三届全国财税法学理论会论文集》2004 年，第 198 页。

转，导致社会政治、经济与文化等各方面的停滞。"征税的权力是事关毁灭的权力"①。它的存在与行使，对于国家的存在与发展，有着十分重要的意义与作用。正因如此，现代国家无不对其重视有加，不但把征税权的源权力——税收立法权作为立法机关的专属性权力加以保留，从源头上实现对国家征税权的控制，而且还有许多国家在宪法中对其做了明确的规定，以防止其他机关或个人对国家征税权的侵蚀与破坏。例如，《荷兰王国宪法》第104条规定："非依据议会法令规定国家不得征课任何税捐。应由国家征收的其他捐税由议会法令规定"。斯里兰卡、图瓦卢、墨西哥、巴布亚新几内亚、西萨摩亚、危地马拉、菲律宾、孟加拉国等国的宪法中也都有类似的规定。

第二，税收制度是国家重要的经济制度、政治制度和法律制度。税收制度是指在既定的管理体制下与税种设置、征收、管理等事项有关的法律、法规和规章的总和。首先，它作为国家的一项基本经济制度，是国家税收征收与管理的具体依据和纳税人履行纳税义务的行为准则。它的制定与实施不仅为国家的存在与发展提供了必需的经济基础，而且也成为国家对国民经济进行宏观调控、对社会财富进行分配的重要手段，对国家职能的实现具有至关重要的影响。其次，它作为一项政治制度，不仅是由国家的性质决定的，是国家上层建筑的重要组成部分，而且也体现着国家的政治原则、经济思想和财税原则，是国家征税权在税收领域内的具体体现，是实现国家方针政策的重要手段。最后，它作为一项法律制度，在国际法上，是以税收管辖权的方式，表明了国家对其主权范围内的一切人和物进行征税的权力。因此，它是国际社会公认的独立主权国家的基本权力。它具有国家主权所固有的独立性和排他性。一个主权国家对于本国的税收事务，完全依据本国的政治、经济、法律和文化状况自主地加以决定，而不受任何外来国家的干涉和控制。在国内法上，它按照税收法定原则，依据宪法和税收法律，通过确立国家的征税权力和纳税人的纳税义务，从而体现国家政治权力在税收事务上的强制性。从这种意义上来讲，税收制度就已经成为现代国家的一项基本经济制度、政治制度和法律制度。因此，现代各国不仅普遍地实行税收法定原则，对税收的基本课税要素进行严格的法律控制，而且，还在宪法中，以专门的条文，甚至专门的章节对税收制度的基本原则和内容进行规定，以确保税收制度的合法性、正当性和合理性。例如，巴西宪法第5章"税收制度"专门规定了巴西国内税收制度的有关内容，希腊、印度、厄瓜多尔等国分别在宪法中设立

---

① 这是美国的约翰·马歇尔首席法官在麦克科洛克诉马里兰州案中所言。转引自［澳］布伦南、［美］布坎南：《宪政经济学》，冯克利、秋风、王代、魏志梅等译，中国社会科学出版社2004年版，第6页。

"税务和财政管理""联邦和各邦税收收入之分配""税收制度"等节,对本国税收制度的相关内容进行了原则性的规定。

第三,税收收入是国家存在的经济基础。从经济学的角度来讲,经济活动有可能发生在私人身上,也有可能发生在国家或政府部门。其中,发生在国家或是政府部门的经济活动就叫政府经济。它是与私人经济相对应的一种经济活动。根据公共经济学或政府经济学的研究,政府经济属于公共部门经济,是一种满足公共需要的经济。它的主要任务是要解决公共需要或公共产品的供给问题。但是,由于公共产品所具有的非排他性和非竞争性,就使得国家在进行社会公共产品供给时,必须要获取足够的财政收入。虽然国家获取财政收入的途径比较多,如收费、借贷、公共财产收入等,但由于税收所具有的下述三个方面的特征,就使得税收成为财政收入最主要的来源:第一,由于税收是以国家政治权力为基础的分配活动,它与财产权利无关,因此,不受所有制形式的限制,从而具有收入来源的广泛性;第二,由于税收是单向度的分配活动,国家在分配活动中不需要支付任何的对价,且收入形成后就归国家永久占用和支配;第三,税收是按照事先规定的标准进行的分配活动,因此可以确保收入的稳定和可靠。正因如此,税收已成为现代国家财政最主要的来源和国家向社会提供公共产品的经济保障。据不完全统计,在现代大多数国家中,税收收入已占到财政收入的80%以上,其中发达国家更是高达90%以上。如果没有税收,国家就不可能获得足够的财政收入,也就不可能向社会提供足够的公共产品,国家也就没有了存在的可能。

第四,税收手段是国家干预和调节社会经济的重要手段。税收调节是指国家通过制定不同的税收政策,建立不同的税收制度,规定不同的税收鼓励措施或限制措施,给予纳税人有利或不利的税收条件,以此来影响纳税人的经济行为,使其朝着政府设定的宏观经济目标和社会目标的方向转变。与其他调节手段相比,税收调节手段具有下述几个方面的优点:一是具有广泛性,可以对社会再生产的各个环节、各种经济组织、各种经营方式、各种企事业单位和社会各阶层的居民都能够发挥作用。二是具有多重性,可以通过选择不同的税种进行调节,也可以通过选择不同的税率进行调节,还可以通过选择不同的纳税人、不同的税目、不同的税收优惠、不同的计税依据、不同的退税、不同的会计核算等来进行调节。三是具有全面性,可以通过对经济运行的全过程进行调节。正因如此,税收的调节功能就是其他经济手段所不具备的。这样,税收自然就成为政府对经济进行宏观调控的重要杠杆,能够对国民经济的发展产生重大的调节作用。

第五,税收措施是国家进行资源配置的重要手段。资源配置是指在经济活动过程中各种资源在各种不同的使用方向之间的分配。在资源有限供给的情况下,如何把经济活动中的各种资源分配于各种不同的用途，做到人尽其才，物尽其用，以便于使这些资源尽可能多地生产出社会需要的产品和劳务，这是现代经济学和现代各国政府必须认真研究解决的一个重大问题。由于市场的自发性、盲目性和滞后性，因此，在市场经济条件下，资源的有效配置还必须要依靠国家运用政治手段来进行辅助性的调节。而在国家所掌握的诸多政治手段中，税收手段由于既具有法律性又具有经济性，所以，自然就成为国家最主要的资源配置手段。这主要表现在以下几个方面：首先，税收会引导商品的流通与分配。由于税收会使商品价格发生变化，导致商品供求关系随之发生变化，从而就会影响商品的供求平衡，引导商品的流通与分配。其次，税收能够影响经济结构。由于不同的税收政策会影响企业或产品的成本和利润，从而影响资源在不同产品、不同行业、不同产业、不同地区、不同所有制、不同组织形式的企业之间的分配。最后，税收还能够通过纠正外部经济，节约利用资源。由此可见，国家的税收活动将成为企业资源转移的重要砝码，引导企业的资源流向，使资源配置趋向合理。

第六，税收活动是国家重要的政治活动。根据学者们的共识，税收是国家依据政治权力强行参与社会剩余产品分配的活动，它意味着社会剩余产品由私人部门向社会公共部门的无偿转移，是对私人财产的无偿的"转移"或"剥夺"，会造成纳税人财产的减少或损失。而在当代，由于国家职能普遍膨胀化而引发的对财政需求的扩大化，国家对税收的需求势必随之扩大，从而使国家具有不断扩大征税的内驱力。如果任其无限扩大，势必造成对纳税人的过度伤害，破坏纳税人的发展，甚至生存的能力，从而影响到社会的政治稳定与经济发展。因此，在税收活动中，国家作为征税主体，就必须要同时兼顾征纳双方的利益，既要满足国家的税收需要，又要考虑纳税人的纳税意愿和税收负担能力。同时，在具体的税收征管过程中，国家必须严格规范税收征管行为，以最大化地保护纳税人的合法权益。只有这样，国家的征税权力才能得到纳税人的认同，国家建立的税收制度也才能得到纳税人的遵从，税收活动也才能真正发挥其应有的职能。否则，如果一味地考虑国家的财政需求而不考虑纳税人的负担能力和纳税意愿，就有可能造成对纳税人的过度"剥夺"，加重纳税人的税收负担，引起纳税人的不满甚至反抗，导致政府垮台乃至国家的灭亡。此类事件，在历史上屡有发生。因此，在当代世界各国，税收活动不仅是一项简单的经济活动，而且也被认为是一项严肃的政治活动，它对于保障公共产品供给、实现公平分配、促进经济发展、稳定社会秩序等都具有重要的作用。

从上述分析可以看出，对征税权力的依赖已成为现代国家的重要特征和存在与发展的基本条件。如果国家没有了征税权，不能进行征税活动，就势必会造成国家财政收入的不足和社会公共产品的供应不足，就会妨碍国家机器的正常运转，导致社会政治、经济与文化等各方面的停滞。正因如此，税收已经成为国家须臾不可缺少的重要权力和手段，对国家的政治、经济等产生着极其重要的影响。因此，在当代世界，"税收国家"已经成为诸多国家形态中最为重要的形态之一，对于揭示国家的性质和职能发挥着非常重要的作用。现代国家已经真正成了名副其实的税收国家。

（三）如何才能成为税收国家

前已述及，税收国家作为现代国家的一种形态，它是与其他的国家形态一起并生共存的。税收国家的建立与发挥作用，也不可能脱离国家的基本形态和国家的基本性质和特点。因此，税收国家的产生和发挥作用，还必须要满足以下条件。

第一，国家与社会的二元结构是税收国家产生和发挥作用的社会基础。一般来讲，国家是指以强制性为基础的公共权力的活动空间，而社会则被看作是一个独立于公共权力的私人活动领域。对于国家与社会二元关系的区分虽然在目前中外学术界有着不同的理解，但这种研究范式对于研究现代国家的各种问题提供了一种基本的思路或方法。在国家与社会的关系中，无论二者之间是对抗关系、制衡关系、还是从属关系，但有一点则是大家公认的，即在这种二元关系中，由于财产权对个人的意义是独特的和个别的，故个体是财产权利的终极所有者。由此导致的社会财富就是由所有个体组成的社会所享有，而不是由国家所享有，故国家没有也不享有任何社会财富。尽管如此，但并不等于国家没有存在的必要。恰恰相反，国家是为了解决社会或个人无法解决的问题以实现自身福利而自愿建立和经营的事业。社会或个人为了实现自身福利的最大化，就需要将自己财富的一部分通过纳税让渡给国家，以使国家通过征税从而获得足够的经济支持，进而维持国家机器的正常运转和国家职能的正常发挥。因此，纳税是由众多个体所组成的社会的一种理性选择的结果，是纳税人将自己的部分财产所有权向国家的一种自愿的"转让"或"让渡"。这样，如果没有国家与社会的二元结构，就不需要国家，故也就不可能需要税收，税收国家也就不可能存在。从这种意义上来讲，税收国家要产生、存在和发挥作用，就必须首先要存在着国家与社会的二元结构。

第二，市场经济是税收国家产生的经济基础。依上述所言，在国家与社会的二元结构中，纳税是纳税人将其部分财产权向国家的一种自愿"让渡"与"转移"。而财产权，"非指不受国家税课侵犯之经济财，而指财产权人之行为活动空间"[①]。国家对纳税人的

[①] 葛克昌：《国家学与国家法》，月旦出版社股份有限公司1996年版，第119页。

财产课税，不是对财产权的分享，而是对财产权人经济利用行为的分享，是对其财产权中收益的一部分的分享。而要获取收益，除了个别的自然孳息外，绝大多数的孳息和利润都只能通过把所有权的客体投入到生产、流通等活动而获取额外的附加。如果没有把所有权的客体投入到市场之中，使其参与市场的生产经营活动，就不可能产生利润，国家也不可能获得税收。因此，要获得税收，首先必须要有市场，以进行商品的生产和交换。而市场作为一个由利益、需求、供给、分工、产权、交换、价格、竞争八个因素相互作用而形成的自由组织体系，它也存在着自身所无法克服的缺陷与不足。在此情况下，市场经济作为一种以市场为主体和导向的经济体制，它最大化地发挥了市场的资源配置和经济调节的职能，从而最大化地促进了商品的交易与流通、财富与利润的增值，也为税收的产生提供了最大化的来源。相反，如果没有市场经济体制，市场的功能无法得到保障和最大化的发展，则商品的交易和流通就无法充分的展开，财富与利润的增值也就无法得到保证，税收也就很难成为国家财政收入的主要来源，税收国家也就难以产生与发挥作用。因此，从这种意义上来讲，市场经济是税收国家得以产生与发挥作用的经济基础。

第三，民主宪政是税收国家产生与发挥作用的政治基础。如前所述，国家是为了解决社会或个人自身无法解决以实现自身福利而自愿建立和经营的事业。税收是社会中的个体作为财富的终极拥有者为了实现自身福利的最大化，将自己的部分财产所有权向国家的一种自愿"转移"或"让渡"。虽然这种"转移"或"让渡"对个体而言不一定是理性的和自愿的，但对于整个社会而言，税收则是由作为整体的纳税人理性和自愿选择的结果，其目的在于通过这种"让渡"以使国家能够获得足够的资金解决个体或社会所无法解决的问题，以最大化的实现和保障自身的福利。在此情况下，国家的征税权力就是建立在由社会成员集体同意的基础上。因此，第一个问题，即国民在多大程度上能够同意国家的征税要求？国民对国家征税权的同意是否真实地表达了国民的意愿？这是一个非常重要的问题。因为，只有绝大多数国民真正同意的税收才能得到国民的遵从，国家也才能真正从这种税收中得到所需要的财政收入。因此，为了解决这个问题，就需要建立一种机制，以保证能够真实表达大多数国民的意愿。这种机制，就是税收决策的民主机制。只有这种民主机制，才能保证真实的反映绝大多数国民的意愿，这样的税收制度也才能得到国民的认可与遵从。因此，民主是国家征税权的核心内容。同时，国民之所以同意纳税，其前提就在于国家必须保障国民的正当利益。而在国民的各种利益中，政治利益是最根本的也是最重要的利益。而对广大的纳税人群体而言，最大的政治利益就是政治民主。它是人民当家作主的权利，是人民知政、参政、议政和督政的权利。否则，如果人民没有了这样的政治权利，不能够对国家的政治事务享有知政权、参政权、议政权和督政权，不能够通过上述方式获得国家政务的管理权，则人民的其他权利与利益也就得不到保障，人民也就不会认同国家，不可能把自己的部分利益通过纳税的方式"让渡"给国家，国家也就不可能得到必需的税收收入，从而失去其存在和发挥作用的经济基础和政治基础，国家也就不可能产生和存在。因此，第二个问题就是，国家能否真正保护国民的政治利益？从以上的论述可以看出，国民的政治利益从根本上是对国家权力的限制。因此，要保障国民的政治利益，就必须要对国家的权力进行限制。而在当代社会，宪法是控制国家权力的基本法则，宪政制度是控制国家政治权力的基本制度。只有通过宪法和宪政制度，才能够真正实现对国家政治权力的限制和对国民政治利益的保护，从而真正保护国民的各项合法利益。因此，宪政制度就是保障国民政治利益的根本制度。这样，国家只有实行了真正的民主，才能够真正保证国民的意愿得到真实的反映，国家才能够获得征税权力和税收利益。同时，国家只有实现了真正的宪政，国民的政治利益才能够得到真正的保护，国民也才会同意国家的征税需求。由此可见，民主宪政就是税收国家存在的政治基础。

第四，依法征税是税收国家存在的法律基础。如前所述，税收民主是国家征税的核心内容，国民的同意是国家征税的基础和公民纳税义务成立的前提。而立法机关作为一种由选民代表所组成的国家权力机关，恰恰是现代国家民主化的典型代表和重要特征，是国家民主化的根本内容。如无以国民所推选出的代表组成的国家立法机构的同意并以国家法律的形式进行确认，国家就不得对国民进行征税，国民也不得被要求缴纳各种税收。它通过确立"国民的同意"和"无代议士则不纳税"的原则，从而肯定了在法治化和代议制的社会中，税收必须建立在由国民代表所组成的国家立法机构所制定的法律基础之上。从这种意义上来讲，"税法，就是获得了国民同意的规则。国民同意税法的过程，就是税收立法中民主发挥作用的过程。"[①]既然如此，所有的税收活动就必须建立在法律规定的基础之上，以国家法律的规定作为征税的依据。这就是税收法定原则。它被认为是现代宪法原则在税法中的体现，是税法最重要的原则或税法的最高原则。它肯定了在法治化和代议制的社会中，国家的征税权力是建立在由社会成员自己参与制定的法律的基础之上的。国民的同意是税收设立的基础和公民纳税义务成立的前提，税收法律化是税收合法化的依据和标志。国家只有按照法律的规定行使征税权，国民才负有依据法律规

[①] 宋丽：《民主视野下的中国税收立法》，载刘剑文主编：《财税法论丛（第 2 卷）》，法律出版社 2003 年版，第 7 页。

定纳税的义务。因此，依法征税，不仅是国家的行使征税权的根本要求，而且也是税收国家得以成立的基本特征。

三、"经济人"：纳税人的人性假设与税法发展

"经济人"是现代西方经济学对作为市场经济活动主体的一种人性假设。由于这一假设能够比较深刻地揭示人在市场经济活动过程中的内在心理状况和外在行为模式及行为选择的过程及结果，因此，它不仅成为现代经济学进行理论分析和理论建构的基石和切入点，为现代经济学的规范化和科学化提供可靠的理论基础，而且，这一假设已经超出了经济学的固有范围，开始对其他的社会科学和人文科学产生越来越大的影响。在现代税法学的理论研究中，引入"经济人"的理论假设，把纳税人设定为一种具有有限理性的"经济人"，这不但可以对纳税人的纳税行为作出科学合理的理论解释，而且可以对税法理论的发展和税收法律制度的完善，都具有重要的理论意义和实践价值。

（一）"经济人"假设的理论渊源

在西方经济学中，尽管"经济人"一词是由意大利经济学家帕累托（Vifredo Pareto）率先提出的，但人们却总把"经济人"假设与亚当·斯密（Adam Smith）的名字紧密地联系在一起。之所以如此，是由于亚当·斯密在西方经济学发展史上首先运用理性主义的方法，把人性引入到经济学之中，第一次比较系统地阐述了"经济人"理论的基本思想。他认为，所有的生产者都是利己主义的"自由人"，"由于他管理产业的方式目的在于使其生产物的价值能达到最大程度，他所盘算的也只是他自己的利益，在这种场合，像在其他许多场合一样，他受着一只看不见的手的指导，去尽力达到一个并非本意想达到的目的。人们追求利己的利益，往往使他能比他真正出于本意的情况下更有效地促进社会利益"①。由此他认为，第一，人是自利的。人们在经济活动过程中具有追求个人利益

---

① [英] 亚当·斯密：《国民财富的性质和原因的研究（下）》，商务印书馆1972年版，第27页。

的本性。"我们每天所需的食料和饮料,不是出自屠户、酿酒家或烙面师的恩惠,而是出于他们自利的打算。"①第二,人是有理性的,这种理性就在于实现个人利益的最大化。为了以最小的牺牲来满足自己最大的需要,终究人们在经济活动中会对自己所拥有的财富进行理性分析和计算。第三,对个人利益的追逐,客观上满足了他人和社会的利益。在经济活动中,人们追求个人利益最大化的实现,不仅不会损害他人的利益,而且还会促进他人利益的实现。这就是亚当·斯密关于"经济人理论"的核心思想。

亚当·斯密之后,"经济人"假设在西方古典经济学中得到了进一步的发展和完善。英国古典经济学家约翰·穆勒(John Stuart Mill)继承了英国功利主义者耶米利·边沁(Jeremy Bentham)的功利主义理论,对斯密的"经济人"描述进行了概括。他认为,经济人就是使市场得以运行的人,即会计算、有创造性、能寻求自身利益最大化的人。据此,他把"经济人"的假设从生产领域扩大到了消费领域,丰富了经济人假设的思想。在此基础上,他提出了效用最大化原则。而另一位英国经济学家、剑桥学派的创始人阿尔弗雷德·马歇尔则认为,"经济人"的自利行为具有理性的特征。这种特征,一方面体现在精明和准确的计算上,另一方面体现在谋利行为必须在法律、制度和规范的制约下进行。由此他提出了利润最大化原则。这样,效用最大化原则和利润最大化原则就从不同的方面丰富和发展了亚当·斯密的"经济人"假设,使其得到了更为明确和丰富的表述。正因如此,当代西方的经济学家根据"经济人"理论的发展过程将其分为古典经济人、新古典经济人和新经济人三个不同的发展阶段。

在西方经济学界,尽管"经济人"假设从产生之日就一直受到一些经济学家的诘难或责问,但毋庸置疑的是,"经济人"假设作为一种经济学研究的理论范式,是为了揭示经济生活的内在规律而对经济活动主体的行为方式所作出的抽象与概括,是对在一定历史条件下人的行为方式的一种基本界定。它把人的自利性看成是社会进步的动力和一切经济活动的原始动机,一切经济活动都是这些行为的后果。在对人的行为进行分析时,它舍弃了人的除自利性以外的其他特征,把人纯粹看作是一个"有理智、会计算、有创造性并能获取最大收益的人",把人在市场中的一切活动都看成是追求自身利益最大化的过程。因此,它是一个简化了的人的范式。由于这一范式"揭示了在市场经济条件下人的经济行为的基本特征,消除了不确定性和复杂性给经济学带来的困惑,使科学的经济分析成为可能,从而引导人们通过合理的制度安排,使人的自利能在客观上更好地促进社

---

① [英] 亚当·斯密:《国民财富的性质和原因的研究(上)》,商务印书馆1972年版,第14页。

会的进步与发展"①，因此，它就成为经济学研究的理论前提，为建立逻辑严密的经济学理念体系提供了理论分析的支撑点。经济学家可以以此作为对经济行为和经济活动进行理论分析的切入点，透过市场纷繁复杂的表面现象，对人在市场活动中的行为方式和社会经济活动中的一系列问题做出合理的解释和预测。正因如此，它作为市场经济的理论基础，已经成为经济学研究中一个相当有用的理论分析工具，在经济学的理论研究中具有不可替代的地位。它不仅对整个西方经济学理论的发展产生了重大的影响，而且它已经超出了经济学的固有范围，被引入到了人文科学和其他的社会科学之中，用于研究和说明市场经济条件下人的行为方式的选择与发展问题，从而对于人文科学和其他社会科学的发展都产生了十分重要的指导意义。

（二）"经济人"假设下纳税人的行为界定

在当代，纳税人作为税务行政管理的相对人和纳税义务的具体承担者，不仅是税法学的基本范畴，而且也是各国税法的基本构成要素。如无纳税人，则不但各国的税收法律体系无从建构，而且各国的税法学也就难以成立。它的存在和发展对于税收法律关系的建立和税收法律制度的运行都具有极其重要的意义。

在税收征纳活动中，虽然我们可以把纳税人作为一个整体来看待，但事实上，在税收征纳过程中，纳税人总是一个一个的个体，纳税事务也总是一件一件具体的事务。同时，从纳税人的社会角色来看，"虽然从事各种职业、专业、事业的人都有可能成为'纳税人'，尤其是因为特定收入或行为而成为纳税人如个人所得税纳税人，但纳税人的主体还是那些从事生产经营活动的人们。通常，我们称之为'企业家'或'商人'"②。因此，纳税人本身就是市场经济活动过程中的"经济人"。而税收作为"国家不付任何报酬而向居民取得的东西"③，它本身就是对作为"经济人"的市场经济活动的主体所获得的收入或财产的一种"剥夺"或"侵害"，会导致财产的损失或减少。因此，从"经济人"追求自身利益最大化的假设来看，没有纳税人会同意或主动地要求纳税。同时，从纳税活动的具体过程与结果来看，纳税人之所以选择纳税或者选择拒绝纳税，在大多数情况下也

---

①陈孝兵：《现代"经济人"批判》，山西经济出版社2005年版，引言第7页。
②李胜良：《纳税人行为解析》，东北财经大学出版社2001年版，第10页。
③《列宁全集（第32卷）》，人民出版社1958年版，第275页。

都是对自身行为后果进行权衡分析后做出的一种理性选择,是符合其追求自身利益最大化的根本目的的。因此,从经济学的角度来看,纳税人就是一种典型的"经济人",纳税人的纳税活动就是在一种典型的经济理性的支配下,根据对税法制度、税收征管环境、税收负担情况、税收征纳关系、自身税收筹划水平等外部条件进行反复权衡后做出的一种自身利益最大化的选择。

但是,与一般经济活动不同的是,纳税活动毕竟是纳税人按照税法的规定向国家履行法定义务的活动,而不纯粹是一种经济活动,故纳税人在纳税活动中作为一种"经济人",与一般经济活动过程中"经济人"的内涵便有着明显的不同。

第一,纳税人的纳税行为是一种公共理性选择的结果。根据公共经济学的基本理论,公共产品和外部性的问题,为公共选择提供了存在的理由。这种选择不仅存在于决定政府提供什么样的公共产品的问题上,而且也存在于政府如何获得提供公共产品所需要的资金及其来源的问题上。根据现代厂商理论,政府是一个不占有任何资源的"无产者"。因此,它要提供公共产品,就必须要获取足够的资金。虽然政府获取资金的方式可以有多种,如收费、发行公债等,但由于税收不会凭空扩大社会购买力而引起无度的通货膨胀,也不需要偿还,也不会给政府带来额外的负担。税收的强制性和固定性可以保证政府收入的稳定性和经常性等,税收自然就成为政府收入的最佳形式和最主要的来源。因此,为了维持政府的存在和保证政府能够提供足够的公共产品,作为公共选择的投票人,就必须要满足政府对税收收入的需要。从这种意义上讲,税收就是一种文明的对价。纳税人之所以愿意付出自己财产的一部分,是"为了确保他所余财产的安全或快乐地享用这些财产"①。在此条件下,虽然我们不排除个别纳税人拒绝纳税的情况,但从总体情况而言,纳税人之所以同意纳税,其实质就是一种纳税人集体理性选择的结果,是纳税人作为公共选择的投票者所做出的一种理性的选择。

第二,纳税人的纳税行为是一种有限理性的行为。"经济人"假设的内容之一是其具有理性,他是以最小的牺牲来满足其最大化的需要。在税收活动中,纳税人作为"经济人",在纳税活动过程中,也典型地体现了"经济人"的理性化特征。即从整体上来看,纳税人之所以选择承认国家税收制度的合理性和合法性并实际向国家纳税,是因为他们相信,通过纳税而让国家向他们提供公共产品,比由他们自己解决公共产品的供给要经济得多。而从个体上来看,在一个比较稳定的社会形态中,绝大多数的纳税人之所以选

---

① [法] 孟德斯鸠:《论法的精神(上册)》,张雁深译,商务印书馆1961年版,第213页。

择税收遵从，也是因为他们相信，选择税收遵从所带来的财产及其他方面的损失要比选择税收不遵从而导致的财产及其他方面的损失要小得多。否则，他们就会选择税收的不遵从。但是，对纳税人的"经济人"假设是建立在假设所有的纳税人都是无道德观念的风险厌恶者。同时，对纳税人的"经济人"假设是抛弃了纳税人作为社会人的其他方面的特性，而只采纳了其"自利性"的特征。但在现实中，纳税人不仅是"经济人"，而且首先必须是自然人和社会人。他除了具有理性的一面外，还具有非理性的一面。同时，他在选择是否进行税收遵从时，除了受到他所掌握的税法知识的影响外，还可能要受到他的教育程度、价值观念、风险判断、社会环境等多种社会因素的影响。他也可能会失去理智或做出不理性的判断。因此，纳税人在纳税活动过程中的理性行为就是一种有限的理性行为。即他在大多数情况下是理性的，但在少数情况下他也可能失去理性，从而做出不理性的判断和选择。这也就解释了为什么大数纳税人都选择税收遵从而少数纳税人选择税收不遵从的原因。

第三，纳税人的纳税行为从本质上来讲是一种投资行为。大量的研究证明，由政府解决公共产品的供给是一种次佳的选择（根据帕累托定律，最佳的选择在现实中是不存在的）。由于公共产品所存在的非排他性而导致的"搭便车"现象必然导致由私人部门提供公共产品的效率低下。相反，由政府或其他公共部门向公众提供公共产品，因为生产的集中进行和技术进步与分工协作，其效率要高于私人部门。因此，纳税人选择通过纳税的方式将自己的部分财产或所得转让给政府以换取政府所提供的公共产品，就可以带来福利的改善。这完全符合"投资—收益"的基本模式。从这种意义来讲，税收就是纳税人为了获得公共福利而进行的一项投资，纳税人的纳税行为也自然就是一种投资行为。

第四，税法是纳税人与政府所达成的契约。既然税收是纳税人为了获取公共产品而进行的一项投资，那么为了保证税收活动的有效性和纳税人的合法权益，纳税人与政府就必须围绕着纳税事项进行谈判与协调。其结果，就形成了由国民代表所组织的国家立法机关所制定的税法。从这种意义上讲，税法就是纳税人与政府之间就纳税事宜而达成的契约，借以约束纳税人与政府在税收征纳活动中双方的行为。在其中，纳税人作为立约人，自愿承诺在一定范围内放弃自己的部分财产所有权和使用权，借以换取政府的存在和政府提供公共产品；而政府作为另一方立约人，也必须承诺对纳税人其余合法财产的保护和合理的使用纳税人的税款等。当一方违约时，另一方有权要求对方履行其承诺，并承担相应的责任。

（三）"经济人"假设下税法理论的建构

与物理、化学等自然科学不同，税法学作为法学的一个分支，属于社会科学的范畴。而所有的社会科学都是把人的某一方面的行为或特征作为其研究的对象和主体。税法学也概莫能外。在现代税法学中，纳税人不仅是税法学的重要范畴，而且也是税收法律关系的重要主体，因此，把纳税人看作是"经济人"，并运用"经济人"的理论范式对纳税人进行分析与论证，就为建构现代税法学的理论体系提供了一种新的进路。

第一，纳税人与征税人在税收法律关系中的地位是平等主体之间的关系。依照传统税法学的理论，税收法律关系是一种公法上的行政管理关系，故征税人与纳税人的法律地位是不平等的。在其中，征税人始终处于管理者和主导者的地位，享有种种的优益权。他们往往以自我为中心，认为纳税人作为被管理者是从属于管理者的，征税人可以强制纳税人服从其管理意志。而纳税人作为被管理者，则只有服从的义务。由于这种理论是建立在强调征纳双方强制与对抗的基础之上，因此，它在现实中就必然会使征纳双方互不信任，导致税收征管效率低下，税收规避与税收流失问题严重。而把纳税人当作"经济人"，就会使人们认识到，依照税收法定原则建立起来的税收法律制度是纳税人与国家之间就税收征纳活动所达成的一种契约。既然如此，征税人和纳税人之间就是一种平等的主体关系。这样，就可以使税法学摆脱行政法学的羁束而走上独立发展之路。同时，它也才能划清税法学与税收学、税收政策学的界限，使税法学奠基于民主、人权和法治之上，真正成为一门纳税人的维权之学。

第二，税收法律关系在性质上是债权债务关系。根据传统税法理论，税收法律关系是一种权力关系。按照这种理论，纳税义务的发生源自于税务机关的决定。如果没有税务机关的决定，纳税人就不会发生纳税的义务，税收法律关系也就不会自动产生。因此，它强调的是税务行政机关的主动干预，而把纳税人放到了被动和服从的地位。这样，它就无法说明纳税申报的合法性等。而纳税人的"经济人"假设则为解释这些问题提供了新的思路。如前所述，根据"经济人"的理论假设，税法是纳税人与国家之间所达成的契约，则它就是国家与纳税人在意思表示一致基础之上所达成的有关税收的请求与给付的特定的法律关系，即债权债务关系。当法律所规定的税收构成要件满足时，作为债务人的纳税人就有对于作为债权人的国家给付一定数额金钱的纳税义务。这样，纳税义务的发生只是取决于税收构成要件是否得到满足。当税收构成要件得到满足时，纳税人的纳税义务即自动发生，而不受税务行政机关决定的限制。事实上，税务机关的决定行为充其量也只是一种确认行为。这样，它就能够说明纳税申报的合法性等问题。因此，建立在"经济人"假设基础之上的债权债务说就获得了更强的理论说服力，从而为现代税法学的发展提供了一种新的理论分析工具。因此，"债务关系说为迄今的法律学上所一向忽视的'公法上的债务'这一领域带来了光明，构成其中心的税收债务，是对课税要素观念进行研究和体系化的理论，它赋予税法以崭新的地位和体系变为可能"①。同时，"税收债务关系说可以解决税法区别于其他法律部门的特性，可以为税法学创造独立的学术空间，可以为税法研究提供观察问题的独特视角，可以帮助税法从保障国家权力运作向维护纳税人权利的全面转型"②。

第三，税法在功能上是纳税人的权利保护之法和征税人的权力限制之法。依据传统观点，税法作为行政法的分支，它的主要任务在于保障国家的税收管理权和税款征收权的实现。因此，在我国20世纪末期之前的税法学教材和著作中，都无一例外地站在国家的立场，强调税法对于保障国家财政收入、维护国家权益及对经济领域进行宏观调控的职能，而忽视或根本不考虑税法对于纳税人的保障功能。而"经济人"假设的引入，突出了纳税人在税收法律关系中的重要地位及纳税人在税收法律制定及执行过程中的作用。纳税人作为与国家建立契约的立约者，不仅是税收法律关系的参加者，而且也是税收法律制度得以存在与运行的根本要素。如无纳税人，则税收法律制度就不可能建立，更不可能得到有效的执行。因此，现代税法都是以纳税人为中心构建起来的。纳税人独立经济利益的存在是税收产生的前提和基础，而纳税人通过其代表对税收法律制度的认可与赞同是税法得以产生的根本原因。因此，保护纳税人的合法利益不受非法征税的侵害，就是税法必须首先解决的问题。这就决定了现代税法在功能与作用上，它除了要维护国家的税收利益和税收秩序外，首先必须要保障纳税人的合法权益。只有纳税人的合法权益得到了保障，纳税人才会同意并履行纳税的义务，政府的税收利益也才能得到保障。为此，税法在内容的设置上，就必须要对国家的征税权力做出必要的限制，以防止国家征税权的滥用造成对纳税人利益的过度侵害。这就使得在"经济人"假设之下，税法成了纳税人的权利保护法和国家征税权力的限制法。

综上所述，"经济人"假设的引入，使现代税法学的价值本位发生了重大的转变。纳税人不再仅仅是一个义务主体和纳税义务的承担者，而且还必须是一个权利主体。保障纳税人的合法权益是现代税法学理论建构的核心内容。因此，"经济人"假设的引入，对

---

①［日］金子宏：《日本税法原理》，刘多田等译，中国财政经济出版社1989年版，第20页。
②刘剑文、熊伟：《税法基础理论》，北京大学出版社2004年版，第73页。

于税法学由传统向现代的发展，发挥了重大的促进作用。

（四）"经济人"假设下税法制度的整合

"经济人"假设不仅使纳税人由税收活动中的被管理者变成了税收契约的参加者和税收活动的合作者，而且，也说明了国家的征税权力不再是国家的固有权力，而是来源于人民的同意和授权。"宪法中的涉税条款和税法都是人民与国家所签订的税收契约，是人民对于征税权的认可的授予"①。由此，就必然导致对税法制度的重新设计与整合。

在当代，税收法定原则已经成为现代世界各国税法制度得以建立与运行的基本原则。对于税收法定原则的实质，我国学者进行了较为深入的研究。有学者认为，"税收法定主义是根源于同意的基本成分，社会成员的同意权是作为国家课税权的对立面而显现的。限制的同时意味着支持。同意既通过约束课税而为税收国家提供了法治的基础，又通过支持课税而为税收国家提供了合法性的基础。而由同意展开的具体技术安排则推动着税收法定主义应然与实然的统一""正是由于同意的成分，税收法定主义在西方的实践表现了税收由专制课征向民主课征的转变"。②故"税法，就是获得了国民同意的规则。国民同意税法的过程，就是税收立法中民主发挥作用的过程"③。因此，在税收立法的内容上，对于基本的涉税事项，必须按照税收法定原则的要求由法律加以规定。即使不得已的授权立法，也必须由授权机关对其加以严格的限制和监督。行政机关不得自行制定行政法规对税收基本事项进行规定。只有这样，才能保证由人民所选出、代表人民意愿的代议机构对税收立法的控制。在税收立法过程中，必须通过合理公正的程序设计保障税收立法过程中人民的知情权和参与权，使税收立法无论是决策的做出，还是草案的提出、审议和公布，都能够让人民充分发表自己的意见，提出自己的建议，对税收立法产生实质性的影响。只有这样，才能真正保证税法在内容上能够表达纳税人的真实意愿。正是基于这样的认识，当代世界许多国家已经通过制度化的规定以确保税收立法民主化的实现。例如，意大利规定，每个涉税法律在通过前政府都必须广泛征求民众的意见，若有500

---

① 陈少英：《纳税人权利保护探析》，载刘剑文主编：《财税法论丛（第8卷）》，法律出版社2006年版，第33页。

② 郑勇：《税收法定主义与中国的实践》，载刘剑文主编：《财税法论丛（第1卷）》，法律出版社2002年版，第72-73页。

③ 宋丽：《民主视野下的中国税收立法》，载刘剑文主编：《财税法论丛（第2卷）》，法律出版社2003年版，第7页。

万名选民提出异议，则议案不能立法。美国在税收立法的审议阶段专门设立了听证制度，税收法案从动议提出到最终通过，中间要经过若干次的听证，有的听证时间长达数月之久。我国2005年在修改个人所得税法时也举行了公开的听证会，等等。这些规定和活动，对于保障纳税人的立法参与权及其表达意见的权利起到了重要的作用。纳税人可以通过立法听证、提出反对议案等方式来广泛地表达自己的意愿和要求，从而使税法能够真正反映他们的心声。

虽然从税收立法的角度，作为"经济人"的纳税人与国家是平等的关系，但在税收征纳的具体活动中，纳税人作为一个一个的个体与代表国家行使税收征管权的税务机构进行具体的交涉，再加上信息不对称、传统税收管理思想的影响等原因，纳税人总是处于劣势地位，其合法权益常常会受到不法征税的侵害。因此，为了切实保障纳税人的合法权益，除了加强对税收行政执法行为的约束外，还必须要转变税收立法观念，加强对纳税人权利保护的立法，使纳税人权利及其保护成为税法的重要内容。为此，世界经合组织（OECD）制定了《纳税人宣言》范本，对纳税人的权利做出明确列举，供各成员国在立法时参考。美国国会制定了《纳税人权利法案》，为保护纳税人的合法权利提供了专门的法律依据。澳大利亚、英国等国政府制定了《纳税人宪章》，加拿大制定了《纳税人权利宣言》等。一些国家的民间组织或社团也通过发表宣言、向立法机关提出立法建议等方式，积极地加入到了推动纳税人权利立法的运动中来。例如，日本的社团人自由人权协会发表了《纳税者权利宣言》，"执意将本'纳税者权利宣言'推崇为日本立法、行政、裁判的指针，同时也期望各种类型的市民运动、纳税者运动能运用它作为理论后盾"[1]，以推动日本的纳税人权利保护立法。另外，2000年9月在德国慕尼黑召开的国际财政协会全球会议上，与会专家一致认为，应制定各国纳税人权利保护的最低法律标准，并在适当的时机制定《纳税人权利国际公约》，以加强纳税人权利保护的全球合作与进步。由此可见，纳税人权利保护的立法问题已成为一个世界性课题，引起了世界各国政府的认真研究与慎重对待。

在税法的实施过程，"对于纳税人权利造成冲击最大的，莫过于税务执法权的不当行使。税收执法权与纳税人权利冲突现象频频发生，其最根本原因还在于税收执法权在本质上所具有的对公众权利的天然侵犯因素"[2]。因此，基于纳税人"经济人"假设，在保

---

[1] ［日］北野弘久：《税法学原论》（第4版），陈刚、杨建广等译，陈刚、杨建广校，中国检察出版社2001年版，第352页。

[2] 徐孟洲主编：《税法学》，中国人民大学出版社2005年版，第69页。

护纳税人的合法权利时，除了需要进一步加强对税收行政执法权力的制约与监督外，赋予纳税人与税务机关平等的对抗权，"尽量采取'对峙'的方式设立设置征税权与纳税人权利，使对纳税人权益产生直接影响的征税权，都有必要的纳税人权利与之针锋相对，真正形成有效的制衡局面。例如，对应设立管理权——参与权、征收权——抗辩权、审批权——申请权、处罚权——救济权等"①。同时，适当扩大纳税人的程序性权利，如被告知权、陈述申辩权、要求说明理由权、救济赔偿权等，扩大纳税人的力量对征税权力的介入和渗透，以达到用纳税人的权利抑制和制衡国家征税权的目的，以防止税收行政执法过程中滥用国家征税权力对纳税人权利的破坏。

总之，在"经济人"假设下对国家与纳税人之间的关系进行重新界定，不仅从根本上改变了税法的性质与作用，而且它也为现代税收立法和税收执法提供了一个全新的思路。税法已不再是单纯的国家"征税法"，而且也变成了纳税人的"权利保护法"。税收立法不再是国家意志的单方体现，而是国家与纳税人进行博弈和协商的结果。这样，在税收立法的过程中，以纳税人的权利保护和对国家的征税权力进行规范为核心，重新构筑现代税收法律体系，就成为当代税法发展的重要任务。

（五）结语

把纳税人作为一种"经济人"，不仅仅是对经济学中有关"经济人"假设的简单移植和挪用，而是赋予了其全新的理论内容。"经济人"假设并非是一种单纯的经验抽象物。虽然它在现实中并不一定具有经验的对应物，但它却是税法学理论研究的出发点和构建税法学理论体系的重要基础。因此，对于税法学理论研究而言，首先，它具有重要的方法论意义。它表明，税法学的理论研究已经开始采用严格科学化的方法，对税法学的问题进行逻辑的推理和系统的论证，而不再仅仅进行经验的思辨。它是税法学研究由软科学向硬科学靠近的一个标志，表明税法学理论开始走上了科学化的道路。其次，它具有重要的价值导向功能。"经济人"假设的引入，表明了税法学研究者的理论视角及其价值导向。在税法学理论研究中，以具有"经济人"特征的纳税人作为构建税法学理论体系的核心和出发点，不但表明税法学研究者试图构造一种不同于传统的以国家为中心的税法学理论体系，而且，也表明了在"经济人"假设下的税法学理论

---

① 施正文：《税收程序法论》，北京大学出版社2003年版，第176页。

研究必然要以公平作为税法学理论体系建构的价值导向，从而标志着税法学的理论研究开始获得了真正的内在价值追求。这同时也表明，税法学理论已经开始摆脱税收学、税收政策学等的桎梏而走上了自立的道路。再次，它还具有重要的理论建构功能。假设作为一种规范性研究的基本要素，是建构任何科学理论体系的出发点。任何一种规范的科学理论，都是在某些假设的基础上运用逻辑推理的方法而构建起来的一种具有内部一致性和自足性的理论体系。因此，"经济人"假设的引入，表明现代税法学也开始了进行理论建构的过程。最后，需要特别强调的是，"经济人"假设不仅是一种理论性假设，而且也是一种事实性假设。它除了具有理论的建构功能和解释功能之外，还能够用于指导税法的制定和执行，对税法制度的发展和完善提供指引，影响甚至决定着税法制度的发展方向和发展水平。

四、纳税人的权利与义务

（一）纳税人权利的学理辨析

在现代税收法律关系中，"纳税人权利"是一个非常重要的概念。纳税人权利既是现代税法学的核心问题，也是现代税收法律制度的核心问题。因此，税法学就不可能回避对纳税人权利问题的研究。但在我国学术界，长期以来，人们习惯于将纳税人作为义务主体来看待，[①]而忽视了对纳税人权利的研究，从而影响了我国税法学的发展和税收法律制度的完善，造成了税法实践中损害纳税人权利的事件频繁发生。因此，从20世纪90年代中期开始，我国学术界就"纳税义务人"的提法进行反思。有学者在研究了这一概

[①] 需要说明的是，在20世纪90年代中期以前，我国学术界普遍是把纳税人是作为义务主体来看待的。如当时影响最大的税法学教材《中国税法概论（第三版）》（北京大学出版社1995年版，第58页）中就明确表示："纳税义务人，习惯上称为纳税人。"其他的教材和工具书中也都是基本相似的表述。如张守文主编：《财税法教程》，中国政法大学出版社1996年修订版，第161页；严振生主编：《税法》，中国政法大学出版社1996年版，第19页；李伟主编，《税法学》，法律出版社2002年版，第16页；胡微波、袁胜华主编：《现代税法实用辞典》，法律出版社1993年版，第43页；等等。

念后明确指出,"'纳税义务人'的存在是缺乏相应的法律依据的,也是与法制发展的一般要求相违背的",因此,要"重新认识纳税人,还纳税人以权利主体的法律地位"①,由此开启了研究纳税人权利问题的先河。近年来,随着我国税法学研究的发展,纳税人权利问题自然也就成为税法学研究的热点。但检讨这种研究现状之后我们不得不承认的一个事实就是,国内对纳税人权利问题的研究出现了一种泛化的趋势。一些学者借鉴或者移植了日本学者北野弘久的理论或观点,将纳税人的权利分为"纳税人的整体权利"与"纳税人的个体权利""纳税人的基本权利"与"纳税人税法上的权利"、"纳税人的宪法权利"和"纳税人在税法上的权利"等,②并将重点从对纳税人具体权利的研究转向了对"纳税人基本的权利""纳税人的宪法权利""纳税人整体权利"的研究。这一转向虽然拓宽了理论研究的视野,从宪法学的视角来看具有一定的道理,但从税法学的视角来看,对于这一转向则还需要做进一步的研究。

根据北野弘久的观点,"所谓纳税人的基本权利,就是纳税人仅以遵从符合日本国宪法的形式承担纳税义务的权利。换言之,就是保障纳税人在宪法规定的规范原则下征收与使用租税的实定宪法上的权利。从纳税人的角度分析,是纳税人'要求符合宪法的规定征收与使用租税的权利'。该纳税人基本权利的具体内容,应根据具有日本国宪法第30条中规定的'法律'的内容和日本国宪法的各项人权条款来决定"③。仔细推敲一下他的观点,我们便不难发现其中所存在的一些逻辑错误。第一,北野弘久讲,"所谓纳税人的基本权利,就是纳税人仅以遵从符合日本国宪法的形式承担纳税义务的权利"。为了使这句话更为明确,可以将此句话简化为"纳税人的基本权利,是纳税人承担纳税义务的权利",照此说来,承担纳税义务就是一项基本权利,即义务就是权利。这是一个简单到了不需要论证的常识性错误。第二,北野弘久讲,所谓纳税人的基本权利,"换言之,就是保障纳税人在宪法规定的规范原则下征收与使用租税的实定宪法上的权利"。这句话可以

---

① 相关的研究请参见涂龙力、王鸿貌主编:《税收基本法研究》,东北财经大学出版社1998年版,第139页。

② 这些分类及具体研究请参见下述著作:甘功仁:《纳税人权利专论》,中国广播电视出版社2003年版;王惠:《税法基本问题研究》,江西人民出版社2004年版;刘剑文、熊伟:《税法基础理论》,北京大学出版社2004年版;张馨:《财政公共化改革 理论创新·制度变革·理念更新》,中国财政经济出版社2004年版。

③ [日]北野弘久:《税法学原论》(第4版),陈刚、杨建广等译,中国检察出版社2001年版,第58页。

简化为，纳税人的基本权利就是"保障纳税人征收与使用租税的宪法权利"。但在现实中，到底是谁在征收与使用租税？是纳税人吗？这又是一个常识性的错误。第三，北野弘久认为，"该纳税人基本权利的具体内容，应根据具有日本国宪法第30条中规定的'法律'的内容和日本国宪法的各项人权条款来决定"。由此可见，北野弘久所讲的纳税人基本权利，是根据日本国宪法第30条的规定和该法中各项人权条款的规定确定的。查阅该国宪法可知，第30条处于该国宪法第3章"国民的权利与义务"之中，其具体内容是："国民有按照法律规定纳税的义务"。由此可知，首先，该条内容规定的是国民的义务，而不是权利；其次，该条所规定的承担义务的主体是"国民"，而不是纳税人。查阅该国宪法的其他条文可知，除本条和第84条"新课租税，或变更现行租税，必须有法律或法律规定的条件为依据"外，该国宪法再无其他的涉税内容，更无对纳税人权利的具体规定。由此可知，北野弘久所谓的纳税人在日本宪法上的"实定权利"只不过是日本国民的一项宪法义务，而不是一项宪法权利。再次，如果这些"基本权利"确实是出自日本宪法第30条所规定的"法律"的话，那么，这些权利也不过是由税收法律或其他规定公民纳税义务的法律规定的法律上的权利，而不是宪法上的权利。除此之外，如果还存在着其他的纳税人"基本权利"的话，那也只是根据日本国宪法的各项人权条款来规定的，而不是宪法条款本身，故不应该把它宪法化，更不能将其上升到宪法的高度。最后，即使存在着纳税人的"基本权利"，那也是由日本国的宪法和法律规定的。故只对日本的国民具有法律上的意义，而对其他国家的公民并不具有任何法律上的意义。由此看来，一些外国学者的理论或观点，并不必然就是正确的，也不一定具有普世价值。因此，需要仔细的分析和辨识，而不能一概照搬。

至于国内学者提出的纳税人"整体权利""宪法上的权利""基本权利"等观点，也有许多需要进一步的分析和研究之处。

根据国内学者的观点，纳税人的整体权利是"指通过税收所体现的国家与纳税人之间的政治经济关系中纳税人拥有的权利，这些权利一般不体现在普通税收法律中，而是体现在宪法或税收基本法中。纳税人与国家的关系不外乎是公民与国家之间政治经济关系的具体体现，因此，通过税收所体现出来的宏观上的纳税人的整体权利，也不过是宪法所规定的公民基本权利的具体体现"①。根据该作者的观点，这些权利具体包括七项内容，即公共产品选择权、参与税收立法权、依法纳税权、享受公共服务权、享受公平待

---

① 甘功仁：《纳税人权利专论》，中国广播电视出版社2003年版，第50页。

遇权、对税收征收的监督权、对税收使用的监督权等。对于纳税人的基本权利，虽然国内学者并没有对此概念做出明确的说明或界定，但他们认为，纳税人的基本权利在具体内容上包括了赞同纳税权、选举代表权、政府服务权和税款节俭权等四项权利。①从这两种观点可以看出，无论是纳税人的整体权利还是纳税人的基本权利，实际上都属于宪法性的权利或宪法上的权利。因此，他们的观点从根本上都源自北野弘久，是对北野弘久观点的移植或继承。因此，除了前述对北野弘久观点的批评外，对上述国内学者的观点还有必要进行进一步的分析。

首先，根据北野弘久的观点，他对纳税人基本权利的界定是根据日本实定宪法的规定做出的，因此，应该说这种理论只是适应于日本国的宪法，对于其他国家来讲，由于各国宪法在具体内容上存在着较大的差别，故它只具有借鉴的意义，而没有普适性。在此情况下，照搬这一理论是需要注意其所存在的各种差别和理论上的不同前提与假设的。

其次，无论上述学者承认与否，从他们的列举来看，这些权利无疑都是属于宪法性权利，是宪法位阶的权利，因此，也就是属于宪法上所说的基本权利。按照李龙教授的观点，它是一种母体性的权利，能够派生出公民的一般权利，为普通法规定公民的一般权利提供立法的依据。②因此，在具体的税收活动过程中，纳税人能否享有这样的权利，还需要解决两个问题：第一，该国宪法中是否规定了上述的权利？如果该国宪法中规定了上述的权利，则国家通过将上述内容具体化的方式将上述的基本权利在所制定的税收法律中转化为具体权利后，纳税人才有可能享有这样的权利。否则，如果该国宪法中没有规定上述的权利，则该国的纳税人就不可能获得上述的权利，更遑论用来保护自己了。第二，即使该国宪法中规定了上述的基本权利，那么，该国是否通过制定具体的税收法律来将上述基本权利转化为了具体的权利？如果没有通过具体立法活动进行转化，则对于没有实行宪法司法审查的国家而言，在具体的税收活动中，纳税人仍然无法享有上述的权利。

再次，上述学者所主张的纳税人权利实际上都是属于公民的权利。虽然在宪法学的层面上，我们可以把"公民"与"纳税人"看作是同一个概念。但实际上，由于宪法学

---

① 张馨：《财政公共化改革 理论创新·制度变革·理念更新》，中国财政经济出版社 2004 年版，第 169—188 页。

② 李龙：《宪法基础理论》，武汉大学出版社 1999 年版，第 156 页。

上的"纳税人"与税法学上的"纳税人"在大多数学者看来并不是同一个概念。在实际的税收活动中，作为税法学意义上的纳税人，除了包括该国的公民外，还包括了在该国从事经济或其他活动的外国人等。这样，对于在该国从事经济或其他活动、依照该国的税法负有纳税义务并确实履行了纳税义务的外国人，能否在实际上享有上述的权利，这其实还是一个问题。

最后，上述学者主张的纳税人权利实际上都是整体性的权利。而事实上，由于在纳税法律关系中，纳税人总是作为个体而存在的，由于整体与个体之间并不必然具有相应的对应关系，故即使存在着纳税人整体上的权利，但作为个体的纳税人也并不必然具有相应的权利。如果纳税人要想获得这种权利，就必然要进行权利的转化，即从宪法学上的权利转化为税法学的权利。

由此可见，国内学者主张的"纳税人的整体权利""纳税人的宪法权利""纳税人的基本权利"等都属于宪法基本权利的范畴。它与税法学中纳税人的权利之间还存在着较大的差距。在税收活动过程中，如果纳税人要想获得这种权利，还必须要进行权利的转化，即从宪法学上的权利转化为税法学的权利。这种转化也要通过两个方面的办法：其一，是进行具体的立法，通过立法实现权利的具体化；其二，是通过对宪法权利的推定。但权利推定要受到严格的条件限制。如权利推定必须要有法律上的依据、所推定的权利必须是应有且能有的权利、权利推定必须依一定的法律程序、权利推定必须宽严适度等。[1]而在我国宪法中，除第56条规定了"中华人民共和国公民有依照法律规定纳税的义务"外，并没有关于纳税人具体权利的规定。在《税收征管法》等具体的法律法规中，虽然对纳税人的权利做了一些规定，但对于这些规定还存在一些具体的问题，如对纳税人权利的规定是否全面、纳税人权利的具体内容如何理解、纳税人如何行使这些权利等问题，还需要进行具体的研究。

（二）纳税人义务的基本特征

与"纳税人权利"相对应的概念是"纳税人义务"的概念。在现代税法中，它具体规定了纳税人承担税收负担的范围及深度，是税法规定公民纳税的具体依据，故被认为是税法的核心范畴。尽管如此，税法学却对此问题关注甚少，从而导致对纳税人的纳税

---

[1]对权利推定问题的具体论述，请参见郭道晖：《法理学精义》，湖南人民出版社2005年版，第130—138页。

义务问题存在许多不正确的认识。

关于公民的纳税义务，在世界各国，一般认为，它都是被作为公民的基本义务而由宪法进行规定。例如我国宪法第 56 条明确规定："中华人民共和国公民有依照法律纳税的义务"。其他国家的宪法如日本国宪法第 30 条、阿塞拜疆宪法第 73 条、摩尔多瓦宪法第 58 条第 1 款、缅甸宪法第 172 条、多米尼加宪法第九条第五款、韩国宪法第 38 条、意大利宪法第 53 条、西班牙宪法第 31 条第 1 款、阿联酋临时宪法第 42 条等都有类似的规定。虽然如此，但这并不意味着国家或作为其代表的税务机构就可以据此来确定公民的纳税义务。因为，根据上述规定，公民的纳税义务必须根据法律的规定，故只依据上述规定，并不构成对公民具体纳税义务的确认。这也就是说，要确定公民的纳税义务，必须要由具体的法律规定来进行。否则，人民并不因宪法的规定而负有纳税的义务。同时，这些规定也明确了公民纳税义务的法律保留原则，即公民的纳税义务也只能由法律规定，没有法律上的依据，任何机构和人员都不得向他人征税，也不得要求他人承担纳税的义务。

在国内外学术界，公民具体的纳税义务，一般被认为是公法上的义务。它是在宪法规定的基础上，由各个具体的税收法律法规规定的。这是对宪法中公民纳税义务的具体化和定型化。同时，虽然宪法中只规定了公民具有"依照法律规定纳税"的义务，但在公民具体履行纳税义务时，还涉及许多具体的问题，故在现实中，各国在税法中规定公民依法纳税的义务时，还规定了许多附随义务，如申报的义务、接受检查的义务，等等，从而使公民的纳税义务就形成了一个义务群或义务束。这个义务群或义务束都是由多个具体的义务构成的。在我国税法学界，有学者对此进行了分类和研究，[①]故笔者在此不做过多论述。但是，需要指出的是，无论纳税义务具体有哪些，可以做怎样的分类，缴纳税款的义务则是最基本和核心的义务，其他的义务则是属于附随的义务。

在具体的税收征纳活动过程中，纳税义务与其他义务相比，具有以下几个方面的特征：

第一，纳税义务是绝对性义务。绝对性义务是与相对性义务对应的，是指要求社会全体成员都要承担的、不负有任何条件的义务。作为一种绝对性义务，纳税义务具有普遍性的特征。即纳税义务应该遍及社会的每个成员，不可因身份或地位而有差异，凡一国国民都应负有纳税义务，以体现社会正义的要求。除非有法律规定，任何人都必须根

[①] 对纳税义务的具体分类，请参见刘剑文主编：《纳税主体法理研究》，经济管理出版社 2006 年版，第 70—73 页；吴希平等：《论纳税义务及其履行》，载《税务研究》2000 年第 7 期，第 64—68 页。

据税法的规定承担相应的纳税义务并切实予以履行，不得因其身份、地位等情况而享有某种特别优惠的税收待遇。它包括了三个方面的具体内容：首先，税法应当从法律的高度，排除对任何社会组织或者公民个人不应有的免除纳税义务，只要发生税法规定的应税行为或事实，都应依法履行纳税义务；其次，税法对任何社会组织或者公民个人履行纳税义务的规定应当一视同仁，不得对不同的社会组织或者公民个人实行差别待遇；最后，税法应当保证国家税收管辖权范围内的一切社会组织或者公民个人都应当履行纳税义务，不论收入来自本国还是外国，只要在国家税收管辖权范围之内，都要履行纳税义务。①同时，作为一种绝对性的义务，纳税义务不附带任何的免除条件，也不以征税人或其他机关所提出的任何履行要求为条件。

第二，纳税义务是公法上的金钱给付义务。纳税义务作为一种金钱给付义务，是指这种义务的履行方式为金钱给付，而不包括实物给付或劳务给付。之所以如此规定，主要是基于税收国家的理念。在税收国家中，宪法要保障财产自由、营业自由和职业自由，故限定纳税义务为金钱给付义务，虽与货币经济时代有关，但主要的考虑是此种限制对行为的自由限制最少，自然保证了作为私人的财产所有人的营业和职业自由。但此种金钱给付与民法上的金钱给付有着本质的不同。这种不同主要表现为：一方面，此种金钱给付义务是基于维护公共利益的目的，直接依据法律的规定所产生的。它不包括行政契约、事实行为等。另一方面，此种金钱给付义务的债权人是国家。国家通过授权的方式授权税务机关作为其代表从事税收征收管理活动。在税收法律关系中，它居于管理者的地位，对纳税人进行管理。它有权采取各种法定的手段和措施，要求或强制纳税人服从或协助其行使职权，以实现征税的目的。而纳税人作为金钱给付义务的承担者，在税收征收管理活动中居于被管理者的地位，应该根据税法的规定主动配合税务机关的税收征管活动。同时，在税收管理活动中，这种纳税义务具有强制性的特点，且不能够随意转嫁给他人。第三方面，纳税义务作为一种无对待的金钱给付义务，在税收学上也被描述成为税收的无偿性特征。它是指纳税人在按照税法的规定履行纳税义务时，纳税人的这种支付行为即导致对所支付的税款的所有权和支配权的丧失。对此，列宁所说的"所谓赋税，就是国家不付任何报酬而向居民取得的东西"②，就是这个意思。即对于具体的纳税人而言，缴纳税款后国家与纳税人之间不具有直接的返还关系，国家不需要向纳税人直接支付任何的报酬。

---

①孙树明主编：《税法教程》，法律出版社1995年版，第75页。
②《列宁全集（第32卷）》，人民出版社1958年版，第275页。

第三，纳税义务在适用上一般禁止类推。在现代税法中，税收法定原则是税法最重要的基本原则。故在确定纳税人的纳税义务时，就应该严格按照税收法定原则的要求，对于没有法律依据的经济行为不得征税，更不得运用类推适用的方法来确定纳税人的纳税义务。但是，这只是一般情况。而在现实中，一方面，任何法律都有漏洞，税法也不例外。在此情况下，如果纳税人的经济行为属于税法漏洞的行为时，还生硬地照搬税收法定原则而不征税，就有可能造成对其他纳税人的不公。另一方面，税收活动的对象是经济活动，而由于纳税人是"经济人"，因此纳税人在进行纳税申报时，就有可能进行虚假申报、违法筹划等。在此情况下，如果不对其进行类推适用，就有可能违背税法的公平原则和实质课税原则。因此，当出现了上述两种情况时，各国税法一般都做了类推适用的规定。如我国的《税收征管法》第35条，日本的《所得税法》第155条、《法人税法》第132条等。但是，需要说明的是，尽管各国税法对类推适用都做了明确的规定，但在实际的类推适用过程中，对其有着严格的法律限制。同时，在类推适用的过程中当出现了不确定的因素时，一定要本着"有利于纳税人"的原则来确定类推适用的范围、内容等，以免加重纳税人的负担。

（三）纳税人权利与义务的关系

一般而言，纳税人的权利与义务是一对相互联系的概念。但如何确定和理解二者之间的关系，则是一个理论界甚少关注的问题。由于税收实行法定原则，故纳税人的权利与义务，一般具有如下的共同特征：第一，纳税人的权利与义务是法定的权利与义务，它必须要由税收法律法规明确加以规定。因此，它不是应有性权利或义务，也不是习惯性权利或义务。它与实在的权利或义务也有明显的区别。第二，纳税人的权利与义务之间具有比较明确的界限。与一般权利义务不同，由于纳税人的权利与义务属于法定的权利与义务，故它们之间的界限是比较明确的。第三，与纳税人权利或义务相对应的是国家的征税权力。由于征税权作为国家的公权力，它既是国家的权利，也是国家的义务，具有不可放弃的特征，故它是一体两面，当与纳税人的权利相对应时就表现为义务，当与纳税人的义务相对应时它就表现为权利。

在我国法学界，关于权利与义务的关系问题，一般有两种不同的观点，即权利本位说与义务本位说。虽然这两种不同的观点各有其合理性，但由于权利与义务的广泛性和复杂性，故笔者认为泛泛地谈论何者本位的问题是没有意义的。但这样说并不等于笔者否认对权利与义务关系问题的研究。恰恰相反，由于权利与义务问题的紧密相关性，故笔者认为应该在搞清它们各自内涵的基础上正确界定二者之间的关系。特别是在税收法律关系中，只有在搞清纳税人权利与义务各自内涵的基础上，才能真正界定纳税人权利与义务之间的关系。

一般来说，对于纳税人权利与义务之间的关系，我们可以从三个方面来研究：第一方面，从历史发展的角度来看，纳税人的权利与义务在历史的发展过程中，经历了一个由无视纳税人权利向强调和保护纳税人权利的发展过程。第二方面，从纳税人权利义务关系的内在结构来看，纳税人的权利与义务在结构上并不具有对等性。第三方面，从当代世界各国税收立法的实践来看，纳税人在税收征纳关系中，要行使法律所规定的权利时，还必须要受到一定制约与限制。

从历史上来看，自从有了国家，就有了税收。但在资本主义以前，人类社会发展的漫长历史时期中，纳税人一直是被作为义务主体来看待的。纳税人只有纳税的义务而没有相应的权利。在此情况下，"纳税人的权利"就是一个十分陌生的概念。13世纪以后，随着资本主义的萌芽和人类个体意识的增强，纳税人才开始萌发出了权利意识，并开始了争取权利的斗争。1215年，英国国王在封建贵族和教士的逼迫下签署的《大宪章》（Magna carta），可被看作是纳税人追求自身权利的奠基之作。自此以后，封建贵族在与国王围绕着税收权力展开的斗争中一步步地实现对国王征税权的限制。1295年的《无承诺不课税法》、1297年国王爱德华一世被迫重新确立的《大宪章》、1628年的《权利请愿书》等重要文献都可以看作是纳税人限制国王征税权和维护自身权利的重要证据。1689年的《权利法案》，不仅标志以英国为代表的近代资产阶级在对封建王朝的战争中取得了最后的胜利，而且也标志着纳税人的权利及其保护得到了宪法和法律的正式承认，从而开启了纳税人权利保护的先河。1787年的《美利坚合众国宪法》和1791年的《法兰西共和国宪法》则进一步对纳税人的权利及其保护做出了明确的规定。如法国宪法在《人权宣言》第14条规定："所有公民都有权亲身或由其代表来确定赋税的必要性，自由地加以认可，注意其用途，决定税额、税率、客体、征收方式和时期。"美国宪法虽然只有短短七条，但规定税收事项的内容却有五款之多，且在其中多次规定了由国民代表所组成的议会对国家征税的决定权。如第1条第7款和第8款分别规定："有关征税的所有法案应在众议院中提出；但参议院得以处理其他法案的方式，以修正案提出建议或表示同意"；"国会有权规定并征收税金、捐税、关税和其他赋税，用以偿付国债并为合众国的共同防御和全民福利提供经费……"等等。到了20世纪中后期，随着资本主义的发展，特别是国际政治民主化的发展和世界经济一体化的发展，世界各国掀起了一个保护纳税人权利的高潮。美国、加拿大、英国、澳大利亚、法国、俄罗斯等许多国家都通过制定专门的纳税人权利保护法，赋予纳税人在税收征纳活动中的各项权利。①由此可以看出，在纳税人权利与义务的关系问题上，经历了一个历史的发展过程。纳税人的权利并不是天生就有的，而是经过斗争才争取到的。从这种意义上来讲，税法的发展过程，也就是限制国家征税权、争取和保护纳税人权利的过程。纳税人的权利也正是在这样历史发展过程中，逐步发展和完善起来的。

从纳税人权利与义务的对应性来看，无论是纳税人的权利，还是纳税人的义务，它们所对应的都是国家的征税权力。在纳税过程中纳税人无论是行使法律所规定的各项权利，还是履行法律所规定的各项义务，它的行为指向都是国家的征税权力，而不是纳税人本身权利与义务之间的对应或相互转化。而国家征税权作为一项公权力，既是国家的权力，也是国家的义务。因此，从权利与义务的对应性来看，虽然纳税人的权利就是国家的义务，纳税人的义务就是国家的权利。但对纳税人而言，在权利与义务的关系上，他所享有的权利与他履行的义务之间并不必然具有对应性或相称性。

从当代各国对纳税人权利与义务的具体规定可以看出，虽然纳税人应该享有法律所规定的各种权利，履行各种义务。但很多权利的行使，则是以履行义务为前置条件的。例如，在税务行政救济中，纳税人要想进行税务行政复议和行政诉讼，必须先履行相应的纳税义务，在提起有关纳税争议的行政诉讼之前，纳税人必须先进行行政复议等。例如，美国法律规定，纳税人如果要向地区法院（U. S. District Court）或美国联邦上诉法院（U. S. Court of Federal Claims）提起税务诉讼案件时，必须先行缴纳有争议的税款，而只有向美国税务法院（U. S. Tax Court）提起诉讼时，才不必先缴纳税款。加拿大司法部专门设有税收诉讼处。所有税收争议案件都要先由税务机关内设的复议处复议，纳税人对复议结果不服的，才可以向税务法院起诉。日本的法律规定，除关联诉讼、税务机关对不服申诉不作为等案件外，其他的税务诉讼案件必须先行申诉。只有对申诉不服的，才可以提起诉讼。我国税收征管法中对纳税争议案件的处理也有类似的规定。由此可见，在纳税人的税收权利与义务之间，二者并不是平衡的，也不是对等的。在很多情况下，纳税人在行使税法上的权利时要受到了履行纳税义务的限制。

---

①对此问题的比较系统的研究，请参见甘功仁：《纳税人权利专论》，中国广播电视出版社 2003 年版，第 182—223 页。

五、"纳税人问题"及其化解

纳税人作为税法的构成要素,它的存在和发展对于税收法律关系的建立和税收法律制度的运行都具有极其重要的意义。但在现实中,由于税法及其实施过程中所存在的问题,导致纳税人合法权益受到侵害的事件层出不穷,从而对纳税人和国家都造成了极大的损害。有鉴于此,本书试图在对"纳税人问题"的概念进行理论界定的基础上,通过研究纳税人问题产生的成因及其危害,试图探索解决纳税人问题的基本思路。

(一)"纳税人问题"的概念

一般而言,纳税人作为税务行政管理的相对人和纳税义务的具体承担者,在税收征纳关系中处于税务机关的管理和监督之下,按照税法的规定和税务机关的要求具体履行纳税义务。故在传统税法学理论中,纳税人总是被置于义务人的地位,称其为"纳税义务人",并认为在税收法律关系中与税务机关处于不平等的地位。正是由于传统税法学对纳税人的这种错误定位导致一些税务机构在税收征管活动中漠视或践踏纳税人合法权益的事件屡有发生。鉴于此类问题在现实中不仅面广量大,而且对纳税人和国家都造成了严重的影响,故笔者认为对此问题有必要进行专门的研究。同时,为了更好地归并和提炼此类问题,笔者借鉴消费者权益保护法中的"消费者问题"的概念而将此类问题命名为"纳税人问题"。鉴于这个概念不仅是笔者首先提出的,而且截至目前也没有学者对其进行过专门的研究。故在研究纳税人问题的成因及解决的办法之前,有必要先对"纳税人问题"的概念进行界定。

笔者认为,"纳税人问题"作为一个严肃的学术问题,它的含义是指纳税人在税收征纳活动过程中其合法权益受到侵害的问题。它在内涵上包括以下几个方面:第一,纳税人问题指的是纳税人的权益受到侵害的问题。这种权利的主体只包括狭义的纳税人及代扣代缴人等,而不包括其他的对象,更不包括征税人。第二,纳税人受到侵害的权利必须是纳税人根据法律法规的规定而享有的合法权益,而不包括不法权益。同时,这些权利既包括纳税人根据税法规定所享有的各项权利，也包括纳税人根据其他法律法规的规定所享有的各项权利。第三，侵害的方式必须是在税收征纳活动过程中或是为了征税的目的，而不是在其他的时间地点或是因为其他的目的。第四，侵害者必须是代表国家进行征税活动的国家税务机关或负有征税义务的其他合法性组织，而不包括其他的组织。第五，侵害方的行为必须具有违法性。

"纳税人问题"的概念在外延来讲主要包括以下几个方面：第一，额外的税收损失。额外的税收损失是指由于征税人的计算错误或适用法律不当致使纳税人承担超过了税法规定额度的税款，从而导致纳税人在经济上的额外损失。第二，税收欺诈。税收欺诈是指征税人故意编造、利用虚假的税收法律法规或其他虚假的征税依据或征税信息欺诈纳税人，致使其权益受到损害的情况。第三，服务短缺。服务短缺是指征税人在税收征管活动过程中不提供或所提供的诸如纳税辅导、税收咨询等服务不完全或不真实等导致纳税人权益受到侵害的问题。第四，暴力征税所导致的纳税人人身伤害或财产损失。暴力征税是指征税人超出法律规定的限度运用武力或其他的暴力手段强行征税导致纳税人的财产、人身等受到伤害的情况。

（二）纳税人问题的成因及危害

纳税人问题作为世界各国普遍面临的一个重大问题，其产生除了具有社会、经济、政治等方面的原因外，就税收征纳活动本身而言，主要是由以下几个方面的原因造成的。

第一，征税人追求税收收入最大化的工作目标是导致纳税人问题产生的根本原因。一般认为,税收是国家财政收入的主要来源和国家对市场经济进行宏观调控的重要手段。而在当代世界，由于国家职能的多元化和国家向社会提供的公共产品的膨胀化，国家对税收强烈的需求就成为国家征税的内驱力，导致国家要想方设法通过征税来获取更多的财政收入。由此，税务机关作为政府的职能部门，就必须秉承国家的意志，在税收征管活动中要做到"应收尽收"，尽可能多地为国家筹集税收收入。一旦出现税收法律法规的规定不相一致或对税收法律法规有不同理解的情况时，税务机关一般都会自觉或不自觉地采取对自己有利的解释。甚至有的税务机构及其工作人员在税收征管过程中，会编造虚假的税收法律法规或其他的征税依据以增加税收收入，从而导致纳税人的利益受到侵害。

第二，纳税人与征税人在税收征纳关系中的地位不平等是导致纳税人问题产生的重要原因。根据一般的理解，税收征纳活动是国家依据其所具有的政治权力和法律的规定，强制无偿地向私人课征的金钱给付。在其中，国家的征税权力是依据法律规定享有的，税收的课赋和征收均是以强行性法律作为保证手段而进行的。纳税人作为税收义务的承担者，虽然具有法律上的权利，但由于税收法律关系在本质上是一种公法上的权利义务关系，因此，作为国家代表的征税人在税收征纳活动中就始终处于主导地位，享有很大的优益权。这种优益权主要表现为三个方面：一是，税收征纳法律关系的产生、变更与消灭大多取决于征税人的单方行为，无须以双方协商一致为前提；二是，为保证税收法律关系的实现，税收法律法规赋予征税人在实施税收征管活动过程中享有不少的行政特权和行政措施，如税收保全、税务强制执行、税收代位权、撤销权等，而这是纳税人不可能具有的；三是，在税收争议过程中，即使有的争议需由法院做出最终裁决，但征税人也往往有优先处置权，即他可以在一定范围内"自己做自己的法官"。因此，虽然近年来有学者提出了征税人与纳税人在税收征纳关系中平等性的观点，但作为一种学术见解，并没有获得普遍的认同。同时，它在实践上也改变不了征税者与纳税者之间管理与被管理者的关系。在此情况下，纳税人就不可能与税收管理机关获得同样的地位与平等的对待。正是这种地位上的不平等，导致了征税人在税收征管中会有意或无意忽视纳税人的权利，致使纳税人的合法利益受到侵害。

第三，征税人与纳税人有关税收法律法规及其他相关信息的不对称是导致纳税人问题产生的另一个重要原因。如前所述，税法除了具有一般法律法规的共同特征外，还具有专业性、技术性、复杂性和多变性的特征，因此成为各国法律体系中最复杂的法律部门。即使一些专业的法学工作者、大学法学教授、律师等，也很难对这些税收法律法规有比较全面、完整的理解与把握。普通纳税人对税收法律法规的了解更是十分有限。而税务机关及其工作人员则不同，他们不但对税法非常熟悉，而且对一些操作性规定也非常精通。在此情况下，纳税人与征税人之间有关税法和税收征管操作方面的信息显然是不对称的。这种信息的不对称，也就成为纳税人问题产生的一个重要原因。

第四，征税人的整体性与纳税人的个体性是导致纳税人问题产生的另一个重要原因。虽然我们可以把纳税人作为一个整体来看待，但事实上，在税收征管过程中，纳税人总是以一个一个的个体面对税务机关，纳税事务也总是一件一件具体的事务，纳税人之间一般没有直接的联系，纳税人的力量只是作为个体的力量而存在。而与此不同的是，税务机关及其工作人员在税收征管过程中代表的是国家，是以国家机器或国家的强制力为后盾的。同时，它的内部具有极其严密的组织体系，能够全力维护自身的利益。在此情况下，纳税人的力量弱小、松散就在很大程度上制约了其维权的行为。许多纳税人即使知道其利益受到了损害，也难以进行有效的维权。因此，这就成为纳税人问题产生的另一个重要原因。

第五，税法功能定位及税法实施的偏向性是导致纳税人问题不可忽视的原因。在世界许多国家中，税法都属于行政法的范畴，税收的征收与管理是一项行政活动。所以，尽管从一般意义上来讲，税收法律法规在保障国家税收收入的同时，还具有维护纳税人合法权益的功能。但税法的功能首先在于保障国家的财政收入，这是一个不争的事实。因此，在一般意义上，税法都被作为一个侵权法来看待。对税法功能的这种定位，就有可能导致在税法的制定和实施的过程中，出于保护国家财政收入的需要，在进行权利义务配置时，加大税务机关的权利而增加纳税人的义务。另外，即使税收法律法规本身是公正的，但是，由于政府税收利益最大化的需求，而可能导致税务机关和税务工作人员在处理具体的税收事项时出现法律实施方面的偏差性，从而给纳税人的利益造成损失。

（三）纳税人问题的解决之道

在当代，随着纳税人问题及其所导致的各种社会问题的日益显现，加强对纳税人的权利保护以解决纳税人问题已经成为现代世界各国普遍面临的一个重大课题。许多国家一方面通过制定专门的纳税人权利保护方面的法律法规，或通过在现行的税收法律法规中增加或扩大纳税人权利等的规定，以从立法上解决纳税人问题；另一方面通过规范税务管理活动，约束税务机构及其税务人员的执法行为，以解决税收实践中的纳税人问题。综观世界各国的税收立法状况及纳税人权益保护的具体实践，笔者认为，要真正解决纳税人问题，除了要加强对纳税人权利保护的立法之外，还应该重点解决以下几个方面的问题。

第一，加强对纳税人权利意识的教育，以提高纳税人的维权意识和维权能力。在当代，"纳税义务人"的概念已经被纳税人的概念所取代。这不仅仅是词语的变化，而是标志着国家对纳税人身份认知的转变。纳税人不仅仅是义务主体，而且也是权利主体。纳税人不仅仅是纳税义务的承担者，而且在纳税活动过程中也享有法律所规定的各项权利。正是法律法规对纳税人权利的规定，才从根本上保证了纳税人能够以相对独立、平等的身份与税务管理机关进行正常的交往和履行正常的纳税义务。因此，加强对纳税人权利意识的教育，以提高纳税人的维权意识和维权能力，才是解决纳税人问题的根本之策。而在其中，广泛深入持久的税法宣传被证明是提高纳税人税收法律知识和税收维权意识、维权能力最有效的方法。加强税法宣传教育，不仅可以提高纳税人的税收遵从意识和纳税协作能力，而且可以提高纳税人的公民意识和主人翁精神，提高公民责任感和积极性，从而制约税务机关的税收执法行为,以最大限度地防止纳税人问题的产生。

第二,规范税收执法行为,防止税务机关及其工作人员违法行政行为的发生。在现代法治国家中,纳税人权利是法定权利,故纳税人问题从根本上讲,就是由于税务机关及其工作人员在税收征管过程中违法行政而导致的结果。因此,要解决纳税人问题,还必须规范税务机关及其工作人员的执法行为,以防止其违法行政。而在分析了大量的纳税人问题之后我们发现,税务机关及其工作人员的行政行为之所以导致纳税人问题的产生与发展,主要的原因并不是国家的税收法律法规不健全,也不是因为税收征管机关及其工作人员不懂法,而是因为许多税务机关及其工作人员没有尊重法律和遵守法律的意识,没有依法行政的理念。而"如果不尊重法律,法律知识本身是不能制止违法行为的"[1]。因此,要规范税务行政执法行为,除了要加强制度建设和制度执行之外,还必须加强对税收征管机关及其工作人员尊重法律和遵守法律的教育。只有这样,才能真正保证税收法律法规得到完全的正确的执行,也才能从根本上防止纳税人问题的产生。否则,即使制定了再完备的法律,那也只会成为一纸空文。

第三,加强税务行政救济和司法救济,切实解决已发生的纳税人问题。"无救济则无法律",这是一条基本的法律原则。由于违法行政行为会导致纳税人问题的产生,所以为了解决纳税人问题,切实保障纳税人的合法权益,就必须建立和完善税收救济制度。从目前世界各国的具体实践来看,税收救济制度主要包括税收行政救济和税收司法救济两种。前者也叫税收行政复议。它是由税务机关依照行政程序自己解决行政争议的一项基本制度。在形式上具有行政裁判的特点。后者也叫税务行政诉讼,是由国家司法机关根据纳税人的请求对税务机构的具体税务行政行为的合法性进行审查的一项制度,是解决纳税人问题、保护纳税人合法权益的最后一道屏障,对于保障和监督税务行政机关依法行使职权,防止或纠正违法的或不当的行政行为、解决纳税人问题以保护纳税人的合法权益具有极其重要的作用。因此,加强税务救济制度的建设与执行,切实发挥税务行政复议与行政诉讼的功能,就是解决纳税人问题的另一重要的途径。

---

[1] [苏] B. H. 库德坦克亚夫采夫:《违法行为的原因》,韦正强译,任允正校,群众出版社1982年版,第214页。

第五讲　税收宪法

税收宪法是指宪法对税收的相关规定。按照马克思主义的观点，税收是国家的三大支柱（军警、机关和税收）之一，是国家依靠其政治权力强行参与国民经济分配的重要手段和形式，是国家财政收入的主要来源，为国家机器的正常运转提供经济支持和物质基础。同时，税收还是国家对国民经济进行宏观调控的重要工具，对国民经济发展和国民收入分配具有十分重要的影响。因此，当代世界大多数国家都对其重视有加，不但实行税收法定原则，通过制定详尽系统的法律①，对税种以及征税对象、纳税人、税率等课税要素以及税收的开征、停征、优惠、减免等程序进行严格的法律规范，而且还在宪法中对税收的重要内容加以规定，以体现宪法对税收的规范与制约。所以，研究税收宪法问题，对推动宪法学和税法学的发展，促进宪法和税法的完善，规范税收征纳关系，保障国家的财政收入和广大纳税人的合法权益，促进国家的政治稳定、经济繁荣与社会发展，都具有十分重要的意义。

一、税收宪法的理论依据

税收宪法的理论依据来自公共选择学派的代表人物布坎南（James M. Buchanan，1986年诺贝尔经济学奖获得者）提出的财政立宪理论。他认为，宪法制度是影响政治决策的

---

① 此处所讲的法律，是指由国家的立法机关所制定的狭义的法律，而不包括行政法规和地方性法规。

方式和行为的根本制度。虽然政治竞争不能约束政府扩张的欲望,但是通过对财政政策与货币政策的制定过程施加宪法的规则约束,以宪法来防止财政政策与货币政策的过度扩张、限制税收收入来源、债务和货币创造,就能做到这一点。这就是财政—货币宪法（Fiscal-monetary constitution）理论。从这种意义上讲,财政—货币宪法就是约束国家财政政策和货币政策制定过程的根本规则。这种规则一旦确立,随后的财政政策和货币政策就必须按照这种规则来制定和实施。这样,既可以消除政策制定者出于利己主义动机或集团利益对政策制定施加的不利影响,又可以提高政策制定过程的透明度和政策走向与效果的可预期性。他认为,对财政制度的宪法约束包括两个步骤:第一步是确立一个宪法规则,这个规则对政治家和政府官员来说是"高高在上"的,它能够在税收水平下降的情况下,对已经增长起来的公共支出的持续需求进行遏制。这个规则有下列的特征:"第一,它必须较为简单、易懂,能够被公众所领会。第二,必须具有划分是否遵循或违反这个规则的标准界线,一旦规则遭到破坏,无论政治家或是一般公众都能比较容易地加以辨别。最后,也是最重要的一点,这种财政规则必须反映和表达全体公民的价值观,从而使他们信奉规则规定的各项条款,在某种意义上可能被看作是神圣不可侵犯的。"① 第二步是重新确立财政账户收支平衡的原则,通过有效地控制公共开支,实现财政收支的基本平衡。

在布坎南看来,财政宪法的主要内容是税收宪法。财政体制是由税收收入和公共支出两个方面构成的,由于二者具有不同的特点,就要求分别采取不同的决策方式。公共支出要在财政决策的日常运行过程中做出,而税收结构与水平的决策则要先于公共支出结构,在日常运行之前的立宪阶段做出,所以,财政宪法就主要是税收宪法。由于税收意味着资源由私人部门流向公共部门,因此,制定税收宪法,就可以为经济活动提供一个稳定的经济和法律环境,使纳税人能够通过对预先确定的税收法律进行了解而获得对于税收负担的可预测性,从而促进经济的发展。

布坎南认为,税收宪法作为财政宪法的主要内容,关键在于解决两个问题:第一,是税收结构的选择。他认为,税收制度或税收结构选择的关键不在于税收结构是否合理可取,而在于决定税收结构的决策过程是否反映了赋予相同权力的个人的偏好和价值。从这种意义上讲,税收结构的选择就必须以不确定性为前提而在税收宪法的制定阶段加以确定。由于在这一阶段每个人对于自己未来的经济地位是无知的,故在税制选择上,就会赞成通行税、累进税和间接税。因此,公正合理的税收结构应该包括通行税、累进税

---

① [美] 布坎南:《赤字中的民主》,刘廷安译,北京经济学院出版社1988年版,第178页。

和间接税。第二，是关于税收限制。由于在现实中各个国家的公共部门都在进行扩张，现代民主未能做到税收的适度和反映选民的意愿。所以，应该以制定税收宪法的方式按投票者的愿望来对税收的合适数量进行限制。这种限制包括程序限制和数量限制两个方面。程序限制是指通过对政治决策的规则和程序结构的调整来控制税收。它的具体方法包括：第一，税收法案的特殊多数规则。税收法案在国家立法机关要全体一致通过才能被确信是合理的，否则就有可能导致某种程度的财政剥削。但一致通过难以达到，这就要求通过一项税收法案时赞成票要尽可能地多，如三分之二、四分之三等，而不是简单的过半数，并且多数规则所要求的赞成票越多，则税收就越合理。第二，税收与支出的通行性。它要求以宪法的形式规定，税收负担应该平等地分配，这样，增税的热情就会大大降低。因为每一个人都得按比例根据其经济地位而纳税。同时，政府支出也会大大减少。因为获益分散的支出较少，而获益集中的支出又不符合通行性而难以获得通过。第三，税收与支出同时决策。它要求在进行财政决策时，每一笔支出都要有相应的税收为其筹资，否则，不得进行表决，更不能通过。第四，各级政府税收来源和政府功能的划分。如果政府事权划分清楚，则中央政府的一些功能就会下放到地方，中央政府的活动就会大大减少，地方政府间的相互竞争也就能够在一定程度上限制其总开支，这就促使政府把税收维持在合理的限度内。数量限制要求明确以宪法的形式限制税收的数量。它的具体方法包括规定税收在国民生产总值中所占份额、税基的限制、特定税率的直接立宪限制等。程序限制与数量限制之间的区别在于程序限制并不直接限制税收的结果，而是通过决策过程间接地达到对税收活动进行限制的目的，而数量限制则直接限制税收的结果。①

  布坎南的税收宪法理论，强调了从宪法的高度对税收进行规范与制约的必要性与可行性。这对推动税收宪法的发展具有极其重要的意义。传统税法理论认为，税收制度和税收政策都是政府意志的体现，个人需求及偏好对税收立法一般不起作用。布坎南的税收宪法理论，一方面，论证了个人选择对税收立法的影响，认为只有尊重纳税人—投票人—受益人的选择，才能促成征税方案的尽善尽美，实现帕累托最优，这就从理论上解决了税收宪法的必要性问题。另一方面，他关于特殊的多数规则、税收与支出的通行性、税收与支出同时决策、各级政府的税收来源与政府功能的划分，以及规定税收在国民生产总值中所占份额、税基的限制、特定税率的宪法限制等观点，则从理论上解决了税收宪法的内容问题。因此，布坎南的税收宪法理论对当代税收宪法的理论发展与制度完善，起到了积极的促进作用。

---

  ① 参见刘磊：《税收控制论》，中国财政经济出版社 1999 年版，124－128 页。

二、税收宪法的现实基础

制定税收宪法,把有关税收的重要内容写入宪法,除了必须获得理论上的支持外,我们还必须要解决的一个问题就是:为什么必须要由宪法来对税收的重要内容进行规定?换言之,为什么必须要在宪法而不是其他的法律法规中对税收的重要内容进行规定?笔者认为,之所以如此,从根本上来讲,是由宪法和税收活动的根本性质与功能共同决定的。

从宪法的方面来讲,制定税收宪法,其根本原因在于以下几个方面:

首先,制定税收宪法是由宪法作为根本法的性质决定的。所谓根本法是指宪法作为国家"法律的法律",规定的是国家的根本制度和国家进行政治经济活动的根本原则,并在一国的法律体系中具有最高的法律效力,是其他一切法律制定、运行的依据。税收活动作为一种经济活动,一方面,它是国家财政收入的主要来源,是筹集国家财政资金最重要的工具和手段,担负着为国家机器的正常运转提供资金保障的重任,对国家的存在与国家机器的正常运转具有极其重要的影响;另一方面,它又是国家利用其所掌握的政治权力强行参与社会剩余产品分配、调节收入差距、对国民经济进行宏观干预的重要方式和手段,对纳税人的生产经营活动和国家的经济发展与政治稳定具有极其重要的影响。税收制度是国家非常重要的基本制度。所以,有关税收的基本原则与基本制度理应在宪法中进行规范。同时,由于实行税收法定原则,它要求有关税种、纳税人、征税对象、税率等课税要素必须要以法律的形式来进行规定。而在目前世界各国中,除少数国家制定了税法典或税收基本法外,大多数国家都采用的是各税种单独立法的方式。为了避免在制定各单行税法时出现相互矛盾和不一致,使所制定的各单行税法能够体系完整、内容科学、表述规范、彼此协调、易于操作,就必须要在宪法中对税收的重要内容进行规定,以指导和制约具体税法的制定与执行。

其次,制定税收宪法是由宪法作为控权法的性质决定的。所谓控权法是指宪法以控制政府权力的运行来达到保护公民权利的目的。政府权力具有不断扩张的天然趋势。由于政府权力是与公民权利相互矛盾的,政府权力的扩张必然导致对公民权利的侵害。所以,要保护公民的权利就必须对政府的权力进行控制与限制。宪法通过对政府的授权、限权与监督来界定政府权力的内容、范围与行使方式,从而把政府的权力限制在一定的范围内,以防止其对公民权利的不法侵害。由于税收权力作为国家财政权的核心内容,既是国家财政权的具体体现又是国家财政权的实现手段,因此,它的不当行使不但会直接影响到国家的财政收入和国家运用税收手段对国民经济进行的宏观调控,而且还会影响到纳税人的财产安全和纳税人生存的质量,进而危及国家财政经济制度以及国家的经济发展和政治稳定。一般而论,如果税收权力行使不足,就会造成税收征管中的"该征不征",减少国家的税收收入,导致国家的财政收入不足,影响国家的财政支出和国家运用税收手段对国民经济进行宏观调控的实施效果。相反,如果税收权力行使过头,则会造成实际征税过程中的"过头税"现象,加重纳税人的税收负担,影响纳税人发展乃至于生存,造成纳税人反感与对抗,导致社会的动荡与革命。古今中外的社会动荡与革命无不与统治者滥用税权横征暴敛有着直接或间接的关系。所以,对征税权的限制与规范就必然成为宪法的重要内容。现代世界各国正是通过制定税收宪法的方式对税收权力的占有、分配与行使进行规范,从根本上解决了国家对税收权力的控制。

再次,制定税收宪法是由宪法对公民财产权的保护功能决定的。税收是政府为了获取财政收入,对所有满足税法构成要件的行为或活动,根据法律规定的条件和标准,强制、无偿地向私人课征的金钱给付。因此,税收意味着社会剩余产品由私人部门向社会公共部门的转移,是对私人财产权的无偿剥夺。从这种意义上讲,税法就是侵犯公民财产权利的"侵权法"。而经济学的研究认为,财产权是公民最基本、也是最重要的权利,是公民自由从事经济活动和支配自己财产的权力,是人类谋求生存、建立家园、寻求发展的权利,是生命权的延伸。人们正是通过对财产权的占有与行使才获得了生命权的实现。否则,没有财产权为依托,生命权就是一种空洞的权利。财产权还是市场经济的核心。如果公民没有了财产权,也就没有创造财富的自由,不可能创造出大量的财富。所以,公民财产权不仅与公民和社会生活质量的改善和提高密切相关,而且给经济增长提供了强大的推动力,是市场经济的核心,是国富民强的法门。公民财产权更是民主宪政的基础。财产权作为公民的一项基本的权利,如果没有政治和法律上的保障,就会被统治者所践踏。同时,公民如果没有了财产权,其他任何的权利也就不会得到真正的占有与行使。由此可知,财产权是一切政治权利的先导,是现代民主宪政的基石。因此,为防止政府对公民财产权的恣意干涉,保护国民的财产自由,并对国民的经济生活赋予稳定性和可预测性,国家就必须从宪法的高度,对征税权的占有与行使进行规范与制约,以保证将征税活动对公民财产权的剥夺限定在一定的和可接受的范围内,从而使公民的正当权益不因征税而受到过度的侵害。

最后，制定税收宪法是实现民主政治的重要途径与手段。现代政治是民主政治。民主政治的核心是国家政治权力的归属与行使。它的直接体现就是公民对政治事务的参与权。如果没有公民对政治事务的平等参与，民主就丧失了其本质属性。税收作为与公民的政治经济生活密切相关的活动，公民能否表达自己的意愿，国家在进行税收立法时能否听取公民的心声、考虑公民的意愿、采纳公民的建议，恰恰是检验一个国家公民政治权利的试金石。制定税收宪法，公民通过自己所选举的、能够代表自己利益的代表在税收立法过程中充分地发表自己的意见、提出自己的建议，对税收活动的重要内容进行规范，从而制约具体的税收立法与纳税执法活动，恰恰是公民实现其政治权利重要的手段和途径。

从税收的方面来讲，制定税收宪法，也是由税收的本质与功能决定的。

首先，制定税收宪法是由税权的性质所决定的。"税权"是近年来在我国法学界使用频率较高的概念。从主体上来讲，它包括了国家和国民两个部分。国家作为税权的主体，是指国家所拥有的税收立法权、税收征管权和税收收益权。在其中，税收立法权是国家税权的核心，它作为一项原创性的和基本的权力，决定着税收征管权和税收收益权。由于税收立法权具体包括税法的制定权、修改权、解释权、废止权以及税收的开征权、停征权、税率的调整权、税目的确定权、税收的优惠权等权力，所以，目前世界各国都对其实行法定原则，规定由国家立法机关直接行使。税收征管权和税收收益权则按照权力分立理论和政府职能的划分，由国家专门的行政机关占有和行使。并且，对它的占有与行使直接决定着国家财政收入的实现和国家利用税收手段对国民经济宏观调控功能的实现。因此，国家所享有的税权不仅涉及国家机构间的权力配置，而且还涉及国家的财政职能以及国家利用税收手段对国民经济和国民收入分配调控与制约的职能。同时，公民作为税权的主体，主要是指公民所享有的税收减免权、纳税知情权、退税请求权等权利，它与国民的经济利益直接相关。总之，由于税权的性质，无论是对于国家还是对于公民个人，它都是非常重要的权力。因而，当代世界许多国家都把税权作为一项宪法权力，在宪法中对其的占有与行使进行分配。从这种意义上来讲，实行税收立宪，实际上就是解决税权的配置问题。

其次，制定税收宪法是实现政府职能的需要。公共产品理论是公共经济学的核心概念。按照公共经济学的观点，提供公共产品是政府的重要职能，甚至提供公共产品的政府也可以被看成是一个公众用税款集体"购买"集体"消费"的公共产品。为提供公共产品，政府必须占有和支配一定的经济资源。政府占有经济资源可以采用税收与收费两种形式。其中，对于像国防、国家政权、环境保护、基础教育等这一类的纯公共产品主要是依靠税收来提供的。而对于像基础设施、文化、医疗、高等教育等的准公共产品，虽然可以进行收费，但由于准公共产品的效用具有外部性，所以，政府提供准公共产品的费用也不能完全依靠收费，还必须由税收提供补偿。因此，税收作为政府财政收入的主要来源，是政府提供公共产品的重要支柱。目前世界上大多数国家的税收收入在财政收入中所占的比重都达到了80％以上，在许多发达国家这一比例更是高达90％以上。如果没有税收，政府的财政收入就会大大降低，政府也就无法向社会提供足够的公共产品，政府的职能也就不可能得到实现。从这种意义上来讲，实行税收立宪，就是为了切实保障政府职能实现的需要。

最后，实行税收立宪是由税收的职能决定的。税收除了为国家提供所需要的资金外，还具有调节社会收入分配、优化资源配置、稳定社会经济的职能，是政府对经济进行宏观调控的重要手段。政府可以通过制定相应的税收政策对经济进行反向调节，从而减弱经济波动的幅度，达到稳定经济的目的。政府可以通过制定不同的税收政策，对不同行业采用不同的税率，限制或刺激不同产业的发展，从而实现对国民经济发展格局的调整与引导。同时，政府还可以通过征税活动来抑制一些具有外部负效应的产业或经济行为，促使社会资源的合理、有效的配置。最后，政府还可以设置不同的税率，对于不同收入水平的人员实行不同的税收对待，从而缩小社会各阶层收入水平的差距，并通过征收社会保障税等来解决低收入者的社会保障和社会福利支出，缓和社会矛盾。因此，在现代市场经济条件下，税收不再仅仅是政府取得财政收入的重要形式，而且也是政府宏观调控的重要手段。因此，实行税收立宪就是为了更好地实现税收对国民经济的调控职能，保证国家能够更好地运用税收手段对国民经济的发展和国民收入分配格局进行适当的调控，促进国家经济的发展和社会的繁荣与稳定。

三、税收宪法的模式

在当今世界，除极少数国家外，绝大多数国家都在各自的宪法中对税收的重要内容做了不同程度的规定。但是，由于世界各国的立法体制、对于宪法的态度及各国的政治、经济、文化等的不同，从而就形成了多种不同的立宪形态。依据笔者的归纳分析，目前世界各国的税收宪法根据其内容大体上可以分为以下几种不同的模式。

第一种模式称为"义务模式",是指在宪法规定公民权利义务等内容的章节中对公民的纳税义务等进行规范。据笔者对《世界宪法全书》进行的不完全统计,实行这种模式的有中国、阿联酋、乌兹别克斯坦、土库曼斯坦、泰国、意大利、土耳其、多米尼加、阿塞拜疆、塔吉克斯坦等国。如我国宪法在第 2 章"公民的基本权利与义务"中以第 56 条规定"中华人民共和国公民有依照法律纳税的义务"。意大利宪法在第 1 编"公民的权利与义务"的第 4 章"政治关系"中以第 53 条规定"所有人均须根据其纳税能力,负担公共开支。税收制度应按累进税率原则制定"。在这种模式中,由于其所规定的具体内容的不同,还可以分为两种不同的形式。第一种形式为单纯规定公民纳税义务的形式。这种形式的国家有中国、多米尼加、阿联酋、哈萨克斯坦等国。在这种形式中,宪法只是单纯地规定了公民的纳税义务,而对于税收法律的制定、原则等内容都没有涉及。如泰国宪法第 54 条规定"个人有义务按照法律规定缴纳税收"。第二种形式是在规定公民纳税义务的同时,还规定了有关税收法律的制定、原则等内容。这种形式的国家有意大利、土耳其等国。如土耳其宪法第 73 条规定:"为应付公共开支,每个人都有根据自己财力纳税的义务。公平合理的分担纳税义务是财政政策的社会目标。税、捐、费及其他财政负担的课征、变更或废止均由法律规定。得授权内阁根据法律规定的上限和下限,变更有关税、捐、费和其他财政负担的减免率和例外照顾率。"

第二种模式称为"制度模式",是指在宪法规定国家经济或财政制度等内容的章节中专门对税收基本制度、基本原则等问题做出规定。实行这种模式的国家有约旦、卢森堡、洪都拉斯、委内瑞拉、格鲁吉亚、伊朗、葡萄牙、巴西、厄瓜多尔、危地马拉、尼加拉瓜、马来西亚、巴林等国。这种模式重在强调税收制度的产生、税收的原则和税收设定权等问题,而对公民的纳税义务较少涉及。如洪都拉斯宪法在第 6 章"经济制度"的第 4 节"财政制度"中以第 351 条明确规定:"税收制度应根据纳税人的经济能力,遵循合法、按比例、普遍性和公平诸原则。"再如马来西亚宪法在其第 7 章"有关财政的规定"的第 1 节"总则"中以第 96 条规定:"非经法律授权不得征税。或经联邦法律或授权,联邦不得为联邦用途而征收任何国家税或地方税。"又如,尼加拉瓜宪法在第 6 章"国家经济、土地改革和公共财政"第 3 节"公共财政"部分,用两个条文规定了有关税收的基本法律制度,分别是第 114 条:"税制应考虑到财富和收入的分配以及国家需要。"第 115 条:"法律规定税收,确定征收范围、税率和纳税人的权利保障。国家不强行征收法律未事先规定的税目。"

第三种模式称为"混合模式",是指在宪法规定国民权利与义务的章节中规定国民的纳税义务，同时在国家的经济制度或财政体制等章节中规定税收的设定、原则等内容的模式。采用这种模式的国家有日本、韩国、科威特、秘鲁、罗马尼亚、摩尔多瓦、西班牙等国。如罗马尼亚宪法在第 2 篇"基本权利、自由和义务"的第 3 章"基本义务"中以第 53 条"纳税"规定："（1）公民必须为社会开支纳税。（2）法定的征税体系，必须保证征税合理。（3）除法律规定的特殊情况外，禁止任何其他课税。"同时，它又在第 4 篇"公共经济和财政"部分以第 183 条规定："（1）税收及国家预算和国家社会保险预算的其他任何收入，只能由法律做出规定。（2）地方税由地方委员会或县委员会依照法律规定的限度和条件做出规定。"再如秘鲁宪法在其第 1 章"人的基本权利与义务"的第 8 节"义务"中以第 77 条的形式规定："所有人都有缴纳应缴捐税和平均承受法律为支持公共服务事业而规定的负担的义务"。又在第 3 章"经济制度"的第 5 节"国家财政"中的第 139 条中规定："捐税的设立、修改或取消，免税和其他税收方面的好处的给予只能根据专门法律进行。任何捐税需要遵循合法、一致、公平、公开、强制、准确和经济的原则。在税收方面不设查抄税，也没有个人特权"。

除上述三种模式外，还有少数国家的宪法是在规定立法机关的权力或内容的章节中，规定了税收立法的权力或税收法律的基本原则、性质等的内容，如斯里兰卡、孟加拉国等国家。

从上述税收宪法的不同模式中可以看出，其一，世界各国税收宪法的模式是与该国的宪法模式一致的。无论是义务模式、制度模式还是混合模式，都是与本国的宪法模式一致的，都是在宪法相应的章节中对税收的内容进行了规定，没有离开现有的宪法模式而采用单独的税收宪法模式。其二，不同的税收宪法模式反映了不同国家对于税收活动的不同观点或要求。如义务模式主要强调的是国民的纳税义务，制度模式主要强调的是国家税收法律制度的来源、原则，而混合模式则主要体现国家税收法律制度与公民纳税义务的平衡性。其三，不同的宪法模式也反映了不同国家对待宪法的不同态度与要求。例如，义务模式主要反映了国家宪法重在强调宪法对于公民义务的规定，制度模式重在强调宪法的功能主要是对国家政治经济制度的规范与制约，而混合模式则反映了国家宪法功能的全面性和平衡性。

四、税收宪法的基本内容

税收宪法是为了从根本上解决对税收活动的法律规范与制约的问题，所以，税收宪法的内容设置就是税收立宪的核心问题。一般来说，税收宪法的内容主要体现在两个方面，即税收法定原则和税收公平原则。

（一）税收法定原则

"在近代宪法权利理论中，作为人与生俱来的不可或缺的财产权与人的生命权、平等权、自由权，共同构成了宪法学权利话语体系内的四大基本人权事项。而涉此四项基本人权的保障乃是人类政府组织间与一切文明社会的首要政治目标和法律制度设计的原初动因。"[①]有鉴于此，将税收法定原则纳入宪法之中，使其对公民私有财产权的保护起到"防火墙"的作用，以防止一切"黑客"的攻击与"掠夺"，这成为当代世界许多国家的共同做法。根据翟继光博士对《世界宪法全书》进行的统计，在该书所载111个国家的宪法文本和宪法性文件中，有105个国家的宪法包含有税收条款，占94.6%。而在这111个国家的宪法中包含明确的税收法定原则的有85个，占81.0%。如果再加上其他暗含这一原则的国家或实际上贯彻这一原则的国家，那么这个比例就更高了。[②]由此可见，税收法定原则在大多数国家已经成了一个宪法原则。不过，由于不同国家对宪法的理解有别、制定时间不一、表达方式不同，故各国宪法对税收法定原则的具体规定和表述各有特色。但总体来看，各国宪法中关于税收法定原则的内容可以归纳为以下几个方面：

1. 国家征税的依据为法律

根据周旺生先生的整理，古今中外在关于"法"的概念问题上形成了多种不同观点，

[①] 曾哲：《公民私有财产权的宪法保护研究》，中国法制出版社2009年版，引言第4页。
[②] 翟继光：《税收法定原则比较研究——税收立宪的角度》，载《杭州师范学院学报（社会科学版）》2005年第27卷第2期。

其中有影响的观点至少有数十个之多。①它在表现形式上也具有广义和狭义之分。一般而言，狭义的"法"主要指的是由国家立法机关或专门的权力机关制定的、其效力仅次于宪法的成文法律（在英国一般用 Act 来表示），即严格意义上的"法律"。而广义的"法"（在英国一般用 Law 来表示）则不仅包括了狭义的法律，而且还包括了由其他机关所制定的法规（在英国一般用 Regulation 来表示），也包括了各种具有法律效力的判例（在英国一般用 Case Law 来表示）。在学者的著作中，也经常在不同的意义上来使用"法"这一概念。那么，此处所指的"法"到底是在什么意义上来使用的？根据各国宪法的规定可以看出，这里的"法"应该指"法律"。例如，《阿拉伯联合酋长国临时宪法》第 133 条规定："非根据法律，不得征收、改变或取消联邦税"。《巴林国宪法》第 88 条第 1 款规定："未经法律规定，不得开征任何新税、修改或取消旧税。除非法律有规定，任何人不得全部或部分免除纳税。除法律有规定者外，不得要求任何人额外纳税、付费或强行摊派"。《格鲁吉亚宪法》第 94 条规定："一、所有人都有义务按照法律规定的数量和形式缴纳税款和收费。二、税款和收费的征收机构和征收形式只能由法律规定。三、只有按照法律方可免予缴纳税款以及由国家代为支付税款"。《大韩民国宪法》第 59 条规定："税收的种类和税率以法律来确定"。科威特、爱沙尼亚、黎巴嫩、叙利亚、马来西亚、新加坡、日本、塔吉克斯坦、泰国、伊朗、印度、约旦、印度尼西亚、冰岛、荷兰、卢森堡、罗马尼亚、摩尔多瓦、葡萄牙、斯洛文尼亚、西班牙、秘鲁、厄瓜多尔、海地、尼加拉瓜、萨尔瓦多、委内瑞拉、基里巴斯等国家宪法中也都明确规定征税的依据是法律。由此可见，在世界各国的宪法中都明确规定了税收法定原则中的"法"指的是"法律"，这是对税收法定原则中"法"这一概念的内涵最明确的表述。这一观点，也得到了我国学者普遍的认同。例如，刘剑文教授表示，"税收法定主义中之'法'并非是从我们前指其抽象的、整体的意义上来使用的，而仅指法律，即最高权力机关所立之法"②。由此可见，根据宪法的规定，国家征税的依据是狭义上的"法律"。这一规定也使得"税收是法律的设定物"这一谚语得到了印证和支持。

2. 税收立法的主体是国家立法机关

在当代世界，无论是西方资本主义国家的议会，还是社会主义国家的人民代表大会，

---

①周旺生：《立法论》，北京大学出版社 1994 年版，第 16 页。

②刘剑文：《中国税收立法问题研究》，载徐杰主编：《经济法论丛（第 1 卷）》，法律出版社 2000 年版，第 110 页。其他的一些学者也都基本持此观点。如翟继光：《税收法定原则比较研究——税收立宪的角度》，载《杭州师范学院学报（社会科学版）》2005 年第 2 期；覃有土、刘乃忠、李刚：《论税收法定主义》，载《现代法学》2000 年第 3 期；等等。

都是国家的立法机构,甚至是唯一的立法机构,行使国家立法权和决定国家的一切重大问题。税收作为国家财政收入的主要来源,一方面决定着国家财政收入的多寡,对于国家权力的运行和国家职能的实现起着至关重要的作用;另一方面作为对纳税人财产的一种"转移"或"让渡",对公民的财产安全和人身自由构成了重大的威胁。因此,在许多国家中,征税的权力都是国家的重要权力,税收制度是国家的重要制度,对税收权力的规范、保障和制约是国家的重大事项。正因如此,由立法机关来占有和行使税收法律的制定权,并对行政机关的税法执行权加以监督和制约,就是非常必要和迫切的。正是基于这样的认识,许多国家都在宪法中明确规定了税收法律的制定权限为各国的立法机关或最高权力机关;税收立法权为立法机关或国家权力机关的专属职权;税收法律必须由立法机关以法律或法令的方式做出规定;等等。例如,《孟加拉国人民共和国宪法》第83条规定:"非根据议会法令授权或规定,不得征收任何国家税"。《乌兹别克斯坦共和国宪法》第123条规定:"乌兹别克斯坦共和国境内实行统一的税制。税收确定权属于乌兹别克斯坦共和国议会"。《危地马拉共和国宪法》第239条规定:"议会的专属职权是根据国家的需要和税赋的公平、正当,规定普通税、特别税和捐赋"。荷兰、希腊、美国、图瓦卢、西萨摩亚等国的宪法也都有类似的规定。

3. 税收法律保留的范围与内容

法律保留原则是现代行政法的一个基本原则,是指国家公权力行为,尤其是对公民权利进行限制、侵害,或者对公民权利有重大影响的公权力行为只能在法律规定的情况下做出,法律没有规定就不得做出。该原则的实质在于要求国家公权力的行使必须在立法机关的控制之下。没有立法机关的同意,行政机关就不得擅自行使这种公权力。它既体现了立法机关对行政机关和司法机关的制约,也体现了国家公权力的民意基础。而在当代社会中,国家对公民权利的最大侵害是税收。国家通过所掌握的政治权力对公民进行征税,实际上就构成了对公民财产权的侵害。因此,通过立法方式对国家征税权加以限制,以保护公民财产所有权不受国家的过度侵害,就成为现代宪法的重要内容。正因如此,在税收立法过程中,除了明确规定税收法律的形式、立法主体等内容外,许多国家还在宪法中明确规定了由议会制定的税法的内容和范围。这就构成了税收法律保留的内容。根据对111个国家宪法的考察可以看出,税法保留的范围,主要是有关税种、税率、征税对象、税收优惠等税法构成要素。例如,《大韩民国宪法》第59条规定:"税收的种类和税率以法律来确定"。《葡萄牙共和国宪法》第106条第2款规定:"法律设置税种并规定纳税人的纳税范围、税率、优惠及保障。"《土耳其共和国宪法》第73条规定:"税、捐、费及其他财政负担的征课、变更或废止均由法律规定。得授权内阁根据法律规定的上限和下限，变更有关税、捐、费和其他财政负担的减免率和例外照顾率"。《希腊共和国宪法》第78条第1款规定："非经议会制订法律，对征税对象和收入、财产类型、支出以及按何种税类处理等事宜做出规定，不得征收任何税"。第4款规定"有关征税对象、税率、减免税和给予补贴，均须立法权力机关规定，不得委托授权。本款的限制并不排斥关于确定国家或一般公共机关在私人不动产因毗连公共工程建筑工地而自动增值中的份额办法的立法规定"。《危地马拉共和国宪法》第239条规定："合法原则。议会的专属职权是根据国家的需要和税赋的公平、正当，规定普通税、特别税和捐赋，并确定征收的起点，特别是以下的起点：产生税赋的事实；免税；税赋的被动主体和共同责任；税赋的起点和税赋种类；推论、扣除、减免和附加；税赋中的违章和惩罚。违反或者歪曲、调节税赋起征点，等级上低于法律规定的，依法律是无效的。规定不会改变这些起征点，而应具体地化为对政府征收税赋的规范和对方便税赋征收程序的确定"。《秘鲁共和国宪法》第139条规定："捐税的设立、修改或取消，免税和其他税收方面好处的给予只能根据专门法律进行"。《摩尔多瓦共和国宪法》第58条第3款规定："禁止法律规定以外的任何税种"。阿联酋、冰岛、科威特、黎巴嫩、叙利亚、巴林、土耳其、保加利亚、厄瓜多尔、海地、基里巴斯等国家的宪法中也都有类似的规定。

4. 公民的纳税义务由税法加以规定

从权利义务的对应关系上来讲，与国家征税权力相对的是公民的纳税义务。国家征税权的滥用破坏的对象是公民的财产权。因此，为了保护公民的财产权不受国家征税权滥用而造成的破坏，许多国家除了用法律的形式和法律保留原则确定国家征税的依据、种类、范围等因素外，还通过在宪法中对公民纳税义务的规定来明确公民承担纳税义务的依据。根据对111个国家宪法的考察可以看出，在所有实行税收立宪的国家中，基本上都在宪法中规定了公民的纳税义务。如我国宪法第56条明确规定，"中华人民共和国公民有依照法律纳税的义务"。不仅如此，还有一些国家在宪法中进一步明确规定，如果没有法律的规定，国家不得征收任何税收，任何人不得被要求承担任何纳税义务，缴纳任何税收。例如，《阿拉伯联合酋长国宪法》除在第42条规定"按法律规定纳税是每个公民的义务"外，还在第133条规定："除在法律规定的范围内并根据法律的明文规定外，联邦不得向任何人征收税捐费"。《阿塞拜疆共和国宪法》第73条规定："如果没有任何法律原因，一个人不能被强迫超额支付税收和国家其他款项"。科威特、孟加拉国、塞浦路斯、斯里兰卡、比利时、荷兰、卢森堡、罗马尼亚、摩尔多瓦、葡萄牙、希腊、意大利、洪都拉斯、尼加拉瓜等国的宪法中也都有类似的规定。

（二）税收公平原则

根据学者比较一致的观点，税收公平原则应当是"法律面前人人平等"这一法律公平原则在税法领域内的具体体现。由于公平对于法律的重要意义，①故在许多国家中，公平原则不仅已被作为税法的基本原则写入了税法之中，而且已上升为一个宪法原则而被写入了宪法之中。根据翟继光博士的统计，在《世界宪法全书》中所收录的亚洲、欧洲、美洲、大洋洲等 111 个国家的宪法中，有 29 个国家都在宪法中，规定了有关税收公平的内容，占到了 27.6%。②虽然不同国家的宪法对税收公平的含义与要求各不相同，但从这些国家宪法的具体规定来看，税收公平原则主要包含了以下几个方面的内容：

1. 税收法律制度应该具有公平性或满足公平的要求

按照学者的理解，"法律面前人人平等"这一法律原则不仅要求在法律适用过程中的公平，而且首先要求法律本身是公平的。只有公平的法律才会导致公平的结果。否则，即使在适用过程中如何公平，但如果法律本身严重不公，对法律的适用对象进行不正当的分类并实行差别对待，那么，要想使法律的实施效果满足公平的要求，那是不可想象的。由于税法是对公民财富的分配之法和对公民纳税义务的分配之法，故要求税法本身具有公平性，就显得极为重要。因此，许多国家不但在税法中确立了税收公平原则，而且还在宪法中明确提出了税法公平性的一般原则或要求。例如，《菲律宾共和国宪法》第 6 章第 28 条规定："税则应统一和公平"。《列支敦士登公国宪法》第 24 条规定："国家通过必要的立法制定公正的税收制度"。《摩尔多瓦共和国宪法》第 58 条规定："法律规定的税收制度应保证合理分配税捐负担"。《葡萄牙共和国宪法》第 106 条规定："税制由法律建构，以公平分配财富与权益并满足政府的财政需要"。《巴拉圭共和国宪法》第 47 条规定："平等是征税的基础"。《秘鲁共和国宪法》第 139 条第 2 款规定："征税捐税需要遵循合法、一致、公平、公开、强制、准确和经济的原则"。《萨尔瓦多共和国宪法》第 131

---

①根据英国学者彼得·斯坦的观点，在许多情况下，人们把公平看成是法律的同义词。在许多国家中，法院也被看成是公平之宫。而普遍的看法则是，公平应当是法律所始终奉行的一种价值观。[英]彼得·斯坦、约翰·香得：《西方社会的法律价值》，王献平译，郑成思校，中国法制出版社 2004 年版，第 86 页。

②翟继光：《税收法定原则比较研究——税收立宪的角度》，载《杭州师范学院学报（社会科学版）》，2005 年第 27 卷第 2 期。

条第六款规定:"在公平的基础上对各类财产、服务和收入征税、征赋和征捐"。《危地马拉共和国宪法》第 239 条规定:"合法原则。议会的专属职权是根据国家需要和税赋的公平、正当,规定普通税、特别税和捐赋,并确定征收的起点"。

2. 普遍纳税

从某种意义上来讲,税收是私人为消费公共产品而支付的对价。由于公共产品是为社会绝大多数人所消费的物品或服务,因此,为了解决公共产品的生产与供给,就应该让尽可能多的人成为纳税人,这才符合税收公平的内在要求。故普遍纳税,使有能力者都尽可能成为纳税人,就不仅是每一个税法制度应当遵守的具体原则,而且也是所有税法制度都应当遵守的一般原则。正因如此,许多国家都把普遍纳税作为税收公平的具体内容写入了宪法,使其成了一个宪法原则。例如,《格鲁吉亚宪法》第 94 条规定:"所有人都有义务按照法律规定的数量和形式缴纳税款和收费"。《土耳其共和国宪法》第 73 条规定:"为应付公共开支,每个人都有根据自己的财力纳税的义务。公平合理地分担纳税义务是财政政策的社会目的"。《西班牙宪法》第 31 条第 1 款规定:"全体公民视经济能力并据以平等和渐进原则制定的公正的税收制度为维持公共开支做出贡献,这在任何情况下不得为查抄性质的"。《意大利共和国宪法》第 53 条规定:"所有人均须根据其纳税能力,负担公共开支"。《多米尼加共和国宪法》第 9 条第 5 款规定:"每个公民按照其可纳税能力的比例,为公共开支纳税"。

3. 税收负担的分配依据是纳税人的负担能力

依学者们的普遍观点,纳税人作为税法上的税收负担者,其税收负担的公平分配不仅应该满足法律形式上的平等要求,而且应该满足法律实质上的公平要求。而实质上的公平要求,就是要求税收负担应按照纳税人的经济负担能力进行分配。负担能力强者多纳税,负担能力弱者少纳税,无负担能力者不纳税。这就是税收负担能力原则。它是对税收法律制度实质公平的要求。例如,《约旦哈希姆王国宪法》第 111 条:"征税不得超过纳税人的负担能力或超过国家经费的需要。"《列支敦士登公国宪法》第 24 条规定:"国家通过必要的立法制定公正的税收制度,对收入仅能维持最低生活者免于征税,对财产较多收入较高者课以较高的税金"。《意大利共和国宪法》第 53 条规定:"所有人均须根据其纳税能力,负担公共开支"。《多米尼加共和国宪法》第 9 条第 5 款规定:"每个公民按照其可纳税能力的比例,为公共开支纳税"。《洪都拉斯共和国宪法》第 351 条规定:"税收制度应根据纳税人的经济能力,遵循合法、按比例、普遍性和公平诸原则"。《委内瑞拉共和国宪法》第 223 条规定:"税收制度应当根据累进制、保护国民经济和提高人民生活标准的原则,按照各人的经济能力纳税,注意负担的公平分配"。《巴布亚新几内亚独立国宪法》在序言中规定:"为了国家的进步,为了实现巴布亚新几内亚的目标,根据自己的财产多寡,依法纳税"。

4. 税率应该实行累进制或比例制

税率不仅是税收固定性特征的体现,而且也决定着国家征税的深度和纳税人负担的程度。在税基确定的前提下,税率就成了确定纳税人税收负担以及不同纳税人之间税收负担公平与否的决定因素。一般而言,在四种不同的税率形式中,比例税率最符合横向公平的要求,累进税率最符合纵向公平的要求,而固定税率和累退税率则不符合公平原则的要求。故对于流转税和企业所得税,一般都实行比例税率,而对于个人所得税,一般都实行累进税率。根据这一认识,一些国家就根据本国税收制度的特点或要求,在宪法中规定了税率设计的累进性原则或比例原则。例如,《约旦哈希姆王国宪法》第 111 条:"政府应根据累进税原则征税,以实现平等和社会公正"。《葡萄牙共和国宪法》第 107 条规定:"(1)个人所得税旨在缩小不平等,应在考虑以家庭为单位的需要和收入的基础上,实行完全的累进税率。(2)企业主要根据其实际收入纳税。(3)遗产税和遗赠税实行累进税率,以利于公民间的平等。(4)消费税旨在使消费结构适应经济发展和社会公平的变化着的需要,对奢侈消费应征收重税"。《意大利共和国宪法》第 53 条规定:"税收制度应按累进制原则制订。"《玻利维亚共和国宪法》第 27 条规定:"税收和其他公共负担对所有人具有同等的强制效力。税收和负担的设立、分配和取消具有普遍性,应按照纳税人做出同等牺牲的原则,酌情按比例制或累进制确定"。《厄瓜多尔共和国宪法》第 52 条规定:"税收制度以平等,按比例和普遍性为基本原则"。《洪都拉斯共和国宪法》第 351 条规定:"税收制度应根据纳税人的经济能力,遵循合法、按比例、普遍和公平诸原则"。《委内瑞拉共和国宪法》第 223 条规定:"税收制度应当根据累进制、保护国民经济和提高人民生活标准的原则,按照各人的经济能力纳税,注意负担的公平分配"。

5. 禁止税收特权或不合理的税收待遇

特权一般指超越法律制度之外的权力。赋予一些人特权,就意味着对其他人的歧视,因此,特权在实质上是违背公平原则的。在税收事务中也是如此。在税收收入事先确定的情况下,给予一些纳税人免于承担某些税收的特权,这同时也就意味着加重了其他纳税人的税收负担,这是对税收公平原则的极大破坏。因此,为了防止在税法中给予某些纳税人税收特权或不合理的税收待遇,一些国家就在宪法中明确规定禁止给予某些人税收特权或不合理的税收待遇。例如,《约旦哈希姆王国宪法》第 118 条规定:"除法律另有规定者外,任何人不得被豁免纳税"。《比利时共和国宪法》第 112 条规定:"在税收方面,不得规定特权"。《卢森堡大公国宪法》第 101 条规定:"在纳税问题上不得规定任何特权"。《瑞士联邦宪法》第 42 条第 4 款规定:"联邦可颁布法律规定,禁止同纳税人达成使其获得不合理税务利益的安排"。《秘鲁共和国宪法》第 139 条第 2 款规定:"在税收方面不设查抄税,也没有个人特权"。《海地共和国宪法》第 219 规定:"在税赋上不得规定任何特权,任何例外,任何增税,任何减税或任何取消税种,只能由法律规定。"《玻利维亚共和国宪法》第 27 条规定:"税收和其他公共负担对所有人具有同等的强制效力"。

五、税收宪法的价值

一般来说,无论政治家和学者对宪法做何种定义或理解,但对于"宪法是基本法"这一观点,应该没有什么异议。而"宪法是基本法"这一命题的形式含义是指宪法是"法律的法律"。它的实质含义是指宪法是"通过限制专断性权力以广泛保障人权的国家基本法"[1]。因此,把税收的法律原则写入宪法,都使得其具有非常重要的宪法价值。

第一,税收宪法体现了税法与宪法的共生与融合。从历史上来看,作为一种法律制度的现代税收制度是在近代新兴资产阶级与封建国王争夺征税权的斗争过程中形成的。这一过程具体表现为税收法定原则和税收公平原则的形成过程。对此问题,本书在以后的章节将会有具体的描述。而税收法定原则和税收公平原则的形成过程,其实也是现代议会制度和宪法制度形成的过程。虽然我们无法断定没有围绕着征税权的斗争是否会导致现代议会制度和宪法制度的形成,但是,我们可以明确的断定,如果没有围绕着征税权的斗争,最起码现代议会制度和现代宪法制度肯定不会是目前的样子。换言之,正是围绕着征税权的斗争,一方面形成了税收法定原则和税收公平原则,另一方面也使得议会制度和宪法制度发展成为目前所表现出来的形式。从这种意义上来讲,税收法定原则和

---

[1] 根据林来梵教授的观点,实质意义上的宪法有两种理解,一种是指"固有意义上的宪法",是指宪法是"规定国家统治之基本的法"。另一种是指"立宪意义上的宪法",是指宪法是"指通过限制专断性权力以广泛保障人权的国家基本法"。由于立宪意义上的宪法被认为是最为广泛的体现了宪法最优异的特质,因此被认为是世界各国普遍接受的一种观点。本书对宪法的理解也采取此种观点。林来梵:《宪法学讲义》,法律出版社 2015 年版,第 32-34 页。

税收公平原则的形成过程推动了现代议会制度和宪法制度的形成与发展。同时，现代议会制度和宪法制度的形成过程也促进了税收法定原则和税收公平原则的形成和发展。二者互相促进，共同发展，并通过税收立宪和在税收领域内实现宪法统治的方式实现了二者之间的融合与发展。

第二，税收宪法为国家征税权和公民的纳税义务提供了合法性的基础。从上述各国税收宪法的规定可以看出，虽然税收法定原则在各国宪法中的具体规定各有不同，学者们对其具体内容也存在不同的理解，但"对于此原则将税收立法的主体限于议会或曰立法机关以保证税法能体现人民意志这一点，殆无异议"①。都强调税收的设定权为法律，②没有法律的授权或批准，国家不得征税，国民也不得被要求纳税。而在现代社会，税收法律制定权应由代表公民意愿的立法机关所掌握，否则，"无代议士则不纳税"。税收的设立必须要通过"代议士"而获得广大国民的同意。所以，现代各国将税收法定原则写入宪法，使其成为一个宪法原则，实际上，就是在"合宪性"的前提下，通过公民代表所制定的法律，赋予了国家从事税收征收管理和公民履行纳税义务的法律依据。

第三，税收宪法体现了税收的人民主权原则和议会民主原则。在当代，无论是民主国家还是自诩为民主的国家，都把人民主权原则作为一个重要的宪法原则在宪法中加以明确的规定。但是，作为一项宪法原则，它只有具体化为宪法的规则和制度才能得到真正的体现。否则，就只能沦为空谈。而将税法原则写入宪法并严格地加以执行，就是人民主权原则在宪法中具体化的典型代表。因为，从税法原则的内容来看，它强调了税收的设立必须得到立法机构制定的法律的认可。而立法机关作为由选民代表组成的国家权力机关，它恰恰是现代政治民主的典型代表和根本内容。所以，将税法原则写入宪法，强调国家征税必须得到"国民的同意"和"无代议士则不纳税"的原则，税收活动必须以立法机关所制定的法律为依据。从本质上来讲，就是强调税收活动必须以民主化为根本特征。它的实质内容是肯定了在法治化和代议制国家中，税收民主化是税收合法化的根本内容。国家的征税权力是建立在由社会成员自己参与制定的法律的基础之上。国民的同意是国家获得征税权和公民履行纳税义务的前提。如无以国民所推选出的代表组成的国家立法机构的同意并以法律的形式进行确认，国家就不得对国民进行征税，国民也不

---

① 宋丽：《民主视野下的中国税收立法》，载刘剑文主编：《财税法论丛（第 2 卷）》，法律出版社 2003 年版，第 27 页。

② 此处所讲的"法律"的概念为狭义上的法律，即专门指由全国人大和全国人大常委会所制定的法律，而不包括行政法规和地方性法规。

得被要求缴纳各种税收。因此，把税法原则写入宪法，实际上，就是从宪法的高度上确认了税收所具有的民主精神和税法所体现出来的人民主权原则。

第四，税收宪法体现了税收权力分立与制衡原则。从宪法的发展史可以看出，宪法的产生是出于对国家权力控制的需要。由于国家权力存在着强制性、掠夺性和扩张性，如果不对其加以控制，就必然导致对公民权利的侵害。"古代和近代共和国的历史使我们认识到，这些共和国所遭受的许多不幸，都产生于缺乏某种为明智的行政所不可缺少的制衡和相互控制的力量"。[1]因此，为了实现对国家权力的控制与监督，以新兴资产阶级为代表的英国革命不像法国革命那样是一场巨大的社会和经济动荡，而只是一场有关最终控制政府权力的争端，其结果导致了近代宪法的产生。通过议会制定宪法，使"宪法有双重功能，即授予权力并限制权力"[2]。这样，通过宪法的授权，使国家权力获得了正当性，从而保证政府能够有效地实施对社会的控制与管理。同时，也正是因为宪法的授权活动，而使政府不能获得和行使宪法未明确授予的权力。这样，宪法在对政府进行授权的同时，通过界定政府权力的内容、范围、行使方式以及通过对政府权力运行的监督，从而把政府权力限制在一定的范围内，以防止其对公民权利的不法侵害。这就是宪法的权力分立与制衡原则。而在政府所拥有的各种权力之中，征税权则是宪法需要严加控制的权力。这是因为，对国家而言，征税权构成了国家财政权的核心内容。它不仅是国家财政权的具体体现，而且也是国家财政权的实现手段。它的行使，不仅为国家机构的存在与国家职能的实现提供了充实的经济基础，而且它还通过对社会财富的再次分配，改变了社会的财富分配现状，从而改变了社会的经济结构和政治结构。而对于公民或其他的社会组织而言，征税权则是国家对其进行侵权的主要方式。国家征税权的行使意味着对公民财产所有权的"侵犯"和"剥夺"，会导致公民财产的减少，进而影响公民的发展乃至于生存。因此，国家征税权配置的理想状态是，一方面使政府能够拥有足够的权力，保证通过行使征税权而筹集到足够的收入，以维持政府的正常运转，以为社会提供足够的公共产品。但另一方面，又要把政府的征税权限制在必要的范围之内，从而使其在满足财政需要的同时，把对公民财产权的侵害降低到最小的程度。但在现实中，由于现代国家机构的急剧膨胀和国家职能的快速扩张，导致国家对税收收入的渴求越来越强烈，对征税形成了强烈的内驱力。因此，如果不对其从宪法的高度加以控制，而由政府任意行

---

[1] [美] 肯尼斯·W. 汤普森编:《宪法的政治理论》，张志铭译，生活·读书·新知三联书店 1997 年版，第 106 页。

[2] 美国学者特里索里尼语。转引自何华辉:《比较宪法学》，武汉大学出版社 1988 年版，第 12 页。

使，则必然会加重纳税人的税收负担，影响纳税人的发展乃至于生存，造成纳税人的反感与对抗。古今中外历史发展的实践证明，人类社会中的革命与斗争无不与统治者滥用国家征税权横征暴敛，有着直接或间接的关系。所以，对征税权进行分权与制衡，就成为现代宪法发展的重要内容。它通过对税法原则的规定与实施，从而把征税的同意权和监督权交由立法机关来掌控，而把征税的实施权和取得收入权交由政府来行使，从而实现了对征税权的分立与制衡，这就从根本上解决了对征税权的控制。

第五，税收宪法体现了税法的人权保障原则。在宪法学者看来，人权是人之所以为人而应该享有的权利。虽然人权的具体内容很多，但无论如何，财产所有权是人权的基本内容，这是不需要争论的通识。因为，人的财产所有权是人之所以为人的物质性权利。它为人的生存和发展提供了基本的物质保障。如果没有财产所有权，人就不能够获得生存和发展所必需的物质条件和手段，人的生存权和发展权就变成了一种空洞的权利，人也就无法生存，更遑论发展。因此，财产所有权是人的生命权和发展权的基础和延伸，为人的其他权利的存在和行使提供了物质基础和保障条件。如果没有了财产所有权，人的其他权利也就不会得到真正的占有与行使。因此，只有真正保护了人的财产所有权，人的其他权利也才能得到真正的保障。而在当代世界，国家侵犯人的财产所有权的最主要方式和手段就是税收。由于税收是对私人财产的强制"转移"和"剥夺"，会直接侵犯人的财产所有权，并进而侵犯人的其他权利。因此，为防止政府恣意课税造成对国民财产的不当干涉，保护公民的财产安全和财产自由，就要求国家对于税收的课征，不但必须根据国家法律的规定进行，而且还必须从宪法的高度，通过规定税法原则从而实现对国家征税权的规范与制约，以保证将征税活动对公民财产权的剥夺限定在一定的和可接受的范围内，最终达到保障公民的财产所有权不受非法征税侵害的目的。只有这样，才能真正实现对人的其他权利的保障。

六、中国的税收宪法问题

在当代，税收法定原则已作为一项宪法原则而被大多数国家写入宪法。我国《宪法》第56条也明确规定："中华人民共和国公民有依照法律纳税的义务"。但除此之外，在我国《宪法》中再无其他的涉税条款或概念。因此，如何看待《宪法》第 56 条的规定，它是否是税收法定原则的宪法规范，我国学界的观点存在较大的分歧。

根据笔者的归纳，我国学者对上述问题主要形成了以下几种不同的观点。第一种观点认为，《宪法》第 56 条是对税收法定原则的"明确规定"[1]。第二种观点认为，"从我国宪法的立法实施及数次修订的历史及将来相当一段时间的发展趋势来看，通过修订将有关明确表述税收法定主义的条文增补进《宪法》当中，其难度非常大。所以，在立法上暂时的不可能和实践的迫切需要以及研究的渐趋成熟等情形并存的条件下，选择一条中间路线从法解释学的角度为税收法定主义寻求到一个间接的宪法条文依据，或许是迫不得已的折中方案"[2]。言下之意，《宪法》第 56 条并不是对税收法定原则的明确规定，但却可以通过《宪法》解释的方法将其解释为税收法定原则的间接依据或规定。第三种观点认为这一规定是明文揭示税收法定原则的"意旨"[3]。第四种观点认为，虽然税收法定原则在我国的税法甚至有关的政策文件中都没有明确地提出，但其基本精神在税法的不同层次上都是有所体现的。[4]第五种观点认为，虽然我国《宪法》未就税收法定原则从征税权的角度做正面规定，但其第 56 条的规定应该作为税收法定原则的"宪法依据"[5]。第六种观点则认为，"税收法定主义在我国宪法上的规定并不明确。……因为该规定仅能说明公民的纳税义务要依照法律产生和履行，并未说明更重要的方面，即征税主体应依照法律的规定征税，因而该规定无法全面体现税收法定主义的精神"[6]。还有学者进一步认为由于我国《宪法》中对税收法定原则没有做明确的规定，从而使其成为我国《宪法》的"缺失和不完善之处"[7]。

笔者认为，税收法定原则作为现代法治国家一项宪法原则，理应在我国《宪法》中得到明确的规定，但我国《宪法》第 56 条的规定并不足以构成对税收法定原则的规定与体现。这是因为，从《宪法》第 56 条所处的章节结构来看，它处于"公民的权利与义务"

---

[1]参见胡微波、袁胜华主编：《现代税法实用辞典》，法律出版社 1993 年版，第 31 页。

[2]李刚、周俊琪：《从法解释的角度看我国〈宪法〉第五十六条与税收法定主义——与刘剑文、熊伟二学者商榷》，载《税务研究》2006 年第 9 期。

[3]参见陈清秀：《税捐法定主义》，载《当代公法理论》，月旦出版公司 1993 年版，第 607 页。

[4]参见张松：《税法学概论》，中国税务出版社 1998 年版，第 26 页。

[5]参见朱大旗：《论税法的基本原则》，载《湖南财经高等专科学校学报》1999 年第 4 期。

[6]张守文：《论税收法定主义》，载《法学研究》，1996 年第 6 期。

[7]陈少英：《中国税法问题研究》，中国物价出版社 2000 年版，第 10 页。

这一章之中。这样，从其所规范的对象来讲，它规范的对象是公民，而没有涉及国家及国家税收权力的实际占有者（税收立法机关）和实际行使者（税收行政执法机关）；从其所规范的内容来看，它仅仅只是规定纳税人要依法纳税，而没有规定税收立法者要依法设税和税收执法者要依法征税；从其所规定的性质来看，它所规定的仅仅只是公民的纳税义务，而没有规定公民及其他税收关系的当事人在税收征纳中的权利，也没有规定国家立法机关制定税法的权力和国家行政机关征税的权力。因此，笔者认为，这一规定没有揭示税收法定原则的实质与内涵，没有揭示在《宪法》中确立税收法定原则的真正目的是为了从法律上防止国家对征税权的滥用造成对纳税人正当权益的损害。所以，笔者认为，我国《宪法》第56条的规定不能看作是税收法定原则在我国《宪法》中的规定或体现。税收法定原则并没有作为宪法原则在我国《宪法》中得到确认和体现。

作为对税收法定原则在《宪法》中缺失的弥补，2000年制定的《立法法》第8条第8款规定"基本经济制度以及财政、税收、海关、金融和外贸的基本制度"属于"只能制定法律"的事项。这一规定明确了税收基本制度的法律保留，从而在实质上就确立了税收法定原则在我国宪法性法律[①]中的地位。不过，由于在本项规定中采用了"税收""基本制度"等比较宏观和内容相对模糊的概念，并且也没有对这两个概念做出解释，故使得税收法定原则在内容上存在模糊和不确定之处。同时，由于《立法法》对授权立法的规定不够具体和严谨，导致税收授权立法在现实中没有得到有效的规制，从而弱化了税收法定原则的实践价值。为此，要求修改上述规定的呼声就一直没有停止过。在此背景下，2015年在修改《立法法》时，不仅将"税收"事项从第8条第8款析出，单独作为第6款，并同时明确规定"税种的设立、税率的确定和税收征收管理等税收基本制度"属于第8条所规定的"只能制定法律"的事项。同时，由于在此次《立法法》修改过程中对授权立法做了比较严格的规定，这就在事实上大大限制了税收授权立法的情况。虽然这一规定从税收法定原则的理论内容来看，在学理上不无缺憾。但由于《立法法》本身在我国属于宪法性法律，因此，这一规定，也可以看成是税收法定原则在我国宪法上的一种体现，这不能不说是一种进步。

[①]需要说明的是，虽然在我国现行的法律体系中，不存在宪法性法律的概念，但事实上，由于《立法法》所规定的立法事项都属于国家的根本问题，故不但许多学者把《立法法》看作是宪法性法律，而且在全国人大常委会法制工作委员会编著的《中华人民共和国常用法律法规全书》（中国民主法制出版社，2012年版）中将《立法法》编入了"宪法相关法"的栏目之中。

第六讲　税收法定原则

在国内外学术界，税收法定原则被认为是税法最重要的原则或税法的最高原则。它被认为是民主原则和法治原则等现代宪法原则在税法中的体现和展开，对于保障人权，维护国家利益和社会公众利益，促进国家的政治经济社会文化的发展具有十分重要的意义。我国税法理论界近年来也比较重视对税收法定原则的理论研究，并出现了一些比较有影响的研究成果。但总体而言，目前的研究还主要停留在税法学理论工作者共同体内，研究方法也"往往停留在抽象理念的探讨和一般学理的论证上"①，既缺少对税收法定原则的历史发展和理论基础的梳理，也很少有对税收法定原则的宪法规范与宪政价值的探讨，更缺少对税收法定原则在税收实践中的实证研究，导致税收法定原则在我国税法中并没有发挥应有的功能，降低了税法的权威性，削弱了税法的实施效果。有鉴于此，本讲在厘清税收法定原则的发展脉络和理论基础之后，揭示税收法定原则的理论内涵和在当代发展的具体路径，并试图对税收法定原则的实践价值进行探讨。

一、税收法定原则的历史沿革和理论基础

作为一项法律原则，税收法定原则不仅经历了从 1215 年的最初萌芽到 1689 年被最终确立直到最近的发展这样一个漫长的历史过程，而且还得到了近代许多资产阶级思想

---

① 翟继光：《税收法定原则比较研究——税收立宪的角度》，载《杭州师范学院学报》2005 年第 2 期。

家的理论支持。

(一) 税收法定原则的历史发展

1. 税收法定原则在英国的起源与发展

一般认为，税收法定原则最初萌芽于1215年的英国大宪章。但实际上，限制国王征税权力的思想一直存在于英国封建制的体制之中。自从威廉一世（1066—1087）把欧洲大陆的封建制带到英格兰以后，就形成了"我的附庸的附庸也是我的附庸"的做法，这样，庞大的英国封建贵族和各级封臣就都成了国王的附庸。"在英国，贵族承担着最沉重的公共负担，以便获准统治"①。贵族不纳税就没有约束国王征税权力的动力。而承担着沉重的纳税负担的英国贵族，为了看紧自己的钱袋子就必须时刻反对国王的横征暴敛。因此，承担合理的税收负担与反对国王的横征暴敛就成为英国贵族与国王进行合作与斗争的经济基础。

亨利一世（1100—1135）在加冕时颁布的《加冕宪章》（又称"自由宪章"）是英国历史上第一个明确规定封建关系的法律文件。《加冕宪章》明确表示，亨利的加冕是"凭整个英格兰王国之贵族们之共同商议"的结果。它指出前任国王威廉二世鲁弗斯对臣民进行财政勒索是"不公正"的。在该文件中，亨利一世承诺不征收在爱德华一世时未征收过的税种。这一文件此后成了贵族抵制国王的"武器"而被多次重申。尽管如此，由于在封建社会中，"朕即国家"，国家主权被国王或君主所掌握，同时，税收由于具有无偿性、强制性、固定性等的特点而自然成为统治者攫取社会财富和广大人民群众利益的有力工具和手段。虽然自亨利一世起有了《加冕宪章》的制约，但封建国王对财政需求的内在冲动和筹集战争费用等的客观需要，使得英国国王仍然不时开征新税，增加税收数额，从而引起贵族的不满与反对。特别是到了金雀花王朝（1154—1216）后期，约翰国王滥征苛捐杂税以及因干涉教会选举等原因而导致社会矛盾进一步激化。1207年约翰国王拟征收动产税，引起了广泛抗议，导致国王只好作罢。1214年，英国贵族会议拒绝了约翰国王提出的征税要求而导致双方发生内战。由于在战争中国王失败，故他不得不与大主教兰顿领导的封建贵族、骑士、城市自由民进行谈判，并最终被迫于1215年签署了著名的《大宪章》（Magna carta），以限制王权、保障教会与领主的特权及自由民的某些利益。虽然《大宪章》本身是为了维护封建国王的统治，具有明显的封建背景，因此

---

① [法] 托克维尔：《旧制度与大革命》，冯棠译，商务印书馆1997年版，第136页。

在以后的历史发展中它的很多内容都失去了意义，但其中第 12、14 条关于限制国王随意征收税款的规定和第 39、40 条关于人身保护令制度、陪审制度以及关于保护公民自由权制度的规定则被保留了下来。特别是第 12 条，明确规定"朕除下列三项税金外，不得征收代役税或贡金，惟全国公意所许可者，不在此限"，体现了"无论何种负担均需得到被课征者的同意"这一税收法定原则的实质内容，因此，它被视为税收法定原则的萌芽。并且，由于《大宪章》揭示了代议制民主和现代法治的基本准则，故被誉为英国"宪法的第一个成文文件"①。因此，《大宪章》对税收法定原则的规定就使这一原则从一开始就具有了宪法的价值。尽管如此，但《大宪章》对税收法定原则的规定只是一种文字上的确认，要使其得到切实的执行还需要经过长期的斗争。事实上，由于《大宪章》对税收法定原则的规定是对国王征税权的限制，这是任何一个国王都不愿意接受的事实。因此，约翰国王在《大宪章》签订后曾狂叫："你们给我加上了 25 个太上皇！"故《大宪章》墨迹未干，约翰国王就推翻了自己的承诺，否认了《大宪章》的内容。君臣之间不得不又重新开战，直至约翰国王去世，他 9 岁的儿子继位为亨利三世（1216—1272），战争才告结束。此后的几任国王在就任后不得不首先面对的问题就是对《大宪章》的重新确认。例如，亨利三世被迫三次颁布《大宪章》，第三次颁布后又三次加以确认。爱德华一世（1272—1307）在位时曾想废除《大宪章》，引起了贵族的强烈抵抗，于是不得不三次确认。因此，从在这一时期开始，《大宪章》就被当成了英国法律的基础和英国宪政运动的起点。此后，每当贵族们认为自己的权利受到侵害时，便拿起《大宪章》抵抗暴君。

1242 年，由于国王未能公开其税赋开支情况，议会便拒绝了国王开征新税的请求。

1295 年，由于贵族们不愿意为了筹集战争经费而纳税，爱德华一世不得不召集贵族和平民代表开会，商讨征税问题。由于这次会议将贵族和平民分别召集、分别开会，故这次会议被认为是第一个英国议会的模范议会。在此次会议上，爱德华一世被迫再次对《大宪章》的内容加以确认，并据此形成了《无承诺不课税法》。该文件第一条就明确规定："非经王国之大主教、主教、伯爵、男爵、武士、市民及其他自由民之自愿承诺，则英国君主或其嗣王，均不得向彼等征课租税，或摊派捐税。"

1297 年，英国国王爱德华一世在重新确认《大宪章》时被迫承认"国民同意"即是议会批准，从而标志着议会设税权的正式确立。

1340 年，国会通过法律，不许国王征收未经国会同意的任何直接税。

1362 年和 1387 年，国会又通过两个法律，不许国王征收国会所未同意的间接税。自

---

① 转引自张献勇：《预算权研究》，中国民主法制出版社 2008 年版，第 42 页。

此以后，不得国会同意"不能征税"的原则就被完全确立。①

1378年，由于议会的全部时间都用来讨论税收问题，从而使当年只通过了一项法律。

1395年，下议院已事实上取得了税收法案须经下议院制定再经上议院同意的权力。

1407年，亨利四世正式承认税收法案须先向下议院提出。自此以后下议院对税收法案取得了先议的优越权。

查理一世（1611—1642）在1611年即位后，因对国会反对他随意征税的行为不满而解散国会达五次之多。其中，1625年6月，议会没有批准查理一世为了与西班牙和法国的战争而征税的要求，而且还废除了国王可以终身征收关税的特权，宣布查理一世只可以征收一年的关税。如果以后国王想要征收关税，每年都必须要经过议会表决同意。愤怒的查理一世解散了议会，并自行向商人征收新税，向乡绅强制性贷款。他的这一行为遭到了议会反对派的抵抗。1628年，在对抗中处于下风、财政枯竭的查理一世不得不再次召开议会。鉴于查理此前的作为，所以这次会议一开始，参会者就向其递交了《权利请愿书》，明确要求，"自今而后，非经国会法案共意同意，不宜强迫任何人征收或缴付任何贡金、贷款、强迫献金、租税或此类负担"。债台高筑、急需用钱的查理一世只好接受了《权利请愿书》。第二年，由于查理一世反悔，导致国王和议会的冲突白热化。议会当即号召民众不要再向国王交税。查理一世觉得向议会这只铁公鸡要钱越来越困难，于是派传令兵强行解散了议会。到了1640年，由于依靠强制手段再也没有办法筹集到过足够的钱财，走投无路之下，查理一世不得不重新召开议会会议，讨论征税筹集军费的问题。参加会议者就要求国王取消暴政，否则拒绝讨论征税问题。查理一世便决定解散议会，准备进行重新选举。他的这一决定遭到了议会的抵制。议会立即举行会议，对查理一世的专制统治进行了清算。1641年议会又通过了一系列法律，重申一切税收都必须经过议会批准。1642年，查理一世因为试图抓捕反对派议员而导致所谓的"宪政革命"，最终把自己送上了断头台。

1689年，英国资产阶级终于取得了对封建王朝战争的最后胜利。在标志这一胜利成果的《权利法案》中，税收法定原则被表述为："凡未经国会准许，借口国王特权，为国王而征收，或供国王使用而征收金钱，超出国会准许之时限或方式者，皆为非法。"由于《权利法案》是近代资本主义的第一个宪法性文件，所以，上述内容就使得税收法定原则被正式确认为一项宪法原则。

---

① 王延超：《五权宪法的预算制度》，博文书局1944年版，第4页。

2. 税收法定原则在法国的确立

大体上在十三四世纪，法国就已经出现了代表封建贵族和城市居民利益的三级会议。虽然参加三级会议对于这些封建贵族和城市居民而言只是一种义务，他们的权利并不确定，但三级会议本身以及在三级会议上讨论财政问题，就足以说明国王的征税权已经受到了某种程度的限制。例如，1314 年，Philipe the Fair 国王召集三级会议，讨论财政问题。1355 年，John the Good 国王召集三级会议，通过了征收盐税以筹集军饷的议案。1356 年，法国在普瓦蒂埃战役中大败，国王和大批贵族沦为英国的战俘。为了赎回国王，太子查理于 1357 年召开三级会议。会议代表提出定期集会审定国王征税的要求。查理起初答应，但随后又反悔，并与市民代表发生激烈冲突，导致 1358 年巴黎市民起义。

1422 年，查理七世登基后，由于三级会议急于终止法国国内的动乱局势，因此在对国王征税问题上常持妥协态度，导致国王将由三级会议开征的特种税定为常规税，以增加王室的收入。这就使得国王重新掌握了征税权。"查理七世终于做到了不需要任何各等级同意便可任意征派兵役税，这件事成为他和他的后继者心上沉重的负担，并在国王身上切开了一道伤口，鲜血将长期流淌"①。1439 年法国在阿林斯（Orleans）召集国民大会，授权国王可以组织常备军并永久征收人头税，以维持军警费用。这样，从 1439 年开始法国实际上已经成了绝对的君主国家。

英法百年战争之后，虽然法国并不缺乏有效的税收机构和征收手段，但法国国王为了拉拢僧侣阶层和贵族阶层，就给了这两个阶层免税的特权。这导致的直接结果是，一方面，王室财政需求不断加大；另一方面，由于国王不断授予第一阶层和第二阶层一些人免税的特权，随着获得免税特权的人数日益增加，致使纳税人数量日益减少，其结果就使得越来越少的纳税人承担越来越重的税收负担，从而加剧了税收负担分配不平等的状况。对此，托克维尔说得非常明确："尽管在捐税问题上，整个欧洲大陆都存在着不平等，但是没有哪个国家的不平等像法国那样表现得如此明显。"②这种不平等，不仅导致了纳税的第三阶层与第一、二阶层的矛盾，而且"由于公共事务几乎没有一项不产生于税捐或导致税捐，因此，当社会的两个阶层不再平等地缴纳税捐之后，他们便几乎没有任何理由在一起商议问题，再没有任何原因使他们感受共同的需要和感情"③，从而动摇了三级会议存在的基础，使三级会议从 1614 年之后就再也没有召开过。

---

① 科米内言。转引自［法］托克维尔：《旧制度与大革命》，冯棠译，商务印书馆 1997 年版，第 136 页。
② ［法］托克维尔：《旧制度与大革命》，冯棠译，商务印书馆 1997 年版，第 126 页。
③ ［法］托克维尔：《旧制度与大革命》，冯棠译，商务印书馆 1997 年版，第 127 页。

为了缓解日益紧张的矛盾与对立，1780 年法国国王通过创设省级代表大会来改进纳税人与政府之间的紧张关系。虽然这次会议以失败告终，但人们却从此中明白了一个道理，即只有将同意纳税的权力授予三级会议，才有可能保障公民的财产权。因此，1788 年巴黎三级会议否决了国王征税及修改司法程序的通令。国王路易十六为了筹集税收收入，解决财政问题，不得已在 1789 年重新召开了自 1614 年以来就未曾召开过的三级会议，不料引发了法国大革命，路易十六本人也被处死。作为法国大革命的重要成果，《人权宣言》第 14 条明确规定："所有公民都有权亲身或由其代表来确定赋税的必要性，自由地加以认可，注意其用途，决定税额、税率、客体、征收方式和时期。"这一规定是对"无代表则无税"这一税收法定原则的正式确认。1791 年法国制宪会会议通过了法国的第一部宪法。在其中，《人权宣言》被作为宪法的序言而直接引入。这样，税收法定原则在法国最终得到宪法上的确认。

3. 税收法定原则在美国的确立

在 18 世纪时，今天美国的许多地方还是英国的殖民地，其财政大权完全操纵在英国人手中。英法战争结束后，英国政府为了增加财政权入，缓解国内财政危机，财政大臣克伦威尔于 1764 年向下议院提出从美洲殖民地取得税收的议案，国会据此制定了《税收法令》和《糖税法》，对美洲殖民地进行蛮横的税收压榨。1765 年英国殖民者又想出了征收印花税的新招。他们规定，一切公文、契约、执照、报纸、杂志、广告、单据、遗嘱等都必须贴上印花税票才能生效并流通。这激起了殖民地人民的极大愤怒。"自由之子""通讯委员会"等秘密反英组织相继出现，抵制英货、赶走税吏、焚烧税票、武装反抗等各种形式的反英活动此起彼伏。弗吉尼亚议会围绕《印花税法》展开讨论，声明只有弗吉尼亚议会才拥有"对本殖民地居民课加赋税的唯一排他性权力"，殖民地人民对于英国议会的征税企图享有"任何法律不受屈从的约束的权力"。此举为其他地区的议会所效仿，他们纷纷通过决议，否认英国议会有权向他们征税。

1765 年 10 月，在马萨诸塞等 9 个殖民地代表举行的反对《印花税法》的会议上，代表们在通过的决议中指出："非经他们自己亲口同意，或者由它们的代表表示同意，是不能向他们课税的……唯一能代表他们这些殖民地人民的是由他们自己在殖民地选出的人，除非经由他们各自的会议，谁也不曾向他们征过税，也不能够合乎宪法地向他们征税"，从而明确了"无代表则无税收"的原则。在殖民地人民的强大压力下，英国议会虽然撤销了《印花税法》，但其后又通过了许多针对殖民地的税收法案。其中，最典型的是《汤森税法》和《茶叶税法》。《汤森税法》是 1767 年由英国议会制定的。根据该法，对由殖民地运往英国的颜料、铅、纸张等征税。此法一出，又引起了殖民地人民的强烈反对。马萨诸塞州率先于次年1月向英国国王呈递请愿书，要求废除该法。同时，他们还向其他殖民地发出公开信，谴责《汤森税法》违背了"无代表则无税收"的原则，得到了弗吉尼亚等10个殖民地人民的声援。《茶叶税法》是1773年由英国议会制定的。根据该法，英国当局对殖民地征收茶叶税，但免去东印度公司向殖民地销售茶叶的关税。为了反抗这一法令，波士顿的一些人化妆成印第安人，登上东印度船只，将船上的所有茶叶都倒进了海里。这就是著名的"波士顿倒茶事件"。这一事件发生后，殖民地与英国政府之间的关系越发紧张，并最终导致美国独立战争的爆发和美国的独立。

1787年美国国会制定的《美利坚合众国宪法》虽然只有短短7条，但规定税收事项的内容却有五款之多。其中第1条第7款和第8款分别规定："有关征税的所有法案应在众议院中提出；但参议院得以处理其他法案的方式，以修正案提出建议或表示同意"；"国会有权规定并征收税金、捐税、关税和其他赋税，用以偿付国债并为合众国的共同防御和全民福利提供经费"。由于美国宪法比法国宪法的诞生要早4年，故美国宪法对税收法定原则的规定，就使得该原则第一次在成文宪法中得到了确认。

嗣后，随着资本主义的发展，税收法定原则已逐步发展成为世界各国宪法的一项基本内容。到目前为止，除朝鲜等极少数国家外，绝大多数国家都在宪法中对税收法定原则做了相应的规定。

（二）税收法定原则的理论基础

在英国、法国等国家民众限制封建国王征税权的斗争过程中，欧洲也先后掀起了一场声势浩大的文艺复兴运动和宗教改革运动。这场运动的核心是个人意识的觉醒和自由主义思想的产生与发展。以格劳秀斯、斯宾诺莎、霍布斯、洛克、孟德斯鸠等为代表的早期资产阶级思想家，不但为这场运动的发展起到了推波助澜的作用，而且他们从维护资产阶级经济利益和政治利益出发，广泛地研究了国家与税收的关系和税收课征方面的许多问题。虽然这些研究比较零散，内容也比较肤浅，但却对近代资本主义税收制度的形成产生了重大的影响，并且也为税收法定原则的形成提供了理论上的支持。

托马斯·霍布斯（Thomas Hobbes），是早期著名的英国资产阶级哲学家和思想家。在著作《利维坦》中，他在继承和发扬古希腊伊壁鸠鲁等人社会契约论思想的基础上，提出了关于国家起源的学说。他认为，国家是由人民创造的。在国家未创立之前，"人和人的关系像狼一样"，人类进行着"一切人反对一切人的战争"。人们为了自身的安全和社会秩序，通过契约方式建立国家，并将自己的自然权利让给了国家的主权者，从而导致国家的产生和主权者的统治。由于主权者的权力来自臣民的让渡，主权者的统治是根据臣民的授权进行的，因此，一方面，主权者掌握着国家的最高权力，臣民必须服从主权者。另一方面，主权者所做的一切事情都不可能构成对臣民的伤害，臣民就没有理由控告或反对主权者。在这样的国家中，"人民为公共事业缴纳税款，无非是为了换取和平而付出的代价。分享这一和平的福利部门必须以货币或劳动之一的形式，为公共福利做出自己的贡献"①。他认为，无论是间接税还是直接税，都无非是为不受外敌入侵，人们以自己的劳动向拿起武器监视敌人的人民提供的报酬。由此，他主张国家应该平等课税，人民应该勤奋劳动，自觉缴纳赋税以维持国家主权。他关于国家主权的绝对性和有限性的理论，为国家的征税权提供了理论上的支持，也为税收法定原则提供了理论上的支持。

约翰·洛克（John Locke），是英国资产阶级哲学家和思想家。他在继承霍布斯理论的基础上，考察了国家征税权与国民财产权的关系。依据洛克的观点，政府是人民建立的，政府的主要职责就是保护人民的私有财产，国家征税的根据是保护私有财产的代价，政府的征税权必须建立在尊重人民主权的基础上。他认为："政府没有巨大的经费就不能维持。凡享受保护的人都应该从他的产业中支出他的一份来维持政府。但是，这仍须得到他自己的同意，即由他们自己或他们所选出的代表所表示的大多数同意。因为如果任何人凭着自己的权势，认为有权向人民征课赋税而无须取得人民的那种同意，他就侵犯了有关财产权的基本规定，破坏了政府的目的"，因而，"未经人民自己或其代表同意，决不应该对人民的财产课税。"②因此，政府只能站在议会赞助权的立场上，按照法律规定的赋税条例行使课税权。洛克的这一思想，不仅是对君权神授论的挑战，而且是对封建国家专断课税、横征暴敛的有力鞭答，并且也为税收法定原则进行了理论的论证和支持。

詹姆士·斯图亚特（James Denham Steuart），是英国经济学家，重商主义的后期代表人。他认为，税收是用作政府经费支出的，通过立法机关法律程序或同意，对国家与个人征课的以果实、劳动或货币为表现形式的一定的贡献。他从重商主义理论出发，认为税收作用是以国家资金的形式，既为对国家有贡献的人，也为穷人增加公共福利，为此要向富人征税，以充当国家资金和对外贸易的补助基金。按照他的观点，国家征税必须要坚持以下的原则：税收必须按人民的年收入公平分配，不得妨碍纳税人的再生产；应

---

①［英］霍布斯：《利维坦》，黎思复、黎廷弼译，商务印书馆1985年版，第56页。
②［英］洛克：《政府论·下篇：论政府的真正起源、范围和目的》，叶启芳、瞿菊农译，商务印书馆1964年版，第88—89页。

当按照立法机关制订的法律程序征税；必须制订征税最低限度原则，不能破坏税源，不能有害国民生计与资本；实行按消费比例征收的原则。其中，"应当按照立法机关制订的法律程序征税"的原则实际上就是对税收法定原则的明确表达。

孟德斯鸠（Montesquieu），是法国启蒙思想家、法学家。他认为，税收作为国家的收入，"是每个公民所付出的自己财产的一部分，以确保他所余财产的安全或快乐地享用这些财产"①。税收是公民为保护自己的私有财产而必须付出的代价。因此，他反对赋税侵犯市民财产所有权。他说："要把国家的收入规定得好，就必须兼顾国家和国民两个方面的需要。当取之于民时，绝对不应该因为国家想象上的需要而排除国民实际上的需要"②。而想象上的需要，是从执政者的情欲和弱点，从一种离奇的计划和诱惑力，从对一种虚荣的病态羡慕，从在某种程度上对幻想的无力抗拒等而产生，是那些在君主手下的心神不宁的人把自己的需要当作国家需要的结果。因此，他认为税收应当考虑到国民应当担负的能力。他主张税收分配的一般原则是："国民所享的自由越多，便越可征较重的赋税；国民所受的奴役越重，便越不能不宽减赋税。这是通则"③。他还把税收分配与国家的政体联系了起来。他指出："大多数共和国可以增加赋税，因为国民相信赋税是缴纳给自己的，因此愿意纳税，而且由于政体性质的作用，通常都有力量纳税。君主国是可以增加赋税的，因为他的政体宽和，能使国家富饶丰足。君主尊重法律，增加税收就像是一种报酬。专制国家是不能够增加赋税的，因为奴役已经到了极点，无法再增加了"④。从以上的论述来看，他倾向于把民主政体下的纳税能力与税收的观念融合为一体。这与他共和政体的立场是一致的。因为，在共和政体下，国家最高权力掌握在由选举产生、并有一定任期的国家机关或公职人员手中。国家的重大事务，特别是有关税收义务的分配等问题，都应该由代表公民意愿的立法机关来决定。因此，他的这一思想，实际上暗含着税收法定原则的基本观点。

综上所述，税收法定原则是新兴资产阶级与封建君主斗争的结果。它与罪刑法定原则一起构成了近代国家保障人民权利的两大手段，前者保障的是人民的财产，后者保障的是人民的人身。⑤所以，税收法定原则并不仅仅是近代法治主义在税收课赋和征收上的

---

① [法] 孟德斯鸠：《论法的精神（上册）》，张雁深译，商务印书馆1961年版，第213页。
② [法] 孟德斯鸠：《论法的精神（上册）》，张雁深译，商务印书馆1961年版，第213页。
③ [法] 孟德斯鸠：《论法的精神（上册）》，张雁深译，商务印书馆1961年版，第220页。
④ [法] 孟德斯鸠：《论法的精神（上册）》，张雁深译，商务印书馆1961年版，第221页。
⑤ 谢怀栻：《西方国家税法中的几个基本原则》，载刘隆亨主编：《以法治税简论》，北京大学出版社1989年版，第152页。

体现，而且还是近代法治主义产生的先导与核心。它与罪刑法定原则一起构成了近代法治主义的坚实基础。法治主义原则就是在税收法定原则与罪刑法定原则的基础上产生和发展起来的。在税收法定原则的产生和发展过程中，近代资产阶级思想家起到了推波助澜的作用。他们的学说和观点，不仅为资本主义的产生和发展提供了理论上的支持，而且还为税收法定原则的确立提供了坚实的理论基础。

二、税收法定原则的基本内容

关于税收法定原则的内容构造，目前国内外学术界存在着多种不同的观点。根据笔者的归纳，可以分为两大模式，第一种模式是将税收法定原则的内容概括归纳为若干个次级原则，第二种模式则直接将税收法定原则的具体内容加以罗列。其中，第一种模式又可根据其具体内容的不同而分为二原则说、三原则说和四原则说等三种不同的观点。

二原则说的主要代表人物是日本学者北野弘久教授。他认为，税收法定原则的内容大致可分为两个不同的方面，即租税要件法定主义原则和税务合法性原则，其中前者是税收法律主义在立法方面的具体要求，后者是税收法律主义原则在执法方面的具体要求。①三原则说在学术界虽然得到了许多学者的赞同，但对于三原则的具体内容，不同学者也有不同的观点。陈清秀教授将其归结为课税要件法定主义原则、构成要件明确性原则和程序法上合法性原则；②刘剑文教授等将其归纳为税收要素法定原则、税收要素明确原则和征税合法性原则；③张守文教授则将其归纳为课税要素法定原则、课税要素明确原则和依法稽征原则；④徐孟洲教授将其概括为课税要件法定原则、课税要素明确原则和课

---

① [日] 北野弘久：《日本税法学原论》（第5版），郭美松、陈刚译，中国检察出版社2008年版，第65-66页。

② 陈清秀：《税法总论》（第4版），元照出版公司2006年版，第38-41页。

③ 刘剑文主编：《财税法学》，高等教育出版社2004年版，第331-332页。

④ 张守文：《税法原理》（第2版），北京大学出版社2001年版，第30-31页。

税程序合法原则。①鲁篱博士则认为，税收法定原则的内容包括了狭义的税收法定原则、税收要素明确原则、禁止溯及既往和类推适用原则。②四原则说的主要代表人物是日本学者金子宏教授，他认为税收法定原则的内容包括了课税要素法定主义、课税要素明确主义、合法性原则、程序保障性原则。③葛克昌教授则认为税收法定原则包括了类推禁止原则、溯及禁止原则、法律优位原则、法律保留原则等四个原则。④另外，施正文教授则将其概括为"两个方面、三个原则"，即税收要件法定原则、税收要件明确原则、征税合法性原则。其中，前两个内容是有关税收立法方面的原则，是税收法定主义在立法方面的具体要求，而这又以实体方面的立法为其侧重涵盖的内容。后一个内容是有关税收执法方面的原则，是税收法定主义对税务行政的要求，是普通行政法上的行政合法性原则在税收领域的具体体现。⑤另外，郑勇、樊丽明等人也提出了与此相类似的观点。⑥

第二种模式是直接采取列举式的做法，对税收法定原则的内容做具体的阐述。其代表性观点是由谢怀栻先生首先提出的。他在《西方国家税法中的几个基本原则》一文将税收法定原则的具体内容归结为五个方面：（1）税种必须由法律规定。（2）每种税的征税要件必须在法律中明确规定，不得由行政机关（包括税务机关）自行规定。（3）无法律规定，行政机关（税务机关）不得任意减免税收。（4）征税程序也应由法律规定。（5）法律应该规定税务争议的解决办法。⑦另外还有一些著作、论文或工具书也采取与此相同或相近的观点。⑧

针对上述各种观点，施正文教授一方面认为，学者们所概括的税收法定原则，"它们不仅在内容的名称及其数量上不同，而且其内涵上也并不一致"。但另一方面，他又认为，

---

①徐孟洲主编：《税法学》，中国人民大学出版社2005年版，第37页。
②鲁篱：《税收法律主义初探——兼评我国税收授权立法之不足》，载《财经科学》2000年第2期。
③[日]金子宏：《日本税法》，战宪斌、郑林根等译，法律出版社2004年版，第59-63页。
④葛克昌：《税法基本原则（财政宪法篇）》，北京大学出版社2004年版，第81-101页。
⑤施正文：《税法要论》，中国税务出版社2007年版，第19-20页。
⑥郑勇将税收法定原则的内容概括为制定法定原则和实施法定原则。其中制定法定原则又包括了课税要件法定性的要求和课税要件明确性的要求。具体参见郑勇：《税收法定主义与中国的实践》，载刘剑文主编：《财税法论丛（第1卷）》，法律出版社2002年版，第81-83页。樊丽明、张斌：《税收法治研究》，经济科学出版社2004年版，第150-153页。
⑦谢怀栻：《西方国家税法中的几个基本原则》，载刘隆亨主编：《以法治税简论》，北京大学出版社1989年版，第152-153页。
⑧对此类观点，可具体参看胡微波、袁胜华主编：《现代税法实用辞典》，法律出版社1993年版，第31-32页；张松：《税法学概论》，中国税务出版社1998年版，第24-26页。

金子宏教授所主张的四项原则中的后两项内容,即合法性原则和程序保障原则"可归纳为一个方面的原则,即税收执法方面的原则,实际上也是三项内容"。陈清秀教授的三原则,由于"他没有将程序问题作为应由税收法律来规定的内容,它所说的前两项原则是专指税收要件的,而后一项程序法上的合法性原则又没有涉及程序立法问题,只是涉及有关税收执法和适用法律的问题,这是一个重大遗漏"。至于北野弘久教授的二原则说,"是将有关'租税要件明确主义原则'包括在'租税要件法定主义原则'的内容中,即他的第一项原则实际上可以拆分为两项原则。故'两项原则说'与'三项原则说'实际上没有什么太大区别"①。刘剑文教授针对国内学者对税收法定原则的不同观点认为,"这种差异并不是来自理论创新,而是源自学习和借鉴过程中,各人所接触的文献来源之差异"。他们认为,国内学者对于税收法定原则的理解,"其实并无太大的歧见"②。

笔者认为,在税收法定原则的理论构造上,虽然关于课税要件法定原则和课税要件明确原则得到了绝大多数学者的认同,但其中的具体内容还存在进一步讨论的必要。而关于第三个方面的原则,明显存在两种分歧较大的观点,即一部分学者认为应该是依法稽征原则(包括了征税的合法性原则),但另一部分学者认为应该是程序保障原则。对此笔者将在随后进行讨论。

(一)课税要件法定原则

对于课税要件,在目前国内外税法学界,学者们的表述并不一致。有的称之为"课税要素",有的称之为"税收要素"、有的称之为"课税要件"、还有的称之为"税收要件"。除此之外,在一些税法学教科书中,还用"税法的构成要件"或"税法构成要素""税收构成要件"等来表示。对此,虽然大多数学者并未表示出不同的意见或异议,也有学者认为它们的含义实际都是一致的,但也有学者认为,应该用"税收"的概念而不应该用"课税"的概念,应该用"要件"的概念而不应该用"要素"的概念,故应该称之为"税收要件"或"税收构成要件"。③还有学者认为应该称之为"税收要素"④。笔者认为,虽然上述概念之间确实存在内容上的差别或不同,但由于这些差别并非是根本的,而

---

① 施正文:《税法要论》,中国税务出版社 2007 年版,第 19 页。
② 刘剑文、熊伟:《税法基础理论》,北京大学出版社 2004 年版,第 104 页。
③ 施正文:《税法要论》,中国税务出版社 2007 年版,第 178 页。
④ 刘剑文:《财税法专题研究》(第 2 版),北京大学出版社 2007 年版,第 298 页。

且，出于目前我国税法学界大多数学者的习惯称呼及税收经济学中的一般叫法，故将其称为"课税要件"可能更为恰当一些。

课税要件是指纳税义务得以成立的必要条件。对于税收法律制度的制定而言，课税要件的意义在于，它是税收法律制度的核心内容。一个科学完善的税收法律在课税要件的设计和规定上必须是完善的和科学的。否则，这样的税收法律必定是有缺陷的或不完善的。不仅如此，课税要件对于税收执法还具有重要的意义。它是"判定相关主体的纳税义务是否成立，以及国家是否有权征税的标准。只有满足了税法上事先规定的课税要素，相关主体才能称为税法上的纳税人，才能有依法纳税的义务，国家才能依法对其征税"①。因此，课税要件的设定，一方面，在本质上划定了公民负担的广度和深度，从而也划定了国家侵害公民财产权的广度和深度；另一方面，划定了税务机关税收征管权的广度和深度，从而也使税收征管机关的权能受到了拘束和限制。因此，在现代民主国家中，要求课税要件一般都要由立法机关以法律的形式来规定，这就构成了课税要件法定原则的基本内容。

作为一个法律原则，课税要件法定原则的实质内容是要解决税务行政合法性的问题。这主要是通过两个方面的内容来进行的：即法律保留和法律优位。根据行政法的基本理论，法律保留"是指国家公权力行为，尤其是对公民权利进行限制侵害，或者对公民权利有重大影响的公权力行为只能在法律规定的情况下做出，法律没有规定就不得做出，也就是说国家公权主体的行为不能任意做出，只有在立法机关对该事项做出了规范的情况下，它们才能按照法律的规范做出相应的行为"②。由于国家的课税权属于干预行政，是对公民财产权和营业自由的限制，故当然应该实行法律保留。对此，国内税法学界没有不同意见。但需要讨论的问题是，此处所谓的"法律"（也包括了税收法定原则中之"法"和随后讨论的法律优位原则中"法律"）到底所指为何？根据刘剑文教授等的观点，"税收法定主义中之'法'并非是从我们前指其抽象的、整体的意义上来使用的，而是仅指法律，即最高权力机关所立之法"③。但实际上，如果我们对世界各国的宪法规定进行梳理就会发现，问题并非如此简单。

一方面，是国家立法机关与地方立法机关之间有关税收立法权的问题。在一些单一

---

① 张守文：《税法原理》（第 2 版），北京大学出版社 2001 年版，第 41 页。
② 胡建淼主编：《论公法原则》，浙江大学出版社 2005 年版，第 325 页。
③ 刘剑文：《中国税收立法问题研究》，载徐杰主编：《经济法论丛（第 1 卷）》，法律出版社 2000 年版，第 110 页。

制国家，课税权是作为国会或议会的一项绝对保留事项而由国会或议会所掌握，其他机构、地方议会或地方权力机构并无制定有关课税要件的权力。例如，《危地马拉共和国政治宪法》第 239 条规定："合法原则。议会的专属职权是根据国家的需要和税赋的公平、正当，规定普通税、特别税和捐赋，并确定征收的起点，特别是以下的起点：产生税赋的事实；免税；税赋的被动主体和共同责任；税赋的起点和税赋种类；推论、扣除、减免和附加；税赋中的违章和惩罚。违反或者歪曲、调节税赋起征点，等级上低于法律规定的，依法律是无效的。规定不会改变这些起征点，而应具体化为对政府征收税赋的规范和对方便税赋征收程序的确定"。然而，在更多国家，特别是联邦制国家，由于联邦政府与州政府、地方政府之间实行分权，故在税收立法方面，宪法也赋予了地方权力机关制定有关地方税收法律法规的权力，或对于中央与地方共享税地方有权制定地方取得收入部分的税法的权力。例如，《比利时共和国宪法》第 110 条规定："国家税必须通过立法才能规定。省、城市、市镇联合体和市镇的地方税，非经各自议会做出决议，不得征收。关于省、市、市镇联合体和市镇可以不遵守上述规定而征收地方税的例外情况，由法律规定。"《罗马尼亚宪法》第 138 条第 2 款规定："地方税收由地方委员会或县委员会依照法律规定的限度和条件做出规定"。西班牙宪法第 133 条第 2 款规定："自治区和地方机关可根据宪法及法律来规定和征收税赋"。《联邦德国基本法》第 105 条："一、联邦对关税及财政专卖有专属之立法权。二、赋税收入之全部或一部如划归联邦或遇有本基本法第 72 条第 2 项须定之情形时，联邦对其余之赋税有共同立法权。二之一、对地方性之消费税与交易税，如其不属联邦法律所定税收之同一种类时，各邦有立法权。三、税收之全部或一部系用于各邦或乡镇时，有关之联邦法律须经联邦参议院之同意。"由此可见，对于一些国家的地方立法机构而言，它们所拥有的税收立法权，并不是来自法律或立法机关的授权，而是直接来自宪法的授权。因此，它们与国家的最高立法机构拥有相同的税收立法权，可以制定有关地方税收的法律制度。

另一方面，是中央立法机构与中央政府之间有关税收立法权的问题。从世界各国宪法的规定来看，有部分国家在宪法中明确规定课税要件只能由法律规定。如《大韩民国宪法》第 59 条规定："税收的种类和税率以法律来确定"。《希腊共和国宪法》第 78 条规定："第一款非经议会制订法律，对征税对象和收入、财产类型、支出以及按何种税类处理等事宜做出规定，不得征收任何税。……第四款有关征税对象、税率、减免税和给予补贴，均须立法权力机关规定，不得委托授权。"但还有一些国家则在宪法规定，国会或立法机构可以授权政府制定有关税收的法规或对税收的构成要件进行变更或修改。例如，《菲律宾共和国宪法》第 6 章第 28 条第 2 款规定："国会得立法授权总统在指定范围内，并遵守国会所规定的限制和约束,制定关税率、进口和出口限额、船舶吨税、码头税以及在政府的全国发展计划内的其他税或关税。"《土耳其共和国宪法》第73条规定:"税、捐、费及其他财政负担的征课、变更或废止均由法律规定。得授权内阁根据法律规定的上限和下限,变更有关税、捐、费和其他财政负担的减免率和例外照顾率。"《马来西亚联邦宪法》第96条规定:"非经联邦法律规定或授权,联邦不得为联邦用途而征收任何国家税或地方税。"新加坡宪法中也有类似的规定。由此可见,在这些国家中,宪法是允许国家立法机关通过授权方式,允许行政机关制定税法或对税法中的课税要件进行修改和变更的。这样,就产生了一个问题,即由于得授权机关的税收立法权来自宪法的授权或立法机关依据宪法的授权,因此,它们就获得了制定税收法律法规或对课税要件进行变更修改的权力。因此,在这种情况下,他们依据授权所制定的税收法则就变成了法律。只不过,这种法律必须受到授权的严格限制而已。在此情况下,税收法律保留原则中的"法律"的概念就不仅包括了中央立法机构所制定的规定,而且也包括了行政机关和地方立法机关所制定的规则。

在税收课征过程中,虽然根据法律保留原则可以制定相关的法律来规范税收征收行为,但实际上,由于税收法律的复杂性,必然存在法律所不能够涉及的领域。这就为行政权力的行使留下了大量的空间。为了防止行政权力在征税活动过程中的滥用导致对纳税人权利的损害,在实行税收法律保留的基础上还有必要引入法律优位原则,规定在抽象的层面上,下位的法律规则与上位的法律规则发生冲突的,原则上无效。在具体的层面上,税务机关具体的行政行为与现行的法律规范相冲突的,原则上违法。这样,它就不仅保证了税收法律制度在体系上的一致性,而且也保证了税收法律对于税务行政活动的拘束力和制约性,同时,它也为税收执法监督和税收司法审查提供了法律依据。因此,税收法律优位原则理应成为现代税法构成要件法定原则的一个重要的内容。

(二)课税要件明确原则

学术界普遍认为,法律的明确性是所有法治国家都普遍遵守的基本法律原则。因为,如果法律不具有明确性,则不但会破坏法律体系内部的科学性和协调性,影响法律的权威,而且还会造成执法机关和司法机关在法律适用上的困难,降低行政效率和司法效率,加大执行的成本。同时,也会给滥用法律和违法行政行为提供可乘之机。更为重要的是,法律的不明确必然会造成法律后果的多样性和不可预期性,从而大大降低法律的可预见性和法律自身的安全性。因此,对法律明确性的要求,就成为现代法治国家的一项基本的原则。

虽然在一国法律体系中，不同法律对明确性的要求有所不同，但一般而言，"涉及人民基本权利的法律应比只涉及一般性权利的法律更为明确，其中又数有关捐税和处罚方面的法律法规明确性要求最高"①。此语可谓所言极是。在现代法治国家中，对税收法律明确性的要求已经以课税要件明确原则的形式发展成为税收法定原则的重要内容。它要求，在税法中有关课税要件的规定都应该尽量是确定的和明确的，不应该产生歧义。因为，如果税收法律中对于课税要素的规定不甚确定或明确，那么势必造成对税务行政机关的一般性、空白性的授权，致使税务行政机关在税收征管权力的行使和纳税人纳税义务的确定中享有较大的解释权和自由裁量权，从而出现违背税收立法目的的执法活动，造成对纳税人权益的破坏。因此，确立课税要件明确原则，一方面是为了防止税务行政机关滥用征税权进行自由裁量，破坏税法的权威性和严肃性，另一方面还为纳税人提供了预测其税收负担的法律依据，使其能够合理地进行税收筹划与安排，以保障其预期利益与交易安全，维护经济的正常发展。

在税法中要求课税要件具有明确性，实际上是为了防止税法对课税要件做不明确或模糊性的规定。但税法作为成文法，不明确性是其固有的局限性之一。②之所以会出现法律的不明确，第一方面的原因可能是由于立法者的水平低下或技术失误所致，第二方面的原因可能是由于立法者的认识水平所限，但更大的可能是第三个方面，即由于作为法律载体的自然语言在"能指"与"所指"之间的不一致或矛盾所致。一般而言，对于第一种原因导致课税要件的模糊性，这是所有的立法者都应当极力避免的。而对于第二种和第三种原因导致的课税要件的模糊性，则是法律所允许的。只不过，对于第二种原因所导致的课税要件的模糊性，它会在立法者认识水平提高以后，通过修改相关的法律内容或对相关法律内容进行有效解释而予以解决。而对于第三种原因导致的课税要件的模糊性，它在选择"能指"的语词来指称"所指"的事实时，要尽量使不同的人对于它的理解尽可能一致，或者使在一个职业共同体内不同的人通过一定的专业途径或一个有说服力的论证而得出相对一致的理解。而在具体实务上，我国台湾地区司法管理机构做出的 432 号、521 号、545 号解释理由书确立的对个别模糊法律概念的判断标准值得我们借鉴。第 432 号解释明确表示："法律明确性之要求，非仅指法律文义具体详尽之体例而言，立法者得于立法定制时，仍得衡酌法律所规范生活事实之复杂性及适用于个案之妥当性，

---

① 胡建淼主编：《论公法原则》，浙江大学出版社 2005 年版，第 669—670 页。
② 根据徐国栋教授的观点，模糊性是法律的局限性之一。具体参见徐国栋：《民法基本原则解释——成文法局限性之克服》，中国政法大学出版社 2001 年版，第 179—181 页。

从立法上适当运用不确定法律概念或概括条款而为相应之规定。有关专门职业人员行为准则及惩戒之立法使用抽象概念者，苟其意义非难以理解，且为受规范者所得理解，并可经由司法审查加以确认，即不得谓与前揭原则相违"。而 545 号解释则进一步表示，"法律就前揭违法或不正当行为无从巨细靡遗悉加规定，因以不确定法律概念予以规范，惟其涵义与个案中并非不能由适当组成之机构依其专业知识及社会通念加以认定及判断，并可由司法审查予以确认，则与法律明确性原则尚无不合，与宪法保障人民权利之意旨亦无抵触。"由此可见，上述解释确定的判断抽象概念是否与法律明确性相符合的形式标准有四个方面，即：立法者所使用的抽象概念其意义并非是难以理解的；立法者所使用的抽象概念其含义在个案中并非不能经由适当组成之机构依其专业知识和社会通念加以认定及判断；立法者所使用的抽象概念能够为受规范者所预见；立法者所使用的抽象概念可经由司法审查加以确认。①

根据课税要件明确原则的要求，在税法课税要件的设计上，并非不能使用抽象概念和模糊概念，而是要通过上述标准或方法对其加以判断和认定。对于那些内容过于一般或模糊，经由上述方法仍然不能使其含义明确或具体化，则这类概念才是真正的模糊概念，与课税要件明确原则的要求相背，应该认定无效。而对于那些依经验或常识来看是意义不明的概念，如果经由上述方法进行确定或判断后，它的含义会变得比较明确或具体，同时，对它的理解也不违背法律保障人民权利的意旨，则这类概念就不认为是与课税要件明确原则相违背的，从而就是被允许的。

（三）程序保障原则

对于课税要件是否包含有关程序性规定的问题，根据《西方税收理论》一书的介绍，在西方国家形成了三种不同的见解：一是认为税收法律主义亦为课税要件法定主义，所以，只有包含课税要件的实体法才受其支配，而课税程序因其技术繁杂，不仅难以规定周全，亦恐受税收法律主义的限制难以实行，故不应受其支配。二是认为税法不仅包含实体法，也包括程序法在内，均应受税收法律主义的支配。三是认为实体法是税收权利义务本体，完全应受税收法律主义的支配。而程序法部分，不仅涉及课税技术和手续问题，也与纳税义务人的权利义务具有密切关系，如不受税收法律主义的支配，则会破坏

---

① 对此问题的更进一步的论述，可参见胡建淼主编：《论公法原则》，浙江大学出版社 2005 年版，第 667 页；陈清秀：《税法总论》（第 4 版），元照出版公司 2006 年版，第 40—41 页。

依法纳税的精神。所以，在税收程序法方面，凡与人民的权利义务有直接关系的，应该立法；如为复杂的技术性规定而难于法律条文化的，可在适法范围内做委任立法；如为征收机关内部的作业程序，其与纳税人的权利义务无直接关系，可不予法律规定。①国内学者的观点也不尽相同。如张守文教授认为，虽然课税要素可分为广义和狭义两种，但狭义的课税要素主要是关于确定主体的实体纳税义务成立与否所需具备的要件，它不包含程序要素。而课税要件法定原则中的课税要件，指的是税法构成要素中的实体法要素，也即他所谓的狭义的要素，不包括程序要素。②而施正文教授等认为，课税要件法定原则中的"课税要件"应该包含程序要件。他明确表示："税收要件法定原则中的'税收要件'应作广义理解，所以这一原则又可按其内容，分为实体要件法定原则和程序要件法定原则两个方面"③。刘剑文教授也明确表示，税收法定原则中的税收要件法定原则包含要求有关的纳税主体、课税对象、归属关系、课税标准、缴纳程序等，应该尽可能在法律中做明确详细的规定。④

从上述介绍可以看出，从承认课税要件包括了税收征纳程序的观点就可以推出，课税的程序要件也应该适用法定原则，通过制定法律的形式加以规定。而对于认为课税要件不包括征纳程序要件的观点而言，是否应该要求有关的课税程序要件也必须通过法律的形式来加以规定？国外学者的观点分成了上述两种，而国内学者的观点虽然无从查考，但实际上也逃不出上述两种情况的范围。对此观点，笔者认为，如果学者们认可上述第三种观点，即在税收程序法方面，凡与人民的权利义务有直接关系的，应该立法；那么为什么不能够直接把它纳入税收法定原则之中呢？如果学者们主张第一种观点，认为有关程序方面的要件可以不受法定原则的支配，由此也认为有关课税程序方面的要件可以不实行法定原则，不一定必须通过法律来规定，而可以由行政机关自行决定。笔者认为，这可能不大符合税收法定原则的本意，同时也不符合现代世界各国的实际做法。

从理论上讲，由于税法属于侵权规范，故税务机关的行政行为就表现为一种干预行政。而干预行政"系指干预人民权利，限制其自由或财产，或课与人民义务或负担的行政作用"⑤。如果缺乏必要的程序规范和约束，则滥用税收征管权力和损害纳税人合法利

---

① 国家税务总局税收科学研究所编著：《西方税收理论》，中国财政经济出版社1997年版，第308页。
② 相关的论述请参见张守文：《税法原理》（第2版），北京大学出版社2001年版，第41页；张守文：《论税收法定主义》，载《法学研究》1996年第6期。
③ 施正文：《税法要论》，中国税务出版社2007年版，第20页。
④ 刘剑文、熊伟：《税法基本理论》，北京大学出版社2004年版，第105页。
⑤ 翁岳生编：《行政法（2000）（上册）》，中国法制出版社2002年版，第29页。

益的情况就不可避免。因此，无论是否把税收征管程序纳入到课税要件的范围之中，都应该把有关税收征管程序中的一些主要环节、手段、方式、时间、地点等内容作为税收征管程序中的主要内容而实行法律保留，以法律的形式加以规定，这不但对于保障纳税人的财产不受国家征税权的过度侵害具有非常重要的意义，而且对于保障税务机关依法行政，提高税务行政的效率，都具有非常重要的意义。正因如此，在许多国家的宪法中，都规定了税务机关征税时必须遵循的一些程序性规定。例如，《巴林国宪法》第88条第2款规定："法律规定征收捐税、费用及其他公共基金的规则以及税款、基金支出的程序"。《格鲁吉亚宪法》第94条第2款规定："税款和收费的征收机构和征收形式只能由法律规定"。《法兰西共和国宪法》第34条第2款规定："法律规定有关下列事项的准则：……各种性质赋税的征税基础、税率和征收方式"，等等。

另外，税法区别于其他法律的特点之一是实体法与程序法的统一。而作为税收程序法最主要的内容是税收征管法。"在一些国家，每一个税收实体法均包含其征管所需要的规定。在将税收法律编纂在一部法典的国家，税收征管往往为法典中的一篇或者数篇。然而在其他一些国家，则有专门的税收征管法或税收通则法。也有将税收征管规定在数部法律中的，例如，一部关于税制的法，其中可以包括许多程序方面的一般规定；一部关于国家税务机构的法，其主要规范国家税务机构的组织，但其中也往往规定税收机关对纳税人的权利"①。由此可见，无论采取哪种方式，对税收征管的程序性规定，都构成了税法的重要组成部分。这样，无论是从法理上，还是从各国的实际情况来看，都应当对税收征管程序中的主要内容实行法律保留，通过法律的方式加以规定。

在当代，随着美国第五宪法修正案的影响日增，"非经正当法律程序，（任何人）不得被剥夺生命、自由和财产"已经成为现代法治重要原则。由于行政决定极少会构成对生命的威胁，故现代行政程序的监控对象更多集中于对公民财产和自由的保障之上。而征税恰恰是国家干预公民财产最直接和影响最大的行政行为。因此，对税收征管程序实行法律保留，通过制定法律来规范税收征管行为，恰恰是保护公民财产权最有效的手段。当然，由于税收征管是由一系列的方式、步骤、环节、手段、顺序、时限等组成，故作为法律保留的内容，只是有关税收征管程序中对纳税人影响最大的一些程序，而把一些次要的程序授权行政机关自己决定或由税收征管机关自行规定。在其中，有关税收征纳的时间、地点、手段等内容则是作为重要事项而经常被作为法律保留的对象而由法律加

---

① V. 图若尼主编：《税法的起草与设计（第1卷）》，中国税务出版社2004年版，第107页。

以规定。

对税收征纳程序实行法律保留，实际上就是要发挥程序保障的功能。这种保障功能表现为税收征纳程序法定化不仅是保障纳税人权利的程序性装置，而且也是保障国家征税权力的程序性装置。它要求，无论是税务机关还是纳税人，都必须遵循预定的行政征纳程序。这就要求，一方面，必须对税收课征的各个环节，从登记、申报、计算、缴纳到检查、处罚，以至复议、诉讼、赔偿等都要从法律上做系统、明确、严格的规定。另一方面，在课税要件充分满足的条件下，征税机关必须按照法律设定的程序切实有效的履行职责，使纳税人全面、切实地履行纳税义务。税务机关不得随意更改执法程序，增加或减少执法手段或环节。未经法定程序，税务机关不得自行决定税种的开征或停征，更不得随意减税、免税或自行退补。税务机关无权选择纳税人，更不得与纳税人达成任何以规避税法为目的的税收协议。当征纳双方就纳税义务的成立与否或纳税义务的内容、履行方式等发生争议时，也必须按照法定的程序处理，而不得通过达成有损于国家利益的协议进行和解。

三、税收法定原则的理论发展

税收法定原则从最早在英国的萌芽到成为现代世界各国的宪法原则和税法最重要的原则，期间经历了几百年的历史发展。特别是在当代，随着宪法学和税法学的理论发展，以及宪法和税法在社会生活中的功能扩张，税收法定原则更是得到了很大的发展。对此问题，日本税法学家北野弘久教授进行了专门研究，并提出了著名的三阶段论。

北野弘久教授根据税收法定原则在日本的发展过程，认为该原则经历了三个不同的发展阶段。第一阶段是传统的税收法律主义阶段。这主要是指18、19世纪税收法律主义发展的阶段。在这一阶段的税收法律主义"实际上是不问租税法律的内容，仅以法定的形式规定租税的租税法律主义理论"。在他看来，由于税收的立法过程是各阶级、各阶层斗争的过程，所以现实的税法绝不是以"法的正义"为目的的法，而是资本家为获得自己利益的法。立法过程本身当然是为了使 4 "不公平的税制"具体化。无论是在行政过程、裁判过程还是在执行过程，税法的不合理性在整体上呈现不断扩大"不公平税制"的趋势。当然税收法律主义在行政过程、裁判过程尤其是在执行过程中具有制止"不公平税制"蔓延和阻止税法执行过程中权力滥用的功能。第二阶段是20世纪以来税收法律主义的发展阶段。这一阶段的主要任务是通过制约立法过程中的权力滥用现象,来构筑税收法律主义的内容。在这一阶段,税收法律主义不再是单纯形式上的,而且是贯穿于立法、行政、裁判三个过程的,包括实体法与程序法相统一这些实质内容的法的理论。首先,税收法律主义要求符合在立法过程中能禁止不合理内容的租税法律的立、改、废要求,具有积极地维护人们的人权即保障积极性权力功能的税收法律主义。其次,这种税收法律主义只能以控制行政过程、裁判过程中滥用权力的形式维护人们的人权,即具有保障自由权功能的税收法律主义。因此,这一阶段的税收法律主义将维护纳税人的人权作为立法过程中最基本的实践观念。第三阶段是今后税收法律主义的发展阶段。由于第二阶段的税收法律主义仅仅从立法、行政和裁判三个过程来维护纳税人的人权是不充分的,因此,今后的税收法律主义必须以广义的税收概念(即税收的征收与使用相统一的概念)为前提,从宪法理论上构筑"纳税者基本权"这一概念。它是纳税者在税收的征收与使用方面享有的固有的基本权,是各种权利的集合概念,包括有关纳税者的自由权和社会权等内容。它是北野弘久教授认为的税收法律主义的终点站方向,也代表北野弘久教授所构筑的税法学的终点站方向。①

从北野弘久教授的观点可以看出,他所谓税收法定原则发展的三阶段论,对于认识税收法定原则的发展具有积极的意义,但同时也存在着一些显而易见的问题。这主要表现为:第一,他对于税收法定原则第三阶段即未来的发展,并没有一个明确的时间点。因此,未来的发展从什么时间开始不得而知;另外,他对未来的发展也只是一个预测,至于未来的发展是否必然如他所言,是税收法律主义的"终点站方向",还有待于历史的检验。第二,他对于税收法定原则第一、二阶段的某些描述可能有些绝对甚至有些可能并不符合事实。例如,他认为在第一阶段,"现实的税法绝不是'法的正义'为目的的法,而是资本家为获得自己利益的法。立法过程本身当然是为了使'不公平的税制'具体化。无论是在行政过程、裁判过程还是在法的执行过程,税法的不合理性在整体上是呈不断扩大'不公平税制'的趋势的"。事实是否果真如此?此种观点着实令人生疑。第三,他以二十世纪初作为第一阶段和第二阶段的分界点,显然是根据资本主义发展的阶段划分来进行的,即在19世纪之前的资本主义是自由资本主义时期,而到了20世纪资本主义

---

① [日] 北野弘久:《日本税法学原论》(第5版),郭美松、陈刚译,中国检察出版社2008年版,第76—83页。

进入了垄断资本主义时期。他认为，在自由资本主义时代的法是近代法，而在垄断资本主义时代的法是现代法。与此相适应，在近代法背景下的税收法定原则是税收法定原则发展的第一阶段，在现代法背景下的税收法定原则是税收法定原则发展的第二阶段。对此种观点，笔者认为虽然具有一定的合理性，但也存在着以下几个方面的问题：首先，北野弘久教授的观点是以日本税法和税法学为背景的。他的观点在日本也许是符合事实的，但如果放大到整个世界是否还符合事实呢？其次，依据国内外学术界比较一致的观点，资本主义主要是指一种经济制度。自由资本主义和垄断资本主义是资本主义两种不同的发展阶段。虽然资本主义制度对法律制度的发展具有非常重要的影响，但毕竟不是决定性的影响。因为，法律制度作为一种相对独立的社会现象，它虽然会受到各种社会政治制度、经济制度的影响，有时甚至是非常重要的影响，但它的发展毕竟要服从其自身内在的规律性。而税收法定原则作为一项宪法原则和税法基本原则，它的发展，首先必须服从于宪法，特别是税法自身的发展规律，受宪法和税法自身发展的制约。而从世界范围内来看，税收法定原则的内容发展主要是从20世纪中叶开始，随着民主立宪运动在世界范围内的广泛开展而得到了实质性的发展。因此，笔者认为，对于税收法定原则的现代发展，从时间上来讲，以20世纪中叶作为一个分界点可能更为科学和妥当。即在此之前的阶段是传统的税收法定原则的发展阶段，在这一阶段的税收法定原则主要还是从税法的角度，重在限制和规范国家的征税权力。而20世纪中叶以后的阶段是现代税收法定原则的发展阶段。这一阶段的税收法定原则主要是在现代宪法理论的指导下，重在保障公民的财产权利。因此，它就使得税收法定原则无论在价值目标上，还是在具体内容和功能上，都发生了重大的变化。

（一）价值嬗变——从形式合法性到形式合法性与实质合法性的统一

早在100多年以前，马克思就多次论述过税收与国家的关系。他指出："赋税是政府机器的经济基础，而不是其他任何东西的经济的基础"[①]，"国家存在的经济体现就是捐税，共和国以收税人的姿态表明了自己的存在"[②]，"捐税体现着表现在经济上的国家存

[①]《马克思恩格斯全集（第3卷）》，人民出版社1995年版，第315页。
[②]《马克思恩格斯全集（第9卷）》，人民出版社1995年版，第50页。

在"①,"废除捐税的背后,就是废除国家"②。从这些论述中可以看出,税收是国家存在的经济基础。如果国家没有了征税的权力,就不能通过税收来筹集所必需的财政资金,国家的各项职能就无法发挥,国家的存在也就无从谈起。因此,征税权是国家最重要的权力,对征税权的依赖是国家生存与发展的基本前提。然而,在中世纪中后期,随着君权神授观念的日渐式微,封建国王征税权的合法性受到了越来越多的质疑。在此情况下,新兴资产阶级的国家理论不仅为资本主义国家政权存在的合法性提供了理论的支撑,而且也直接推动了税收法定原则的产生与发展。从这种意义上讲,税收法定原则的产生实际上是为资本主义国家征税权的存在和行使提供了合法性的支持。它以法定的形式,赋予了国家征税的权力,从而实现了国家征税权力的合法化和正当性。

在税收法定原则发展的第一阶段,虽然人们对其内涵各有不同的理解,在各国宪法和税法中的具体规定也表现不一,但"对于此原则将税收立法的主体限于议会或曰立法机关以保证税法能体现人民意志这一点,殆无异议"③。它申明,税收是法律的设定物,强调税收的设定权为法律,税收立法权应该由议会或国家专门的立法机关独享,其他任何机关和个人都无权占有和行使征税权,都不得进行税收立法。有关税收的设立、开征、停征、减免以及税目、税率、税收优惠等事项都必须由法律来规定。税务机关作为国家的行政机关,是税收法律的行政执行机构,只享有税收事务的管理权和税款征收权。由于税收法律实行严格的规则主义,故税务机构必须严格依法行政。绝不允许税务机构或者其他行政机关和个人制定与税法不一致的法规或规章,随意更改或解释法律、增删税种、调整税目、变更税率、改变税收征管的程序,加重或减免纳税人的税收负担。如果没有法律的授权或批准,国家不得征税,国民也不得被要求纳税。故此阶段的税收法定原则,主要解决的是"有关税收形式上的问题,即以法律规定国家征税权和私人纳税义务的成立要件,此要件作为课税和缴纳税款的基本前提"④。因此,它被认为是有关课税权行使方式的原则⑤,只具有形式上的功能与作用。此一阶段的税收法定原则,实质上就是北野弘久教授所讲的税收法定原则发展的第一阶段,属于形式法治或形式合法性的阶段。

---

①《马克思恩格斯全集(第25卷)》,人民出版社1975年版,第714页。
②《马克思恩格斯全集(第12卷)》,人民出版社1962年版,第144页。
③宋丽:《民主视野下的中国税收立法》,载刘剑文主编:《财税法论丛(第2卷)》,法律出版社2003年版,第27页。
④胡微波、袁胜华主编:《现代税法实用辞典》,法律出版社1993年版,第30页。
⑤[日]金子宏:《日本税法原理》,刘多田、杨建津、郑林根译,中国财政经济出版社1989年版,第47页。

从上述分析可以看出，此一阶段的税收法定原则是建立在议会对税收立法权绝对控制的基础之上。它是"议会至上"理论必然导致的结果。根据这一理论，国家主权不应该掌握在君主手中，而应该掌握在人民手中。但由于自然状态下存在着种种的不便，人民便委托由人民代表所组成的议会来具体执掌主权。在国家的各种权力中，立法权因为是"人民委托的权力"，是最高权力，故由议会来掌握便是最为合理的一种权力体制安排。只有在这种体制下，主权在民的主张才能得到真正实现。①根据学者的归纳，从议会至上原则中可以推出如下的观点：议会是至高无上的立法机构，可以合法地为任何问题立法；议会的立法权不受任何限制，甚至不受国际法、领土界限、基本权利和自由、甚至是自然法或上帝法的限制；任何一届议会既不能被其前任议会所约束，它所制定的法令也不具有约束后任议会的效力；没有任何个人或机构（包括法院）能够对议会法令的合法性提出质疑，任何标准或准则都不再能被引用来证明议会法令无效。②在这样的议会中，议会成员"都是由人民通过定期的、普遍的、自由的、平等的选举产生的，而绝大多数成年人可以应对一定程度的政治问题，他们不会对自己实行暴政，因而不会选择制定压迫性法律的官员，并会把那些欺压人民、侵害人权的官员赶下台，所以立法机关总是正确的，不可能制定违宪的法律"③，也不可能制定违背民意的不公平的法律。因此，在这一阶段，议会所制定的税收法律也必然被认为是合宪的、顺应民意的和公平的，因而这样的税收法律也就必然是良法。

然而，在20世纪之前，实行议会制的国家主要集中在欧美两大洲，而世界范围内的议会普及则始于20世纪初期。因此，从20世纪初开始，随着议会制度在世界范围内的广泛普及和人们对议会制度的认识越来越全面和深入，人们对代议制民主所具有的局限性也认识得越来越清楚。④人们逐渐意识到，议会至上原则下的税收法定原则所确立的议

---

① [英]约翰·洛克：《政府论（下篇）》，叶启芳、瞿菊农译，商务印书馆1997年版，第83—90页。
② 李靖堃：《议会法令至上还是欧共体法至上？——试析英国议会主权原则与欧共体最高效力原则之间的冲突》，载《欧洲研究》2006年第24卷第5期。
③ 赵芳春、肖正军：《税收法定原则内含的悖论及其原因分析》，载刘剑文主编：《财税法论丛（第7卷）》，法律出版社2005年版，第63页。
④ 20世纪以后，随着世界范围内法治的进步和公民权利意识的提高，"议会至上"的理论受到了越来越多的诘难。人们越来越清醒地认识到：选举制度并不必然保证选出的代表或官员能够真正代表选民的意愿；代议制下权力所有者与权力行使者之间的分离有可能导致代议机关所作出的决定违背民意；由于立法机关的权力不受限制，因此，立法机关也有可能出现腐败，导致所立之法违犯宪法；民主制度也有可能导致多数人的暴政。

会或立法机关对税收立法权的独占和独享，只是从形式上解决了税收法律的合法性。由于它没有顾及税收法律的实质内容，而只是从税收立法权的占有方面强调了税收立法权的议会掌握，没有对税收法律的实质内容进行限制，因此，就有可能出现由于立法者违背民意或暴政而导致"不公平税制"，造成对纳税人合法权利的侵害。正是基于这样的认识，世界各国在坚持税收形式合法性的同时，对税收的实质合法性问题也给予了越来越多的关注，从而推动了税收法定原则在价值目标上由形式合法性向实质合法性的发展。

与形式合法性不同，实质合法性主要关注的问题是法律作为社会公共意志的结晶，是否在实质上体现了公民的共同意愿或公共利益。如果一个法律真正体现或反映了社会的公共利益或全体公民的共同意志，则这项法律就是实质合法的，否则，不论一部法律在形式上如何合法，但其如果在内容上没有反映社会的公共利益或全体公民的共同意志，则这项法律在实质上就是不合法的。因此，实质合法性的问题，实际上是对一项法律是否反映民意或公共利益的价值评价。税法作为国家的征税之法和对公民私有财产的"侵权"之法，它是否具有实质合法性，在内容是否真正反映了公民的共同意志或公共利益，最主要的标准就是要看税法在制定过程中是否真正实现了立法过程的民主化。

关于税收立法的民主性问题，根据宋丽的研究，主要包括两个方面：一是税收立法民主的衡量标准，一是税收立法中民主的制度保障。其中，税收立法民主的衡量标准主要有三个方面的内容：一是通过法律的形式，代议制能够发挥作用。因为，代议制本身就是间接民主的主要形式。故一般而言，凡是由代议机构制定的法律，它的民主性就更强一些，而由行政机构制定的法律，它的民主性就更弱一些。二是税收立法过程中各方利益代表者的参与。因为，税收立法的过程，本身就是一个各方利益协调的过程，在这个过程中，各方利益代表者到场就很重要。三是国民及其代表在税收立法中所起的作用。因为，在税收立法的决策、起草、审议、公布等诸环节中，国民及其代表是否可以充分、有效的表达自己的意见，是否对税收法案的最终通过有决定权以及是否实际上行使这些权利，都是评价税收立法民主程度应该考虑的重要因素。[①]

在20世纪以来的税收立法过程中，为了实现民主化的目标，除了在税收立法的程序保障方面制定了许多具体的制度如公开制度、听证制度等外，更加强化立法制度本身的合法性、合理性、科学性及其制度的落实与执行。这主要表现在以下几个方面：第一，对于议会议员或人民代表的选举，许多国家不但在宪法中做了原则性规定，而且还制定了

[①] 宋丽：《民主视野下的中国税收立法》，载刘剑文主编：《财税法论丛（第2卷）》，法律出版社2003年版，第9—12页。

专门的法律加以规范。例如，我国除在宪法第三章中专设"全国人民代表大会"一节对全国人民代表大会的代表、职权等问题进行规定外，还专门制定了《全国人民代表大会和地方各级人民代表大会代表法》和《全国人民代表大会和地方各级人民代表大会选举法》等法律。这些法律的制定与实施，就从制度上保障了立法者的民意代表性，从而使所制定的税收法律能够最大限度地体现公民的公共意志和共同意愿。第二，税收立法中的公开制度和广泛参与。在国外，公开立法与公众参与不仅是一项制度，更是一种具体的实践。例如，在税收立法的决策阶段，往往要经过比较广泛和较长时间的全民大讨论。在税收立法的起草阶段，除了要进行深入的研究之外，还往往要反复咨询各方面的专家，听取社会各界的意见和建议。草案形成后要向全社会公布。在草案的审议过程中，不仅要通过电台、电视台、报纸、杂志等向社会公开立法听证会、草案的辩论、审议的情况外，还要实行自由旁听制度、公开立法全部档案和议事录，代表向其选区的选民报告立法情况及其本人在此项立法中的发言和作用，等等。这样，通过上述一系列的制度与活动，就能够最大限度保证税收立法的公开化和民主性，从而保证在税收立法过程中使各方利益的代表都能够到场并能够发表自己的观点或意见，使所制定的税法能够最大限度地反映纳税人的真实意愿和诉求。另外，为了保证税收立法过程中能够尽可能多地听取广大民众的意见和建议，许多国家还成立了专门的立法调研机构，负责税收立法项目的调研和草案的起草论证等工作。例如，在美国，税收法案的草案一般由财政部负责起草。具体负责此项工作是一名副部长。税收法案草案的起草由税收分析处（由 30 多名经济学家和统计学家组成）、税收立法顾问处（由 20 名左右的税务律师和会计师组成）、国际税收顾问处（由数名税务律师组成）等三个部门完成。总统及其下属机构或成员（如总统经济顾问委员会委员）对财政部的草案具有提出自己意见的义务和权利。因此，在美国，"一项重大的税收法案的出台，要牵涉数千名专业学者、政策分析家、律师、会计师、经济学家甚至普通公民的参与"①。在澳大利亚，一般是由财政部税收政策司（由 30 多位经济学家组成）负责提出税法改革的政策思想，澳大利亚税务局立法组（由 60 多位律师和会计师组成）根据上述政策思想形成法规草案。日本 1959 年成立的政府税制调查委员会由 30 名以内的委员组成，另外还有若干名专门委员和 25 名干事。如果需要，还可聘请若干临时委员。这样的机构设置，就可以保证草案起草者能够进行广泛地调查研究，以确保能够充分反映民意。第三，税法议案的提出与审议。美国宪法规定，只有众议院可

---

① V. 图若尼主编：《税法的起草与设计（第 1 卷）》，中国税务出版社 2004 年版，第 2 页。

以提出税法议案。因为众议院议员是由各州人民选举产生的。众议院议长如认为该议案可以考虑形成法案，即交筹款委员会。对重要的税法议案，众议院筹款委员会往往要举行听证会。听证会的首席证人是财政部长，其次是管理和预算局长、经济顾问委员会主席、联邦储备委员会主席。然后还要听取专家（律师、会计师、经济学家等）及有关方面的证词。听证会的辩论十分激烈，以至于有时会持续数月之久。筹款委员会在听证基础上起草税法草案或修订草案，并经多数同意后，形成法律草案及其报告，提交给众议院全体会议。众议院经辩论通过后，就将草案作为众议院议案提交给参议院。在参议院，税法议案同样要经过听证、辩论、表决等程序。先由财政委员会对法案进行讨论，起草审议报告；然后由参议院全体会议对法案进行辩论、表决。如果参议院对税收法案未做出修改，或虽然做了修改，但众议院表示同意，则该法案将提交给总统签署。如果参议院对税收法案做了修改且众议院对这些修改有异议，则要组成两院联合委员会，以求达成两院一致接受的提案，才送交总统签署公布。在英国，税收立法是从财政大臣向下议院提交税收改革计划开始的。下议院议会顾问办公室将其转换为法律议案后，财政大臣将议案提交下议院就具体条款展开辩论。这个辩论主要是在下议院的常务委员会进行的。经过 10 次左右的辩论讨论后提交下议院表决。[①]总之，上述国家的税收立法经过这样的审议过程后，不仅能够使每一个立法者都能够充分发表自己的意见和建议，而且通过听取其他立法者的意见和建议及反复的博弈，使所制定的法律能够在最大程度上反映每一个立法者的意愿或诉求，从而使税法具有最大的民主性和最大程度的实质合法性。

（二）内容发展——从绝对法律保留到相对法律保留、从严格规则主义到相对严格的规则主义和适度自由裁量的统一

从税收法定原则的历史发展过程可以看出，税收法定原则的产生是源于对封建国王滥用征税权的限制。即使到了近代自由资本主义时期，鉴于数千年专制统治者滥用征税权力对封建贵族和广大贫民财产权造成严重伤害的惨痛教训，人们还是对国家征税权有着强烈的戒备和防范心理。新兴资产阶级不仅在个人自由主义理论的基础上塑造出了人民主权的民主精神，在政治上建立了三权分立的政治体制，在法制上确立了"依法行政"的法治原则，而且，他们还把这些理论与制度运用到了税收领域，从而确立了税收法定

[①] 对于英国和德国税收立法程序的说明，均转引自张松编著：《税法原理》，中国税务出版社 2008 年版，第 128 页。

原则在宪法和税法中的重要地位。

作为代议制民主的发源地，议会至上原则在英国得到了最完整的体现。根据该原则，议会是人民代表组成的民意表达机关，故它"除了不能把女人变成男人或者把男人变成女人外，在法律上什么都能做"。由于国家征税行为会造成纳税人财产的减少和损失，会对纳税人的财产权造成侵害，因此，有关征税的事项自然必须由代表民意的代议机关以法律的形式加以规定，而行政机关只能严格依法执行。在欧洲大陆资产阶级革命取得成功后，它们吸取了英国议会至上原则下对税收立法权的保留理论，再加上大陆国家故有的成文法传统以及19世纪欧洲大陆国家兴起的法典编纂运动，从而使得在从17世纪到19世纪近300年间，税收法定原则形成了两个非常明显的特征，即绝对法律保留和严格规则主义。

所谓绝对法律保留，也称"国会保留"，它是指立法机关必须对宪法规定的有关事项亲自行使立法权制定法律，立法机关在任何情况下都不得授权行政机关或其他机关就宪法规定的事项制定法规、命令等。根据人民主权原则和议会至上原则，议会是享有立法权的唯一机关，它所享有的立法权是由宪法授予的。根据"被授予的权力不得再委任"的原则，"把某一权力授给代理人是因为信任他而且他能胜任；他不能将授予给他的权力再授予给别人，这是一个普遍公认的准则。立法机关与它所代表的人民之间就存在这种关系。因此代议政府的一个基本原则就是立法机关不能把制定法律的权力授予其他人或其他机关"①。根据克昌教授的观点，"根据依法行政的原则，消极要求一切行政行为不得违反法律，积极要求至少人民之自由权利之限制，行政机关须有法律之依据，始得为之"②。故对行政行为，需由立法者决定。而征税行为作为一种干预行政，系对人民财产权与营业职业自由的限制，当然有法律保留之必要。因此，税收立法权作为立法机关的专有职权，只能实行严格的法律保留，由立法机关自己保留和实施，而不得授权给其他的机关或个人。例如，在英国"17世纪时，只有众议院，也就是选举产生的下议院，有权提议制定税法"③。美国宪法第1条第7款也规定，"所有征税议案首先在众议院提出，但参议院得像对其他议案一样，提出或同意修正案"。

所谓严格规则主义，是指必须通过事先制定并明确公布的法律规则对政府权力进行

---

① 《宾夕法尼亚判例集（第72卷）》，第395页。转引自陈贵民：《现代行政法的基本理念》，山东人民出版社2004年版，第131页。

② 葛克昌：《税法基本问题（财政宪法篇）》，北京大学出版社2004年版，第101页。

③ V. 图若尼主编：《税法的起草与设计（第1卷）》，中国税务出版社2004年版，第17页。

控制。根据该理论，法律是按照一定的逻辑组合形成的规则体系，通常细致而完善，能为执法者和被管理者的行为提供完全的指导。行政机关是规则构成的法律的服从者和执法的机器，公务人员只需严格按照规则行事，不需任何自由裁量的权能，就可以实现法律的正义。因此，它的主张可表述为"无法律即无行政"。它不仅是西方大陆国家法律发展的传统，而且由于19世纪欧洲大陆的法典编纂运动而使其成为欧洲大陆国家居于主导地位的司法观念。

严格规则主义是成文法的内在要求。根据该理论，由于成文法具有绝对的至高性和主导性，它就可以"排除政府中任何形式的专断的、特权的或宽泛的自由裁量权的存在"①。因此，它实际上是一种力图排除行政和司法中的自由裁量权的理论。事实上，由于严格规则主义的主导，使"19世纪，美国政府的工作重点几乎全集中在那些旨在严格限制行政范围的法律约束之上。行政中的自由裁量范围也不可避免地被缩小到了一种无可奈何的地步"②。

严格规则主义作为一种法律理念，它是通过具体法律制度体现出来的。而在其中，税法就是严格规则主义的完美体现。之所以如此，是因为，在税法中，所谓的课税要件是指纳税义务得以成立的必要条件。它是"判定相关主体的纳税义务是否成立，以及国家是否有权征税的标准。只有满足了税法上事先规定的课税要素，相关主体才能称为税法上的纳税人，才能有依法纳税的义务，国家才能依法对其征税"③。因此，实行课税要件法定原则，实际上就是明确了国家立法机关对国家税收的确定权和公民纳税义务的确定权，从而排除了行政机关或其他机关对税收立法权的占有和行使。实行课税要件明确原则，要求税法中有关课税要件的规定都尽量应该是确定的和明确的，不应该产生歧义，这就从根本上否定了立法机关之外的其他机构，特别是税收行政机构因为税法的不明确而随意解释税法的可能。实行程序保障原则，要求在课税要件充分满足的条件下，税收行政机关必须按照法律设定的程序切实有效的履行职责，使纳税人全面、切实地履行纳税义务。如果说，课税要件法定原则和课税要件明确原则是对税收立法中的严格规则主义的体现的话，那么，程序保障原则就是对税收行政活动中的严格规则主义的体现。它要求税务行政机关必须严格按照税收征管程序法规定的方式、手段、时间、地点等来进行

---

① A. V. Diecy, Law of the Constitution, 1885, P198。转引自姜明安主编：《行政法与行政诉讼法》，北京大学出版社、高等教育出版社1999年版，第78页。

②［美］E. 博登海默：《法理学——法律哲学与法律方法》，邓正来、姬敬武译，华夏出版社1987年版，第354页。

③张守文：《税法原理》（第2版），北京大学出版社2001年版，第41页。

税收的征收、管理、检查、处罚。因此，从这种意义上来讲，税收法定原则规范之下的税法是严格规则主义的最佳范例。

绝对的法律保留和严格的规则主义作为自由资本主义时期的法律理念，自然有其时代的必然性和合理性。然而，随着 20 世纪以来垄断资本主义的发展，尤其是行政国家和福利国家的形成，国家职能得到了快速发展。在此情况下，绝对的法律保留和严格的规则主义理论，就必然导致对政府行政权的阻碍。这一点，美国法学家庞德有非常清楚的说明："法律使行政陷于瘫痪的情况，在当时是屡见不鲜的。几乎每一项有关治安或行政的重要措施都被法律所禁止……别的国家在行动前提交行政、检查和监督机构的事情，我们却交给了法院，宁可用一般法来告知个人所应负担的义务，让他依自己的判断自由行事，并当他的自由行动违反了法律时对他进行起诉和施以预定的刑罚。将行政限于无以复加的最小限度，在当时被认为是我们这个政体的根本原则。换言之，当一些人走向一个极端并接受官僚支配时，我们却走向了另一个极端并接受着法律的支配。"[①] 因此，在对行政权力继续加强监控的同时，适当地向行政部门授予必要的权力，并同时赋予行政机关必要的自由裁量权，就成为 20 世纪以来法律发展的必然趋势。税法作为国家法律体系的重要组成部分，也就必然存在税收立法权由议会独占向行政机关转让的必要性。在此情况下，传统的绝对法律保留原则和严格规则主义就必然转向了相对的法律保留和规则主义与自由裁量并存的情况。

所谓相对的法律保留，是指依据宪法规定由立法机关保留的立法事项，立法机关在一定条件下可以委托其他机关（主要是行政机关）进行立法。需要注意的是，相对保留原则下其他机关（主要是行政机关）的立法权不是来自宪法的授权，而是来自立法机关的授权。因此，它实质上是立法机关对于宪法授权的一种再授权。根据之前的论述，这种情况虽然与传统的"被授予的权力不得再委任"的原则相冲突，但这却是 20 世纪以来世界各国不得不采取的一种立法方式。之所以如此，是因为，一方面对于立法机关而言，正如英国部长权力委员会的报告指出的那样，"事实是，如果议会不愿意授予立法权，议会就无法通过近代公众舆论所要求的大量的立法"[②]。另一方面，对于行政机关而言，如果不授予其行政立法的权力，则必然造成行政机关因过分拘泥于立法机关的立法限制而

---

① 转引自〔美〕E. 博登海默：《法理学——法律哲学与法律方法》，邓正来、姬敬武译，华夏出版社 1987 年版，第 354—355 页。

② 〔英〕戴维·米勒、韦农·波格丹诺主编：《布莱克维尔政治学百科全书》，邓正来主编译，中国政法大学出版社 2002 年版，第 199 页。

导致行政机关的职能无法行使。因此，如果说，在 20 世纪 30 年代以前，美国的宪政体制还被学者称之为"议会制政府"的话，那么，到了 20 世纪 30 年代以后，美国政府则被人们改称为"总统制政府"。其中"最直接和最明显地与从议会制政府到总统制政府有关的因素是自愿自觉地把立法权力赋予总统，从而也就是赋予行政机构"①。在其中，由于税法的特殊性，使得在世界各国的授权立法中，税收授权立法都占了相当大的比重。这样，税收立法权就由原先的绝对保留事项，变成了相对的保留事项。

但是，需要说明的是，由于税收相对保留是对原先绝对保留的发展，因此，它不可能完全抛弃原先绝对保留的规定，而只是对一些不太重要的征税事项通过授权行政机关制定相关的法律法规，而对于那些重要的征税事项，则仍然由立法机关自行保留，不得授权行政机关制定法律法规。同时，作为一项限制，得授权行政机关在制定相关规定时，只能在授权范围内活动，而不得超出授权的范围。例如，《土耳其共和国宪法》第 73 条规定："税、捐、费及其他财政负担的征课、变更或废止均由法律规定。得授权内阁根据法律规定的上限和下限，变更有关税、捐、费和其他财政负担的减免率和例外照顾率。"《菲律宾共和国宪法》第 28 条第 2 款规定："国会得立法授权总统在指定范围内，并遵守国会所规定的限制和约束，制定关税率、进口和出口限额、船舶吨税、码头税以及在政府的全国发展计划内的其他税或关税。"

在绝对法律保留向相对法律保留转向的同时，税法中的严格规则主义也开始有所松动。由于严格规则主义把法律视为一个严密完整的系统，而把行政执法人员视为一个工匠或机器。这样，"19 世纪的法学家曾试图从司法中排除人的因素，他们努力排除法律适用中所有的个体化因素。他们相信按严谨的逻辑机械地建立和实施封闭的法规体系，在他们看来，在这一封闭的法规体系的起源与适用中承认人的创造性因素，在组构和确立这一封闭的法规体系的制度中承认人的创造性因素，是极不恰当的"②。因此，严格规则主义的目的就在于排除法律适用过程中人的因素，特别是自由裁量权的存在与运用。但事实上，法律作为由人来制定和执行的制度和活动，不可能没有自由裁量权的存在。因此，随着 20 世纪以来社会政治经济形势的发展变化，严格规则主义的弊端便表现得越来越明显，以至于有学者将其斥之为"条文主义""教条主义"，把坚持严格规则主义的理论斥责为"机械法学"。与此同时，为了纠正严格规则主义的弊端，人们不得不承认并接

---

① [美] 斯蒂芬·L. 埃尔金、卡罗尔·爱德华·索乌坦编：《新宪政论——为美好的社会设计政治制度》，周叶谦译，生活·读书·新知三联书店 1997 年版，第 185 页。

② [美] 庞德：《法律史解释》，曹玉堂、杨知译，邓正来校，华夏出版社 1989 年版，第 123 页。

受允许行政自由裁量权存在与行使的现实合理性,并使行政自由裁量权的扩张成了一个不争的事实而广泛存在于各个法律领域之中。"法律上的一切权力,作为与'职责'相对的一个概念,都包含'自由裁量'的因素在内,差别只在程度不同而已。"[1]这就使得20世纪以来的法律发展进入了严格规则与自由裁量相结合的新阶段。税法作为一国法律体系的组成部分,无论是在税法本身的内容中还是在税收行政执法活动中,都不可能完全排除自由裁量权的存在。事实上,由于税务行政执法涉及法律法规的范围极其广泛,故税务行政自由裁量权可能涉及的范围也就极其广泛。例如,在对纳税人涉税行为或事实的性质认定时的自由裁量、税务行政行为方式选择时的自由裁量、对纳税人行为或情况轻重认定时的自由裁量、对纳税人进行处罚时在法律规定的幅度范围内的自由裁量、税务机关在法律规定时限范围内的自由裁量,等等。正因如此,虽然一些学者基于税收债权债务理论而认为课税"必须直接基于法律而发生,而非仅单纯的根据法律上的允许"[2],故应排除法律效果层面的行政裁量。但税务行政自由裁量作为一种必然的趋势,在世界许多国家的宪法或法律中都已经得到了认可。

(三)功能转变——从限制政府的征税权力到保护公民的财产权利

税收法定原则萌芽于新兴资产阶级限制封建国王征税权斗争的需要,正式产生于资产阶级取得对封建国王斗争胜利的阶段。即使在17至19世纪这三百多年间,资产阶级已经取得了对封建王权的胜利,但他们仍然没有摆脱对封建统治的恐惧和对失去财产与自由的后怕。他们要求,要取消一切不利于资本主义发展的限制措施和政策,促进资本主义经济的迅速发展。因此,在这一时期,新兴的资产阶级深信,"管得最少的政府是最好的政府"。国家行政权力的范围被限制在了国防、外交、财政、治安等少数领域。并且,他们认为,自由裁量权具有专断倾向,行政机关不应拥有或较多地拥有此类权力。因此,他们主张,"无法律则无行政",对国家的行政权力必须实行严格的控制。而在国家的行政权力中,征税权力一方面恰恰是国家对公民财产权利、职业和营业自由影响最大的权力,另一方面也是对资本主义经济发展和资本主义制度发展影响最大的权力,故对国家征税权的控制就成为税收法定原则的重要任务。

---

[1] 转引自天涯法律网,网址:http://www.hicourt.gov.cn/theory/artilce_list.asp? id=5728。访问日期:2014年10月11日。

[2] 陈清秀:《税法总论》(第4版),元照出版公司2006年版,第35页。

根据传统观点，税收法定原则的实质内容是"无代议士则不纳税"。由于代议士是由民众选举出来并代表民众意愿的，因此，税收法定原则便可进一步归结为税收的征收必须取得"国民的同意"。否则，"如果因为任何人凭着自己的权势，主张向人民课征赋税而无须取得人民的那种同意，他们就侵犯了有关财产权的基本规定，破坏了政府的目的"①。因此，根据"国民的同意"和"无代议士则不纳税"的原则，由代表民意的立法机构以制定税收法律的方式便可实现对国家征税权的认可与限制。而在税收问题上，由于国家需要与国民意愿之间的矛盾性，②议员或人民代表在行使立法权力时，除了要考虑国家的税收需要外，应该更多地考虑如何尽可能地限制国家的征税权力，以保证把税收活动对国民的损害减少到最低程度。因此，税收法定原则，从根本上来讲，就是要求由代表广大国民意愿的国家立法机关通过国家立法的形式对征税权进行控制，从而实现从根本上限制统治者以国家名义和国家法律的形式恣意立法设定税收权力破坏纳税人利益的行为。这样，确立税收法定原则，就可以实现代表公民利益的立法机关对政府征税权的限制。这种限制主要通过三个方面来进行的。第一方面，通过确立法律保留原则和法律优位原则使国家立法机关获得了对税收立法权的独享，从而限制或剥夺了政府随意制定税收法律设定税收的权力，使政府只获得了税收法律的执行权和税收事务的管理权。这样，政府就不得随意制定税法，不得随意决定税收的开征或停征，不得随意调整税率、变更征税范围、增加或减少税收征收与缴纳环节等。第二方面，通过课税要素明确原则使所制定的税收法律具有确定性和明确性，从而使政府在征税活动中不得根据自己的需要随意解释和滥用法律。第三方面，通过程序保障原则对税收征管的方式、手段、过程等程序性内容的规定，从而明确了政府税收征管权的行使方式和方法。这就在依法行政的原则下进一步实现了对政府税收征管权的规范和限制。因此，税收法定原则在早期发展阶段，其主要的功能便是对国家行政机关税收权力的制约与规范，其目的是为了防止行政机关对征税权的擅断与滥用。

但是，20世纪以来，随着人们对民主政治和议会民主认识水平的提高和权利意识的高涨，人们对税收法定原则的局限性开始有了新的认识，由此推动税收法定原则在功能上有了新的发展。这主要表现为以下两个方面：一是税收法定原则主要是由对税收行政

---

①［英］洛克：《政府论·下篇：论政府的真正起源、范围和目的》，叶启芳、瞿菊农译，商务印书馆1964年版，第88页。

②一般来讲，在税收问题上，国家基于对其"利维坦"的假设，它总是希望取得尽可能多的税收来维护和强化其统治地位，而国民基于对其"理性经济人"的假设则希望尽可能少的承担其纳税义务。因此，这就形成了征税与纳税之间永远无法克服的矛盾。

权的限制向既限制税收行政权又限制税收立法权的发展；二是税收法定原则主要由限制国家税收权力向保护纳税人权利的发展。

一般而言，税收法定原则对行政权力的限制主要是基于对议会的绝对信任。由于人们认为，议会的议员是由人民选举产生的，他们能够代表全体选民的意愿，因此，由他们立法，就自然能够实现对国家行政权力的限制和对公民权利的保护。然而，历史发展的实践却证明了另外的一种结果：即使由民主选举产生的议员组成的议会和基于多数同意规则制定的法律也并不必然能够代表选民的意愿和维护选民的利益，也并不必然带来社会的稳定和法治的进步。由于"议会中普遍的无知和无能，或者说得温和一些，智力条件不充分"①，就极有可能导致托克维尔所言的"少数人的暴政"。特别是在税收立法问题上，由于税收是对纳税人财产或利益的"剥夺"或"转移"，因此，立法过程中的多数决策就有可能导致多数人通过操控税收立法而实施对少数人利益的剥削。即使退一步讲，所有的议员都是公正无私的，但税收问题的复杂性也有可能导致议会制定的税法出现"不公平税制"的情况。因此，20世纪以来，人们逐渐认识到，如果没有对税收立法权的限制，就可能导致立法机关在一定的政治经济条件下制定出来的税收法律偏离甚至背叛民意，造成对纳税人合法权利的侵害。故从20世纪中叶开始，"传统借由人民选出国会议员，以立法控制来保障税课对人民基本权侵犯的时代已经结束。从强调'无代表不纳税'之法律保留（议会保留）不得不面临迈向寻求宪法保障之新时代"②。税收法定原则在限制国家税收行政权力的同时，也开始实现对立法机关税收立法权的限制。这种限制主要是通过从宪法的高度对税收法律内容的合法性和合理性的要求来进行的。根据北野弘久教授的观点，这主要表现为对税法的量能负担、公平负担和生存权保障等方面的要求。实际上，从20世纪以来，许多国家在引入税收法定原则的同时，也把税收公平原则引入了宪法，从而使其与税收法定原则一起，构成了对税收立法的宪法控制。例如，《巴拉圭共和国宪法》第47条规定："平等是征税的基础"。《菲律宾共和国宪法》第28条规定："税则应统一和公平。"《列支敦士登公国宪法》第24条规定："国家通过必要的立法制定公正的税收制度"。不仅如此，有些国家的宪法还进一步将税收公平规定为依照纳税人的负担能力来分配纳税义务。例如，《意大利共和国宪法》第53条规定："所有人均须根据其纳税能力，负担公共开支"。多米尼加、洪都拉斯、萨尔瓦多、委内瑞拉等国的宪法中也有类似的规定。此外，还有的国家在宪法中明确禁止税收特权或不合理的税

---

① [英] J. S. 密尔：《代议制政府》，汪瑄译，商务印书馆1982年版，第85页。
② 葛克昌：《税法基本问题（财政宪法篇）》，北京大学出版社2004年版，第29页。

收待遇。例如,《比利时共和国宪法》第 112 条规定:"在税收方面,不得规定特权。"《卢森堡大公国宪法》第 101 条规定:"在纳税问题上不得规定任何特权。"《瑞士联邦宪法》第 42 条第 4 款规定:"联邦可颁布法律规定,禁止同纳税人达成使其获得不合理税务利益的安排。"秘鲁、海地等国的宪法中也有类似的规定。

20 世纪以来税收法定原则功能的另一明显变化是税法从对征税人的权利限制之法转变为了对纳税人的权利保护之法。依传统的观点,税法作为规范税收活动的征税之法,它通过限制国家的征税权力,也就实现了对纳税人的权利保护。因此,传统税法往往强调对纳税人的义务规定而忽视对纳税人的权利保护。甚至纳税人在传统税法中的地位也通过"纳税义务人"这一称呼而变成了一个义务主体。即使纳税人有一些权利,也仅仅限于作为税务机关行政相对方而存在的一些权利。因此,"纳税人权利被视为与税法性质不容而倍遭冷落和戒备"[1]。

然而,随着现代宪法学和税法学的发展,人们的认识发生了很大的变化。一方面,宪政和人权理论的发展要求重新审视纳税人的地位。另一方面,税收债权债务理论的引入使纳税人在税收征纳关系中的地位得到了大大的提升。纳税人作为税收法律关系的一方参与者,他不仅通过其代表组成的议会以立法的方式与国家达成税收契约,成为国家与公民税收契约的制订者,而且他也是税收法律制度得以存在与运行的根本要素。如无纳税人,则税收法律制度就不可能建立,更不可能得到有效的执行。因此,保护纳税人的合法权利不受非法征税的侵害,就是税法必须解决的重大问题。这就决定了现代税法在功能与作用上,除了要维护国家的税收利益和税收秩序外,还必须要保障纳税人的合法权益。只有纳税人的合法权益得到了保障,纳税人才会同意并履行纳税的义务,政府的税收利益也才能得到保障。这就决定了税法在内容设置上,除了要对纳税人的纳税义务进行设定外,还必须对国家在税收征纳过程中的权力进行约束。正是基于这种认识,从 20 世纪中后期以来,在税收法定原则的发展过程中,保护纳税人的合法权益就成为当代税法制度发展的重要特征。也正是基于这样的认识,以北野弘久教授为代表的学者们开始从宪政与人权的高度来研究税法的功能,他认为,"现代宪法条件下,租税法律主义的实质内容是按照宪法理论的要求构造的"。他以日本宪法为例,认为"日本国宪法下的租税法律主义首先是符合在立法过程中能禁止不合理内容的租税法律的立、改、废要求,具有积极地维护人们的人权即保障积极性权利功能的租税法律主义。其次,这种租税法律

---

[1] 丁一:《纳税人权利之确证》,载刘剑文主编:《财税法论丛(第 4 卷)》,法律出版社 2004 年版,第 161 页。

主义只能以控制行政过程、裁判过程中滥用权力的形式维护人们的人权，即具有保障自由权功能的租税法律主义。这也就是说日本国宪法下的租税法律主义具有这两种保障人权的功能"①。不仅如此，从20世纪中后期开始，保障纳税人的权利立法已经成为一个不可阻挡的世界潮流。例如，加拿大和澳大利亚分别于1985年和2003年制定了《纳税人权利宣言》和《纳税人权利宪章》，对推动纳税人权利保护运动的发展起到了极大的促进作用。美国在1988年制定了《纳税人权利法案》，经过1994年和1996年两次修订后，已经成为美国纳税人保护自身权利的重要法律依据。韩国在1996年12月31日依5189号法令案修订《国税基本法》，将"纳税者之权利"之称的7条规定作为该法第7章之二内容写入该法。其后并经过8次修改，目前已达到了11个条文。世界经济合作与发展组织（OECD）还专门制定了《纳税人宣言》范本，为各成员国的立法提供模板。此外，还有的国家和地区也相继出台了纳税人权利保护方面的法律法规和制度。由此可见，保护纳税人的权利，已成为当代税收法定原则发展的重要内容。

四、税收法定原则的实践价值

税收法定原则作为税法的基本原则，无论它在理论上如何发达，但如果不能对税收的立法、执法和司法活动产生拘束力和强制性，不能规范和制约现实中的税收征管活动，那它只具有理论价值而没有实践价值。税法作为一种行为规范，它的价值在于运用。因此，税收法定原则只有运用于具体的税收立法、税收执法和税收司法活动之中，对税法的制定与执行产生拘束力和强制性，它的功能才能得到显现，它的实践价值才能得到实现。

（一）税收法定原则拘束下的税收立法

在当代，税收法定原则已经发展成为一项宪法原则和"支配税法全部内容的基本原

---

① ［日］北野弘久：《日本税法学原论》（第5版），郭美松、陈刚译，中国检察出版社2008年版，第79—80页。

则"①。它根据"税收是法律的设定物",将国家的征税权力和公民的纳税义务设定为法律上的权利和义务,因此,税收立法权就成为国家税收权力的创制权,是国家进行税收活动的源权力。它直接决定着税收法律制度的结构、内容及其实施,制约着税收征管活动及税收利益的收入与分配,影响着国家利用税收手段获取财政收入的规模及利用税收杠杆对市场进行宏观调控的力度和效果,进而影响着国家的经济体制和社会政治文化事业的发展。因此,在税收法定原则的拘束下,如何完善税收立法体制,规范税收立法权的行使,就成为税收法定原则首先必须解决的实践问题。

1. 税收法定原则视野中税收立法的实质

根据学者们对税收法定原则的理论研究,"税收法定原则中之'法'并非是从我们前指其抽象的、整体的意义上来使用的,而是仅指法律"②,即由国家专门的立法机关依据职权制定的、狭义上的法律,而不包括国家最高行政机关制定的行政法规和地方权力机关制定的地方性法规,以及行政机关的职能部门制定的部门规章。因此,税收法定原则视野中的税收立法就应指专门的国家立法机关或国家最高权力机关依据职权制定税收法律的活动或行为。由此可以看出,在税收法定原则的视野中,税收立法的实质是税收法律保留。根据该原则,有关税收方面的一切一般的和基本的事项,均须由国家以法律的形式进行明确的规定,而不得授权行政机关或由行政机关自行决定。得授权的行政机关或由其自行决定的事项,仅为具体的和个别的事项。行政机关不得侵占或越权行使税收法律的立法权。这样,在税收法定原则视野中,税收法律保留原则强调的是国家立法机关或最高权力机关对税收法律制定权的独占,否认或禁止国家其他机关如行政机关、司法机关与国家立法机关或国家最高权力机关共享税收法律的制定权,以防止国家行政机关或其他地方权力机关侵蚀或肢解国家的税收立法权,破坏纳税人的合法权益。

学者们一般认为,国家之所以要进行税收立法,首先是为了更好地保障国家的税收收入,满足国家的财政需要。但是,从对税收法定原则的历史考察可知,税收法定原则是新兴资产阶级在同封建统治者斗争的过程中,为了保护私有财产不受封建统治者的非法剥夺而产生和发展起来的,其实质是对私人财产权的保护。从这种意义上来讲,实行税收法律保留,规定税收活动必须要以国家立法机关或国家最高权力机关制定的法律为

---

① [日] 金子宏:《日本税法原理》,刘多田、杨建津、郑林根译,中国财政经济出版社,1989年版,第47页。

② 刘剑文:《中国税收立法问题研究》,载徐杰主编:《经济法论丛(第1卷)》,法律出版社2000年版,第110页。

依据，其目的除了要以法律的形式对国家的征税权进行规范与保护，借以保障国家的财政收入和国家利用税收手段对市场的宏观调控外，从根本上来讲，主要还是出于保护纳税人财产权的需要。这是因为，在现代社会，立法机关作为国家的最高权力机关，是由国民选举并能够代表国民意愿的代表组成的。由于国民代表在行使自己的立法权进行税收立法时，除了要考虑国家的税收需要外，他更多考虑的应该是他所代表的国民的意愿与需要。但在税收问题上，国民的意愿一般是与国家的需要相矛盾的，即国家需要尽可能多的税收收入来维持其存在及发展，而国民则希望尽可能少地纳税以减轻其经济负担。所以，国民代表在进行税收立法时，会更多地考虑如何尽可能地减少或限制国家的征税权力，以保证把税收活动对国民的损害或剥夺减少到最低程度。从这种意义上讲，税收法律保留就是要求由代表广大国民意愿的国家立法机关通过国家立法的形式对征税权进行控制，这就从根本上限制了统治者以国家名义和国家法律的形式恣意立法设定税收权力破坏纳税人利益的行为。同时，实行税收法律保留，还意味着对税收行政权的限制。由于政府在运用经济手段管理社会政治经济事务和对国民经济进行宏观管理的过程中，对财政需求有无限扩大化的倾向，如果对其不加控制，就会导致政府征税权力的无限膨胀，从而破坏纳税人的合法权益。确立税收法律保留原则就使国家立法机关获得了对税收立法权的独享，从而限制或剥夺了政府随意制定税收法律设定税收的权力，使政府只获得了税收法律的执行权和税收事务的管理权。这样，政府就不得随意决定税收的开征、停征，不得随意调整税率，变更征税范围，增加或减少税收征收与缴纳环节。政府更不得根据自己的需要随意解释税收法律。这就从根本上限制了政府征税权力的扩张，同时也使纳税人的税收负担有了可预测性，以使纳税人能够合理地安排自己的经济活动，以求得最大的税后利益。

正因如此，在当代世界，税收立法权就作为国家的一项重要权力受到各国立法机关的格外重视。许多国家不仅在税收法律中对此做了专门的规定，而且还在宪法中也对此做了明确的规定。如《危地马拉共和国宪法》第239条规定："合法原则。议会的专属职权是根据国家需要和税赋的公平、正当，规定普通税、特别税和捐税，并通过确定征收的起点，特别是以下的起点：产生税赋关系的事实；免税；税赋的被动主体和共同责任；税赋的起点和税赋的种类；推论、扣除、减免和附加；税赋中的违章和惩罚。违反或者歪曲、调节税赋起征点，等级上低于法律规定的，依照法律是无效的。"再如《荷兰王国》宪法第104条规定："非依据议会法令规定国家不得课征任何捐税。应由国家征收的其他捐税由议会法令规定。"《缅甸联邦社会主义共和国宪法》第47条规定："人民议会唯一有权制定有关国家经济计划、年度预算和税收的法律。"等等。

2. 税收法律保留的范围

在当代，关于法律保留的范围，国内外学术界有四种不同的理论，即侵害保留说、全部保留说、重要事项说和机关功能说。在这四种不同的观点中，除第四种观点重在强调立法机关立法程序的民主正当性外，其他三种观点都重在强调保留内容的重要性，即凡是涉及人民基本权利之实现与行使的事项，特别是给付行政，均须实行法律保留。而税收活动恰恰是一种影响公民基本权利实现与行使的给付活动。故在税收活动中，凡是涉及纳税人权利义务的内容都应当实行法律保留，由国家立法机关通过立法的方式来加以规定。这些内容，一般而言，主要指的是税法的构成要素，即纳税人、税法客体、税率、税收征纳环节、税收减免优惠、税收法律责任等。

在当前国内学术界，对纳税人的概念有广义和狭义两种不同的理解。所谓广义的纳税人，不仅指依照税收法律法规的规定承担纳税义务的公民和法人，而且也包括了"通过消费等方式负担了税的人"①。因此，广义纳税人其实就是指公民。而狭义纳税人则是指在税法上负有纳税义务及其他附随义务的自然人或其他组织。由于广义纳税人的概念明显带有政治学的色彩，且不符合税法学和税收征收管理的实际情况，所以，本讲中的纳税人主要指的是税法学意义上的纳税人，即狭义纳税人。由于税收法律关系是一种公法上的债权债务关系，所以，纳税人作为税收法律关系中与征税人相对应的主体，主要是作为义务主体而存在的，是税收债务的承担者和履行者。同时，作为公法上的债务人，其税收债务的承担会造成纳税人的经济损失和政治权利的限制，所以，有关纳税人的种类、范围等内容，都必须要由税法加以明确的规定，而不能由行政法规进行规定，否则，就会损害当事人的合法利益。

税法客体是指税法权利与义务所指向的对象。它一般包括征税对象、征税对象的归属和税基三个方面。其中，征税对象是指税法所规定的对之进行征税的物、行为或事件。由于不同税种的客体各不相同，所以，税法客体是对不同税种进行区别或归类的主要依据。由于对税法客体的不同认识和分类，传统上人们据此将税收分为三个不同的大类，即流转税、所得税和财产税，然后再分为不同的税种，如所得税可分为企业所得税、个人所得税等，所以，有关各税种及不同税种的征税对象等的内容都要实行法律保留，由各单行的税种法进行具体的规定，而不允许行政机关自行决定。

税收客体的归属是指"税法对征税客体范围的一种界定，是税法上所规定的征税对

---

① 肖雪慧：《公民社会的诞生》，上海三联书店 2004 年版，第 61 页。

象与纳税义务人发生连结的因素"①。由于纳税人的经济活动是税收得以存在的经济基础，所以，税收客体的归属对于纳税人的纳税义务及其发生的范围和时间都具有十分重要的影响。由于归属问题的复杂性，目前学术界对此有两种不同的认识，即法律归属说和经济归属说。同时，在归属问题上，还存在征税除外的问题，即我国税法中的免税，主要是指对依照税法的一般规定应当作为纳税人或征税客体的特定的人或物、事实与行为不予征税。它又可分为人的征税除外和物的征税除外两种情况。

税基，也称征税标准、计税依据，是指计算应纳税款的具体依据，是量化了的征税对象。它可以分为两类：一类是金额或价额形式，如完税价格、投资额、收益额等；另一类是数量形式，如重量、面积、件数等。由于税基不仅直接涉及税法对纳税人应税活动或收益的确定，而且直接关系到应纳税款的正确性及其大小，所以，税基成为现代世界各国税法中的重要内容。据学者研究，现代税收实体法绝大多数条文都是围绕着这一问题做出的。②

税率是应纳税额与征税客体之间的比例。在征税对象及计税依据确定的条件下，税率的高低直接影响着应纳税额的大小，所以，税率在实质上就体现了国家与纳税人之间税收征纳关系的主要内容。因此，对于税率的设计，一方面必须要考虑国家的税收需求和国家利用税收手段调节国民经济的深度与广度，另一方面还必须要考虑纳税人的税收负担能力及其意愿。因此，对于税率也必须实行法律保留，由国家法律加以规定。

除此之外，税收征纳的期限、环节和地点，以及税收法律责任等内容也都必须实行法律保留，由立法机关通过制定法律的形式加以规定，而不得由行政机关自行加以决定。

3. 税收授权立法

从以上的论述可知，在理想化的法治国家中，税收立法权作为国家的重要权力，应该实行法律保留，由直接对人民负责的立法者掌握与行使。但在现实社会中，由于以下几个方面的原因，税收法律保留原则很难真正地落实，税收授权立法常常发生。这些原因有：第一，立法机关时间上的压力。由于立法机关除了要履行立法职能之外，还需要行使财政职能和对政府的监督职能。同时，即使在行使立法职能时，也由于需要立法的事项很多，税收立法只是其中的一项内容。所以，要让立法机关对所有的应该立法的税

---

①胡微波、袁胜华主编：《现代税法实用辞典》，法律出版社1993年版，第46页。
②据这位学者的研究，在现代各国，如果说法律条文有一百条，那么起码有近三四十条都是关于确定计税依据方面的。具体参见刘小兵：《中国税收实体法研究》，上海财经大学出版社1999年版，第79页。

收事项都来立法，立法机关恐怕难有足够的时间来完成这项任务。第二，技术上的原因。在当代任何一个国家中，税法无疑都是最复杂的法律之一，它的技术性要求立法者必须要有足够的专业知识与能力。而对于立法机关来讲，要满足这一要求并不太容易。第三，由于税收活动会对社会发展和公民的个人生活产生重大影响，而对这种影响需要试验和评估，否则贸然立法，就有可能既破坏税法的权威性和严肃性，也会对国家的经济发展和公民的私人活动产生不利的影响。所以，在正式的税法颁布之前，需要进行一些试验性的立法。正是由于上述几个方面的原因，税收授权立法就在现代国家中被作为对专门立法机关立法不足的一种弥补而常常被使用。尽管如此，但是，由于授权立法毕竟在理论上是与税收法定原则相违背的，因此，如何从理论上来解决税收授权立法的合法性问题，国外的一些学者给出了各自不同的观点。

印度学者沙克尔（C. K. Thakkre）认为，依据《印度宪法》第 265 条的规定："除法律规定外，不得征收税金。"因此，立法机关不得把征税这一重要的职能授权行政机关。但是，下述几种情况例外：第一，在上述规定的限制下，可以把免除对某一特定商品征税的权力授予行政机关，同样也可以把对某种商品征税的权力授予行政机关。第二，规定税率是一项立法功能，但是如果立法机关已经制定了立法政策，并规定了相应的准则，那么就可以把这种权力授予行政机关。第三，立法机关和行政机关都可以对不同商品规定不同的税率。第四，在没有公正合理的基础的情况下，对归属同一种类的商品，不得规定不同的和歧视性的税率。①

另一位学者巴苏（Durga Das Basu）则认为，决定征税和确定税额一般属于立法职能，故不能授权行政机关立法。但是下述情况不属于"重要的立法职能"，因此可以授权，这些事项包括：选择征税对象；对免税的修正；根据不同种类商品确定税率；在立法机关法律授权范围内，选择适合法律目的的税种等。②

从上述两位学者的观点可以看出，税收立法权作为国家一项重要的权力，应当慎重地对待。一般而言，对于税法中的重要的或基本的事项，应该坚持税收法定原则，由立法机关根据宪法规定，通过立法程序制定法律。而只有那些非基本的或相对不太重要的事项，才可以授权行政机关制定税收行政法规。

---

① C. K. Thakkre：Administrative Law，1992，pp. 93-95，转引自陈伯礼：《授权立法研究》，法律出版社 2000 年版，217—218 页。

② Durga Das Basu：Administrative Law，2ed，1986，pp. 35-39，转引自陈伯礼：《授权立法研究》，法律出版社 2000 年版，218 页。

但是，在具体的立法实践中，首先需要确定的一个问题是"基本事项"与"非基本事项"的划分。从学术界和各国税收立法的具体实践来看，主要问题集中在了对税率的不同观点上。即税率是否属于"基本事项"？对税率的确定权可否授予行政机关？对这个问题，不但学者的理论观点并不一致，而且各国在税收立法实践中的具体做法也不尽相同。如在美国，确定税率被认为是重要的立法职能，在没有制定标准的前提下，立法机关不得将此项权力授予任何行政机关。然而，如果立法机关制定了规定税率的标准和规则，就可以授予行政机关下述权力：（1）针对法律中涉及的事实和事件，对税率作数字上的减少；（2）依据情况的变化，修改税率。而印度的情况则有所不同。他们认为，第一，如果立法机关制定了政策和标准，则立法机关就可将规定税率的权力授予行政机关和地方机关，立法机关不必规定最高税率。第二，印度最高法院对税收立法授权的充分标准的解释有所放松。这是因为，授权本身已被认为是规定税率的充分标准和限制。法律可授权地方当局为"实现法律的目的"提高税率。因此，如果法律授权地方当局"为实现法律的目的"征收特别税，则立法机关的这种授权就会免受过度授权的指责。第三，如果立法机关为地方机关制定税率的行为规定了程序保障，则这种标准也被认为是充分的。①但在笔者看来，由于税率作为应纳税额与征税客体之间的比例，实质上体现了国家与纳税人之间税收征纳关系的主要内容和纳税人税收负担的大小。税率的设计与结构，一方面直接体现着国家的税收政策与要求，是实现税收的财政职能和调节职能的主要机制，表现着国家利用税收手段管理国家社会经济事务的广度和深度；另一方面，又是纳税人税负轻重的主要衡量标准，对纳税人的社会经济生活会产生重大的影响。故笔者认为，税率应该作为纳税法中的"基本事项"由立法机关以制定法律的形式来规定，而不能作为非基本事项由立法机关授权行政机关加以规定。事实上，许多国家在立法实践中也是持此种观点。例如，《葡萄牙宪法》第106条第2款规定："法律设置税种并规定纳税人的纳税范围、税率、优惠及保障。"《尼加拉瓜宪法》第115条规定："法律规定税收，确定征收范围、税率和纳税人的权利保障。"《法兰西共和国宪法》第34条规定："法律规定有关下列事项的准则。——各种性质的赋税的征税基础、税率和征收方式。"《韩国宪法》第59条规定："有关租税的种类和税率，以法律规定。"而《希腊共和国宪法》第78条第4款更是明确规定："有关征税对象、税率、减免税和给予补贴，均须立法权力机关规定，不得委托授权。"等等。同时，由于在现代社会，税收的公平负担主要是通过税率的形式体现出来的，因而最能体现税收公平的税率是累进税率，故在一些国家的宪法中更

---

① 陈伯礼：《授权立法研究》，法律出版社2000年版，第219页。

是直截了当地提出了税收制度应该按照累进原则建立。如《阿拉伯叙利亚共和国宪法》第19规定："赋税按衡平法和累进制的原则征课，以实现平等和社会正义的原则。"《菲律宾宪法》第28条第1款则规定："税则应该统一和公平。国会应制定累进税则。"《意大利共和国宪法》第53条规定："税收制度应按照累进税率原则制订。"等等。

（二）税收法定原则拘束下的税法解释

西方法谚明确表示："法律未经解释不得适用。"法律只有通过解释才能够运用于具体的案件。因此，法律解释乃是法律适用的基本前提。法学研究必须要研究法律解释的问题。税法作为法律的组成部分，自然也在适用过程中需要解释。但是，由于税法与其他部门法如刑法、民法、诉讼法、国际法等具有不同的特点，故税法的解释也就具有不同于一般法律解释的内容与要求。

1. 税法解释的一般理论

研究税法解释的理论问题，首先需要解决的是税法解释是什么的问题。而要回答这个问题，笔者认为，只有搞清楚税法解释不是什么的问题以后才有可能回答这个问题。

笔者认为，税法解释不是解释税法。"税法解释"和"解释税法"这两个概念之间的关系就像"法律解释"和"解释法律"这两个概念之间的关系一样，"虽然看似相似，实则大相径庭"[①]。对于"法律解释"与"解释法律"这两个概念之间的差别，我国法学界虽然在具体观点上各有不同，[②]但基本都认为二者从根本上讲是两个不同的概念，不可混淆。而对于"税法解释"和"解释税法"这两个概念之间的具体差别，孙健波博士从行为性质、主体、对象、方法、目的和效力等六个方面对此进行了论述。[③]对此，笔者表示赞同，但同时认为还需要补充。笔者认为，解释税法只是一种行为或活动，它是解释主体根据自己的需要或对税法的理解而对税法条文或规范做出的说明。由于解释税法主体的广泛性，故它不仅包括了专家学者们依据自己的专业研究对税法所做出的理论阐述，而且也包括了社会大众及其他社会组织依据自己的常识、理念、需要等对税法所做的解释

[①] 谢晖：《解释法律与法律解释》，载《法学研究》，2000年第5期。

[②] 对于法律解释与解释法律之间差别的具体论述，请参见陈金钊：《法律解释的哲理》，山东人民出版社1999年版，第41—43页；谢晖：《解释法律与法律解释》，载《法学研究》2000年第5期；纪建文《论司法解释权与立法权的'冲突'及融合》，载刘士国主编：《法解释的基本问题》，山东人民出版社2003年版，第317—331页。

[③] 孙健波：《税法解释研究——以利益平衡为中心》，法律出版社2007年版，第67—69页。

和说明。当然，也包含了立法机关或其他有权机关对税法做出的具有法律效力的解释或说明。因此，解释税法并不必然具有法律效力，在程序上也不是十分严格。而税法解释从根本来讲是一种制度，是根据法律规定，由特定的主体按照特定的程序和权限对税法做出的有法律效力的解释，故它首先是一项制度，其次才是一项具体的活动。它们二者之间的区别是非常明显的。

税法解释不是对税法的漏洞进行补充。依我国目前法学界的理解，税法解释从解释的对象和方法方面可以分为两种不同的类型，即狭义的税法解释和广义的税法解释。所谓狭义的税法解释，主要是指在进行税法适用时，通过探讨税法规范的内在含义，以澄清疑义，使税法更加明确。而广义的税法解释除了包涵狭义的税法解释外，还包括了所谓的税法漏洞补充。对此观点，笔者不以为然。笔者认为，税法的漏洞是由于立法者的思虑不周或社会经济的发展而导致法律出现的罅隙或缺陷。对税法的漏洞进行补充，是指由执法者或司法者在对个案所适用的法律依据出现漏洞或罅隙时，根据自己对相关的法律原则或法律制度的理解而做出的一种解释或补充，在形式上具有法律解释的一些特征。但在实质上，它是由执法者或法官进行的"准立法活动"，具有立法的性质。因此，虽然漏洞补充对于税法解释也具有重要的意义，①但它并不是税法解释，因而也不应该将其纳入税法解释的范畴。

税法解释不仅包括了行政解释，而且也应该包括立法解释和司法解释。依我国目前的理论，对税法解释做广义和狭义解释的另一标准是解释主体。按照这种分类方法，所谓的狭义解释主要指的是行政解释，特别是仅指征税机关的解释。而广义的税法解释不仅包括了行政解释，而且也包括了立法解释和司法解释两种情况。从目前情况来看，许多著述者都偏重于对狭义的税法解释进行探讨。②法律只有经过解释才能适用。税法亦是如此。由于征税活动的对象是纳税人的经济活动，是纷繁多样、千差万别的，而征税机关所依据的税收法律法规只是针对不特定的主体而做出的一般行为规范。故行政机关，特别是征税机关作为税收事务的管理者和税款的征收者，在依据税收法律法规进行具体的税收征管活动时，必须对税法的内容做出解释。同时，由于税法专业性和技术性的特点，其他的机关，包括立法机关不仅很难胜任税收的立法事项，而且也很难胜任税法的解释事项。故在此种情况下，行政机关，特别是税务机关自然就成了税法解释的绝对主体。绝大多数的税法解释都是由行政机关，特别是税务行政管理机关做出的。中外各国莫不如

---

①张守文：《税法原理》（第2版），北京大学出版社2001年版，第91-92页。

②张守文：《税法原理》（第2版），北京大学出版社2001年版，第91页。

此。尽管如此，但立法机关作为税法的制定者，当然应该拥有对税法的解释权，这是无须论证的。而司法机关作为税收争议的最后裁决者，它当然应该站在第三者的立场上，根据自己对税收法律法规的理解，对案件所涉及的税收法律法规的含义做出解释，并对税务机关的解释做出审查。因此，尽管行政机关的解释在税法解释中占了最大的份额，但立法机关和司法机关作为有权的解释机关仍然应该受到肯定。

税法解释不是去创制新的税法规范，而是从已有的法律法规中去发现税法规范。创制与发现，这是两种不同的科学方法。据《现代汉语词典》的解释，所谓"创制"指的是"初次制定（多指法律、文字等）"，而"发现"则有两种含义，其一指的是"经过研究、探索等，看到或找到前人没有看到的事物或规律"，其二指的是"发觉"。而"发觉"的含义根据该词典是指"开始知道（隐藏的或以前没有注意到的事）"。由此可见，创设的特征在于创造出原本没有的新东西，而发现的特征在于将原有的东西揭示出来而已。由于税法成文性的特征，故税法的解释，只是税法适用过程中的一个环节，是为了把已经制定好的、抽象的税法条文适用于某一具体的案件而进行的一项"找法"或"释法"的活动，其目的在于揭示已有的税法条文或税法规范的内在含义，而不是制定或创设新的税法规范。因此，它不是一项创新性的活动，而是一项说明性的活动。

税法解释不是要去探究税收立法者的原有意旨，而是在探求税法本身的客观意义。关于税法解释的本质，学术界一般有两种不同的观点，即主观说和客观说。主观说认为税法解释的根本目的在于探求税收立法者的立法意图；而客观说则认为税法解释的根本目的在于探求税法本身的内在含义。虽然税法作为成文法是由立法机关制定的，但是，由于税法本身是国家与纳税人之间博弈的结果，是一项契约。同时，由于法律的发展与变动，故在税法的解释过程中要寻求立法者的立法意图，就无异于缘木求鱼。因此，在税法解释中坚持主观说的理论，听起来似乎颇有道理，但在实际上却几乎是无法实现的。而客观说虽然也面临着一些难题，但由于税法作为成文法是以文本的方式存在和表达的。探讨税法文本的意义所在，显然要比探讨立法者的意图可行得多，也容易得多。因此，现代意义上的税法解释，就是在坚持税法本身内容客观性的前提下，通过寻求科学的方法来揭示税法条文本身所蕴含的真实意图，以求得对税法内容的正确理解和运用，而不是为了探求立法者的原有意旨而进行考古式的索隐求证。

综上所述，税法解释作为税法适用的前提，是由有权机关依据法律的规定对税法条文或税法规范所做出的说明，目的在于使人能够了解或掌握税法条文或税法规范的具体含义。因此，它既不是对税法的漏洞进行补充，也不是要去创设新的税法规范，更不是要去探讨立法者的原有意旨，而是通过这种解释活动来探求税法条文本身所蕴涵的客观意义。

2. 税法解释的主体

税法解释作为一项制度，它是由不同的要素组成的。这些要素，既包括了主体要素，也包括了范围要素、方法要素、程序要素等。本小节首先研究主体要素的问题，而其他要素待后面再行探讨。

税法解释的主体问题主要是关于谁有权解释税法的问题。需要说明的是，由于税法只是一个国家法律制度的组成部分，税法解释制度也只是一个国家法律解释制度的组成部分，故税法解释的主体一般与法律解释的主体相一致，而不应该存在特别的规定。当然，由于各个国家法律解释体制的不同，每个国家法律解释的主体也可能有所差别。但从一般意义上来讲，法律解释无非包括了立法解释、行政解释和司法解释三种情况。因此，作为税法解释的主体，也无非是由立法机关、行政机关和司法机关三个主体所组成。只不过，由于税法在内容和职能上与其他法律之间存在差别，从而使得税法解释主体有了一些明显的特点。

立法机关作为法律解释的主体，这在许多国家中，都是由宪法直接规定的。根据对《世界宪法全书》中收录的110个国家宪法文本的检索，中国、朝鲜、吉尔吉斯斯坦、塔吉克斯坦、土库曼斯坦、比利时、摩尔多瓦、玻利维亚、哥伦比亚、哥斯达黎加、洪都拉斯、尼加拉瓜等国的宪法在规定立法机构的权力时，都明确规定了国家立法机关的法律解释权。如我国宪法第67条第4款明确规定"全国人大常委会有解释法律的权力"。《比利时宪法》第28条明确规定"解释法律之权只属于立法机关"。《摩尔多瓦宪法》第66条第3款规定议会有"解释法律和保证在全境内立法调节的统一"的基本职权。《哥斯达黎加宪法》第121条第一款规定，议会拥有"制订、修改和废除法律，并予法律以正确的解释"的专有权，等等。此外，还有许多国家在宪法或宪法性法律中也间接的规定了立法机关的法律解释权。这样，税法作为一国法律的组成部分，立法机关就自然成为解释的主体，拥有对它的解释权。同时，由于立法机关作为税法的制定者对税法条文的含义最为了解，故其做出的法律解释，应该最符合法律的本意。因此，立法解释在法律上应该最具有权威性和主导性。其他机关做出的法律解释都不得与其相矛盾。然而，在税法解释的实践中，尽管对于立法机关的税法解释权有如此明确的规定，但由于税法本身所具有的体系庞杂、专业化程度高、立法技术复杂等特点，导致在现实中一般的立法机关难以胜任税收立法的重任，而不得不委托行政机关进行税法草案的起草或直接授权行政机关制定税收行政法规，因此，由立法机关对税法做出具体解释的情况比较少见。

尽管从上述规定中可以看出，比利时宪法明确规定法律解释权"只属于"立法机关，哥斯达黎加宪法也规定议会拥有"予法律以正确的解释"的专有权,但由于税法的执行权是属于行政机关的权力,在此情况下,如果不赋予行政机关税法解释权,则行政机关在执行税法的过程中就会遇到许多难以解决的问题,从而影响行政机关税收行政执法权的行使和执法的效率。因此,除上述少数国家外,绝大多数国家都赋予了行政机关对税法进行行政解释的权力。这种解释方式"有发布条例、命令、通知(circulars)以及执行令(general rulings)。行政机关也会通过特别命令(individual rulings)和决定(decisions)的方式执行法律、解释具体案件"①。而在实践中,由于税法的专业性和技术性的特点以及涉税事务面广量大,从而使得行政机关成了税法解释的绝对主体,其数量可能远远大于税收法律、行政法规与司法解释的总和。

司法机关是税法解释的第三个主体。由于法院在纳税人与税务行政机关发生争议的案件中有具体适用税法解决争执的权力,故法院所拥有的对税法的司法解释权就是最终解释权。但是,姑且不论一个国家司法腐败的情况如何严重,仅就"法官缺乏判断税务问题的能力在许多国家确实是一个问题。甚至那些拥有最为先进的法律制度的国家,法官通常对税制如何运作缺乏全面的了解或者对自身在税制运行中的职责缺乏正确的态度"②。在此情况下,由法院或法官来对税法的条文或内容做出最终的解释,实际上也就变得十分困难。

综上所述,目前世界上许多国家的税法解释主体包括了立法机关、行政机关和司法机关。其中立法机关是税法解释的主导者,行政机关是税法解释的主要承担者,司法机关是税法解释的最终裁决者。行政机关和司法机关对税法的解释都不得与立法机关的解释相矛盾。同时,行政机关所做出的税法解释还必须接受司法机关的审查与确认。这样,三个解释主体的功能与作用就各不相同,并相互制约。

3. 税法解释的准则与方法

与其他的法律解释一样,税法解释的准则与具体方法也是多种多样的。其中对税法有特别重要意义的解释准则或方法有以下 12 种,即字面意义、可疑时不利于国库、立法意图、目的方法、根据事实裁判、真实的法律性质、经济实质、尊重行政机关、宪法解释、重新制定原则、纳税人有权信赖行政解释、税收评估中的程序错误。③在这 12 种准

---

① V. 图若尼主编:《税法的起草与设计(第 1 卷)》,中国税务出版社 2004 年版,第 36 页。
② [美] 维克多·瑟仁伊:《比较税法》,丁一译,北京大学出版社 2006 年版,第 135 页。
③ [美] 维克多·瑟仁伊:《比较税法》,丁一译,北京大学出版社 2006 年版,第 136—137 页。

则或方法中，有些已经随着时代的变迁而被逐渐地弃用，如可疑时不利于国库的准则，虽然目前比利时还在适用这一准则，但是，由于这一准则"在理论上看是没有成立的余地的""因规定的内容意思不明确造成税务机关的见解分歧时，只有把规定的内容意思分析清楚才是法律解释的作用，才是适用法律工作者的任务。因此，以因规定的内容意思不明确而不能确认所得这一理由去中止法律解释这一态度无非是先于放弃法律解释的义务"①。所以，它已经被许多国家放弃。同时，还有一些准则如经济实质等准则在西方学术界存在争议。如德国的 Tripke 教授认为，"经济解释不是一种特别的解释方法，而仅是一个取向于经济的规范目的之目的解释。盖税捐法既然受或应受按经济上之负担能力课税的原则（量能课税）制约，则其本来自当使用在目的上适合实践该原则的概念。不过，税捐法尚未发展至完全使用能够普遍掌握经济过程或状态的概念"②。另外，其他的一些解释准则或方法，如宪法解释、重新制定原则等在一些国家中只是有时被使用。这样，在一般的税法解释时，最常使用的，还主要是字面意思、立法意图、目的方法等准则或方法。

字面意思也叫文义解释。它是税法解释中最主要的准则或方法。之所以如此，是由税收法定原则和税法的成文性特征决定的。税法必须付诸文字，税法的存在与表达必须通过文字的方式来实现。故在对税法进行解释时，必须围绕着税法的条文来展开，必须以税法条文的文字意思为基础，而不应该脱离表达税法条文的文字可能具有的意思范围。但是，由于表达税法条文的文字的丰富性，故在进行文字解释时，下面三条原则是进行解释的基本原则：第一，对于税法条文中所使用的日常用语，一般采取最常用的含义作为其法定解释。例如，对于"个人""企业"等概念，即是以其最常用的含义作为其法定解释。第二，对于税法条文中使用的一些具有特定含义的专业术语或科学用语，应该依其特定的内涵进行解释。例如，"住所"的概念，由于对其的判定直接关系到是否征收所得税及按何种税率征收所得税的问题，在电子商务环境下，对其的解释就必须按照网络所特有的科技概念进行解释。第三，对于税法条文中借用的其他法律术语，当税法对其没有做出特别说明或规定的，依其在其他法律中的用法或含义；当税法对其有不同于其他法律的规定或用法时，依税法的规定。例如，对于"住所"的概念，《民法典》第 25 条规定，"自然人以户籍登记或者其他有效身份登记记载的居所为住所；经常居所与住所不一致的，经常居所视为住所"。而《个人所得税法》第 1 条中"住所"的概念，根据

---

① [日] 金子宏：《日本税法》，战宪斌、郑林根等译，法律出版社 2004 年版，第 89 页。
② 转引自黄茂荣：《税法总论——法学方法与现代税法（第 2 册）》，植根法学丛书编辑室 2005 年版，第 89 页。

《个人所得税法实施条例》第 2 条的规定，"税法第 1 条第 1 款所说的在中国境内有住所的个人，是指因户籍、家庭、经济利益关系而在中国境内习惯性居住的个人"。二者之间的区别非常明显，故在税法中就应该采用《个人所得税法实施条例》的规定，而不得采用《民法典》的规定。

然而，由于税法的文义解释过于严格，因而曾一度受到了质疑。如德国在 1919 年的《统一税法典》中就提出了税法解释必须遵守经济解释的规定。但是，由于文义解释不仅是探寻法律意义的出发点，而且也是划定税法解释界限的方法，故从 1950 年开始，反对或放弃文义解释的做法也遭到了学术界的批评。对此，郑玉波先生的观点颇具代表性。他认为，"税法之解释，因宜考虑一切解释要素，而动用一切解释方法，惟无视法律文义一节则绝对不可。虽不免有人以泥拘于法律文义乃法律文义之奴隶等语相讥笑，但吾人认识法律之际，必然以立法者所表达之文义为对象，法律秩序或法律精神，纵居于法律文义之上位，但自宪法始，以及其法律，莫不由法律文义抽寻而出，若舍弃法律文义，则法律秩序或法律精神，实不可想象"①。于是，德国在 1977 年税法典修改时，就对此没有再进行规定。这种由经济实质向文义法的回归，再一次说明了文义解释在税法解释体系中的重要地位。

立法意图也叫历史解释。它是通过对立法的背景，特别是对立法时的价值判断和所要实现的目的的解析，来推知立法意愿，阐述税法意旨的方法或准则。这种方法或准则虽然在理论上具有非常大的合理性和科学性，但是，依据税收法定原则，税法必须是由立法机关制定的，而"现代国家中，立法者通常不是个人，毋宁是一个集会（国会），在有些国家还由两院构成立法团体，甚至可能是有投票权的国民全体。假使想探究所有参与法律决议，所有对法律草案表示同意之人对法律规定的个别想法的话，可想而知的，这种努力必然会徒劳无成"②。为了解决这一问题，解释者就必须求助于立法时的相关文献，如草案、立法理由书以及一些背景性的资料。而这些资料可能非常庞杂且很难一致。同时，对于税收法律而言，这些立法资料随着时间的推移其参考价值也会被削弱。因此，纯粹意义上的历史解释已经被作为一种"主观性"的解释方法或准则而受到了越来越多的质疑，其在税法解释中的重要性也在逐步地下降。不过，美国的法院在解释税法时还经常参阅立法历史，以贯彻国会的立法意图。

目的方法也叫目的解释。它是通过对法律文本目的的阐释来解释法律意旨的准则或

---

① 转引自颜庆章：《租税法》，月旦出版社股份有限公司 1996 年版，第 45 页。
② [德] 卡尔·拉伦茨：《法学方法论》，陈爱娥译，商务印书馆 2003 年版，第 207 页。

方法。"目的是所有法律的创造者",德国法学家耶林的这句名言深刻地揭示了法律目的在法律创制过程中的主导作用。因此,探寻法律的内在目的,对于正确把握法律的内在意旨便非常重要。而这种法律的目的,不再是立法者在制定法律时的思想观念或内心的意愿,而是法律所应该发挥的社会职能。因此,它不再是主观性的理念,而是一种客观的存在。它被认为是一种"客观性"的解释方法而与追寻立法者立法意图的"主观性"的历史解释方法相区别。同时,也正是因为它的客观性特征,所以,从1980年开始,英国法院已经开始放松对严格字面解释方法的要求,而开始接受一种更具有目的性的税法解释方法。澳大利亚、加拿大、印度、以色列、德国、瑞士、卢森堡、芬兰、奥地利等许多国家也开始在税法解释中接受和使用目的解释的方法。接受目的解释法已经成为一个普遍的发展趋势。虽然如此,但是由于"对目的解释的含义以及法官应该如何应用它并没有一个统一的认识。尤其是,在实现制定法律的立法机关的原始意图(民法称之为历史的方法)和根据法律所处时代的目的来解释法律(目的方法)之间并没有一个确定的界线"①。因此,此种方法也并没有被一致接受。

从以上的简要论述中可以看出,虽然税法解释的具体准则众多,但没有一种方法是圆满的和唯一的。所有的解释方法都有缺陷和不足。因此,在税法解释的具体实践中,往往需要将多种方法结合起来使用。在此情况下,各种方法在使用过程中的先后序位就需要特别关注。对此问题,我国的一些税法学著作已有论及,②且其基本观点都与黄茂荣先生的观点一致,即"文义解释首先确定法律解释活动的范围,接着历史因素对此范围再进一步加以调整界定,同时并对法律的内容,即其规定意旨,做一些提示(der Hinweis)。紧接着体系因素与目的因素开始在该范围内进行规范意旨之内容的发现与确定工作。这个时候,合宪性因素也做了一些参与,并终于获得了解释的结果。最后,再复核一下看它是否合乎宪法的要求"③。

4. 税法的行政解释

在许多国家,税法的执行权被当作一种行政权力而归于行政机关,因此,行政机关,

---

① [美] 维克多·瑟仁伊:《比较税法》,丁一译,北京大学出版社2006年版,第150页。
② 如张守文:《税法原理》(第2版),北京大学出版社2001年版,第98页;李丹梅:《税法解释问题研究:税法解释原则,方法与制度设计》,载刘剑文主编:《财税法论丛(第3卷)》,法律出版社2004年版,第315—317页;孙健波:《税法解释研究——以利益平衡为中心》,法律出版社2007年版,177—180页等都对此问题进行了研究。
③ 黄茂荣:《税法总论(第1册)》,植根法学丛书编辑室2005年版,第89页。

特别是专门执行税法的行政机关——税务机关就当然首先成为税法解释的主体。他们通过发布条例、命令、通知（circulars）以及执行令（general rulings）的方式，有时也通过特别命令（individual rulings）和决定（decisions）的方式执行法律、解释具体案件。①但这并不是它们成为实际上解释税法数量最多的原因。事实上，行政机关之所以做出的税法解释在数量上占有绝对的优势，主要是基于行政机关，特别是税务机关作为税法的适用主体所具有的优势决定的。这些优势一般包括以下几个方面：其一，专业性和技术性。行政机关，特别是税务机关是税收法律法规的具体执行者，它们具有比较娴熟的税务行政管理经验和专业技术能力，因而在对事实的认定和对法律的理解上比非专业人士更容易准确把握法律法规的内在含义，对税收法律法规的专业性、技术性的了解与把握是最深入的，对税收法律法规在执行过程中的问题的了解也是最全面的。因此，由它们对税法进行解释，更能够合乎立法的本意。其二，目的性与功利性。与立法机关的立法活动和司法机关的审判活动不同，行政机关、特别是税务机关作为税务管理的主体，其所进行的税法解释活动也只是其从事税收征收管理活动的一个组成部分。由于行政机关、特别是税务机关适用法律的目的是为了追求税收征管的目的，而法律法规只是其达到此目的的手段或工具。他们解释法律法规的目的只是在于寻求行政活动的合法性依据。因此，这就表现为行政机关在税法解释过程中具有更大的目的性、功利性、政策性、经验性。这就使得行政机关、特别是税务机关在进行税法解释时，比较简便和更有效率，从而更符合现实发展的需要。第三，实效性、灵活性和多变性。由于行政机关、特别是税务机关解释税法的目的只是为了更好地适用税法，因此，这就决定了其在进行税法解释时更注重解释的实效性和可适用性。同时，由于税收活动是对纳税人的经济活动和经济收入的征税，而纳税人的经济活动是灵活的和可变动的，因此，由行政机关特别是税务机关进行税法解释，就能更好地适应市场和纳税人经济情况的改变，从而保证税法能够与市场经济发展的一致性和协调性、同步性，从而提高税法的可适用性。

与立法解释不同，税法的行政解释是税法的执行机关针对税法适用过程中遇到的问题而做出的解释，它具有很大的指向性和与具体案件的密切相关性。因此，在解释活动过程中，它不仅要针对法律条文或法规规范进行解释，而且还必须对涉税法律事实做出解释。这是因为，不同的法律事实将会适用不同的法律条文或法律规范。对法律事实的认定和选择是对法律条文或法律规范进行解释的基础。并且，"法律事实的独特个性往往

---

① V. 图若尼主编：《税法的起草与设计（第1卷）》，中国税务出版社2004年版，第36页。

向法律解释提出'难题',构成法律解释无法回避的焦点,并由此决定着法律解释的价值取向"①。否则,离开了案件所涉及的法律事实,行政机关的法律解释活动不但会失去其选择法律解释目标的意向性,而且,所做出的法律解释也就失去了判断其是否合法与恰当的标准,使法律解释活动本身失去了解释的目的和意义,变成了无聊的文字游戏。由此可见,税法的行政解释主要是行政机关、特别是税务机关在解决具体案件过程中所进行的解释活动,是把法律法规与具体案件相结合而得出具体结论的活动。因此,如果否认税法解释与税收法律事实的关联性,无视税法事实在税法解释过程中的地位和作用,恐怕就很难对税法条文或税法规范做出合乎税法目的的解释。

税法行政解释中的价值判断与价值选择是研究税法行政解释时无法回避的问题。由于作为行政解释主体的行政机关本来就是税法行政执行机关,且行政解释的目的是为了解决行政执行中所遇到的问题,例如,在进行税法解释碰到"有疑义时,则作有利于国库的解释"和"有疑义时,则作有利于纳税人的解释"的两种情况冲突时,虽然有少数学者主张前者而多数学者主张后者,但金子宏等一些日本学者则认为这两关于税法解释原理的命题在理论上看都是没有成立的余地。②而在事实上,当行政解释机关遇到此类情况时,一般都会选择前者作为解释的基本价值取向。之所以如此,这是由行政机关自身的立场和行政活动所追求的目标决定的。这无可厚非。但是,需要特别注意的是,行政机关这种价值立场的选择,在实际进行税法解释时,不得恣意扩张和任意妄为。它必须要受到解释对象所属法律法规的整体目标及价值判断的制约,即它不得与解释对象所属的法律法规整体的价值立场及价值目标相抵触。同时,还必须要在国家与纳税人两个不同的主体之间进行利益衡量或价值衡量,以确保这种解释能够符合业已发展出来的一般的税法原则或法律原则,如法治国家原则、公民财产权保障原则、税收法定原则、税收公平原则,等等。此外,这种立场选择还必须要能够经受得住法院的行政审查,以确保其形式与内容的合法性。

税法的行政解释方法当然应该以文义解释为主。但在进行文义解释时,如果法律法规的文义外延不够明确,若不超过文义的范围或损及文义的核心,则允许对其做出扩张或缩限性的解释。在我国的税法解释中,对税法条文做扩张性或缩限性解释的例子也并不少见。例如,《个人所得税法实施条例》第 2 条规定:"在中国境内有住所的个人,是

---

① 郑金虎:《影响法律解释的因素研究》,载陈金钊、谢晖主编:《法律方法(第 2 卷)》,山东人民出版社 2003 年版,第 93 页。

② [日]金子宏:《日本税法》,战宪斌、郑林根等译,法律出版社 2004 年版,第 89 页。

指因户籍、家庭、经济利益关系而在中国境内习惯性居住的个人"。而国家税务总局发布的《征收个人所得税若干问题的规定》中将"习惯性居住"解释为"不是指实际居住或在某一个特定时期内的居住地",其范围明显窄于"习惯性居住地"的字面含义,属于缩限性解释。而《个人所得税法》第 6 条第 4 款规定:劳务报酬所得按次征收。由于这可能导致纳税人为逃避纳税而将劳务报酬收入次数无限分割,减少税收收入问题,故《个人所得税法实施条例》第 14 条第 1 款将劳务报酬按次征税扩充解释为:"劳务报酬所得……属于同一项目连续收入的,以一个月内取得的收入为一次"。这种解释显然属于扩张解释。①但是,如果对于税法扩张解释的内容超出了文义的范围或损及了文义的核心内容,则此种活动就已经不属于税法的解释,而变成了对税法的补充。

此外,关于行政解释的效力问题也是一个值得研究的问题。由于行政解释多以"条例""命令""通知""规定""说明"等方式出现,故就其法理而言,应该属于行政机关内部的行政规则。②这些行政规则虽然与行政法规、行政规章类似,但实际上却并不属于税法的正式法律渊源。它们虽然在内容上具有政策性和指导性,但却缺少法律法规的规范性和稳定性,因此,这些行政规则在不违背被解释对象的内在含义时,对于税务行政机关具有比较明确的拘束力,但对于司法机关和纳税人并不具有当然的拘束力。

(三)税收法定原则拘束下的税法适用

根据学界比较一致的观点,税法适用指的是"税收行政机关与税收司法机关按照法定职权和程序,将税法适用于具体的人或事,从而产生、变更或消灭税收法律关系的活动"③。税法作为国家法律体系的组成部分,它的适用自然应该遵循法律适用的一般原则与方法。但是,税法毕竟只是一国法律体系中一个相对独立的部门法或法律部门,具有不同于其他法律部门的特征和要求,故税法的适用也就有了自身的特点和方法。这种特

---

①张松主编:《税法学》,高等教育出版社 2005 年版,第 55 页。
②刘剑文主编:《税法学》(第 2 版),人民出版社 2003 年版,第 232 页。此外,我国台湾地区的学者黄茂荣先生等也持此种观点。参见黄茂荣:《税法总论——法学方法与现代税法(第 2 册)》,植根法学丛书编辑室编辑 2005 年版,第 33 页。
③刘剑文主编:《税法学》(第 2 版),人民出版社 2003 年版,第 187 页。这也是我国目前学者们比较一致的观点,如陈少英主编的《税法学教程》(北京大学出版社 2005 年版)等著作中也都持相同或相近的观点。

点和方法，根据北野弘久先生的观点，是"在既定税法秩序下，以税法规定本身不违背宪法为前提，贯穿于我国解释和适用税法的最基本原则就是租税法律主义原则（地方税为租税条例主义原则）。进一步而言，具体地解释和适用税法的问题实际上是在案件中追究何谓租税法律主义的问题"①。事实上，不仅在日本，而且在所有实行税收法定原则的国家中，税法的适用过程，都是在税收成文法的前提下，如何根据税收法定原则的要求，有关机关运用税法解决税收案件或税收事务中的法律问题的过程。它是以成文税法为前提，以税收法定原则为拘束性原则，根据纳税人的应税事实，进行法律推导的过程。因此，税法的适用必须满足税收法定原则的要求。

1. 税法适用的主体

税法适用的主体，简单来讲，就是谁运用税法解决具体的税收征管问题、税收纠纷和税收案件的问题。一般而言，税法适用主体既包括了从事税收案件处理的各司法机关，如法院、检察机关以及行使税收刑事案件侦察权的公安机关等，也包括了从事税收行政管理和税款征收的各税务行政机关。在特殊情况下，还包括了根据法律的授权代为行使税收征收管理职权的其他机关或组织。但在实际的运行中，由于司法机关所掌握的税法适用权除受税收法定原则的拘束外，还一般受到了相关法律的拘束与规范，②故在适用税法过程中，一般比较严谨与规范。相对而言，税务管理机关作为行政执法主体，在从事税务行政管理和税款征收过程中，除了要受到税收法定原则的拘束外，还需受到行政目标等的制约，在税法适用过程中容易受到干扰，因此，需要进行专门的研究。

税务机关作为税法适用的主体，根据一些学者的观点，它是"依宪法和行政组织法的规定而设置的行使国家税收事务征收、管理职能的国家机关"③。故在税收法定原则的拘束下，许多国家还专门在税法中对税务机关税收法律适用的主体资格进行了规定或确认。例如，《菲律宾国内税收法典》第 2 条规定："国家税务局是财政部的下属机构。负责全国税收（包括相关的税、费、罚款）的评估和征收工作。并有权在必要时采取强制措施和实施惩罚（包括执行税务法院和普通法院所做出的相关判决）。国家税务局根据本

---

① ［日］北野弘久：《日本税法学原论》（第 5 版），郭美松、陈刚译，中国检察出版社 2008 年版，第 84 页。

② 如法院在审理税收案件时，除了要遵守税收法定原则的拘束外，还要受到有关审判程序法（如行政诉讼法或刑事诉讼法）、司法机关组织法（如法院组织法）、司法人员法（如法官法、检察官法）等相关法律的拘束与规范。

③ 曾金渊编著：《税务行政法学》，安徽大学出版社 2006 年版，第 24 页。

法或其他法律实施财政税收的管理、监督和强制执行权。"柬埔寨《税法》第93条规定："负责管理税法执行的机构如下：财政经济部的税务总局，税法授权的一国政府其他机构。"《老挝人民民主共和国税法》第71条规定："税务机关具有组织管理、检查全国收入来源的作用，以便为国家预算征税。"《克罗地亚共和国税收基本法》第3条规定："税务机关是国家政府机关、地方的或区域性的自治政府机构的享有核定、监督、征收税款权限的行政机关。"《蒙古国税收总法》第23条规定："国家税务机构执行以下基本任务：监督税收法律法规的执行；制定税收法律法规的执行制度、说明和方法，开展教育、宣传工作；完成国家、地方预算收入。"等等。

除税务机关外，其他机关是否具有适用税法的权限，这是一个需要研究的问题。一般而言，在实务中行使税收征管权力的机构一般有两类：一类是由税收法律或其他法律授权的机构，另一类是依据税务机关的授权或税务机关依据行政合同委托的机构。对于前者，一般而言，只要授权是依据法律法规的规定进行的，那就是合法的。得授权机关就可以根据法律法规的授权行使某些税收征管的权力。例如，我国《海关法》规定，关税由海关负责征收管理。而对于税务机关以合同方式委托其他机构或组织代为征收税款的行为是否合法？其他机构或组织依据税务机关的授权或委托以税务机关的名义进行税款征收，是否符合税收法定原则的要求，笔者认为值得研究。

笔者认为，税务机构作为国家专门从事税款征收和税务管理的机构，对于税收的征收管理工作，应该由其亲力亲为，一般不得委托其他机构或个人代为行使。这种观点，一方面是基于权力分立理论，另一方面是因为税收行政属于"侵权"行政。职是之故，由税务机关亲自进行税收的征收和管理，不仅符合税收法律保留原则的要求，而且也符合依法行政原则的要求。但是，委托其他机构或个人代行部分税收征管业务，不仅自古以来就一直存在于各个国家的税收实践之中，而且在现实中确实也有部分税收征管业务囿于税务机构的工作条件和业务能力，由税务机关亲自征管反而不如将其委托给相关机构或个人代行更为方便和有效。因此，许多国家在税法中都明确规定了税务机关可以委托其他机构代行部分税收征管业务的权力。这样，就为委托代征行为提供了法律上的合法性。

但是，由于委托其他机构或人员代为行使某些税务管理的职权意味着税法执行权限的转移，同时委托行为本身也是一种行政行为，故本着依法行政的原则，行政委托必须要取得法律上的明确许可。否则，如无法律的明确规定，而由税务机关自行决定委托事项，则有可能会导致税务机关放弃部分行政职权，从而构成违法。正因如此，许多国家在税法中都对行政委托做出了明确的规定。如我国《税收征管法》第29条明确规定："除税务机关、税务人员以及经税务机关依照法律、行政法规委托的单位和人员外,任何单位和个人不得进行税款征收活动。"在此规定中,明确了税务机关委托他人代征税款等的依据是"法律、行政法律"。《韩国国税征收法》第8条规定:"税务署长根据总统令的规定,可以委托市长(对汉城特别市和直辖市,为区厅长,下同)、郡守征收其管辖范围区域内的国税。在此情况下,市长、郡守应将征收的国税上交国库。"

一般认为,在委托的事项上,作为委托方的税务机构,在依据法律进行委托时,必须严格限定委托的内容。这包括两个方面:一方面,税务机关只能将部分税收征管的权力委托给受托人。否则,如果税务机关将所有的权力都委托他人代为行使,则该税务机关就无存在的必要。另一方面,一般来讲,委托事务只能是具体行政行为中的税收征管业务,而不能把对违法纳税人的强制执行事项和行政处罚事项委托给受托人。之所以如此,第一,由于委托是通过税务行政机关的单方面决定,使本来不具有税收征管权的其他行政机关、企事业单位、社会组织和公民拥有行使该权力的权限,因此不可避免地将会对纳税人或其他的税务行政相对人的权利和利益构成潜在的威胁。而受托人在行使公权力时,缺乏有效的组织制度和民主制度的法律约束,税务行政机关对其监督控制相对来说又较弱。故为了切实保障行政相对人的合法权益,一些比较重要的行政事务以及依据法律法规应该专属于特定行政机关的公权力,不得委托其他组织或者个人行使。特别是有关限制公民人身自由和威胁财产安全的强制性措施,必须严格限制行政委托的适用。第二,强制执行和行政处罚是一种惩戒性行政行为。错误的强制执行和行政处罚会严重影响纳税人的权益。因此,对强制执行和行政处罚的设定权在各国都有较为严格的规定。不仅法律对实施强制执行和行政处罚的主体要求十分严格,而且也一般不会把强制执行和行政处罚的权力赋予其他的主体。因此,税务机关在进行委托时,委托事项一般只限于一些税款征收权和税务管理权,而不包括税务行政处罚权和强制执行权。

根据法律的规定,授权委托必须采用书面委托的方式进行。书面委托书事实上是一个授予受托人得以实施某种特定的税收征管权的书面合同。在委托书中,要明确委托的对象、范围、权限、期限等事项。同时应该将该委托书和受托人行使公权力的范围向社会进行公布。否则,如果没有公布,则行政相对人有权拒绝受托人的要求。当行政委托的对象、范围、权限、期限等事项发生变更时,或者因受托人不履行职责、超越授权委托的范围行使职权、利用受托权力违法乱纪等原因而导致行政委托解除时,也应该将行政委托变更及消灭的情况及时予以公布。另外,行政委托设立、变更或者消灭时,委托行政机关应向其上级行政机关报告并备案,以便其上级行政机关对该行政委托行为予以审查。一旦发现违反法定要件的委托行为,上级行政机关可以予以撤销。同时,委托行政机关在行政委托设立、变更或者消灭发生后的规定期限内，应将行政委托书副本交同级法院备案。

除此之外，其他组织和个人不得开展税收业务，征收税款。

2. 税法适用中的溯及既往

税法的溯及力问题，是关于税法是否具有溯及既往的效力问题，即新颁布的税法，对它生效以前发生的事件或行为是否适用的问题。基于税收法定原则和信赖利益保护原则，税法作为对公民财产强制转移的"侵害法"，如果赋予其溯及力，可以对纳税人在税法生效之前取得的财产或收入征税，则不但会破坏税法的稳定性，而且也会使纳税人的行为失去可预测性，故在税法适用过程中，对于新制定的税法，一般都禁止溯及既往，税法的适用仅限于税法公布实施后所发生的行为或事项，而不得溯及税法公布实施前已发生的行为或事项。这就是税法的"禁止溯及既往原则"。这一原则不仅是税收法定原则的必然结果，是税收法定原则在税法适用过程中的具体化，而且也是法治国家中法律适用基本原则在税法适用中的具体化。它是绝大多数国家遵循的法律程序技术原则。在有些国家中，这一原则还被写入了宪法。如《希腊共和国宪法》第78条第2款规定："不得以对捐税开征前的财政年度以前时期具有追溯效力的法律来征税或征收任何其他财政费用。"

禁止溯及既往作为一个税法适用的原则，之所以如此规定，主要是为了保护纳税人在预期其税法后果基础上的经济决定和经济安排。然而，如果绝对严格地适用这一原则却会妨碍税法的任何变化。[①]因此，为了解决这一矛盾，在国内外税法学界，许多学者根据税法溯及既往的不同情况对其进行了分类，并针对不同类型，提出了不同的处理方法。

根据税法溯及既往具体情况的不同，税法学研究者们将其区分为两种不同的形式，即强的溯及既往和弱的溯及既往。其中强的溯及既往是指"如果税法进行制定或修改，且明确相关内容溯及之前事项上适用，意味着纳税人税收债务成立在税法公布前，显然构成强度溯及"[②]。而弱的溯及既往则是指"某税法的征税客体不是在法律生效后新生成的，而是生效前事项的延续，则税法具有弱度溯及"[③]。但更多的学者把溯及既往分为真正的溯及既往和不真正的溯及既往两种。其中，真正的溯及既往是指"倘一项法律在税

[①] V. 图若尼主编：《税法的起草与设计（第1卷）》，中国税务出版社2004年版，第26页。

[②] 闫海：《论溯及征税》，载刘剑文主编：《润物无声——北京大学法学院百年院庆文存之财税法治与财政法教学》，法律出版社2005年版，第298页。

[③] 闫海：《论溯及征税》，载刘剑文主编：《润物无声——北京大学法学院百年院庆文存之财税法治与财政法教学》，法律出版社2005年版，第300页。

捐债权发生之后始被公布，而溯及生效时，则构成真正的溯及既往，反之，在期间税，如一项法律系在税捐债权发生之前，于年度经过期间中被公布时，则非属真正的溯及效力之范围"①。而在《德国宪法法院》中，税法分为有回执力的税法和有回顾力的税法两种。前者相当于强的溯及既往，后者相当于弱的溯及既往。从这些区分可以看出，所谓强的溯及既往与真正的溯及既往实际上指的是对法律生效以前已经终结的涉税事实的法律适用问题，而弱的溯及既往和不真正的溯及既往指的都是对税法生效时持续性的涉税事实的法律适用问题。

根据闫海博士的观点，强的溯及既往主要包括三种情况：一种情况是纳税人可以合理预期税法的修改与制定。另一种情况是旨在修补瑕疵和漏洞的税收立法。第三种情况是某些税法所代表的公益要求必须具有溯及力。弱的溯及既往包括但不限于以下措施：一是期间税应选择纳税期限的始期生效为宜。二是制定过渡条款妥善处理新旧法律交替。②而葛克昌教授则认为，真正的溯及既往主要适用于以下几种情况：一是在变更法律效果而受溯及之时点，人民对该法律效果之变更有预见之可能者。例如，在该时点，溯及的法律已由立法机关通过，但尚未公布施行；或在国际协商中，已接受日后法律变更的条件经宣告者，其信赖的合理基础即不存在。二是在法律状态错乱不明时：原本规范自始带有许多难以解决的解释问题，使法律不明确或存有体系上的矛盾，亦包括原先法律规范受到违宪宣告，如果以后制定新法，自得以溯及当时不明确的状态。三是基于旧法本身系无效法律所产生的假象，人民自不得对其信赖。具有认识可能性之违宪规范得以溯及变更。因相关规范之废弃致该规范显然违反体系或不法时，亦同。四是公益上较法定性要求更为重大迫切之事由，人民信赖保护应居次位，溯及之法规则有合理正当性。五是为合乎宪法或国民福利，排除体系上错误与漏洞之填补，所要求之法规溯及。六是基于事物之性质，溯及所造成之负担微不足道，则人民欠缺值得保护之信赖。③而美国学者维克多·瑟仁伊（Victor Thuronyi）则认为，税法的溯及适用主要适用于以下几种情况：一是税法的技术性修正。一项税法可能已经通过，但却存在技术上的错误，这类错误应该纠正，并溯及至原法律的生效时间。二是打击避税交易的规定。三是撤销一项立法有

---

①陈清秀：《税法总论》（第4版），元照出版公司2006年版，第281页。
②闫海：《论溯及征税》，载刘剑文主编：《润物无声——北京大学法学院百年院庆文存之财税法治与财政法教学》，法律出版社2005年版，第298—300页。
③葛克昌：《税法基本问题（财政宪法篇）》，北京大学出版社2004年版，第92—93页。

异议的司法判决。四是对现行法律进行解释的法律在通过时也可以溯及适用。①

虽然上述各种分类有利于对税法溯及既往的认识，但另有一些学者则认为，这样的区分实际上既有困难且无必要。②

在税法实践中，许多国家或国际组织也都承认税法的溯及效力。例如，欧洲人权委员会在确认英国的一项溯及适用的税法案件时认为，反避税的法律是可以溯及适用的。在这起案件中，1978年金融法案第31节的适用效力溯及1976年4月6日。根据这项法案，不允许扣除来自避税地的某些损失。而1976年政府甚至还没有宣布在这一领域内立法。他们之所以做出这样的确认，是因为如果反避税的立法效力不溯及既往，就无法阻止避税地的设计者设计新的避税方案。再如，美国联邦最高法院对美国国会制定具有溯及效力的法律表示了支持。1987年，美国国会颁布了一个法律修正案，对《1986年税收改革法案》中的一个错误进行修正。该错误使得纳税人在被继承人死后而在遗产申报前，可以通过交易安排规避应缴纳的遗产税。由于该修正案使某些人为的操作失去作用，由此引发诉讼。美国联邦最高法院认为，"适用于具有溯及效力的税法的正当程序标准，因此与普通适用于溯及性的经济法律的正当程序标准是一样的……法律的溯及适用得到由合理的手段所促进的正当的立法目的的支持"。法院认为，"国会颁布修正案的目的既非违法也非任意"，并且国会为防止税收流失而对"那些利用错误未得到纠正的法律文本进行纯粹以避税为动机的"交易人征税，并非不合理。荷兰、加拿大等国也都承认税法的溯及效力。③

但是，对于税法的溯及适用，虽然在许多国家的税法中并不禁止，但为了保证税法的稳定性和可预测性，故通常需要对其给予一些必要的限制。例如，美国联邦最高法院的一项判决认为，只要法律溯及既往的适用与合法的立法目的合理相关，则法院允许法律的溯及既往适用。在德国法上，对于真正的溯及，原则上不得许可，只有在具有强制的、高于法的安定性的理由时，才例外许可。而对于非真正的溯及，原则上许可。只有在人民对于法律继续存在的依赖处于优势地位时，才例外不许可。权衡的原则是，如果没有可以肯定的积极理由，真正溯及就不应该容许；反之，如果没有否定的消极理由，非

---

① [美]维克多·瑟仁伊：《比较税法》，丁一译，北京大学出版社2006年版，第75—76页。

② 葛克昌：《税法基本问题（财政宪法篇）》，北京大学出版社2004年版，第93页。刘剑文教授等也持此种观点。参见刘剑文、熊伟：《税法基础理论》，北京大学出版社2004年版，第184页。

③ 关于欧洲人权委员会及美国、荷兰、加拿大等国的税法溯及适用问题，请参见[美]维克多·瑟仁伊：《比较税法》，丁一译，北京大学出版社2006年版，第76—78页。

真正溯及就应该容许。①在德国，除极少数情况外，原则上禁止法律具有回执力（强的溯及力），而仅仅允许法律有回顾力（弱的溯及力）。据此，德国联邦宪法法院认为1952年通过的公司所得税法修正案适用于1951年课税年度是违反宪法的。但联邦宪法法院也认为，当纳税人对于现存法律的信赖合情合理时，法律的回执力（强的溯及力）在下述几种情况下将得以维持：法律的回执力对于纳税人几乎不造成损失；由于现存法律规定不清；或技术上有缺陷；或公共需求具有压倒性意义。②

通过以上讨论笔者认为，既然税法的禁止溯及既往原则保障的是税法的稳定性和信赖利益，那么，是否允许税法的溯及既往，就是要判断税法的溯及既往是否会造成对税法稳定性的破坏和对信赖利益的损害。而在一般的法理上，是否允许税法溯及既往，从税法的稳定性来看，是要看溯及既往是否对税法的实质稳定性造成了损害。因为，从形式上而言，税法的溯及既往肯定已经造成了对税法稳定性的破坏。但从实质上而言，溯及既往并不必然造成对税法稳定性的破坏，有的时候，溯及既往恰恰是对税法实质稳定性的维护。由于税法是对纳税人涉税经济行为的事后评价，而纳税人在从事经济活动时，往往为了减轻或逃避事后的纳税义务，会有意识地进行避税安排，来掩盖或改变经济交易的形式和方法，如把一个买卖关系变成两个赠与关系，从而达到少纳税或不纳税的目的。如此行为，不但减少了国家的税收收入，而且，也会破坏整个社会的税收秩序，造成对税法稳定性的实质破坏，因此，在一些国家反避税的过程中，都会在新制定或实施的税法中，允许对新税法实施之前一定时期的避税行为进行溯及适用。这样做，就可以维护税法的实质稳定性。

另一方面，从税法的信赖利益保护角度而言，纳税人所进行的一切经济活动，都是在当时存在的税收法律法规的基础上进行的，换言之，是基于对当时税收法律法规的信赖而进行的。因此，对纳税人信赖利益的保护，应该成为税法适用的基本原则。这表现在税法的溯及适用时，就必须要考量适用后对纳税人信赖利益的影响。如果溯及适用对纳税人会产生不利的影响，这种适用就属于"不利溯及"，在税法适用过程中就必须严格禁止。而如果溯及适用会减轻纳税人的税收负担或其他的相关义务，则属于"有利溯及"，原则上应该允许。正因如此，一些国家的宪法从禁止不利溯及的角度，对税法的

---

① 转引自杨登峰：《何为法的溯及既往？——在事实或其效果持续过程中法的变更与适用》，载《中外法学杂志》2007年第19卷第5期。

② V. 图若尼主编：《税法的起草与设计（第1卷）》，中国税务出版社2004年版，第28页。

溯及问题做出了明确的规定。例如,《塔吉克斯坦共和国宪法》45条规定:"规定设置新税的法律或者使公民经济状况恶化的法律都没有回溯效力。"《厄瓜多尔共和国宪法》第53条规定:"不得发布有损于纳税人的有追溯效力的税法。"《德国税收通则》第176条规定:"①于废弃或变更租税裁决时,不得为租税义务人之不利益而考虑下列之事项:联邦宪法法院确认迄今之租税核定所依据之法律为无效;联邦最高法院认为迄今之租税核定所依据之规范为违宪,而不适用;稽征机关对迄今之租税核定所适用之联邦最高法院之判决变更者。迄今之判决已在租税申报或租税报告中加以考虑,而不为稽征机关所认识者,则仅于可以认定如稽征机关认识该情形,即适用该迄今之判决时,始有第3款规定之适用。②于废弃或变更租税裁决时,联邦政府、联邦或邦之最高机关之一般行政规则经联邦最高法院认为不符合现行法律者,不得为租税义务人之不利益而考虑之。"依据这一条规定,根据以往法律见解所做出的税收核定,不得做不利于纳税人的变更。因为纳税人所得信赖者,为法律的有效性、联邦最高法院判例的正确性及联邦政府和联邦或各邦最高机关的一般行政规则的合法性。

3. 税法的漏洞补充与类推适用

凡法律皆有漏洞,税法亦不例外。根据张守文教授的观点,税法的漏洞主要是"由于立法者认识不足,或者经济社会发展而产生情势变迁等,使税法对某些领域未予调整或不能再有效的规范"。它使"税法表现为一种不圆满的状态,从而会对税法的适用产生影响"。[①]不论人们承认与否,它都客观地存在,并因此而影响着税法的实施。

税法漏洞作为一种客观存在,在理论上被分成两种不同的状态,即立法者对之有认知的漏洞和立法者对之无认知的漏洞。前者是指在立法时因认为明文加以规定的条件尚未成熟而不予规定所造成的漏洞。由于它是出于立法者的故意所为,故在税法的适用过程中,不得由税务行政机关或司法机关进行漏洞补充。对此类漏洞的解决一般是等到条件成熟时,由立法机关通过立法的方式加以规定。而后者是指立法者在立法时由于疏忽而造成的漏洞或者在法律制定之后由于情况变化而发生的漏洞。这也是本书所要讨论的漏洞。对于此类漏洞,是否允许税务机关在税收征管过程中进行漏洞补充,国内外学者形成了两种不同的观点。颜庆章、中川一郎、金子宏等对此持否定态度。他们主张,基于法律保留原则、税收法定原则和法的安定性原则,税法的漏洞不允许进行补充。如颜庆章认为,由于类推适用是以相类适用于相类,创造立法者于逻辑上应设而于事实上未设之法则,未必能证明系立法者之本意,依实质平等原则,税法的适用不得任意为有利

[①] 张守文:《税法原理》(第2版),北京大学出版社2001年版,第99页。

或不利纳税者之解释，因给予某部分人之利益，相对即增加他人部分之负担，是故无论有利或不利于纳税人事项之类推适用，均应禁止之。因此，原则上应该禁止以类推适用方式补充法律漏洞。中川一郎认为，税收法定主义作为税法的最高法律原则，乃是以税法对于有关税捐事项，已经完结的加以规定为前提，因此不问理由为何，均不许法律漏洞补充解释（适用）。纵然其结果丧失税捐负担之公平，也属于立法的过失、欠缺不备所致，应由立法机关以立法方式解决，如因不许法律漏洞补充解释，致发生不妥当的结果，行政与司法机关均应加以忍受。金子宏则从法的安定性方面认为，税法乃属于侵害规范，由于强烈要求法的安定性，因此其解释原则上应依文义解释行之，不许任意的扩张解释或类推解释（适用）。如以文义解释想明确其规定的内容有困难时，则应参照其规定之意旨目的，以明确其意义内容，倘若运用税法上所允许的解释方法仍无法把握其规定之法律上意义时，则该规定即违反课税要件明确主义而无效。[1]

与上述学者的观点相反，更多学者是从税法与一般行政法的无差别性、税法的公平性、正义性等方面来探讨税法漏洞补充的可能性。他们普遍认为，虽然税收法定原则是税法的最高原则，但对税收法定原则的理解不仅应该参酌其历史的沿革以及其在宪法思想史上的意义，而且在今日复杂的经济社会里，更应考虑其对于各种经济上的交易及其事实所产生的税收效果，考虑充分保障税法的安定性及预测的可能性。而从对税收法定原则的考察可出看出，无论是从对税收法定原则的实质理解上，还是从将税收法定原则与罪刑法定原则的比较之中，都无法得出税收法定原则否认对税法漏洞进行补充的结论。[2]因此，在税法上，"税收法定原则并不禁止一般的罅漏补充，特别是对国民有利的补漏，更不应禁止"[3]。张守文教授还明确认为，仅仅从税法的立法目的和体系的协调出发，就有进行税法漏洞补充的必要。而刘剑文教授则更是从必要性和合理性的角度论证了税法漏洞补充的合法性问题。[4]

从技术上讲，税法的漏洞补充一般可通过三种方法来进行，即扩大解释、缩限解释和类推适用。其中，类推适用无论是在学理上还是在实践上都有较大的争议。在德国学术界，对于税法的类推适用，克鲁泽（H. Kruse）、皮特（Peter）、费舍尔（Fischer）等

---

[1] 以上三位学者的观点，均转引自陈清秀：《税法总论》（第4版），元照出版公司2006年版，第175页。

[2] 孙健波：《税法解释研究——以利益平衡为中心》，法律出版社2007年版，第194页。

[3] 张守文：《税法原则》（第2版），北京大学出版社2001年版，第100页。

[4] 刘剑文主编：《税法学》（第2版），人民出版社2003年版，第258-261页。

表示不应该允许。他们认为,在税法领域中,由于严格受到法律保留的适用,因此,原则上应禁止以类推适用方式补充法律漏洞。不仅如此,在一些国家或地区税收案件的裁决中,也有明确以税收法定原则来禁止通过类推适用对税法的漏洞进行补充的观点或解释。例如,我国台湾地区司法管理机构做出的151号解释,针对查账征税的机车制造厂商所领盖有"查账征税代用"戳记的空白完税凭证,"既系暂代出厂证明使用,如有遗失,除有漏税情事者,仍应依法处理外,依租税法律主义,税务机关自不得比照货物税稽征规则第128条关于遗失查验证之规定补征税款"。在德国的司法实践中,虽在个案上也偶有认可类推适用的情事,但大都明确表示不得有产生或加重税捐之类推适用。

但是,近年许多学者开始重新探讨税法的漏洞补充问题。这一点德国科隆大学蒂普克(Tipke)教授的观点最具代表性,他一向支持禁止税法对不利于人民负担的类推适用。然而,他在1981年出版的《租税正义之理论与实务》一书中却宣称:"法之安定性并未要求,法律适用仅止于'可能之文义',先前本人之立场应予改变"。而后又在1983年出版的《租税法》修正第9版的序文中,断然宣告"主要基于法的安定性所导出之(税法)类推禁止理论,本人不再追随之"。他认为,他的这一观点,并不是对法之安定性的放弃,而是为了更好地接近于现实而已。①"容许或不容许类推适用的问题不是法律适用的方法,而是宪法的问题,亦即法律保留的问题。以类推适用补充法律漏洞符合民主原则,亦即符合具有民意基础之立法者,有漏洞或语意不完全所表示出来之意思。"②法律保留或民主原则并不能厘清税法是否容许类推适用的法律补充问题。它真正涉及的问题是平等原则和法的安定性、形式与实质的正义或形式的法治国与实质的法治国之间冲突的问题。为税法之平等的执行,以符合实质法治国家的原则,应该容许税法的执行机关以类推适用的方法补充税法的漏洞。

而葛克昌教授则认为,关于税法是否得以类推,不能单从形式上进行考察,毋宁须对个案进行具体判断,始能维护租税正义。他认为,"税法类推问题,不在类推能力,而应个案具体判断,类推是否具须妥当性,而其判断之准则,存于立法目的,平等原则及租税正义"③。

从以上的探讨可以看出,税法的类推适用问题不仅仅是一种法律漏洞的补充方法,它

---

① 转引自葛克昌:《税法基本问题(财政宪法篇)》,北京大学出版社2004年版,第82—83页。
② 黄茂荣:《税法总论——法学方法与现代税法(第1册)》(增订2版),植根法学丛书编辑室2005年版,第347—348页。
③ 葛克昌:《税法基本问题(财政宪法篇)》,北京大学出版社2004年版,第90页。

在实质上还涉及税法的安定性、实质正义等问题。因此，目前学术界和税法执法与司法机关对此并没有达成共识。笔者认为，即使如一些学者认为的，类推适用作为一种税法漏洞的补充方法并不为税收法定原则所禁止，但它毕竟在性质上属于补充性的做法，因此，应该受到税收法定原则和税法安定性的拘束，故在实践过程中，应该受到更大的限制。这种限制主要表现为两个方面：一方面，关系到税法主体基本权利的课税要素等重要内容仍然应实行法律保留原则，不能进行税法漏洞补充。另一方面，也不能为了创设或加重国民的税负，而通过类推的方式进行所谓的"补漏"。

第七讲 税收公平原则

在国内外税法理论界，虽然税收公平原则被认为是税法的基本原则，甚至有学者认为它是"当今世界各国制订税收制度的首要准则"[1]，但在现实中，由于对税收公平原则的本质、内容等问题的认识过于狭窄，从而严重弱化了该原则对税收立法、税收行政执法与税收司法的理论指导意义，导致税法不公现象严重。有鉴于此，本讲试图对该原则的本质与内容进行一些深入的研究。

一、税收公平原则的学理解释

在税法学和各国的税收法律体系中，税收公平原则不仅仅是"法律面前人人平等"原则在税法中的具体体现，也是人类公平理论和公平价值在税法中的具体体现。在税收公平原则的发展过程中，西方经济学家进行了不懈的探索，极大地丰富了它的理论内涵。尽管如此，税收公平原则作为一项法律原则，它与经济学中的税收公平理论之间还是存在一些根本性的区别。

---

[1] 金鑫、许毅主编：《新税务大辞海》，九州图书出版社1995年版，第39页。

（一）公平问题的一般观点

在学术界，一般认为，公平与公正、正义、平等是意义相近的词。Justice 和 Equality 也无须区别，而笼统地称为公正。这一点，曾昭宁先生的观点最具代表性。他说："公平在英文中有两个单词：（1）Justice 词义为正义、正当、公正、公平、合理、公道。（2）Equality 词义为同等、平等、均等、均衡、公正、合理等。上述两个词在概念上是相似的，英国和美国尤其是这样。从历史上看，大多数学者也没有将这两个词做严格的区别。例如，罗尔斯（John Rawls）的名著《正义论》也可以译为'公平论'，公平与效率也可以译为'平等与效率'。"[1]其他许多学者也都持与此相同或相近的观点。[2]由此可见，在词源学上，公平与公正、正义、平等等概念基本上属于同义词。

公平问题作为社会政治哲学和道德哲学的核心问题，在古希腊时代就引起了先哲们的广泛讨论。其中，亚里士多德对公平问题的研究最具代表性。他将"公平"的含义分为两种：即作为一切美德的公平和专指某一种品德如勇气、慷慨等的公平。而后一种含义的公平又可分为"分配的公平"和"矫正的公平"。其中，分配的公平指的是利益、责任、社会地位等在社会成员之间的分配；矫正的公平指的是在社会成员之间重建原先已经建立起来、又不时遭到破坏的均势与平衡。除他之外，许多古希腊的哲学家也都探讨过公平问题。

近代资产阶级革命之后，由于社会财富分配不公现象的加剧，公平问题日益显现出了其经济意义，并数度成为显学，从而形成了各种不同的理论与观点，如以穆勒、边沁、诺齐克为代表的自由主义公平观，以卢梭、罗尔斯为代表的平等主义公平观，马克思主义公平观等。这些学说和观点深深地影响了许多国家的高层政治决策和社会政治经济的发展。

一种较为普遍的观点认为，公平的最高形式是社会公平，而政治公平、经济公平只不过是社会公平在不同领域内应用的结果。其中，政治公平是指每个社会成员都应该有

---

[1] 曾昭宁：《公平与效率——中国走向现代化的抉择》，石油大学出版社1994年版，第67页。
[2] 持与此相同或相近观点的学者主要有：汤玉奇：《社会正义论》，中央党校出版社1990年版，第1页；郁建兴：《公平原则：一个历史考察》，载《浙江大学学报（人文社会科学版）》，1995年第9卷第3期；何怀宏：《公平的正义》，山东人民出版社2002年版，第42页；陈燕：《公平与效率》，中国社会科学出版社2007年版，第26页；吴宣恭：《实现公平与效率的互相促进》，载《经济纵横》，2007年第1期；卫兴华、张宇主编：《公平与效率的新选择》，经济科学出版社2008年版，第57页；等等。

平等地参与政治生活的权利和义务,并且社会也应该为所有的社会成员提供这样的机会。经济公平则有狭义和广义的区别。广义的经济公平指的是每个公民都有平等地支配社会资源的机会,在生产、交换、消费和分配等经济环节上享有平等的权利。狭义的经济公平主要指的是财产与收入的分配状况,往往仅指在财产与收入分配上的平等。与经济效率相对的是狭义的经济公平。

按照公平的不同表现形式和衡量公平的不同标准,学者们将公平分为起点公平、机会公平和结果公平三种不同的形式。其中,起点公平也即条件公平或背景公平,指的是当事人之间的能力平等。机会公平指的是社会赋予当事人参加某种活动的权利平等,它的主要内容是规则公平或制度公平,即规则或制度要求对于不同的社会成员不做非理性的区别对待。结果公平也即分配公平。

由以上论述可以看出,公平是人类思想史上的重要议题。在人类认识的发展过程中,许多伟大的思想家都对它做过很多思考和探索,形成了许多重要的思想和理论,对人类社会的发展与进步起到了重大的作用。

(二)税收公平的经济学理论

按照杨斌教授的观点,公平问题是税收本质的客观要求,是与税收相伴相随的。[①]古今中外的许多思想家对税收公平问题进行了不懈的探索,不但留下了许多经典的论述与思想,而且也为税收公平原则的形成与发展提供了坚实的理论基础。

在中国古代文献中,就有许多对税收公平问题的记载。如《禹贡》明确提出:"禹别九州,随山浚川,任土作贡""咸则三壤,成赋中邦"。其意思是说,禹分全国为九州,按地形高低疏浚河流,按土壤的肥瘦程度分为上、中、下三等,因此制赋。齐国的管仲提出了"相地而衰征,则民不移"的观点,主张按土地的肥沃程度确定赋税的轻重。西晋时期提出了按劳动力的强弱分等征税的观点。丁男(即16岁至60岁的男性)要交五十亩土地的田租,丁女交二十亩的田租;次丁男(13岁至15岁、61岁至65岁)要交二十五亩的田租,次丁女免交。而明朝的杨炎在两税法中明确提出"人无丁中,以贫富为差"的观点,要求不分丁男、中男,而是按其贫富程度来纳税。由此可见,在中国古代,就已经出现了按照土地等级、劳动能力强弱、贫富程度等标准进行征税的观点,这与后来

---

① 杨斌:《治税的效率和公平——宏观税收管理理论与方法的研究》,经济科学出版社1999年版,第234页。

西方纵向公平的思想是相通的。

在西方,虽然在古希腊时期人们就在广泛地讨论公平问题,但关于税收的公平问题则直到近代才开始引起人们的注意。威廉·配第(William Petty)在《赋税论》《政治算术》等著作中集中探讨了财政税收的问题,并首次提出了税收公平的思想。他认为,英国当时的税收"并不是依据一种公平而无所偏袒的标准来课征的,而是听凭某些政党或派系的掌权者来决定的。不仅如此,赋税的征税手段既不简单,费用也不节省"①,"最使人感到不满的,就是对他的课税,多于对其邻人的课税"②。因此,合理的税收应当是公平的,这种公平的标准就是课税时对任何人都没有偏袒,而且税负不能过重,但遗憾的是他并没有对这一原则(他自己称之为税收的标准)做具体系统的研究。

攸士弟(John Justi)认为,由于全体人民对国家负有相等的义务,因此,每一个人在国家开支中的负担应该相等。但由于每个人享有的财产数量不等,享有国家保护亦不等,故赋税应该根据每个人负担能力的大小公平合理地进行分配。换言之,每个人应该根据其所拥有财产的比例来分担国家的支出。财产多者,他的收益也大,税赋的负担就要重一些;相反,税赋的负担就要轻一些。

亚当·斯密(Adam Smith)第一次对公平原则进行了系统的研究。他认为,"每个国家的国民,都应尽量按照各自能力的比例,即按照各自在国家保护下享有的收入的比例,缴纳赋税,以维持政府"③。"一个国家的各个人须缴纳政府费用,正如一个大地产的公共租地者须按照各自在该地产上所受益的比例,提供它的管理费一样"④,具有按利害关系比例缴纳贡献的义务。他的这一原则包含三个方面的含义:一是反对按身份定税及贵族免税特权,主张所有国民应该平等纳税。他主张,取消一切免税特权,所有的人,包括贵族僧侣等,与普通国民一样纳税。二是税收来源于地租、利润和工资三种个人收入,不应由其中的一种收入负担税收,而应由三种收入共同负担税收。三是按照自然形成的社会财富分配情况,按比例征税,税收不要干预社会财富的分配。

---

① [英] 威廉·配第:《配第经济著作选集》,陈冬野、马清槐、周锦如译,商务印书馆 1981 年版,第 72 页。
② [英] 威廉·配第:《配第经济著作选集》,陈冬野、马清槐、周锦如译,商务印书馆 1981 年版,第 26 页。
③ [英] 亚当·斯密:《国民财富的性质和原因的研究(下卷)》,郭大力、王亚南译,商务印书馆 1972 年版,第 384—385 页。
④ [英] 亚当·斯密:《国民财富的性质和原因的研究(下卷)》,郭大力、王亚南译,商务印书馆 1972 年版,第 384 页。

阿道夫·瓦格纳（Adolf Wagner）在集前人之大成的基础上，进一步发展了税收公平的理论。他认为，税收分配可以影响社会财富的分配以至于影响个人相互间的社会地位和阶级间的相互地位。因此，税收负担应该在个人间和阶级间进行公平的分配，即通过国家征税调节社会财富的分配不均，缓和阶级矛盾，达到运用税收政策实行社会改革的目的。这就是他所提出的税收社会正义原则，也叫社会公平原则。它包含两个方面的内容：一是普遍原则，即税收负担应该普及到社会的每个成员，不可因身份或地位的特殊而有差异，应不偏不倚，凡一国国民都应负有纳税义务，以体现社会正义的要求；二是平等原则，即根据负担能力确定征税多少，对收入多的多征税，对收入少的少征税，对贫困者不征税，对财产多者和不劳而获者征重税，以体现社会政策的要求。

20世纪以来的一百多年间，西方经济学家们对税收公平问题进行了更进一步的研究，深化了对税收公平的理论认识。道尔顿（H. Dalton）的税收理论是建立在"最大社会利益原则"基础之上的。他认为，虽然国家在税收负担的公平分配方面，可以有三个不同的原则进行选择，即"服务成本原则""服务利益原则"和"纳税能力原则"，但服务成本原则和服务利益原则看似公平，却难于计算，故实际上难以成立。而纳税能力原则虽然比较科学，但如何测定纳税能力，仍然是一件困难的事情。为此，他提出四种不同的牺牲说，即任意牺牲说、平等牺牲说、比例牺牲说、最小牺牲说。他认为，根据上述任何一种观点，税制都应该是累进的。故他主张，国家税收的大部分负担都应该放在"肩头最硬"的富人身上。

阿瑟·塞西尔·庇古（Arthur Cecil Pigou）不仅主张要利用税收达到生产资源配置的最优化，而且主张要利用税收来进行国民收入的再分配，促使财富的分配趋于均平，因此，他非常重视税收的公平性问题。他认为，税收负担不仅对于每一个纳税人而言都是一种牺牲，而且对于不同的纳税人，相互之间的牺牲程度都不一样，因此，他为自己确定的研究目标是"研究税收总牺牲量以及这个总量在纳税之间分配的方式"①。他把最少牺牲原则视为税收的最高原则，并把它看成是衡量一国税收法律是否公平和合理的试金石。他认为，在税务实践中，商品税不能贯彻最小牺牲原则，因为商品税无法调节纳税人的收入水平。而所得税由于课税对象既不是总收入，也不是毛收入，而是扣除各项费用、基金等后的净收入，故比较容易贯彻最小牺牲原则。他还认为，要彻底贯彻最小牺牲原则，就要实行累进税率。应当对储蓄和固定财产征税，这有利于国民收入的均等化。此外，他还提出了几种新税，如垄断收入税等。

---

① [英]阿瑟·塞西尔·庇古：《财政学研究》，马大英译，辽宁财经学院1979年编印，第40页。

马斯格雷夫（Richard Abel Musgrave）认为，一个合适的税制结构必须符合税负分配的公平性要求。而以前学者们提出的受益原则和纳税能力原则都无法容易地加以解释或付诸实践。因为，根据受益原则，就必须要知道每个纳税人从政府支出中得到的受益，因此，完全公平的税制就必须根据支出结构的不同而不同。而要按照纳税能力原则，就必须要知道如何确切地衡量纳税人的税收负担能力。这些都是非常困难的。因此，这两种方法中的任何一种都不可能在"实际领域里获胜。此外，也没有一种方法能实现税收政策的全部职能"[1]。尽管如此，这两个原则在设计公平的税收结构方面都有其重要性。

约瑟夫·斯蒂格利茨（Joseph Eugene Stiglitz）对税收公平原则做了更进一步的研究。他认为，税收公平首先应该是横向公平。"若一税收制度对各有关方面的情况都相同的人公平对待"，就是横向公平。"横向公平的原则很重要，以致事实上它作为14号修正案（公平保护条款）被写进宪法。因此，在美国，有种族、肤色、宗教歧视的税一般被认为是横向不公平"[2]。他认为，实现纵向公平需要解决如何判断谁"有能力负担高税赋"的问题。他认为，通常有三种标准，即纳税能力、经济福利水平、从政府活动中所获得的收益。而衡量纳税能力和经济福利水平的具体标志是收入和消费。他主张以消费作为课税的具体标准，甚至主张以消费税来部分取代所得税。"把消费作为合适的课税标准的一个理由是：它似乎比人们从经济制度中所得收益作为课税标准更为公平"[3]。

从以上的简要介绍可以看出，税收公平问题是税收经济学研究中一个不可回避的问题。在西方经济学的发展历史上形成了两种不同的税收公平理论，即以纳税人从政府提供的公共产品中受益的价格来确定纳税人的税收负担的理论和以纳税人承担税收负担的能力来确定纳税人税收负担的理论。前者是被称之为受益原则，后者被称之为能力原则或负担能力原则。同时，经济学家们还进一步探讨了税收公平原则的具体内容。

（三）从税收的经济公平思想到税收的法律公平原则

从以上简述中可以看出，西方经济学家对税收公平问题进行了长期的研究，提出了

---

[1] [美]理查德·A.马斯格雷夫、佩吉·B.马斯格雷夫：《财政理论与实践》（第5版），邓子基、邓力平译校，中国财政经济出版社2003年版，第231页。

[2] [美]斯蒂格利茨：《公共经济学》，第386页。转引自王振宁主编：《赋税思想史》，吉林人民出版社1998年版，第323页。

[3] [美]斯蒂格利茨：《公共经济学》（中译本），第390页。转引自王振宁主编：《赋税思想史》，吉林人民出版社1998年版，第323页。

多种不同的观点。然而，他们的研究都只是从经济学的视角对税收所应该具有的理想状态的探索，故是一种理论的探讨。尽管有些学者提出了税收公平"原则"这一概念，但实际上，与其说它是一种原则，倒不如说它是一种理念或理想，是人们对未来税收制度或税收活动所应该具有的一种理想状态的追求或希望。它既是对税收制度制定者的基本要求，又是对税收制度及其实施活动进行评价的一种理论准则。因此，它是先验的、主观的、相对的和有条件的。无论用逻辑推理的方法还是用事实检验的方法都是不可证成的。从这种意义上来讲，将"税收公平原则"改称为"税收公平价值"可能更为科学合理。

首先，经济学中税收公平的理论基础是边际效用理论。虽然边际效用理论是现代经济学分析公共产品的一种基础性的理论方法，也是建立税收优化理论的基本方法，然而，它所提出的边际效用问题，却只是对研究对象的一种质的规定性的规范描述，而无法把其量化和具体化，更不可能运用于指导税收制度的设计与执行。因此，它不具有可操作性和应用性。

其次，税收经济公平主张条件相同的纳税人应该负担相同的税收，条件不同的纳税人应该负担不同的税收。然而，在现实中，对于条件相同的纳税人依据横向公平的理论进行课税是否就能够保证税收负担的公平？答案其实不尽然。根据负担能力客观说，以纳税人的收入、支出和财产作为衡量纳税人负担能力的标准，同样价值的货币收入、货币支出和所拥有的物质财富（如珠宝），它们所代表的负担能力就必然相同吗？未必。退一步来讲，即使两个纳税人拥有相同数量的货币收入，难道就意味着他们两人的负担能力就完全相同？答案也是未必。因此，以所谓的收入、支出和财富相同来确定纳税人的负担能力相同，显然不能够解决所有的问题。同样，对于条件不同的纳税人，如何确定他们之间税收负担的差距，也是一个非常棘手的问题。例如，一个年收入10万元的纳税人和一个年收入100万元的纳税人，他们两个人之间的所得税差距应该是多少才公平？假使对于年收入10万元的纳税人适用10%的税率，那么，根据上述理论对于年收入100万的纳税人应该适用什么样的税率才是公平的？50%？90%？还是其他？由此可见，无论是税收的横向公平理论还是纵向公平理论，都在实际上存在着不公平的问题。

最后，也是最为关键的问题是，税收的经济公平作为一种理论，它只对税收实践具有理论上的指导作用或观念上、思想上的约束作用，而不具有强制性的拘束力。因此，在现实中，对于违反税收公平的制度或行为，它只具有道义上的谴责功能和理论上的批判功能，而不具有现实的约束功能和矫正功能，故不能也无法对实际的税收活动起到规范和制约作用。

在当代，税收收入已不仅为国家的存在和运行提供充足的经济基础，而且税收活动本身也已经成为国家对市场进行宏观调控的重要工具和手段，在引导市场发展、调节收入分配、实现国家的经济政策和社会政策等方面发挥着日益重要的作用。故经济学家熊彼特将现代国家名之为"税收国家"，并得到了许多学者的认同。然而，即使在税收国家中，税收活动也并不是一件简单和容易的事情。在政府征税过程中，如果没有纳税人的自觉遵从，再好的税收制度也只能是徒具虚名。而为了使纳税人能够自觉地遵从，除了必须赋予税收制度足够的强制性和威慑力之外，税收制度的公平性则是纳税人遵从的重要前提。在当代世界各国普遍实行税收法定原则的前提下，税收的经济公平理论只有转化为税收的法律公平，才有可能获得规范功能和强制力，并从根本上真正实现税收的经济公平。因此，当代世界许多国家都把税收公平作为一个宪法原则和法律原则写入了宪法和法律之中，从而使其不仅作为一种经济思想而存在，而且将其转化了税法的基本原则，对税收法律制度的制定和实施产生强制性和规范性。

一般认为，作为一项法律原则，税收公平原则首先是"法律面前人人平等"原则在税法领域内的具体体现，在内容上要遵守法律公平原则的一般要求。与此同时，税法作为一国法律体系中一个相对独立的法律部门或部门法，还必须要体现税法本身所具有的特殊性。这种特殊性主要表现在两个方面：一方面，税法属于分配法，故税法的公平原则还必须要体现税法作为分配法在纳税义务分配活动中的公平性要求。另一方面，税法所规范的对象是税收活动。故税法的公平原则还必须要体现税收活动本身对公平的要求，即税法公平原则还必须要考虑作为一种经济活动的税收经济公平的要求。但这并不等于说作为一种法律原则的税收公平原则必须要完全照搬作为一种经济理论的税收公平的内容。实际上，作为一种经济理论的税收公平理论与作为一种法律原则的税收公平原则之间存在着非常大的区别。这种区别主要表现在三个方面：第一，作为一种经济理论的税收公平，首先应该属于经济公平的范畴。而从经济公平的角度来讲，核心内容是有关税收的经济负担在纳税人之间的分配是否公平的问题。因此，它关注的重点是纳税负担分配的经济结果。而作为一种法律原则的税收公平，首先应该属于法律公平的范畴。而从法律公平的角度来讲，公平的实质首先是指权利与义务上的对称，即人们的获得（不仅仅是经济上的收入）应当与他们所承担的责任以及所做出的贡献相一致。因此，税法公平原则首先是指在税收活动中权利与义务的对称或平等。它关注的重点是在税收征纳过程中权利与义务的对等或平衡。第二，作为一种经济理论的税收公平，主要关注的是税收负担分配公平与否的问题，属于分配公平的范畴。而作为一种法律原则的税收公平，除了要关注税收征纳过程中的权利义务分配是否公平的问题外，还必须要对在具体的税收征纳活动之中权利义务分配不公的现象进行矫正。因此，它不仅属于分配公平的范畴，而且还属于矫正公平的范畴。第三，经济或经济学意义上的税收公平在本质上只是一种观点、理论或思想，它对于现实的税收制度和税收活动只具有理论上的指导功能和评价功能，而不具有强制性和约束力。而税法上的公平原则不仅对于现实中的税收制度和税收活动具有指导功能和评价功能，而且具有强制约束功能和强制矫正功能。正是由于税法的税收公平原则与经济学意义上的税收公平理论或所谓的税收公平原则之间具有这样的不同或差异，因此，笔者认为二者之间是不能够相互取代的，更不能以经济学意义上的税收公平理论或税收公平原则来取代税法的税收公平原则。

此外，作为一种法律原则的税收公平原则与税收公平价值之间也存在着较大的差别。税收公平价值是税法所追求的理想状态和目标，是人类关于公平、正义等观念在税法领域内的具体体现。它是先验的、主观的、相对的和有条件的。它既是对税法立法活动设定的一个理论目标和基本要求，又是对税法制度和税收活动进行评价的理论准则，从而具有目标导向功能和理论评论功能。而税收公平原则作为税法制度的构成要素，不仅是税收公平价值在税法制度中的具体体现，而且是连结税收公平价值与税收具体规则的中间环节和桥梁。一方面，它通过对税收公平价值的外在化和具体化，从而使税收公平价值的内容得以外在化、明确化和具体化，以便能够为人们所把握。另一方面，它又是制定税法具体规则的出发点和基本准则，并对税法规则的制定和税法的实施进行规制。因此，它不仅具有目标导向功能和理论评价功能，而且还具有强制规范功能。由此可见，税法中的税收公平价值与公平原则虽然具有紧密的联系，但二者在根本上是两个层次的东西，是不可混同的。

二、税收公平原则的法理构造

从第五讲对税收宪法问题的论述中我们可以看出，税收公平原则不仅是一个宪法原则，而且在宪法层面上，它已经包含了纳税义务公平分配的要求。但由于宪法的地位和功能，就使得这一要求只是成为指导税法制定和运用的一般宪法原则，而不会成为衡量纳税义务分配公平与否的直接规范。它只有体现在税法制度之中，通过税法对不同税种的税目、税率、纳税人等具体事项和内容的规定，才能对纳税义务的分配和实现起到直接的规范功能。

（一）税收公平的判断标准

在税收征纳关系中，纳税义务是由纳税人承担的。故纳税义务分配的公平问题实际上就转化为了纳税人税收负担分配公平的问题。因此，如何确定纳税人的税收负担，才能使相同条件纳税人的税收负担相同，不同条件纳税人的税收负担不同，以保证所有纳税人在税法面前真正实现人人平等，就成为税收公平原则必须解决的核心问题。而要解决这一问题，则首先需要明确衡量纳税人"条件"是否相同的标准。在长达几百年的探索过程中，学者们逐步形成了受益原则和负担能力原则两种不同的观点。

1. 受益原则

受益原则也称为利益原则或受益说。它要求，纳税人税收负担的大小应该依据纳税人从政府提供的公共产品中所获利益的大小来确定。获得利益多者多纳税，获得利益少者少纳税，没有获得利益者不纳税。

从受益原则的理论发展可以看出，受益原则的理论基础是社会契约论，它的实质是税收交换说。依据霍布斯的观点，人民为公共事业缴纳税款，无非是为了换取和平而付出的代价。①税收公平表现为各纳税人的税收负担与其享受政府提供的利益成比例。洛克、孟德斯鸠等也持与此相近的观点。亚当·斯密进一步认为人民应该按照其在国家保护下享得的收入比例缴纳税收，维持政府的存在与运行。维克赛尔（Knut Wicksell）则建立起了所谓的自愿交换模型，试图解决受益原则的缺陷。而林达尔（Erik Robert Lindahl）提出的林达尔均衡也对税收利益交换的理论进行了探索。

根据受益原则，国家之所以向纳税人征税是由于纳税人从国家提供的公共产品中受益，自然就应该向国家纳税，而且受益多者多纳税，受益少者少纳税，不受益者不纳税。由于受益原则把纳税人的纳税行为与纳税人从政府提供的公共产品中获得的收益结合起来，把纳税行为看成是一种交换行为，因此，这种观点在理论上具有一定的合理性。"既然人们在日常生活中要偿付从私人经济中所得到的商品和劳务，那么人们应该对具有公益性的政府支出，按照其享受利益的多少做出相应分摊。如果税收不是按照纳税人享受政府支出利益的多少来课征的，政府提供的公共服务就成为对使用者的一种补助金，因

---

① [英] 霍布斯：《利维坦》，黎思复、黎廷弼译，杨昌裕校，商务印书馆1985年版，第22页。

为有些人享受这种服务是在其他人蒙受损失的情况下进行的"①，这对于其他蒙受损失者而言是不公平的。合理的税收就应该按照受益原则的大小来分摊税收负担的大小。同时，由于受益原则把税收看作是纳税人接受国家提供公共产品的价格，故其所主张的税收公平，实际上就是一种交换规则的公平。它要求每个人都要按照自己的意愿像选择私人产品那样选择接受政府提供的公共产品，并按边际效用付款购买。因此，受益原则在收入分配方面是中性的，不会导致税收对市场分配关系的扭曲，故在理论上具有很大的科学性。

然而，尽管受益原则在理论上具有一定的合理性和较大的科学性，但在现实中却面临着许多无法解决的问题。首先，按照受益原则，税收是纳税人为享有政府提供的公共产品而付出的对价，公共产品具有非排他性和非竞争性，每个公共产品的消费者一般都不会主动暴露自己对公共产品的偏好，甚至有时候还会隐藏自己对公共产品的偏好，这样，要确定每个人从公共产品中受益的多少则是非常困难的，甚至有时候是不可能的。因而政府如何来确定每个人的税收数量就是非常困难的。其次，在政府提供的公共产品中包含了许多社会福利项目，由于它的受益者一般都是社会中的弱势群体，如穷人、残疾人等，如果要按照受益原则来确定税收负担，则他们的税收负担肯定比其他社会群体要重得多，这显然是违背公平原则的。故一般来讲，对于纯公共产品，要按照受益原则来征税，往往会违背公平原则的要求。而只有那些准公共产品由于其受益对象与受益程度能够确认，才可以依照受益原则来筹措财政资金。最后，由于依据受益原则筹措的财政资金是从政府提供的特定的公共产品中得来的，故应该具有专款专用的性质。而税收的目的是为政府筹措一般财政资金，故按受益原则可能会影响税收收入的种类和数量。正是因为在现实中存在这三个方面的原因，故受益原则虽然在理论上具有一定的合理性和较大的科学性，但在实践中，它作为确定税收负担的一般原则却无法得到普遍执行。而只有在一些具有准公共产品的领域中，针对一些具有较强受益性质的产品和行为根据受益原则开征一些名之为特定受益税的税种。例如，我国的车船税、西方国家的汽车驾驶执照税、社会保险税等。

2. 负担能力原则

负担能力原则也称为支付能力原则或能力说。它要求，纳税人的税收负担应该根据其负担能力的大小来确定，能力大者多纳税，能力小者少纳税，无能力者不纳税。

从负担能力原则的内容可以看出，负担能力原则是与受益原则刚好相反的一种理论。它把纳税人的税收负担与纳税人从政府提供的公共产品中的受益分割了开来，而将其与

---

①施正文：《税法要论》，中国税务出版社2007年版，第38页。

纳税人的税收负担能力联系了起来。依据这一理论，纳税人的税收负担大小只与纳税人自身的负担能力相联系，而与从公共产品中的受益大小无关。这样，以纳税人的税收负担能力来分配纳税人的税收负担，就比较符合纳税作为一种公民义务的内涵。因此，就比较好的体现了税收的本质规定。

然而，赞成以纳税人的负担能力大小来确定其税收负担的大小是一回事，而衡量纳税人的税收负担能力大小又是另外一回事。根据马斯格雷夫的观点，衡量一个人税收负担能力的标准"应能反映每个人从所有可供他选择的机会中得到的全部福利，包括消费（现在和将来的）、财富占有和对闲暇的享受等"[1]。而在现实中，由于纳税人"从所有可供他选择的机会中得到的全部福利"具有多样性和复杂性，故他提出的衡量标准只能是一个理想的标准，而不可能付诸实践。为了解决这一问题，学者们进行了长期的探索，并提出了两种不同的解决方案，即主观能力说和客观能力说。

主观能力说认为，纳税人的支付能力不仅取决于纳税人客观上可以衡量的某些指标，如收入、支出和储蓄，而且还取决于纳税人主观上的效用评价。因为，即使拥有相同收入的人也因具体情况不同而拥有不同的福利水平。同时，福利水平的差别也会因纳税人对收入的效用评价不同而不同。因此，衡量纳税人个人福利的主观标准应该是纳税人在纳税之后的边际效用。由于纳税对纳税人而言是一种牺牲，因此，最早主张这一观点的约翰·穆勒（John Stuart Mill）就认为："作为一项政治原则，课税平等就意味着做出的牺牲平等。这意味着，在分配每个人应为政府支出做出的贡献时，应使每个人因支付自己的份额而感到的不便，既不比别人多也不比别人少。"[2]他的这一理论被后来的学者们归结为效用损失理论。根据该理论，人们向国家纳税造成的牺牲也是一种效用损失。只要这种损失在主观评价上所有纳税人都是一样的，即牺牲均等，那么这种税收负担的分配也就是公平的。由于人们对于均等牺牲的理解各有不同，因此，均等牺牲又可分为绝对均等牺牲、比例均等牺牲和边际均等牺牲三种不同的标准。

绝对均等牺牲标准认为，如果纳税人的纳税活动能使每个纳税人所牺牲的总效用相等，则税收负担的分配就是公平的。而根据经济学中的边际效用递减原理，边际效用与收入呈反向变化，即收入越多，边际效用越小；反之，收入越少，边际效用越大。换言之，低收入者的货币边际效用大，高收入者的货币边际效用小。因此，对高收入者和低

---

[1] 转引自夏琛舸：《所得税的历史分析和比较研究》，东北财经大学出版社2003年版，第23页。
[2] [英]约翰·穆勒：《政治经济学原理（下卷）》，胡企林、桑炳彦、朱泱译，商务印书馆1991年版，第376页。

收入者征收同样比例的税,高收入者的边际效用牺牲要小于低收入者,这样的税收就是不公平的。所以,为使每个纳税人的税收效用损失相等,就应该对边际效用小的收入部分征高税,对边际效用大的部分征低税。这也就是说,应该对高收者征高税,对低收入者征低税。

比例均等牺牲标准认为,如果纳税人的纳税活动能使每个纳税人因纳税牺牲的总效用与其纳税前的总效用的比例相等,则税收负担的分配就是公平的。根据经济学原理,虽然随着纳税人的收入增加,其边际效用会逐步减少,但高收入者的总效用总是要比低收入者的总效用要大。因此,必须对所获总效用大者多征税,对所获总效用小者少征税,只有这样,才有可能使征税后各纳税人所牺牲的效用与其收入成相同的比例。

最少均等牺牲标准认为,如果纳税能使每个纳税人纳税的最后一个货币单位的边际效用相等,则税收负担的分配就是公平的。因为当不同纳税人边际效用的牺牲相等时,从全社会来看各纳税人因纳税而受到牺牲的总量是最小的。根据边际效用递减原理,高收入者的边际效用总是小于低收入者的边际效用,因此,要使征税后每个人的边际效用相等,就必须从最高收入者开始递减征税,即对高收入者全额征税,对低收入者全部免税,这样就能实现收入的绝对平均。

主观能力说作为一种学术观点或理论,它是建立在主观唯心论基础之上的,"直到目前为止还没有找到准确地计算或衡量收入的效用以及损失(牺牲)的办法,效用和牺牲等概念仍属于心理感觉范畴"[1]。另外,由于"当时的许多经济学家对均等的,按比例的,最低限度的牺牲这样一些概念的含义是糊里糊涂的"[2],还"经常犯一些推理错误"[3]。因此,它除了在理论上难以获得比较一致的认同外,在实践上也难以得到比较普遍的应用。但这并不表明该理论就一无是处。事实上,主观能力说的理论意义和实践价值就在于,它揭示了对纳税人的收入征税时,累进税率不仅比比例税率更具有公平性,而且累进程度越大其公平程度就越高。正是在该理论的指导下,现代世界各国普遍将纳税人收入分为若干档次,分别实行不同的累进税率。同时对于生活必需品征低税或免税,对奢侈品征高税。这就较好地解决了税收负担分配的公平问题。

客观能力说认为,应该以可客观观察并衡量的某种指标来作为衡量纳税人纳税能力的依据。虽然在现实中能够表明纳税人税收负担能力的客观指标很多,但一般认为,所

---

[1] 杨斌:《税收学原理》,高等教育出版社2008年版,第65页。
[2] [美] 约瑟夫·熊彼特:《经济分析史(第3卷)》,朱泱等译,商务印书馆1994年版,第288页。
[3] [美] 约瑟夫·熊彼特:《经济分析史(第3卷)》,朱泱等译,商务印书馆1994年版,第460页。

得、支出和财产等物质财富最能代表一个人税收负担的水平和能力，故当代世界各国一般都以所得、支出和财产作为衡量一个纳税人税收负担的标准。

所得是对个人全部货币收入的通称，它一般包括工资、薪金、利息、股息、租金等收入。在这里，之所以把所得的主体限定为个人，而不包括企业或公司等，是因为，根据芝加哥大学著名经济学家亨利·西蒙斯（Henry Simmons）的观点，"所有税收，不论其名义基础如何，都应当是落在个人收入上面"①。以个人所得作为衡量纳税能力的标准，具有资料全面、基础广泛、易于掌握的特点，便于进行税收的征收和管理。除此之外，以所得作为衡量的标准，更为重要的原因在于，所得是一种扣除了各项费用之后的纯收入，可以真实地反映纳税人的实际收入状况和纳税人的实际税收负担能力。这样，在税收负担的分配上，就可以明确规定一个所得标准，只有所得超过这一标准者才负有纳税义务，而所得低于这一标准者将不承担纳税义务。同时，在纳税义务的具体分配上，可以通过制定累进税率的形式，相同的所得负担相同的税收，不同的所得负担不同的税收，所得多者多纳税，所得少者少纳税。对于所得低于一定标准或无所得者，还可以通过建立"负所得税制"的办法，对他们实行税收补贴，以保障其基本的生活条件。正因所得具有上述各种优点，所以，大多数学者认为把所得作为确定税收负担公平分配的标准是最合适的。不仅如此，在许多发达国家和地区，都把所得税特别是个人所得税设为主体税种，就是对这一理论最好的注释。然而，尽管如此，以所得作为衡量一个人纳税能力的标准，也并非十全十美。因为，所得一般是用货币来计算的。但在现实中，纳税人的所得来源具有多样化的特点。许多纳税人除了具有货币所得外，还可能存在实物所得或其他形式的所得，且这些所得很难货币化或用货币来衡量。另外，世界各国都普遍存在地下经济的现象，甚至在有些国家地下经济的规模还非常庞大。而地下经济的根本特征就在于政府无法对其进行监控，由此导致对来自地下经济的所得无法进行征税。还有一些学者认为，以所得作为确定一个人税收负担的标准有悖于市场经济的原则。因为，市场经济是按照生产要素的贡献大小来分配的，它符合竞争要求和机会公平的要求。一个人所得越多说明其对生产的贡献越大。故对所得越高者征税越多，这显然是不公平的。②

支出是个人所得减除个人储蓄后的余额。需要说明的是，这里所谓的支出，指的是纳税人的一般性支出或综合支出，而不是专门指称消费者为购买作为消费税征税对象的

---

① 转引自［美］阿图·埃克斯坦：《公共财政学》，张愚山译，中国财政经济出版社1983年版，第82页。

② 李友元等：《税收经济学》，光明日报出版社2003年版，第86页。

支出。根据一些学者的观点，支出行为是一种个人对社会的索取行为，因此，索取越多，说明其支付能力越强，就越应该多缴纳。[1]英国学者卡尔多（Nicholas Kaldor）和米德委员会等也认为，对支出征税可进一步推动税收公平的实现，支出税的最大好处之一是鼓励储蓄和投资。同样一笔钱，在累进所得税下可用于扩大投资的数量必然少于支出税下可以用于扩大投资的数量，因为只要他把钱用作投资，可以完全不必缴税，且这种税基下同样可以很方便地实行累进税，从而进一步推动税收公平的实现。[2]但以支出作为衡量一个人纳税能力的标准也存在着一些明显的缺陷。这是因为，无论是穷人还是富人，其在生活必需品上的支出相差不大。因此，以消费支出作为衡量一个人纳税能力的标准，不能客观地反映一个人的实际税收负担能力。另外，虽然对支出征税可以鼓励储蓄，但储蓄却是一种延迟的消费，不对其征税，也有违反税收公平的本意。

财产也可以被认为是衡量纳税人税收负担能力的合适标准。因为，财产是个人过去收入的累积，它可以代表纳税人的支付能力。一方面，纳税人可以利用财产赚取收入。另一方面，纳税人通过遗产继承或受赠等增加财产的拥有量，从而增强其支付能力。同时，对财产征税，可以实现对社会财富再分配的功能。但是，把财产作为纳税能力的标准，也存在一定的缺陷。之所以这么说，一是财产具有非常复杂的形态，如动产与不动产、有形财产与无形财产、自有财产与转移财产等，在管理上不易掌握。二是以财产作为衡量纳税能力的标准也可能带来不公平。在现实中，等量的财产不一定能够带来等量的收入。此外，以财产作为征税对象也可能会影响到纳税人的储蓄与投资。

从以上分析可以看出，在所得、支出与财产这三者中，无论把哪一个作为衡量纳税人税收负担能力的标准，都既具有其合理性，也具有其固有的局限。但相对而言，由于所得基础广泛，衡量标准较为简单明确，管理上也更为简便，所以把它作为衡量一个人税收负担能力的标准，可能更为科学和简便一些。而支出和财产作为衡量纳税人税收负担能力的标准虽然具有一定的局限性，但也有其不可取代的功能。因此，只有把三者同时结合起来，并以所得作为主要标准，支出和财产作为辅助标准，才能实现税收负担分配的公平和合理。正是基于这样的认识，一些发达国家在税收制度的设计上，就以所得（特别是个人所得）作为税收负担分配的主要标准，以支出和财产作为税收负担分配的次要标准，从而建立起来了以所得税为主体、以流转税和财产税为辅助的税收法律体系。其中，对所得征税，采取比较宽泛的认定方法，无论是工资薪金，还是投资收益、劳务报

---

[1] 蒋洪主编：《公共经济学（财政学）》，上海财经大学出版社2011年版，第245页。
[2] 刘宇飞：《当代西方财政学》（第2版），北京大学出版社2003年版，第227页。

酬、财产转让收益等，除根据一些社会政策的考虑需要给予税收减免外，应统一纳入征税范围。而对于支出和财产，则根据税收公平的要求和社会政策方面的考虑，有选择性地确定一些项目征税。如在支出方面，对于一些特别的消费支出，如奢侈性消费支出、对自然环境不利影响的消费支出进行征税。在财产方面，选择对一些土地房屋及车辆船舶等少数财产进行征税。这样，才能真正实现税收负担分配的公平和合理。

从以上对受益原则和负担能力原则的讨论中可以看出：第一，虽然两个原则在本质上都存在着难以克服的缺陷与不足，但它们各有其理论上的合理性和科学性，并且它们之间还存在着一定的互补性，可以弥补对方理论之不足。因此，在税收制度设计和评价时，应该充分发挥各自的优势，避免其局限性。第二，在指导税收制度的制定时，由于负担能力原则以纳税人的所得、支出和财产作为征税的标准，能够比较准确地反映纳税人的实际状况，特别是所得，不仅包含着财产所得，而且还制约着支出，因此，以纳税人的所得，特别是净所得作为衡量纳税人纳税能力的标准就比较符合公平原则的内在要求，在实践中也具有很大的可操作性。所以，以它作为衡量税收公平的主要标准，不但受到了大多数学者的赞同，同时也成为许多国家确定主体税种的理论根据。目前世界各国都普遍以负担能力，特别是纳税人的所得作为确定纳税人税收负担的主要标准。虽然受益原则无法成为衡量或分配税收负担的一个普遍标准，但把它作为能够确定从公共产品中受益行为的征税原则时，却更能彰显税收的公平原则。同时，它在实践中还有助于确立适度的宏观税负，以防止政府过度干预市场经济活动，保证公共产品足量供应。因此，它被看作是对负担能力原则的补充而适用于一些特定的税种。

（二）税收公平原则的内容构建

在现代税法学中，一般认为，税收公平主要包含两个方面的内容，即普遍纳税原则和平等纳税原则。[①]

1. 普遍纳税原则

普遍纳税原则是指征税应该遍及税收管辖权范围内所有自然人、法人及其他社会组织，所有有纳税能力的人只要发生了纳税义务，都必须毫无例外的依法纳税。这就要求，税法在对其构成要件及税收管辖权的设定上，要尽可能满足普遍性和平等性的要求。所

[①] 这是目前学术界比较一致的观点。例如，张馨、杨志勇：《当代财政与财政学主流》，东北财经大学出版社 2000 年版，第 57 页；陈共主编：《财政学》，四川人民出版社 1994 年版，第 244 页；等等。

谓的普遍性是对人征税的税种应尽可能普遍触及管辖权范围内的每个自然人和法人，对物征税的税种应尽量普遍触及征税范围内的每一次物品交易。所谓的平等性是指要求纳税义务的设定及履行对所有的人都应该一视同仁，不允许超出法律许可范围区别对待，更不允许存在特权阶层。它要求，除非有法律规定，任何人都必须根据税法的规定承担纳税义务并切实予以履行，不得因其身份、地位等情况而享有某种特别优惠的税收待遇。同时，除非特别的政策目的，也不得对任何人给予特别不利的税收待遇，即不得实行税收歧视。

2. 平等纳税原则

无论在何种意义上，平等纳税的基本内涵都是"相同的情况必须给予相同的对待"。由此可以看出，衡量纳税人之间的税收负担是否公平，就首先要看不同纳税人之间的条件或情况是否相同或一样。如果不同纳税人之间的情况相同，其税收负担就应该相同，这就是平等纳税原则。换言之，如果纳税人之间的情况并不相同，其税收负担就应该不同。由此可知，平等纳税实质上就包含两个方面的内容，即相同情况相同对待，不同情况不同对待。在税法学中，学者们将这两个方面分别称之为横向平等和纵向平等。其中，横向平等，也称为税收的横向公平或水平公平，是指条件相同的人应该负担相同的税收。纵向平等，也叫税收的纵向公平或垂直公平，是指条件不同的人应该负担不同的税收。

税收的横向公平原则要求在税收负担的分配上，条件相同的纳税人税收负担应该相同。对于大多数纳税人而言，这一原则的内容和意义是非常容易被理解和接受的。然而，横向公平作为一项税收负担分配的具体原则，在税法实践中却存在着许多难以解决的问题，因此，操作起来却并不容易。

首先，横向公平要求在税收负担的分配上，条件相同的纳税人税收负担应该相同。在其中，如何作出纳税人之间的条件是否相同的判断，是一个十分复杂的问题。因为，公平作为一个关系判断，它是在对不同对象之间进行比较之后做出的。正如哲学上的命题"世界上不存在两个完全相同的树叶"所言，在真实世界中的纳税人是千差万别的，不可能找到两个完全相同的纳税人。因此，"条件相同的纳税人"的具体含义是什么？以什么样的条件来作为衡量不同纳税人之间相同与否的标准？这是必须解决的首要问题。

从前述分析中我们已经知道，无论是受益标准还是负担能力标准，都存在一定的缺陷与不足，但相对而言，由于负担能力标准具有更强的客观性和可操作性，因而成为世界各国普遍认可的衡量标准。特别是所得，不仅更易于计量和控制，而且还能够制约支出和财产，成为许多国家更为青睐的用于衡量税收公平的主要标准。以所得税为主体税种的国家就是依据这样的标准来确定税收义务分配的。因此，对于以所得税为主体税种的国家而言，衡量纳税人"条件相同"的主要标准，显然就应该是所得相同，即对于收入条件或数量相同的纳税人就应该征收相同数量的税收。因此，"条件相同"应该是指纳税人的收入条件相同。

但问题可能并不如此简单。在"所得相同"的现象背后，可能还存在着相当大的不同。首先，由于所得有毛所得和净所得、货币所得与实物所得、实现所得与潜在所得、勤劳所得与非勤劳所得、单项所得与综合所得、临时所得与经常性所得等的不同，因此，如何确定所得的种类，就不是一件容易的事情。其次，对于所得时间的确定不同，可能会导致不同的结果。例如，有以次计算的所得、以月计算的所得、以年计算的所得，还有以一生来计算的所得，而不同的所得期间的确定，可能就会导致不公平的结果。再次，相同所得者可能因其家庭情况的不同而导致实际的支付能力有很大的差异。最后，相同所得者各自的消费效用也可能不同。正因存在着上述种种差别，故对"所得"概念的理解就比较复杂。例如，在西方理论界，有学者将其分为增值概念、来源概念和信托概念；也有的学者将其分为流量学说、周期性学说、净增值学说、所得源泉说等学说。[①]但总的来说，黑格－西蒙斯（Haig-Simons，一般缩写为 H-S）的所得定义还是得到了大多数学者的认同。他们认为，所得是以货币表示、体现的，在一定时期内个人消费权利的净增加，等于个人在该期内实际消费加上财富的净增加额（储蓄额）。由于这一定义实际上指的是纳税人的全部所得，比较符合横向公平的要求，因此，它才得到了多数学者的赞同，也被许多国家的税法所接受。

其次，即使以支付能力作为衡量纳税人条件相同的标准，但是否条件相同的人承担相同的税收就意味着一定符合横向公平的要求呢？情况并不总是如此。因为，支付能力虽然作为一个客观标准比较容易为人们理解和接受，但在实际上，它也受到了许多因素的影响，因而难以准确地比较和判定。例如，由于纳税人的自然状况各不相同，因而相同的收入状况可能会导致实际负担能力大不相同。再如，对于具有相同支付能力的人而言，由于每个人的努力程度存在较大差异，要他们承担相同数量的税收，也可能会造成实际税收负担的不同。因此，为了弥补这一要求的不足，1976 年美国学者费尔德斯坦（Martin Feldstein）提出了一个衡量纳税人横向公平的效用标准：若两个人的税前情况相同（有相同的效用水平），则他们的税后情况也应该相同；税收不应该改变效用的序列——若税前 A 的境况比 B 好，则税后 A 的境况也应该比 B 好。当然，由于费尔德斯坦的

---

① 对西方学者关于"所得"概念的分类与定义，可进一步参看刘蓉：《所得税征税客体研究》，法律出版社 2010 年版，第 85—87 页。

效用概念其实也是一个非常难以测算与度量的概念，因此，效用标准在实践中也很难予以操作。但效用标准的理论价值在于，它为人们评价税收制度的横向公平提供了一种理论思路，使人们能够对税收负担的横向分配公平问题做更进一步的探索。

总之，税收的横向公平"不管如何定义都是一个相当不明确的概念，但是它作为税制设计的准则还是有巨大的吸引力。同等地位的公平观念，不管它多么含糊，仍然将会在税收政策的执行中继续发挥重要的作用"①。虽然它因存在着种种缺陷而难以在现实中得到完全的实现，但却为税收法律制度指出了发展的方向，而且在现实中的确有一些国家是按照这一原则来对其税收法律制度进行不断的修正和完善，从而使其在横向公平方面取得了越来越明显的进步。

根据税收公平原则，纵向公平指的是条件不同的人应该承担不同的税收。这表明，纵向公平表达的是一种差别待遇，故从形式上来看是不公平的。但恰恰是这种形式上的差别待遇和不公平，才克服了横向公平下对纳税人实行"一刀切"制度所隐含的实际上的不公平，因此，在实践中，人们普遍认为，纵向公平作为对横向公平的必要补充，它以形式上的不公平而使得税收法律制度在实质上更加公平和合理。

作为一种制度设计，税收纵向公平所要解决的问题是如何合理地确定条件不同的纳税人之间税收负担的差别问题。这一问题，还可以进一步细化为三个问题，即：第一，对于条件不同的纳税人而言，谁应该承担更高的税收负担？第二，在税收法律制度中，条件不同者税收负担的差别应该如何体现？第三，对于承担较高税收负担的人而言，他们的税收负担应该比税收负担较低的纳税人的税收负担高多少？在这三个问题中，第一个问题显然不需要专门研究讨论。因为，无论是根据受益原则还是负担能力原则，都不可能得出要求条件较差的人承担较高的税收负担而让条件较好的人承担较低的税收负担的结论，而只能是相反，即条件较好的人应该承担较高的税收负担而条件较差的人应该承担较低的税收负担。因此，在这里重点需要讨论的是后两个问题。

关于第二个问题，对于条件不同者之间的税收负担差异的体现，一般来讲，是通过税基调整和税率设计这两个税法的构成要件来进行的。

如前所述，在横向公平下，所得相同的人应该承担相同的税收。尽管大多数的专家学者和国家都已经接受了黑格－西蒙斯对所得的定义，但由于这一定义过于笼统，没有考虑诸如纳税人的个人负担、收入波动、闲暇偏好、通货膨胀等因素，也没有考虑纳税人

---

① [美] 哈维·S. 罗森：《财政学》（第4版），平新乔、董勤发、杨月芳译，中国人民大学出版社2000年版，第312页。

未实现的利润所得、实物所得的准确度量等,因此,以全部所得作为衡量纳税人税收负担的标准,显然存在着实质上的不公平。为了克服这一缺陷,无论是在理论界还是在各国的税法实践中,都不会直接采用全部所得作为税基,而是按照负担能力原则,从全部所得中把所支付的成本、纳税人及其家庭所必需的生活成本,以及一些其他必须支付的大笔支出给予扣除。在扣除过程中,由于每个纳税人的情况各不相同,扣除的情况也就各不相同。因此,通过这样的做法对税基进行调整,就可以使调整后的税收更加符合税收公平的要求。当然,在实践中,由于每个国家的情况各不相同,在税法中规定具体的扣除项目及扣除标准都会存在差异和不同,但一般而言,成本、生活费用和一些其他必要支付都会纳入扣除项目。

在税制构成要件中,税率结构与税收纵向公平的关系最为密切。除了从量税的定额税率以外,从价税的税率结构可以分为三种:比例税率、累进税率和累退税率。其中,累退税率表明纳税人负担能力越大,其税收负担越轻,这显然违背公平原则的要求,故在现实中几乎很少见到。比例税率表明纳税人的负担能力和税收负担的比例在任何情况下都是同一的,故从形式上看,不同条件纳税人的税收负担都是均等的,是公平的。但从实质上来看,情况并非如此。根据边际效用递减理论,让负担能力不同的人承担相同比例的税收负担,其边际效用会随着负担能力的增长而下降。这表明,比例税率从实质上来讲也是累退的,即负担能力越大税收负担相对越轻,这是不公平的。而累进税率表明,对负担能力弱的纳税人适用较低的税率,对负担能力强的人适用较高的税率,税率随着纳税人负担能力的增强按一定的级差累进,就会使不同负担能力的纳税人的税收边际效用趋于接近或相同。这比较符合纵向公平的要求。故在现实中,许多国家的个人所得税等直接税种,大多数都实行了累进税率。

关于第三个问题,负担能力强的纳税人比负担能力弱的纳税人的税收负担应该高多少?换而言之,不同负担能力纳税人之间税收负担的差别幅度如何衡量?这就是税收累进程度的问题。它是解决税收纵向公平的核心问题。为了解决这一问题,经济学家们进行了长期的探索,提出了多种测量的方法,如平均税率累进性法、边际税率累进性法、应纳税额累进性法、剩余收入累进性法、MTCP 累进性法、YNCP1 和 YNCP2 累进性法、Kakwani 累进性法等。学者们一般将前四种方法称为古典测量法,将后四种方法称为现代测量法。根据国内学者的研究,不仅每种测量方法得到的结论可能并不一致,而且这两类方法由于各有特点,故把这两类方法结合起来就能得到更多的信息和更精确的结论。[①]而

[①] 彭海艳、伍晓榕:《税收累进性测量方法之比较》,载《统计与决策》,2008 年第 20 期。

在美国,则是通过采用统计学的方法来测量的。根据相关资料的介绍,美国的测量共分为三步:首先,收集纳税人的资料,并进行分类。这种分类主要是要完成:①划分不同的所得(或者是可以衡量纳税人的支付能力的其他指标),进行统计分层;②确定税基。在这一步中,最经常被使用的资料来源有美国国税局的"所得统计"(Statistics of Income)、劳动统计局(Bureau of Labor Statistics)的"消费支出调查"(Survey of Consumer Expenditures),以及美国财政部和许多州的财政部门进行税收分析所收集的各种专门的个人资料。其次,在这些资料的基础上,估算出每一个纳税人要缴纳多少税。以销售税为例,对于每一名纳税人,要把他的应税消费类别加总,估算出税基,然后,用税基乘以适用的销售税税率,估算出应纳的销售税。这样,就可以估算出纳税人要缴纳的税额和支付能力。最后,通过列表,或是绘制曲线,表述各所得层次的纳税人的税负水平面,从而得出纵向平等的结论。

三、税收公平原则的现代发展

在当代,随着税法学的理论发展和税法制度的进步,人们对税收公平原则的认识也发生了深刻的变化。在传统税法学中,人们对纳税义务的分配公平提出了两种不同的观点,即受益原则和负担能力原则。虽然这两种观点各有其理论上的合理性,在现实中也在不同的税种中各有体现,但在税收制度的设计中,围绕着哪一个标准更符合税收公平原则的实质要求这一问题,学者们展开了长期激烈的争论。学者们不仅逐步地认识到这两个原则各自的价值立场和体现出来的对税法性质的不同看法,①而且也逐步在下述问题

---

① 近年来,学术界逐步认识到了这两个不同的判断标准实质上反映了对税法性质的两种截然不同的认识。由于受益原则是把税收公平的基点定位在纳税人从国家提供的公共产品中受益的大小上,要求纳税人根据其从国家提供的公共服务中获得利益的多少缴纳相应的税收,而不考虑其实际负担能力。因此,它的着眼点和落脚点主要在于征税主体(国家)一方,体现的是一种"国家利益"至上的思维模式。以这样的理论为指导的税法实际上就是国家的"征税之法",重在保障国家的税收收入或利益。而量能课税原则是将税收公平的基点定位于纳税人税收负担能力的强弱上,要求纳税人根据自己的承担纳税能力的不同缴纳相应的税收。因此,它的着眼点和落脚点在于纳税主体(纳税人)一方,体现的是一种"个人利益"至上的思维模式。以这样的理论为指导的税法实际上就是纳税人的"权利保障之法",重在保障纳税人的财产权利和财产自由。

上达成了共识，即负担能力原则更符合税收公平原则的内在要求。因此，为了进一步解决负担能力原则在税收立法和税收负担分配过程中的问题，学者们进行了大量的研究，并将其发展成了量能课税原则和实质课税原则。

（一）量能课税原则

如前所述，依据纳税人的税收负担分配纳税义务，是当代学术界比较一致的观点，亦是西方许多国家税收分配的基本原则。它被称之为量能课税原则或量能负税原则。它不仅是税收公平原则的展开与扩张，而且也是对税收公平原则的深化与发展。因此，研究税收公平原则就必须对量能课税原则做进一步的研究。

1. 量能课税原则的宪法依据

量能课税原则作为税收公平原则在当代税法中的发展，虽然学者们对它的适用范围各有不同的理解，如北野弘久教授认为它属于立法理论标准上的原则，在税收立法上起着指导性原则的重要作用，[1]而葛克昌教授认为它不仅应成为税收立法的指导理念、税法解释的准则，同时还应是税法漏洞补充的指针和行政裁量的界限，[2]但他们都认为量能课税原则应该是宪法的原则。事实上，不仅上述两位学者是这么认为的，而且许多国家在宪法中都对此原则做了明确的规定。例如，《西班牙宪法》第31第1款规定："全体公民视经济能力并据以平等和渐进原则制定的公正的税收制度为维持公共开支做出贡献，这在任何情况下不得为查抄性质的"。《委内瑞拉共和国宪法》第223条规定："税收制度应当根据累进制、保护国民经济和提高人民生活标准的原则，按照各人的经济能力纳税，注意负担的公平分配"。《玻利维亚共和国宪法》第27条规定："税收和其他公共负担对所有人具有同等的强制效力"。《多米尼加共和国宪法》第9条第5款规定："每个公民按照其可纳税能力的比例，为公共开支纳税"。《约旦哈希姆王国宪法》第111条："但是征税不得超过纳税人的负担能力或超过国家经费的需要"。《列支敦士登公国宪法》第24条规定："国家通过必要的立法制定公正的税收制度，对收入仅能维持最低生活者免于征税，对财产较多收入较高者课以较高的税金"。《意大利共和国宪法》第53条规定："所有人均须根据其纳税能力，负担公共开支"。《洪都拉斯共和国宪法》第351条规定："税收制

---

[1] [日] 北野弘久：《日本税法学原论》（第5版），郭美松、陈刚译，中国检察出版社2008年版，第99页。

[2] 葛克昌：《税法基本问题（财政宪法篇）》，元照出版公司2005年增订版，第157页。

度应根据纳税人的经济能力,遵循合法、按比例、普遍性和公平诸原则"。《巴布亚新几内亚独立国宪法》在序言中规定:"为了国家的进步,为了实现巴布亚新几内亚的目标,根据自己的财产多寡,依法纳税"。即使有些国家在宪法中并没有明确规定量能课税原则,但在一些司法案件的裁决中,司法机关则从其他的法律原则中推导出了量能课税原则。例如,联邦德国宪法法院裁判即从平等原则导出量能课税原则,并承认此项课税原则具有宪法上的效力根据。①

另外,虽然一些国家在宪法中并没有明确规定量能课税原则,但在一些学者看来,可以从一些其他的宪法原则中推出量能课税原则来。例如,北野弘久教授认为,与明治宪法不同,现行的日本宪法虽然没有明确规定量能课税原则,但却可以"从中抽出应能负担原则"。他认为,日本宪法第11条、第12条、第13条,特别是第97条对于人权保障规定的条款,都将原封不动地作为展开纳税者权利论时的法律基础。日本宪法第13条要求在租税方面也要强调"尊重个人"。根据第14条"法律面前人人平等"的原则,则可引申出在租税方面有适应能力平等的含义。第25条要求在租税方面也要保障"健康且富有文化性的最低限度的生活",第29条将一定的生存权上的财产权作为基本人权来加以保障,它在租税方面分明也不失妥当。"如此这般,在日本宪法中应能负担原则就被作为一种法律原则而抽取出来。以日本宪法为基础,我们应认识到应能负担原则不再单纯是财政学中租税论上的原则,而是宪法规定的原则"②。施正文教授通过研究我国宪法的相关规定后也认为,量能课税原则在我国也有其宪法上的渊源。③

2. 量能课税原则的税法构造

量能课税原则作为一项税法原则,它的实质意义在于如何根据纳税人负担能力合理的分配纳税义务。它不仅要求有负担能力者负担纳税义务,没有负担能力者不负担纳税义务,它还要求,对于有负担能力者,其纳税义务必须限定在一定的合理范围之内,不得过度加重其税收负担,也不得过分减轻其税收负担。如果过分加重其税收负担,就会出现鞭打快牛的情况,这不但会破坏税收公平原则,而且可能导致纳税人因税负过重而出现避税、逃税甚至抗税的情况,或者出现经济学上的替代效应,使纳税人放弃或部分放弃生产经营活动,转而从事休闲、娱乐等活动,从而影响经济发展与社会进步。相反,

---

① Bverf GE 66, S. 214 (223 ff.); 67, s. 290. Vgl. Paul Kirchhof, Steuergleichheit, StuW 1984, S. 304 ff. 转引自陈清秀:《税法总论》(第4版),元照出版公司2006年版,第24页。

②[日]北野弘久:《日本税法学原论》(第5版),郭美松、陈刚译,中国检察出版社2008年版,第99—100页。

③施正文:《税法要论》,中国税务出版社2007年版,第44页。

对于有负担能力的纳税人，如果实行过度的税收优惠措施，使其完全免除或部分免除纳税义务，则一方面会造成对其他纳税人的税收不公，从而破坏税收公平原则，另一方面也会导致税收优惠政策的滥用，从而破坏税收秩序，影响国家的税收收入。因此，量能课税原则在对税收负担的分配中，不但要做到"等者等之，不等者不等之"，还必须要防止加重或过度减免部分纳税人纳税义务的情况。为此，在一些国家中，逐步形成了两种不同的税收原则，即最高负担原则和最低负担原则，分别用以解决上述两个方面的问题。

最高课税原则，也被称为"半数原则"，是德国宪法法院第二法庭自1993年至1995年期间在审理一系列财产税案件过程中确立的一项课税理论或原则。

一般认为，德国联邦宪法法院在审理有关财产权保障案件时主要依据的是德国基本法第14条。该法第14条第1款规定："财产和继承权受到保障。有关内容和范围由法律决定。"第2款规定："财产应负义务。财产的使用也应为社会福利服务。"根据联邦宪法法院1954年的见解，基本法的上述规定系对于个别财产权所为之保障，而不及于财产总体。换言之，根据税法规定对某一特定人的财产征税而导致其总体财产减少时，并不构成对其财产权的侵犯。从1956年起，德国不少宪法学家对这一规定进行了严肃的批评。例如，Hettlage将此种不受财产权保障的课税权称为"社会主义之特洛伊木马"。Weber-Fas则称之为"自由宪政结构中具有危害性之断层"。Kirehhof法官认为，税收平等要求与税收过度禁止，应为一体两面。各种税收无非是对财产权人所课之税。因此，宪法上的财产权保障，对课税权内容之限制，扮演了主要的角色。如税法不当限制财产权人之自由，则侵及宪法上财产权保障之核心本质。他认为，从基本法第14条第2款中可能推论出宪法对课税权的限制。由于基本法第14条第2款规定"财产的使用也应为社会福利服务"，因此，财产权人在税后所保留的收益，应至少接近半数。换言之，对财产权行使所产生的所得课税时，其所负担的社会义务不应高于财产权人的个人利益。

在上述观点的影响下，联邦宪法法院第二法庭大致从1993年到1995年间，在涉及财产税的案件中，不再坚持原先的观点，而是通过一系列的判决，得出了最适财产权课税理论。依葛克昌教授的归纳，这一理论的主要观点可概括如下：

（1）财产税方面（如房屋税、地价税，以动产、不动产或其他财产权价值之权利作为课税客体），得以课税者限于财产具有收益能力，否则即对私有财产本体有扼杀作用。财产税以"应有收益税"方式存在，对财产权存续保障，并无侵犯。

（2）联邦宪法法院注意到对财产课征财产税，虽得以"应有收益税"正当化其课征，但财产之"实有收益"（如土地、房屋租金）仍应课征收益税（如所得税），故对财产整体之税收负担，联邦宪法法院提出"半数原则"：财产税加上收益税，其总体的税收负担，应就收入减除成本、费用余额为之,依类型观察法,其归于私有与因课税而公有部分应接受半数。此种半数原则乃由基本法第 14 条第 2 款导出,盖财产权之利用,应同时有利于公共福利。因财产"负有"社会义务,私有财产应以私用为主,负担税收为附带之社会义务,不能反客为主,超过应有及实有收益的半数。

(3) 个人及家庭所需用之财产,须予以特别之保护。基本法第 14 条亦发展出生存权保障功能。此外,对纳税人及其家庭应确保其自我负责,形成个人生活之自由空间。因此,就常规或一般水准之家庭所用财产,应予保障而免予税课干预。同时相对应于基本法第 6 条婚姻及家庭应受国家法律保障,家庭之生活水准应予保障。常规或一般水准家庭用财产,在财产税中应予免税;在继承税中亦应予以充分免税额。

(4) 财产税之税收优惠,除了财政目的税收外,社会政策目的税收,在明确构成要件下,因与公共福祉相关,而得以取得合理正当性。

(5) 基于公共福祉原则,在继承税判决中,引入继承时企业应永续经营的理念。企业作为生产力与就业场所,应特别受公共福祉原则所拘束,而附有增进公共福祉的义务。是以继承税之课征,不得有害于企业的永续经营。

此即德国联邦宪法法院发展出来的半数原则。不过,根据葛克昌教授的研究,此原则的理论基础迄今并未完全发展成熟,其合法性及范围框架仍须进一步阐明。即使在德国法院的实务中,也并未取得完全一致的见解。不过,由于此原则从宪法的高度提出了对国家征税权的限制,因此,它也成为确定纳税人最大税收负担的原则,其根本目的在于通过对纳税人税收负担最大范围的限制,以确保对其财产的征税不因"公共福祉"的需要而过度损伤个人纳税人的一般或常规的生活水准,也不能够伤害企业纳税人的可持续发展。从这种意义上来讲,半数原则不仅是一个宪法上的原则,而且是税收公平原则在当代的新发展,是确立税收负担分配的一个法律原则。同时,由于它是对纳税人最大税收负担进行限制的原则,因此,也被一些学者们称之最高税收负担原则或最高课税原则。①

最低课税原则是美国于 1969 年首先创立的一项制度。当年,美国国会发现有 154 个年收入在 20 万美元以上的富裕个人或家庭,通过运用各种税收优惠手段实现了零所得税的报税记录。其中,有一位富豪把大笔资金投资购买免税的州政府公债,对于因此获得的 100 万美元利息收入不用纳税。故为了避免高收入所得者过度使用税收优惠政策,

---

① 葛克昌教授对最高课税原则的具体介绍和分析,参见葛克昌:《租税国家界限》,载刘剑文主编:《财税法论丛(第 9 卷)》,法律出版社 2007 年版,第 75-84 页。

达到全免或大额度减免税款的情况，美国国会在当年通过了有关最低税负的法案。但是，需要说明的是，当初的法案采用的是一种附加式的制度，即纳税义务人在缴纳一般的所得税后，若有超过一定金额的税收优惠，应再按特定的税率补征附加性的最低税负。但是，由于种种原因这一制度于 1992 年被废止。而在该法案被废止前，从 1978 年起，美国开始实施另外一种最低税法案。这就是目前被称之为替代最低税（Alternative minimum tax，AMT）的法案。其原理是，在保留现行的一般所得税制的基础上，另外设计一套替代最低税税制。由于这套税制是建立在一般所得税税制之上的，所以它在有关所得的分类、扣除减免、一般抵扣额的适用和资本利得的优惠等方面都与一般的税制相同。而其与一般所得税的主要区别在于，替代最低税的税基是在纳税人适用一般税制所得出的应纳税所得额的基础上，再加上纳税人个人与所扶养的人员的宽免额、标准扣除额、税收优惠项目、其他调整项目等，而再得出替代最低税税制下的应纳税所得额（Alternative Minimum Taxable Income，AMTI），然后再扣除替代最低税的免税额，就得出替代最低税的税基，再根据替代最低税的税率，计算出了暂时性的最低税额（Tentative Minimum TAX）。如果依此计算出的税额，低于依现行税法规定所缴纳的税额，则按照现行的规定缴纳税额。如果计算出的结果，高于依现行税法规定所缴纳的税额，则按最低税负制度的规定缴纳税额。

　　从以上的介绍可以看出，并非所有的纳税人都缴纳替代最低税，而只有那些依据替代最低税制计算出的应纳税额高于按照一般所得税制计算出的应纳税额者才缴纳替代最低税。因此，从立法意图上来说，替代最低税制的目的在于，对于高收入纳税人而言，不论其可利用的税收优惠项目有多少，可以减免的税收优惠幅度有多大，都必须保证其实际上应该承担的税收负担。它实质上是要求这部分纳税主体必须返还所享有的部分税收优惠额，以保证承担一定的税收负担。因此，正如美国参议院金融委员会指出的，"替代最低税额可以实现的一个关键目标在于使得具有较多经济收入的纳税主体无法通过税收扣除、税收抵免或者税收排除等方式逃避相应的联邦纳税义务。否则，即使立法的原意具有价值，如果纳税主体能够利用税收优惠条款规避几乎所有联邦税收负担，那么这些条款只能具有负面作用"[1]。由此可以看到，最低税制是针对广泛适用税收优惠者而要求其最低缴纳一定税收的制度。其目的在于使有能力纳税者，对国家承担一定的纳税义务，以实现税收的公平分配。因此，它作为量能课税原则的具体体现，得到了许多国家或地

---

[1] Senate Finance Comm. Rep. No. 313, 99th Cong., 2d Sess. 518-19 (1986). 转引自姜浩：《美国联邦公司税法制度研究》，中国政法大学出版社 2009 年版，第 81-82 页。

区的认可。

3. 量能课税原则在税法中的具体适用

量能课税作为一项税法原则，必须体现在各实体税法中。在税法的构成要件中，税基和税率分别代表着纳税人税收负担的广度和深度，税收优惠则代表着对正常的税收法律制度的一种调整，是为了克服正常的税收法律制度的僵硬、实质不公或为了实现政府的某种特定的目的而对正常税收制度的一种修正。它们不仅构成了税法的核心内容，而且也是量能课税原则的具体体现。因此，在世界各国的税法中，对不同税种的税基、税率、税收优惠等内容的规定与调整，就比较典型地体现了量能课税原则的具体内容。

（1）量能课税在所得税中的体现。一般来讲，在西方国家，所得税系具体包含了个人所得税、公司（企业）所得税和社会保障税三个税种。其中，个人所得税不仅是许多国家的第一大税种，而且也是政府用来调节收入公平分配最重要的税种。故从公平角度来看，选择个人所得税的税基、税率和税收优惠措施就格外重要。虽然从理论上来讲，个人所得税的税基主要是个人的所得，但在现实中，由于个人所得来源具有多样性和复杂性，因此，从负担公平的角度，就必须对所得的范围加以明确的界定：第一，所得应该是净所得而非毛所得。人们在获取收入的过程中总要付出一定的成本或亏损，因此，从确定人们的税收负担能力的角度来讲，只有扣除一定的成本和亏损后的收入才能够真实地体现人们的负担能力。第二，所得应该是实际所得。由于通货膨胀会导致人们的收入虚假增加，而这一部分增加并不构成人们实际所得的增加，因此，只有真实的所得才可能体现人们的税收负担能力。第三，在所得的计量上，现实中存在着分类所得、综合所得、分类综合所得三种不同的方法。从确定纳税人税收负担能力的角度来讲，综合所得更能体现纳税人的税收负担能力。故在西方大多数国家中，应税所得大多是以净所得、真实所得和综合所得作为个人所得税的税基。而在个人所得税税率的选择上，定额税率、比例税率和累进税率这三种税率形式虽然在理论上没有任何一种完全确定的税率结构能够实现公平的目标，[①]但在现实中，定额税率因明显违背公平原则已被所有的国家弃用。比例税率下的纳税人不论穷富均按照相同比例纳税，实际结果就是纳税能力强的人税收负担轻而纳税能力弱的人相对来讲税收负担重，也不符合税收公平的原则，只有玻利维亚、牙买加等少数几个国家采用。而累进税率使税收负担率随着个人收入水平的上升而相应的递增，能够较好地体现负担能力原则和公平负担原则，故绝大多数国家的个人所得税

[①] 对此问题的具体分析和论证，请参见温海滢：《个人所得税制度设计的理论研究》，中国财政经济出版社 2007 年版，第 208-214 页。

都采用了累进税率的形式。个人所得税的税收优惠作为对个人所得税税基和税率所作的特别规定，体现的是政府特殊的税收目的，因此，从公平角度来讲，它涉及对税基的扣除、对累进税率下边际税率的确定等问题，因而也是不可忽视的重要内容。

虽然公司（企业）所得税也是一种所得税，但一般来讲，由于公司（企业）所得税的大部分税收来源于少数的公司（企业），且它只是对公司（企业）资本所得总额的一部分进行征收，①或者是对公司（企业）利润的征收，它课征的依据并非个人的综合负担能力。在税率形式上，目前世界上大多数国家都采用比例税率。采用累进税率的国家，一是数量极少，如印度尼西亚、科威特、卡塔尔、叙利亚、中国香港等国家和地区；二是累进的档次很少，使得其接近于比例税率。因此，"一般认为，公司税不需要从社会政策的角度过多地考虑公平问题"②。

社会保障税作为一种特殊的个人所得税，③具有"专税专用"的特征，主要职能在于筹集社会保障资金，而非公平收入分配。因此，在现实中其对公平性的要求就相应地落后于效率的要求。同时，它较好地解决了与个人所得税之间在纳税人、税基、税率等方面的划分问题，故在开征社会保障税的国家，随着个人所得税负担能力公平问题的解决，社会保障税的负担能力公平问题也通过纳税人、税基、税率等的确定而得到了比较好的解决。

（2）量能课税原则在流转税中的运用。流转税也被称为"商品及劳务税"，是指对商品的生产、进口、流通以及劳务的提供、消费所征收的一类税。在西方发达国家中，流转税的重要性仅次于所得税，是税收体系的重要组成部分。而在一些发展中国家，流转税的地位则居于所得税之前，是国家最重要的税收来源，如我国。一般而言，流转税包括增值税、关税、消费税等税种。在商品经济比较发达的国家，商品销售和消费无处不在，故对其征税，特别是对一般消费品征税，就会使税收负担广泛分布。同时，对于增值税和关税等税种而言，它们的主要功能在于筹集财政收入，而不是发挥调节作用，因此，一般认为它们是一种中性税种，不具有调控收入公平分配的功能。再加上商品税一般实行比例税率，税收负担随着商品价格的变化而增减。同时，由于在穷人与富人之间

---

① [美]理查德·A. 马斯格雷夫、佩吉·B. 马斯格雷夫：《财政理论与实践》（第5版），邓子基、邓力平译校，中国财政经济出版社2003年版，第386页。
② 周全林：《税收公平研究》，江西出版集团2007年版，第132页。
③ 对于此种观点的详细论述，请参见王鸿貌：《社会保障税相关问题研究》，载《税务研究》2012年第1期，《人大复印资料·财政与税务》2012年第4期。

商品消费的数量与质量存在差别,其税收负担也相应地有所差别,故一般而言,富人的税收负担较大多数穷人的税收负担要小。因此,它体现出了有能力者多纳税的特点和原则,在本质上具有量能负担的特点。但另一方面,由于商品税实行比例税率,从而使得其在实际上具有一定的累退性,①会使占相对多数的贫穷人口承担更多的税收,从而影响税收负担分配的公平。为了克服这一缺陷并实现政府在商品税方面的多重目标,许多国家在开征增值税的同时,还开征了消费税,对某些并非人们生活所必需的奢侈品和高档消费品、影响人身健康或社会道德的消费品或消费行为(赌博、游艺)等进行征税。由于消费税的征税对象是选择性的,因此,它是非中性的。同时,由于消费税的税率普遍较高,且不同征税对象之间的税率差距较大,再加上消费税的税负一般认为是可转嫁的,无论它的纳税人是谁,但税收负担一般最终都是由消费者承担的。因此,它不但在很大程度上弥补了一般商品税税收负担累退性的缺陷,而且在很大程度上体现了税收负担量能分配的原则,被世界各国普遍开征。

(3)量能课税原则在财产税中的运用。财产税是对人们所拥有或支配的财产课征的一类税收的总称。财产税不仅是最古老的税种,也是现代世界各国税制体系的三大支柱之一,并成为许多分税制国家中地方政府财政收入的主要来源。征收财产税不仅具有政治、社会和道义上的正当性,②而且也符合量能课税原则。之所以如此,是因为我们在前面已经讨论过,财产与收入、支出都是衡量人们税收负担能力的标志。无论是一般财产税还是个别财产税,作为这些税种的征税客体的财产的有无与变化,都在一定程度上代表着纳税人税收负担能力的有无及变化。拥有一定的财产,即代表着财产拥有者具有一

---

① 关于商品税的累退性,根据学者们的研究,主要是由下面三个方面的原因造成的:首先,直观地看,由于一般消费品的课税采用比例税率,消费数量大者税负亦大,消费数量少者税负亦少,这似乎符合公平课税的原则。但是,由于个人消费的数量多寡与个人收入并不成比例,故这种边际消费倾向递减的情况下,商品课税就具有累退性。收入愈少,消费性开支所占其收入的比重就愈大,税负就相对愈重,导致事实上的税负不公。其次,对全部消费品都课税时,由于需求弹性大小不同,课税所引起的提价速度也不同,往往是生活必需品最快,日用品次之,奢侈品最慢。因此,商品课税的税负将更多地落在广大低收入者的身上。再次,任何国家的富有阶级和阶层的人数总是少数,相对贫穷的阶级和阶层总是多数。就总体而言,商品课税的税负必然主要是由居多数的相对贫穷的阶级和阶层负担的。

② 之所以认为征收财产税具有政治、社会和道义上的合法性和正义性,是因为征收财产税会减少财产的集中度,从而防止拥有过量财富的人会拥有某种形式的特权,并以合法或非法的手段干预国家的政治、经济和社会运行秩序,导致社会向有利于富人的方向的发展,造成更大的两极分化,并因此而损害整个国家的民主和平等。

定的税收负担能力。财产的减少即意味着财产拥有者税收负担能力的降低，财产的增加即意味着财产拥有者税收负担能力的提高。因此，无财产者不应当纳税，有财产者应当纳税，有更多财产者应当缴纳更多的税。这就是为什么在财产税中实行差别税率或高额累进税率的原因。

（二）实质课税原则

1. 实质课税原则的一般理论

何为实质课税原则？依黄茂荣教授的观点，"在实务上并未予以定义"①。虽然早在 1919 年德国制定的《帝国税收通则》中就已引入了经济观察法的内容，规定税法的解释应考虑其经济意义，其后的《税收调整法》和 1977 年制定的《税收通则法》也都纳入了经济观察法的内容，②但在德国税法中却并没有出现"实质课税原则"的概念。

"实质课税原则"作为一个法律概念最早出现于日本。日本 1953 年的所得税法和法人税法分别在其第 3 条第 1 款和第 7 条第 3 款中规定了以"实质课税原则"为题的条款。这两款规定："被法律上认为是资产或事业的收益归属单纯的名义人，在其不享受该收益而由其以外的人享受该收益时，应对享受该收益的人课征所得税。"在 1965 年修改所得税法和法人税法时，该原则的内容被原封不动地保留了下来，分别成为现行所得税法第 12 条和法人税法第 11 条，只是称谓改成了"实质所得者课税原则"。至于实质课税原则的含义，依日本税务机构的支配性观点，它不是仅限于"所得归属中的实质主义"，而是具有广泛意义的"课税中的实质主义"，是从所得的归属方面广泛地确认课税关系的实质主义。因此，税法条文中所规定的实质课税原则（即有关所得归属的实质主义）的内容

---

① 黄茂荣：《税法总论——法学方法与现代税法（第 1 册）》（增订 2 版），植根法学丛书编辑室 2005 年版，第 371 页。

② 1919 年的德国《帝国税收通则》第 4 条规定，税法的解释应考虑其经济意义。1934 年德国制定《税收调整法》时，将该条从《帝国税收通则》中删除后移入了《税收调整法》之中，成为该法第 1 条第 2 项。其内容为："税法的解释应考虑国民通念、税法的目的与经济意义及各关系的发展"。此外还增加第 3 条规定："对构成要件之判断同其适用"。1977 年制定《税收通则法》时，《税收调整法》被合并进去，但上述内容虽然没有保留，也没有否认。相反，《税收调整法》中与经济观察法有关的特殊规定却被承袭。对此做法，学者们认为德国税法并不反对经济观察法，而是认为其已被广泛接受而不需要规定而已。具体参见陈敏：《租税课征与经济事实之掌握》，载台湾《政大法学评论》，1982 年第 26 期；刘剑文、熊伟：《税法基础理论》，北京大学出版社 2004 年版，第 156 页。

都只是这种广义的实质课税原则的一部分。①

从学理上来看,实质课税原则是在税法适用过程中针对课税要件出现形式与实质分离时确定税收负担及其大小的原则。课税要件包括了纳税主体、税收客体、税收客体的归属等要素。其中,纳税主体是指依据税法的规定具体承担纳税义务的个人或组织;税收客体是指税收负担寄托其上的经济活动或经济交易;税收客体的归属是课税要件中的关系要件,它反映的是税收客体与特定纳税人之间的结合关系。在税法上,由于所有的经济活动或交易行为所产生的纳税义务都必须要由相应的个人或组织来承担,因此,税收客体的归属是税收债务成立不可或缺的重要条件,是联结纳税主体与税收客体的纽带或中介。在市场经济活动中,交易主体与交易过程或方式之间出现形式与实质不一致甚至相分离的情况是非常普遍的。如果不涉及征税活动,则实质课税原则就无所用处。而只有当对纳税人的经济活动课征税收时,才针对上述分离状况需要适用实质课税原则来确定纳税义务的实际承担者及其义务的大小。从这种意义上来讲,实质课税原则是确定纳税义务分配与承担的原则。它要解决的,是纳税人与税收客体之间的匹配关系。由于税收关系是依据税收法律的规定确定的,故依据实质课税原则来确定纳税人税收负担的有无及大小必须依法而定。从这种意义上来讲,税收客体的归属所确立的这种匹配关系就是一种税收上的法定关系。

依据各国税法的规定,税收是针对纳税人在经济活动中取得的收入、财产而课征的。在一般情况下,经济活动在形式与实质上具有一致性,故在经济活动中,形式上的财产或收入的所得者也就是实质上的所得者。在此情况下,纳税人也就是财产或收入的所得者。但是,由于经济活动的复杂性和多样性,在经济活动过程中经常会出现形式上的所得者与实质上的所得者相分离的情况,即形式上的所得者在实质上并没有获得相应的收入,或者形式上没有参与经济活动也没有所得的人实质上却得到了收入或所得。对于上述情形,如果仍然只是针对形式上的所得或收入征税,就有可能造成税收负担的分配不公,并影响到纳税人的生存或发展。有鉴于此,在税法中确立实质课税原则,就是针对在市场经济活动过程中出现形式与实质相分离的情况时,对实质上的所得者或所得到的收入或财产进行征税的原则。从这种意义上来讲,实质课税原则是对依据经济人的经济形式或外观进行征税的情况的突破。它所追求的是一种实质的公平或正义,是对现代税法公平原则的发展和深化。

---

① [日] 北野弘久:《日本税法学原论》(第5版),郭美松、陈刚译,中国检察出版社2008年版,第85—86页。

需要特别强调的是,实质课税原则是针对作为课税对象的收入或财产在归属关系上出现形式与实质分离时的课税原则。由于税收实行法定原则,故实质课税原则就是一个税法原则,而不是经济原则。依据实质课税原则来分配或确定税收客体的实质归属或纳税义务有无与大小,也就是一种法律行为,而不是一个事实行为或经济行为。从这种意义上来讲,实质课税原则是依据税收法律对纳税人实质经济行为确定纳税义务的原则。此时它所确立的行为,就不是事实行为,而是法律行为;它所确定的税收负担关系,就不是事实关系,而是法律关系。在这种法律关系中,它是依据税收法律对纳税人实质经济行为的纳税义务及其大小的确认。故把实质课税区别为法律上的实质和经济上的实质不但没有任何实质意义,而且有可能误解了实质课税的真正含义,从而导致对实质课税原则的曲解和误用。

实质课税原则来源于税收公平原则,这是国内外学术界和实务界比较一致的观点。然而,它在税法体系中的地位究竟如何?它与税法其他原则之间的关系如何界定?这些问题却并未得到学界的认同。北野弘久教授认为实质课税原则是税收法律主义之外唯一具有指导性的解释和适用税法的基本原理。它被认为是代表税收法律特征的固有法律原则,是税法内在的最原始、最本质和最典型的法律原则。而税收法定原则不过是现代法治主义一般原则在租税领域中的重现,是宪法的原则。故实质课税原则在税务行政中具有"公理"的意义。[①]而黄茂荣教授认为实质课税原则是量能课税原则在法理上的表现,为其实质的原则。税收法定原则属于形式的原则。它们与税收稽征经济原则一起合称为税法在建制上所立基的主要原则。[②]笔者认为,上述各种观点虽然有一定的合理性,但却存在着更大的片面性。依笔者之见,税收法定原则不仅是一个宪法性原则,而且也是税法的基本原则。在宪法层面上,它主张"无法律则无税收",从而从根本上解决了国家征税权力和公民纳税义务的合法性问题。而在税法层面上,它通过确定课税要素法定原则、课税要素明确原则和程序保障原则等内容解决了税收制度形成和运行的根本原则。而税收公平原则则是在满足税收法定原则的前提下,对税收法律制度内在品质的要求。它通过确立量能负担原则和实质课税原则,从而使得税收公平的内涵明确化和税收公平原则具有

---

① [日] 北野弘久:《日本税法学原论》(第 5 版),郭美松、陈刚译,中国检察出版社 2008 年版,第 84—85 页。

② 黄茂荣:《税法总论——法学方法与现代税法(第 1 册)》(增订 3 版),植根法学丛书编辑室 2005 年版,第 428 页。

了可操作性。①从这种意义上来讲，实质课税原则并不能够成为与税收法定原则等量齐观的法律原则，而是与税收法定原则地位相等的税收公平原则的一个下位原则或次级原则。它是在满足税收法定原则的前提下，对既有税法进行解释和适用时确定税收负担的归属和税收负担大小的一个法律原则，是税收公平原则的展开和深化。因此，把实质课税原则提升到与税收法定原则相平等的地位的观点是不能接受的。同样，把实质课税原则作为一个摆脱了税收公平原则的、独立的税法原则的观点也是不能接受的。

实质课税原则针对的是作为征税客体的经济活动在形式与实质背离时确定税收负担及其大小的原则。这种情况主要源自税收负担分配在形式与实质上的分离。因为，税法作为一种侵权规范，②是加诸纳税人身上的一种经济负担。此种负担在表象上是一种货币的单向给付，而在实质上则是一种既得利益的损失。由于纳税人经济活动的复杂性和纳税人在经济活动过程中作为"经济人"的人格假设，会导致其为了追求经济利益的最大化或税收负担的最小化而采用伪装或虚假的经济形式以掩盖实质的经济活动，从而达到减轻或免除税收负担的目的。在此种情况下，如果仍然坚持按照纳税人经济活动的外观形式征税，而不大注意纳税人在实质利益上的损益，就可能导致税法实施的结果背离最初的目标，从而破坏税法的实质正义或实质公平；同时也可能造成纳税人税收负担实质不公，降低部分纳税人生存发展的条件，加大部分纳税人生存的成本或参与市场竞争的成本。因此，为了实现纳税负担的公平，就必须采取形式否认的方式，以探求纳税人经济活动的实质，并按其实质内容进行征税。由此可见，实质课税作为一个税法原则，它是对形式税法所导致的实质不公的修正。它源自对税法本质公平的追求，是对税法公平原则的展开或深化。

2. 实质课税原则的法定内容和适用范围

如前所述，实质课税原则针对的是纳税人在经济活动过程中出现形式所得与实质所

---

①一般而言，公平问题不是一个事实判断的问题，而是一个价值判断的问题。正因如此，每个人都有自己对公平的不同理解和不同的评判标准。而法律作为一种社会规范，一方面，它必须具备可操作性，另一方面，无论是法律的内容还是法律的运行及其结果都必须满足公平的要求。税法作为法律的一种，也必须同时满足这两个要求。而在税法中确立量能负担原则和实质课税原则，则恰恰就是满足税法上述要求的结果。从这种意义上来讲，实质课税原则就是税法公平原则的具体化和进一步的展开。

②此处所讲的侵权规范，并非是从民商事法律的意义上而言的，而是指税法作为一种税收负担的分配之法，它会导致纳税人财产的转移，从而对纳税人造成财产的损失或减少，从而侵犯了纳税人的财产权利。

得背离时税收负担的确定原则。因此，从理论上讲，它的适用对象包括两个方面：一方面，当从形式上已经满足了课税要件而实质上并无该课税要件的事实时，则应该认为该项课税要件并未满足；另一方面，当从形式上来看纳税人并未满足课税要件的事实而实质上已经满足了课税要件的事实时，则必须认定纳税人已经满足了该课税要件的事实，应该承担纳税义务。然而，在事实上，任何一项经济活动，无论其形式外观与实质内容如何分离，在适用税法的规定确定纳税义务的归属及其大小的时候，会排除第一种情况下形式上的纳税人的纳税义务，同时必须确定实质上的纳税人及其纳税义务的大小。

实质课税原则不仅是一项税法学的理论原则，更重要的是一项税法的法律原则。因此，除了很多学者研究和探讨该原则外，许多国家也对此做了具体规定。

（1）《德国租税通则》中的相关规定。《德国租税通则》系由 Oldenburg 法官 Enno Becker 于 1918 年 11 月 11 日至 1919 年 3 月底之间起草完成，1919 年 11 月 27 日三读通过，同年 12 月 22 日公布，次日正式实施。此后该法多次修正。笔者所依据的是 1976 年 5 月经全面修订后公布的，1977 年 1 月 1 日生效的文本。该文本由我国台湾地区学者陈敏译成中文。在该法中，涉及实质课税原则的内容共有 4 条，分别为第 39 条、40 条、41 条和 42 条。

第 39 条为"归属"。其内容为：

"①经济财产归属于财产所有人。

②对第一项之规定，适用下列之例外：

A. 非财产所有之第三人，于事实上管领经济财产，且于一般状况，在通常之使用期间内，得排除所有人对该财产之影响者，则该经济财产归属该第三人。信托关系之经济财产归属信托人，让与其所有权以担保债权之经济财产归属保证人，自主占有之财产归属自主占有人。

B. 经济财产为数人所共同共有者，于租税课征上有分别归属之必要时，依应有分归属各共有人。"

第 40 条为"违反法律或善良风俗之行为"。其内容为：

"实现税法构成要件之全部或一部之行为，不因其违反法律之命令或禁止，或违反善良风俗，而影响其租税之课征。"

第 41 条为"无效之法律行为"。其内容为：

"①法律行为无效，或嗣后归于无效，而当事人仍使其经济效果发生，并维持其存在者，不影响租税之课征。但税法另有规定者，不在此限。

②虚伪之法律行为与虚伪之事实行为，对租税之课征不具意义。虚伪之法律行为隐

藏有其他项法律行为者，依该隐藏之法律行为课征租税。"

第 42 条为 "法律之形成可能性之滥用"。其内容为：

"税法不因滥用法律之形成可能性而得规避其适用。于有滥用之情事时，依据与经济事件相当之法律形式，成立租税请求权。"

（2）《日本国所得税法》中的相关规定。《日本国所得税法》是 1965 年 3 月 31 日制订，4 月 1 日起施行的，历年均有修订。笔者所依据的是 1978 年修订，陈汝议、武梦佐翻译，中国展望出版社于 1983 年出版的文本。在该法中，涉及实质课税原则的内容有 3 条，分别为第 12 条、第 13 条和第 14 条。

第 12 条为 "实质所得者课税原则"，其内容为：

"对于由资产或事业所产生的收益，在法律上视为归属者，归属者只是名义人。归属者不享受该项收益，不适用本法，而归属者以外的人享受该项收益时，作为享受该项收益者应适用本法律的规定。"

第 13 条为 "有关信托财产收入及支出的归属"。其规定为：

"①属于信托财产的收入与支出，按以下各号所列的情况区分，符合各号所列者按本法规定，视为该项信托财产的所有者。但运用合同信托、证券投资信托及法人税法第 84 条第一项（退职年金积金的金额计算）规定的合格退职年金契约、福利年金基金契约、劳动者财产形成付给契约以及劳动者财产形成基金付给契约或国民年金基金所签订的国民年金法。（昭和三十四年，法律第 141 号第 128 条第 3 项［基本业务］规定的契约中有关信托财产的收入与支出，不在此限）

A. 有特定受益人时，其受益人。

B. 无特定受益人或受益人不存在时，其信托财产的委托人。

②在前项情况下，判断受益人是否特定及存在的必要事项，由政令规定之。"

第 14 条为 "不记名公债、公司债券利息等的归属"。其规定为：

"①不记名公债、公司债券、不记名股票及不记名贷款信托或证券投资信托的受益证券，其本金所有者以外的人接受利息、利益分红及收益分配（以下简称"利息等"）的付款时，适用本法规定（第 224 条［不记名公债、公司债券利息等的领收者通告］及有关罚则除外）视为本金所有者接受该项利息等的付款。

②在前项规定情况下，在利息等产生期间内，该项本金所有者有变动时，最后的所有者视为该利息等付款的接受者。"

（3）韩国《税收基本法》中的相关规定。韩国《税收基本法》第 14 条规定："①成为课税对象的所得、收益、财产行为或交易之归属仅仅是在名义上，而事实上另有归属人时，以事实上的归属人为纳税人并适用税法；②税法中关于计算课税标准的规定不要拘于所得、收益、财产行为或交易的名称或形式，按实质内容适用之。"

（4）《克罗地亚共和国税收基本法》中的规定。《克罗地亚共和国税收基本法》是由中山大学杨小强教授组织翻译的。在该法中，分别以第 10 条和第 11 条规定了实质课税原则的内容。

第 10 条为"经济实质法"。其内容为：

"①税收相关事实应当依其经济本质确定。

②所得、收益、利润或其他可估算的利益的获取无法律依据的，税务机关应当依据规范各税种的单独立法，确定税收责任。

③在犯罪、轻微犯罪或违法行为的诉讼程序中做出的具有法律约束力的决定所设定的责令没收不法行为产生的经济收益的保护性措施，经纳税人申请，应当撤销该确定税收责任的税收法律文书。"

第 11 条为"虚假交易"。其规定为：

"一个虚假交易隐藏其他交易的，应当以被隐藏交易为基础，确定税收责任。"

根据上述 4 个国家税法对实质课税原则的具体规定，可以得出实质课税原则的具体适用范围主要包含以下几个方面：

（1）课税客体的实质归属。在现代税法上，纳税人的每一项纳税义务都寄托在某一特定的课税客体之上。如果某一项特定的课税客体不能够归属于某一特定的对象，则该对象就不是某一特定纳税义务的承担者。因此，课税客体与纳税人之间的归属关系是判定纳税义务的承担及其大小的重要因素。虽然这种归属关系是由法律规定的，但由于现代社会生活和经济生活的复杂性和现代私法形式与税法形式的差异性，从而导致这种归属关系可能出现形式与实质上的分离与不一致。在此情况下，依实质上的归属关系来确定纳税义务的承担者及其纳税义务的大小，就成为实质课税原则的重要内容。

课税客体的实质归属主要适用于以下几种情况：

第一，名义上的财产受益者与实质上的财产受益者不同时，应该以实质上的财产受益者为归属关系的主体来承担相应的纳税义务。这即《德国租税通则》第 39 条第 2 款第 1 项之前一部分及《日本国所得税法》第 12 条所规定的内容。对此陈敏对《德国租税通则》第 39 条的说明非常明确。他说："在一般情况，课征租税时，应将经济财产归属于私法之财产所有人，以该所有权人为纳税义务人，对其课征租税。惟私法所有权人外之第三人，如于事实上管领租税客体，并且排除法律上所有人对该财产之干涉时，为切实掌握人民之纳税能力,即以该租税客体归属于该第三人,而对其课征租税"。

第二,信托关系中当有特定的受益人时,则受益人应为实质上的纳税人;当受益人不特定或不存在时,则应将信托关系的委托人视为该信托财产的持有者,对其进行征税。对于此项规定,金子宏教授认为,在信托关系中,由于信托财产的所有权是从委托人那里转移到了受托人那里,所以由此而产生的所得按照法律上的归属应该归属于受托人。但实际上,受托者是把信托财产与自有财产分开来管理的,对于信托财产他只是接受一定的信托报酬,而把信托利益在减除这一部分信托报酬后的余额支付给受益者(委托者)或为将来的特定的受益者而积蓄。在此种情况下,当无视于所得的法律上的归属,而按经济上的归属来对受益者或委托者进行课税。①

第三,共同共有关系中各共有人在税收课征时,对于共同共有物如果有分别归属各共有人的必要时,应该分别归属于各共有人,由各共有人分别承担纳税义务。一般而言,在共同共有关系存续期间,各共同共有人不得请求分割该共有物,由该共有物所发生的纳税义务应该及于全体共有人。只有当共有关系终结时,各共有人才有对共有物拥有应有部分的权利和义务。但是,根据陈敏先生的解释,"在经济生活上,实少有共同共有之私法结构,各共有人皆自视为部分之所有人,因此税法遂将共同共有做经济之说明,为租税之课征,消除共同关系之拘束力,将共同共有分划为部分,分别归属各共有人,作为课税之依据"。

(2)无效法律行为的课税义务。在世界许多国家的法律中,无论是违反法律强制性规定或禁止性规定的民事行为,还是违反公共秩序及善良风俗的行为,都被视为无效而归于撤销。如果行为人并未因无效的法律行为而获得经济利益或所获得的经济利益因行为无效被撤销而返还,则行为人不负担相应的纳税义务。如果行为人的无效民事行为并未被撤销或虽然被撤销但所获得的经济利益并未返还,则对于行为人所获取的经济利益应当从税法的角度加以评价。如果这些利益已经满足了税法所设定的构成要件,则应当被视为应税所得而课征税收。这样的规定,既是税法独立于私法的特别之处,也再一次彰显了实质课税原则的实质内容。即税法作为与私法相区别的法律部门,它的实质内容在于确定纳税人承担纳税义务的经济事实,而不考虑此一经济事实是否符合法律的强制性规定或禁止性规定或是否符合公共秩序或善良风俗。只要纳税人的经济活动或所得满足了税法所规定的课税要件,纳税人即承担相应的纳税义务。刘剑文教授与熊伟教授在

---

① [日] 金子宏:《日本税法》,战宪斌、郑林根等译,法律出版社 2004 年版,第 132 页。

《税法基础理论》中所归纳的诸种情况中，就有许多属于这种情况。他们表示，"黑市买卖应当课征商品税，赠与黄金外币应当课征赠与税，违法建筑应当课征房产税，贪污所得、侵占所得、抢劫所得、卖淫所得、赌博所得等，都应当课征所得税。税法所要把握的是蕴涵纳税能力的经济事实，而不是外在的法律形式。因此，只要纳税人的行为满足税收构成要件，即成立税收债务，不必考虑其行为是否违反强行规定或善良风俗"①。

（3）虚假交易的行为。"虚假交易"（Sham transaction）是一个普通法中的概念。美国法院将其称之为"虚假事实"（Sham in fact）。而许多大陆法国家将其称之为"伪装"（Simulation）。在现实中，虚假交易的情况比较复杂：一种情况是表面上有交易而实质上无交易；另外一种情况是表面无交易而实质上有交易；还有一种情况是表面上是一种交易行为而实质上是另外一种交易行为；第四种情况则是表面上是交易行为而实质上是其他行为，如借贷行为。在这四种情况中，除第一种情况外，其他三种情况之所以存在，就是通过用表面的行为来掩盖真实的行为，以达到某种目的。对于此种行为，在各国民法上，一般把其作为一种隐藏行为而归于一种虚假的意思表示。其中，隐藏真意的虚假意思表示应不生效力，至于被隐藏的真实意思表示，则应依据关于该意思表示的规定来具体判断。由于这种虚假交易行为实质上是交易双方共谋的结果，其目的在于欺骗第三人。因此，对于由此所引起第三人的利益损失时，对当事人之间虚假表示、真意保留的行为进行判断，需要将该行为拆分为两个法律行为，即表面行为和隐藏行为。除需分析研究表面行为的虚假性以外，还应深入分析隐藏行为的真实性，并应对当事人之间虚假表示、真意保留行为效力根据一定的原则进行判断。而在税法上，纳税人向税务机关申报的交易行为在私法上存在不同的法律事实时，法国的税务机关可以选择按照纳税人申报的交易行为向其征税或按照真实的交易行为向其征税。但大多数国家则坚持不能依据其申报的表面行为，而应当依据其实质行为来做出判断，并根据其实质行为是否符合税法的构成要件来确定其税收负担及大小。

（4）税收规避。对于税收规避，国际财政文献局（International Bureau of Fiscal Documentation）的定义是：税收规避是指描述纳税人为减轻税负而做法律上事务安排的一个用语。该用语一般在贬义上使用，如用来阐明纳税人利用税法的漏洞、含糊、不规范和其他缺陷，对个人事务或商业事务进行人为安排，从而实现税收规避的目的。②金子宏先

---

① 刘剑文、熊伟：《税法基础理论》，北京大学出版社2004年版，第160页。
② 杨小强：《税法总论》，湖南人民出版社2002年版，第215页。

生认为：税收规避是指利用私法上的选择可能性，在不具备私人交易固有意义上的合理理由的情况下，而选择非通常使用的法律形式，一方面实现了企图实现的经济目的或经济后果，另一方面却免予满足对应于通常使用的法律形式的课税要素，以减少税负或者排除税负。[①]国内学者也有类似的观点。[②]由此可见，税收规避就是，通过不当的私法上的法律形式的选择，来避免正常情况下应选择的法律形式，从而使通常应当满足的课税要素不能得到满足，或者使税基减少，从而达到不纳税或少纳税的目的。

从性质上来讲，纳税人从事税收规避并不构成明显的违法，国家不能从法律的角度予以制裁，这就给税收规避者提供了法律上的"保障"，纳税人就可以放心地从事税收规避的活动。但是，由于税收规避是利用税法的漏洞、含糊、不规范以及其他的缺陷来有意进行的行为，意在减轻或免除税收负担。它从根本上违反税法的立法目的。因此，在事实上就构成了对税法的滥用。

税收规避行为与前述的虚假行为是不同的。虽然二者都是一种有意安排的结果，但虚假行为是以一种表面的行为方式掩盖真实的行为方式，是一种故意的隐匿行为。在其中，真实的行为可能是一种合乎税法的行为，也可能是一种违反税法甚至是犯罪的行为，有可能招致法律的制裁。而税收规避行为只是纳税人利用税法的漏洞来规避税收义务的行为，因此，其结果不会招致法律的制裁，一般情况下只是对其纳税义务及其大小进行调整而已。

由于税收规避行为是以现行税法的漏洞、缺陷等为前提的，虽然在表面上并不违法，然而在实质上却违背了税法的立法目的。同时，允许进行税收规避，也会造成对其他纳税人的不公平，并对国家的税收收入造成影响。因此，如果在课税时仅仅凭借外观形式，而不考虑其经济实质，则会使税法的有效调整落空。故许多国家对于纳税人规避税法的行为都采取了否认性的做法，否认其用以规避税法的私法形式，而以纳税人所获取的经济效果作为衡量其税收负担及其大小的标准，对实质上的经济效果征税，进而有效地遏制税收规避的行为。据此，许多国家在税法中都明确规定对滥用税法造成税收规避行为的否认原则。例如，《德国税收通则》第42条的规定即是为这一目的而制定的。

[①] [日] 金子宏：《日本税法原理》，刘多田、杨建津、郑林根译，中国财政经济出版社1989年版，第80页。

[②] 如张守文教授认为，税收规避（避税）行为是纳税人通过选择与实现其经济目的不相称的法律形式，来绕过相关税法的适用，从而减轻或免除其税负的行为。见张守文：《税法原理》（第2版），北京大学出版社2001年版，第104页。

3. 实质课税原则的限制

在现代各国税法中，实质课税原则作为税收公平原则的深化和发展，是针对形式公平局限性的修正和完善。在税法原则体系中，它只是税收公平原则的一个次级原则，适用于税收客体的归属出现形式与实质相分离的情况。这就决定了实质课税原则必须受到适当的拘束与限制。否则，它就可能被滥用，从而导致对税法形式性的破坏，侵犯纳税人的合法权利。

（1）财产权保障的限制。在现代国家中，税收存在的前提是国家对私有财产权的承认与保障。实质课税原则不仅是一项政治原则，也是一项宪法原则，被写入现代世界各国的宪法之中。如果随其任意行使，则会使税收活动超出税收法定原则的形式限定，从而损害宪法上的财产权保障原则。因此，实质课税原则首先应该受到宪法关于财产权保障的限制。

然而，在实务上，联邦德国对于实质课税原则是否应该受到宪法财产权保障的问题却经历了一个转变的过程。联邦德国宪法法院在1954年时主张，基本法上财产权保障不及于对公法上金钱给付义务课征之干预。嗣后，则认为《基本法》第14条所有权保障，对公法上金钱给付义务课征原则上虽不适用，但该金钱给付义务如对义务人课征过度，致使根本上损害其财产关系，或产生没收效果时，则违反《基本法》第14条。联邦德国宪法法院亦曾指出，税收如有"绞杀性"①效果时，则与《基本法》第14条不符。此后，德国联邦宪法法院在一次判决中承认，除了具有"绞杀性"效果外，亦认为税收可能基于"其他理由"而与《基本法》第14条不符，但对于这些理由却并未说明。而另一判决则指出，公法上金钱给付义务之课征违反宪法所有权保护者，限于具备特殊条件者。若该给付义务只单纯介入纳税人之财产权，则仍不足以构成违宪之理由。然而，虽然有了上述见解上的变动，但在实际上，联邦宪法法院却从未有任何税法经其宣布违反所有权保障而无效。②

联邦宪法法院做出的宪法财产权保障不及于公法上金钱给付义务的表述，招致德国

---

① "绞杀性"效果，根据德国学者的观点，系指"寓禁于征"之租税，特别是过高税率，导致具备课税要件者，缴纳有所不能时。另有学者认为，此种税不具有财政收入目的，而有行政上的禁止功能，故不应称之为租税。还有学者认为，绞杀性效果与危害纳税人生存等同。转引自葛克昌：《所得税与宪法》，北京大学出版社2004年版，第22页。

② 对于德国宪法法院关于实质征税可能引起损害所有权保障而违宪的论述，均转引自葛克昌：《所得税与宪法》，北京大学出版社2004年版，第21-22页。

宪法学界的激烈反动。他们认为，课税权是对财产权最主要的公权力干预者。因此，税收课征应有其界限，否则将侵蚀私有财产制度。税收负担应受财产基本权拘束，否则财产权保障将失去意义。至于课税是否违反《基本法》第14条，主要系基于具有经济理性之财产权人或企业家，经课税后在通常情况下是否仍有相当营利或收益可能而定。至于个案之过苛情事，则应由平衡条款予以调整。①

在我国台湾地区，人民向司法管理机构申请解释所谓"宪法"相关规定的税法案件中，以违反税收法律主义和违反财产权保障者最多。司法管理机构所做出的解释中，却常常有意或无意地忽视财产权保障这一议题，只提及"税收法律主义"，亦有多次宣告税法因违反税收法律主义而无效者。唯在财产权保障方面，司法管理机构解释，除多数以税收法律主义含混带过外，大都简单认定不违反财产权保障。②即使认定经济上的所有权人与法律上的所有权人不一致时，应依"合宪"性解释，认定经济上的所有权为纳税主体，但其解释的依据，却为课税公平原则，而对违反经济归属的法律，并不认为其违反财产权保障原则。如释字第180号所主张的观点。即使后来在第484号解释中明白承认课税涉及纳税人财产权并宣告与台湾地区所谓"宪法"第15条保障人民财产权的意旨不符，也并非契税本身有何违反财产权的问题，而是因台湾地区财政管理机构的台财税字第36889号函逾越有关契税条例，使人民无法完成纳税手续凭以办理所有权转移登记，妨害人民行使财产上的权利。

对于上述解释，学者们虽然没有明确的加以反对，但他们的观点在学术著作中都有所反映。例如，葛克昌教授针对司法管理机构解释第180号明确表示："此时如能进一步阐明，财产权保障对课税权限制，不论是财产权本体不得侵害，或者收益仅就已实现者始得课税以及财产权保障不因纳税才受保障，亦不因欠税而不受保障等，更能发挥司法审查之功能"③。陈清秀教授也表示，"宪法第15条财产权的保障，除确保所有权的存在之外，也确保其原则上具有私人的用益性。如果经由税捐的课征来限制所有权的利用，导致完全排除所有权人的（获得收益的）利用可能性，亦即使所有权变成空洞的权利时，则其已逾越所有权的社会义务的界限，构成不合法的征收"。"倘若课税不仅对于所有权加以限制，而且导致私人的所有权以及经济秩序归于破灭无效时，或者课税不只是存于参与分担，而是构成没收时，则此种税捐的课征，已逾越所有权限制（社会拘束）的界限，

---

① 转引自葛克昌：《行政程序与纳税人基本权》，北京大学出版社2005年版，第100—103页。
② 葛克昌：《行政程序与纳税人基本权》，北京大学出版社2005年版，第89页。
③ 葛克昌：《所得税与宪法》，北京大学出版社2005年版，第24—25页。

而抵触宪法第十五条所保障财产权的本质内容"。①

由上述可知，对于实质课税原则财产权保障的限制，德国和我国台湾地区的司法机构和学术界的观点之间分歧明显。司法机关的解释和说明令人感到不解，学者们的观点无疑是明确和正确的。当出现税收实体的实质归属与形式归属相分离的情况时，只要纳税人不是采取违法甚至犯罪手段故意逃避纳税义务所致，则只能依据实质课税原则对实质上的收益人征税，而不得对构成税收客体的经济活动的对象进行处罚或没收。同时，即使在征税时，也只能依据相关税收法律的规定确定其应纳税额的大小，而不得加重其税收负担，破坏纳税人经济活动的自由权，更不能够破坏纳税人的财产自由权和财产所有权。否则，即构成对宪法规定的财产所有权的违背，导致征税行为的违法甚至犯罪而被撤销。因此，实质课税原则的实施必须受到财产所有权的限制。

（2）生存权保障的限制。在当代世界各国，生存权作为一项基本人权，已被写入了各国的宪法之中，受到了宪法的保护。而宪法上的生存权，指的是人为了像人那样生活的权利。换言之，是指人为了获得有尊严的生活而应该享有的权利。它不仅包括人们的生命得以存在与延续的权利，也包括健康、劳动、休息和获得生活救济的权利等。它的存在，是基于现代国家和社会对人性尊严的尊重。它不仅受到了宪法的保障，而且，所有的法律和法规在制定和适用过程中都应该对人的生存权加以合理的保障。

从财政收入的角度来看，当代世界上的绝大多数国家都已属于税收国家。在税收国家中，国家所具有的征税行为，在本质上属于一种行政干预，是对人民财产权的侵犯。由于对公民财产权的保障，属于宪法所保障的公民的基本权利，因此，国家征税权的行使，仅得限制，而不得剥夺公民的财产权利。这具体化为税法的制定和执行，都必须有其不可逾越的界限，这种界限，就是人民虽有依法纳税的义务，但任何课税均不得侵犯纳税人为维持符合人性尊严的最低生活所必需的费用。"税收所限制的基本权利核心领域，是符合人性尊严基本生活需求之经济生存权，因此应以人民可支配的剩余财产权，作为国家课税权行使之对象，以符合宪法秩序下税法之规范内涵，并且以维持人民重新运营经济生活所必须之再生利益，作为国家课税权之宪法界限。"②国家的征税行为，不得侵害人民的最低生活要求和维持人民重新营运经济生活所必需的再生利益。否则，即构成对人民生存权的侵害，为宪法所禁止。这种最低生活水平的保障，不仅包括纳税人个人的

---

①陈清秀：《税法总论》（第4版），元照出版公司2006年版，第61页。
②高军：《试论纳税人税法上的生存保障》，载《广州大学学报（社会科学版）》，2009年第1期。

情况，也包括纳税人的家庭在内；它所涉及的税种，不仅包括所得税等直接税，也应该包括一些间接税；它所适用的对象，除了作为自然人的个人之外，还应该包括一些小型企业等在内；不仅适用于一般的税款征收行为，而且也适用于个别案件的税收债务的免除、停止执行等情况。①

如果说，税务机关在税收征管活动中，依据一般的征税规则来行使征税权破坏纳税人生存权的状况可能比较少见的话，那么，在依据实质课税原则来确定纳税人的纳税义务及其大小时，破坏纳税人生存权的情况可能就相对而言比较多。针对此种情况，《德国租税通则》第163条特别规定："租税之征收，依各个情况为不允当时，得核定较低之租税，并得于核定租税时，不考虑提高税额之各别课税基础。在所得之租税，得经租税债务人之同意，延后考虑提高租税之课税基础，或提前考虑降低租税之课税基础。关于特别核定之决定，得与租税核定合并之"。同时，该法第227条也规定："依个别事件之状况，租税债务关系之请求权之收取为不允当时，稽征机关得为全部或部分之免除；基于相同之要件，已征收之金额得退还或用以抵缴"。对于该法中"允当"概念的解释，陈敏先生的解释为"所谓'允当'者，为正义理论之延申，为个别事件之正义。……如在个别之情形，法律之适用与法之感受（Pechtsempfinden）不一致时，即发生不允当之情形。不允当可能存在于租税义务人其人或其经济状况（例如租税义务人将无以维持其个人及家庭之生活），亦可能存在于事物本身，即实现租税构成要件之事实，与租税法之目的与意义发生不一致之情况"。

关于依据实质课税原则对纳税人的最低税收负担确定时如何才能保障其生存权的问题，日本东京地方法院1980年3月26日的一个判决可以说明问题："在规定有关要求租税负担的最下限的课税最低限度时，要认定判断什么是健康的、文化的最低限度的生活，……应认为是委由立法机关以合目的性的裁量加以判断，就其认定判断的错误，通常属于是否妥当的问题，即使有发生立法机关的政治责任，但并未立即发生违宪违法的问题。然而，倘若上述课税最低限度忽视现实的生活条件，达到一看明显偏低的程度时，就违背了日本宪法第25条规定（指保障健康的文化的最低限度的生活）的精神，而产生违宪的问题"②。而德国联邦法院第二审判庭1992年9月25日的判决中关于所得税基础扣除

---

① 对此问题的比较系统的论述，参阅高军：《试论纳税人税法上的生存保障》，载《广州大学学报（社会科学版）》，2009年第1期。

② 转引自陈清秀：《税法总论》（第4版），元照出版公司2006年版，第56页。

额的说明也指出,"接受所得税课税的税捐义务人,在就其所得履行所得税税捐债务之后,必需仍然保有足够的所得以支应其必要的生活费以及——在考量基本法第6条第1项之下——其家庭生活费需要(最低限度生存)。"

由以上观之,生存权保障作为一项宪法原则,要求国家行政行为的实施不能破坏相对人的生存权。国家的征税行为作为一项干预行政,是对纳税人生存权所赖以存在的物质基础的侵害。因此,把国家的征税权限制在一定的、合理的范围之内,以防止征税权的行使对纳税人的生存权构成侵害,就具有特别重要的意义。而在其中,由于实质课税原则的行使是针对法律上的归属与经济上的归属发生分离时的一种确定税收负担归属的方法,是对形式上的法律归属的矫正。因此,在确定实质上的纳税人的税收负担过程中,注重对其生存权的保障就更值得重视。不论税法规定实质上的纳税义务人的纳税义务有多大,但如果纳税人履行此种纳税义务会导致其生存权受到限制甚至破坏,则这样的纳税义务就不能实现。否则,就破坏了纳税人的生存,同时也违背了国家宪法的规定,构成违宪。

(3)税收法定原则的限制。从上述可知,实质课税原则是在纳税人的经济活动出现了形式与实质相分离时确定税收负担分配与大小的原则。尽管目前国内外学术界对税收法定原则的内容没有太大的分歧,但由于对税收法定原则和实质课税原则在税法中的地位的认识有所不同,①从而对于如何处理税收法定原则与实质课税原则之间的关系,如何正确地适用实质课税原则等问题,也就需要进行专门的研究。

实际上,在税法学界,人们就实质课税原则的实施对税收法定原则的影响还是表现出了许多的担忧。例如,北野弘久教授认为,"如果一般、抽象地强调实质课税原则这一暧昧的法理,那么就会给在法的执行过程中滥用征税权力的事实带来正当化、合法化的危险。滥用征税权力的实际结果在整体上有未经立法当局承认向大众掠夺租税的危险性,而所谓的'实质课税原则'正是滥用征税权力在法理上正当化的手段。正因为如此,抽

---

① 在日本税法学界,一种比较有代表性的观点认为,实质课税原则是代表税法法律特征的固有的法律原则。他们认为,正是因为有了这种税法的固有法律原则,"税法学"才成为一个独立的学科。而税收法定原则不过是现代法治主义一般原则在租税领域内的重现,是宪法的原则。还有学者认为,实质课税原则不仅是"税法"内在的最原始、最本质、最典型的法律原则,也是构筑税法独立基础的契机性原则。而在日本税法实务界,实质课税原则历来都被认为在税务行政中具有"公理"的性质。具体参见[日]北野弘久:《日本税法学原论》(第5版),郭美松、陈刚译,中国检察出版社2008年版,第84-85页。

象地强调实质课税原则会使宪法规定的租税法律主义带来沦于形式化、空洞化的危险"①。陈清秀教授也认为,"经济观察法如果漫无边际地适用,则税捐法定主义的精神将名存实亡,任何的课税均有可能依据实质的课税原则加以正当化,其结果,人民经济活动将毫无预测可能性,法律秩序的安定性也势必难以维持,因此,如何划定经济的观察法的界限,实在是实务界与学术界值得共同努力的目标"②。由此可以看出,如何处理实质课税原则与税收法定原则之间的关系,应当是研究实质课税原则时必须正确处理的问题。

实质课税原则的根本目的是对税收实质正义的追求,以防止纳税人滥用税法逃避纳税义务。它强调的是税法的弹性和灵活性,追求的是税法的实质正义,保护的是税务机关的征税权力和国家的税收利益。正因如此,它针对的就不是一种常态化的状况,而是一种非常态的状况,即课税要件出现形式与实质相分离的状况;它在适用过程中,就必然要突破税收法定原则下成文税法的一般条款,而更多地依据该原则本身来处理相应的纳税事项或税收案件;它适用的结果就会从形式上破坏税收法定原则下所确定的税法的稳定性、确定性和可预测性,而使税法实际适用出现了更多的灵活性、不确定性和不可预测性。因此,这就必然会导致在税法的实施过程中出现二者之间的矛盾和冲突。

税收法定原则与实质课税原则之间的矛盾与冲突,说到底,是两种不同的价值目标之间的冲突,即由税收法定原则确立的税收形式公平和由实质课税原则所确立的税收实质公平之间的冲突。由于这两个原则各自所追求的价值目标是不同的,因此,它们二者之间的冲突,其实也就是两种不同的价值目标之间的冲突。这种冲突,不仅是客观存在的,而且也是完全合理的。由于社会生活的多元化和复杂性,就决定了任何一部法律的价值目标都不是单一的和唯一的,而是多元的,既然如此,就必须会存在着价值目标之间的矛盾与冲突。同时,任何一个价值目标都必须通过相应的法律原则或法律规则来表现,因此,这就必须会表现为法律原则或法律规则之间的矛盾与冲突,税法也不例外。从这种意义上来讲,一方面,税收法定原则与实质课税原则之间的冲突,就是这两个原则所代表的不同的价值目标之间的冲突。也正是因为存在着这种价值目标的多元与冲突,才需要税法无论是在制定时还是在执行时,都必须谨慎行事,反复权衡,以最大限度地实现两种不同价值目标之间的平衡与协调,以保证税法的制定和实施能够从整体上起到真正积极的作用,另一方面,由于实质课税原则只是税收公平原则的一个次级原则,是对

---

① [日] 北野弘久:《日本税法学原论》(第 5 版),郭美松、陈刚译,中国检察出版社 2008 年版,第 98 页。

② 陈清秀:《税法总论》(第 4 版),元照出版公司 2006 年版,第 235 页。

税收公平原则的展开，它是针对税收法定原则所确立的税法形式公平的缺陷和僵化所进行的一种矫正与发展。因此，它是对税收法定原则确立的一般法律原则和法律规则的补充与发展，属于一种"例外"的情况，它只适用于课税要件出现"形式"与"实质"相分离的状况。而这种实质与形式的分离，只是由于税法本身的漏洞等造成的，在形式与实质相一致时，则必须适用税收法定原则的规定。从这种意义上来讲，实质课税原则一般情况下必须受到税收法定原则的拘束与限制。这种限制，就表现为当税法具有明确规定的情况下，不得适用实质课税原则对税法明确规定的内容做相反的或明显不符合其意的解释和适用，而只有在税法规定不够明确的地方，才需要适用实质课税原则对其进行解释和补正。

四、税收公平原则的实践价值

税收公平价值或公平理论，只有转化为税收的法律原则，才能对税法的制定与执行产生强制性和拘束力。因此，如何通过立法活动实现税收公平价值或税收公平理论的法律化，使其上升为税收法律的基本原则，并在税收立法和税收执法、税收司法活动中得到实施，以具体的指导和规范税收现实中的各项税收法律活动，这是实现税收公平原则实践价值需要研究的重要内容。

（一）税收公平原则规范下的税收立法

近年来，在我国法学理论界和法律实务部门，人们对"法律面前人人平等"原则的认识已经发生了很大的变化。虽然法律适用公平的理论还存在一定的市场，但在大多数的场合下，它的主流地位已经被法律内容公平的理论所取代。而按照法律内容公平的理论，它不仅要求法律的适用要符合"法律面前人人平等"的原则，而且要求立法者首先应该制定符合公平要求的法律。如果立法者制定的法律本身严重不公，即使在适用法律过程中如何公平，其结果也不可能是公平的。故法律的内容公平已经成为法律公平的核心内容，并成为法律适用的前提条件。它不仅拘束法律的适用，而且首先拘束法律的制定，从而使立法者有义务制定出合乎公平要求的法律。税法作为一国法律体系的重要组成部分，自然应当符合上述要求。故税收立法公平，不仅是税法公平的重要内容，而且也是实现税收公平原则、拘束税法公平适用的前提条件。

1. 税收立法公平的一般要求

（1）税收立法公平要求税收立法在程序上具有公开性和民主性。无论是根据卢梭的社会契约论，还是根据公共选择理论或其他一些学派的理论，税收本质上是公民为获得国家所提供的公共产品而支付的对价，是公民为从政府手中购买公共产品而支付的价格。既然如此，那么，一方面，应当遵循市场交易的原则，采取平等协商、等价交换的方式来进行。另一方面，为了保证协商结果的有效性，应当采用契约的方式将其固定下来。在税收法定原则的拘束下，这一协商的过程就表现为税收立法的过程，这一协商的结果就表现为所制定的税收法律。从这种意义上来讲，税收立法的过程，就是公民与国家就公共产品的价格进行协商的过程。那么，为了保证协商的顺利进行，协商就必须采取公开和民主的方式来进行，这就是哈贝马斯（Jurgen Habermas）所提出的协商民主理论（他自己称之为"商谈理论"）。作为一种对代议制民主的超越，它强调在多元社会的现实背景下，通过普遍的公民参与和公共协商，使得各方面都能了解彼此的立场，从而就协商事项达成共识并取得较为一致的结果。在现代民主社会中，税收立法的过程实际上也是国家与纳税人进行协商的过程。这种协商立法活动，不仅从根本上解决了税收的合法性问题，而且也从根本上解决了税收的合理性和正当性的问题。在税收义务的分配上，公平与否作为一个价值判断，虽然，每一个人都有自己的观点或理由，不可能取得完全的一致与共识。但是，在公开协商立法的前提下，由于这一过程和结果都是公开的，所有的公民不仅可以直接表达自己的意愿与要求，还可以听取他人的要求与理由，并与之展开对话与交流，以便最大限度地取得相互的理解，并在此基础上能够形成为大多数参与者所接受的共识，从而制定出为社会大多数人认为是公平的税法，这就是民主。因此，税收的立法公平，就首先表现为税收立法在程序上的公开和民主。故税收立法的公开性和民主性，是实现税收立法公平的必要条件和程序保障。

（2）税收立法公平要求税法在内容上必须合乎税收公平的一般要求。从根本上来讲，对税收立法公平与否的判断，不仅要看税收立法的过程与程序是否符合上述的公开原则和民主原则，更重要的是要看所制定的税法在内容上是否符合公平原则的要求。因为，不管税收立法的程序多么公开和民主，但如果所制定的税收法律不符合公平原则的一般要求，那么，这样的立法活动就很难说是公平的。因此，只有所制定的税收法律在内容上符合公平原则的一般要求，这样的立法活动才能是公平的。

一般来讲，税法内容的公平必须满足两方面的条件。一方面，所制定的税法在内容上必须满足法律公平的一般要求。在任何一个国家中，税法都只是国家法律体系中的一个组成部分，因此，都应当遵守法律的一般原则，维护法律共同的价值目标。在当代世界各主要国家中，公平原则和公平价值无一例外地都被作为法律的基本原则和基本的价值目标，并被赋予了相对明确和确定的内容，即"法律面前人人平等"。现代法律的公平价值和公平原则都是建立在人格平等之上的权利公平与义务公平。在法律权利与法律义务的分配上，每个人都不会因其出身、民族、宗教信仰、性别等而受到法律上的歧视或特别的优待。税法作为一国法律体系的组成部分，在其立法过程中自然应该遵循这一原则，从而使所立之法符合法律公平的一般要求。另一方面，税法又是一国法律体系中一个比较特别的部门法，是关于纳税权利义务的分配法，因此，它在遵循一般法律公平原则的时候，对税收法律公平的内涵又有自己的特殊规定。例如，税法的公平主要讲的是税收法律领域内的公平问题，而不涉及其他法律领域或其他的社会、经济、文化生活的领域；税法公平的适用对象虽然也包括了不同级次的政府之间、政府（或国家）与纳税人之间的在税收权利（或权力）和义务的分配公平问题，但主要是有关纳税人之间纳税义务的分配公平问题；税法公平的差别标准虽然也考虑到了纳税人的受益状况，但主要是根据纳税人负担能力来进行；税法公平的负担大小不仅要体现为"同等情况同等对待"的横向公平，而且还必须体现为"不同情况不同对待"的纵向公平，等等。因此，税收立法只有在内容上首先满足法律公平的一般要求，且同时满足现代税法对于公平的特殊要求，这样的税法才是符合税法公平原则的要求的，这样的立法活动也才是真正公平的。

（3）税收立法公平要求税法在分配税收负担结果上的公平。税法作为一个国家法律体系的重要组成部分，与其他的法律一样，核心内容都是对权利义务的分配。但另一方面，税法与其他法律的主要区别就在于，税法所分配的权利义务，仅是指人们在税收征纳活动和过程中的权利义务，而不涉及人们在政治、社会、文化方面的权利义务。同时，税法所分配的权利义务的对象，仅是指对人们在经济活动中所取得的收入和所占有的财富进行再分配的权利与义务。税法运行的结果就是通过税收征纳活动改变了纳税人对部分收入和财富的所有权，从而使其由个人的财产转变成为国家的财产。它是对市场分配结果的二次分配，属于再分配的范畴。因此，从这种意义上来讲，税收立法是否公平，就不仅要看税法在内容上是否符合公平原则的要求，而且更为重要的是要看税法的实施结果是否公平。因为，结果公平是最终衡量公平与否的重要指标，它是人们追求公平的根本目的，是公平观念的终极体现。当然，如果税收立法的程序和立法的内容本身是公平的,那么税法的实施效果就是公平的。从这种意义上来讲,程序公平和内容公平是保证结果公平的前提条件。但反过来,结果公平对于程序公平和内容公平也具有制约作用。它可以作为一个评价指标和监测指标,通过对税法实施效果的监测评价,为税收立法提供决策依据,以更好地实现税收立法的程序公平和内容公平。

2. 税收立法公平的实现途径

根据一些专家的观点,"在民主社会中,立法的基本功能与核心价值在于实现'分配正义'"①。之所以如此,是因为在民主法治国家中,需要通过立法建章立制的形式制定人们的行为规范,从而将复杂的社会利益分配活动规范化和制度化。因此,立法的过程本身就是一个利益协调和利益分配的过程,而衡量这种分配制度的最重要标准就是公平与否的问题。由于税收立法的实质在于国家通过立法活动这种制度创造和制度安排,对公民的财产权进行重新配置,从而把一部分公民的财产转移为国家的财产。因此,税收立法的分配公平问题就显得更加重要和突出。而在民主社会中,公民是国家的主人。民主社会中税收立法公平与否的判别标准就是税收立法是否能够为大多数的公民认可和接受。为了达到这一目的,就必须满足两个条件:一是公开立法,二是民主立法。

(1)税收公开立法。英国有句谚语:"正义不但必须实现,而且必须以看得见的方式来实现"。这句话的含义并不是说,凡是看不见就是不正义的,而是说"没有公开则无所谓正义"②。故为了实现立法的公平正义,立法活动就必须公开。在当代各国,公开立法不仅已被发展成为立法的一项程序性原则和制度,而且已经被当作现代民主立法的重要内容而成为衡量立法民主化的重要标准。

从一般意义上来讲,税收立法公开作为一项程序性的原则和制度,包括了三个方面的内容,即法律正式文本公开、立法资料公开以及立法过程公开。

一是,税法正式文本公开。法律正式文本公开在立法学上一般也称为法律公告或法律公告制度。它不仅是立法公开的最主要内容,而且也是立法公开的最早形式。税收立法作为一个国家立法制度的组成部分,税法文本公开的主要目的在于防止法律为少数执法者所垄断,从而导致税收执法活动的恣意,严重侵害纳税人的合法权益。同时,税收法律文本的公开也是民主政治的基本要求。税法作为一种公共资源,公开就是其发挥作用的基本前提。税法只有尽量公开,才能为尽可能多的执法者和纳税人所知悉,因而也才能获得严格的执行和遵守。有鉴于此,早在100多年前,西方一些发达国家就已经实

---

①李林主编:《立法过程中的公共参与》,中国社会科学出版社2009年版,第3页。
②[美]伯尔曼:《法律与宗教》,梁治平译,生活·读书·新知三联书店1991年版,第48页。

现了税法公开的制度化，并在实践中形成了许多卓有成效的做法。进入21世纪以来，随着现代电子信息技术的飞速发展和世界范围内政治民主、经济交往的进一步深化，税法正式文本的公布制度和方式都得到了进一步的发展完善。

二是，税收立法资料公开。税收立法资料公开主要指的是税收立法的各种背景资料、立法的各种草案及说明、立法讨论中的会议记录及备忘录等内容的公开。公开税收立法资料的第一个原因是，可以使纳税人了解税收立法的内容，从而既满足了纳税人对立法知情权的要求，而且还满足了纳税人对自己所关注的立法问题的了解。公开税收立法资料的第二个原因是，便于纳税人能够将自己的意愿与要求及时地表达出来和反映给立法机关，以使立法活动能更广泛地吸取民众的意愿与要求，从而防止立法工作的专断与独裁。公开税收立法资料的第三个原因是，公开税收立法资料对于立法后的税法解释、执行和遵守提供了一种可行的方法或手段。因此，税收立法资料的公开也已经成为一项基本的立法制度，在西方国家中得到了普遍的实行。例如，在一些国家中，如果只在法律规定的媒体上公布了税收法律的正式文本而没有公布立法说明等规范性内容的，所公布的税法文本会因不符合相应的立法程序而不得生效。而对于税收立法的背景资料、立法会议记录、纳税人等提供的证据等材料，虽然可以不在法律规定的公报等媒体上刊登，但必须能够满足有需要的纳税人的查阅或复制，并不得收取任何费用。

三是，税收立法过程或活动公开。根据一些学者的观点，所谓税收立法活动或立法过程的公开，主要指的是税收立法会议的公开。这是一种比税收立法资料公开更晚出现的立法公开的方式。在传统上，一般认为税收立法是立法机关的权力，故税收立法会议是否向公众公开应当由立法机关自行决定。但自近代以来，人们逐渐发现，公开税收立法会议，不仅便于纳税人旁听会议，而且也方便了媒体对立法活动的报道，从而在更大程度和范围上实现了税收立法公开。因此，自美国的《联邦会议公开法》（Federal Open Meetings Law）之后，税收立法会议公开不仅在美国，而且在世界上许多国家中都逐步得到了制度化的实施和保障。

（2）税收民主立法。税收民主立法既是税收立法公平的本质要求，也是税收公平原则在税收立法中的体现。由于在现代民主社会中，立法公开只是实现立法民主的前提条件，故公开立法并不必然保证立法内容和立法结果的公平。而只有在立法过程中真正实现立法民主，使广大公民能够有序参与立法过程，通过各种形式和渠道充分和有效地表达自己的意愿和要求，并充分陈述各自的观点和理由，从而使立法活动在进行充分沟通和博弈的基础上，寻求一个能够为多数人认为是公平的和可接受的方案。因此，民主立法就是公平立法的核心内容和基本要求。

根据美国学者科恩（Carl Cohen）的观点，民主是一种社会管理体制，在该体制中社会成员大体上能直接或间接地参与或可以参与影响全体成员的决策。民主决定于参与——即受政策影响的社会成员的参与决策。既然如此，是否民主的衡量标准，就取决于民主的广度、深度和范围。① 税收立法作为一项影响社会各个成员利益分配的决策活动，对其民主与否的判断自然应该从这三个方面来进行。因此，在税收立法中为了实现真正的民主，税收立法就必须从这三个方面来进行。

一是，扩大税收立法民主的广度。税收立法民主的广度指的是税收立法活动中受影响的社会成员中实现或可能参与决策的比率。它可以用数字来衡量，并据此可将其大体上分为"民主广度不够""民主广度正常"和"民主广度极大"等情况。一般而言，在税收立法中，参与立法表决投票的人数越多，说明该法律的民主性越强；投赞成票的数量越多，说明该法律的民主性越强。因此，在民主立法过程中，就应该着力解决参与者的广度问题。为了扩大税收立法民主的广度，保证让尽可能多的社会成员参与税收立法活动，现代世界各国都普遍实行了以扩大税收立法公开性为核心内容的一系列活动，尽可能满足广大社会成员对税收立法的知情权，以便使其能够直接或间接地参与税收立法，对税收立法规划和立法计划、法律草案发表自己意见和建议，参与社会对税收立法的讨论和辩论等。

二是，加强税收立法民主的深度。税收立法民主的深度指的是税收立法活动中参与者是否能够充分参与的问题。在税收立法过程中，对民主深度的评价是建立在广度的基础之上的。因为很简单，如果没有一定的广度，则无论其深度如何，都谈不上真正的民主。而在对深度的评价上，一方面，不能够用数字来表示。另一方面，更为重要的是，在一个成员人数众多的社会中，投票制虽然是有存在的必要，但它只能算是社会成员参与的一个方面或一种形式。而事实上，充分的参与包括了投票前的许多活动，而投票只不过是参与的最后一步而已。因此，在税收法案投票表决之前，还有许多非常重要的活动或参与的方式。所以，在现代民主国家中，为保证广大社会成员能够深入的参与税收立法活动，许多国家都进行了认真地探索，并创制出了许多行之有效的办法和制度。例如立法调研、公布法律草案并向全社会征收意见、召开立法座谈会、听证会、论证会，等等。

三是，税收立法民主的范围。关于民主的范围，虽然按照科恩的观点，这是一个"不易捉摸"的问题，但在确定一个社会民主的范围时，有两个问题可以作为根据：在何种问题上人民的意见起决定作用？对人民意见的权限有哪些限制？而民主的范围可以分为

---

① [美] 科恩：《论民主》，聂崇信、朱秀贤译，商务印书馆1988年版，第10页。

两个层次,即最高权力范围和有效权力范围。其中,最高权力范围是根据有关公众在哪些问题上享有最后决定权来确定的。在人数众多的社会中,由全体直接参与一切或大多数决定是不可能的,但无论是采取代表制还是通过民间途径,只要该方式是由社会自由选定的,而且该社会有法定的权力可以有序地对其加以修改或废除,则可以认为这些问题的解决还是在最高权力范围内的。民主的有效范围是由两个因素来决定的:一是,全社会实际参与决定的问题有多少。二是,社会成员通过间接控制的正常体制在影响或改变决定方面能起多大作用。对于人数众多的社会以及所有的民主国家中,都对民主的有效范围进行了严格的限制。但无论如何,公众在决定过程中的权力范围一直是而且仍然是中心问题。①在税收立法中,民主的范围问题实际上也是包括了这两个方面:一方面,在代议制民主中,税收立法的问题是否还在最高权力范围之内;另一方面,在税收立法中,公众通过代议制体制能否影响或改变税收立法的方向或内容。在当代世界各国,由于普遍受到税收法定原则的约束,一般来讲,即使在代议制国家中,税收立法仍然还是在最高权力范围之内的。而对于第二个问题,则情况就有些复杂。一般来讲,在真正的民主国家中,尽管不同国家中公众通过代议制方式影响税收立法的问题存在着方向和内容上的差异性,但公众的意愿多多少少都会产生一定的影响。而在一些极权国家或独裁国家中,公众对税收立法的影响可能就很难发挥作用。

3. 保障税收立法公平的几项重要制度

在当代世界,代议制立法是立法的主要方式。由于代议制是建立在民众对代表的信赖基础之上的授权,因此,从理论上来讲,只要选举的过程足够公开,选举程序足够公正,代表的人格、能力和水平值得民众的足够信赖,那么代议制立法也可以达到与直接立法同样的效果。但事实上,由于在代议制体制下议员或人民代表产生的程序不可能达到完美、代表个人的人格能力和水平不可能整齐划一、社会利益分配的多元化和利益冲突的不断加剧,代议制立法就可能存在着一些缺陷或不完善之处,从而使立法的民主性受到一定的限制,并最终影响到立法结果的公平性。因此,为了提升代议制立法的民主性和立法结果的公正性,在当代世界各国除了对代议制立法本身进行完善和发展外,还围绕着扩大公民参与权、提升立法公正性等核心内容,陆续发展和形成了一系列新的制度,以促进代议制立法的公平性。这些新的制度不仅在税收立法中表现得较为全面,而且也对促进税收立法公平发挥了重要的作用。

(1)税收立法听证制度。立法听证制度是指由法案的起草单位主持,由代表不同利

---

① [美]科恩:《论民主》,聂崇信、朱秀贤译,商务印书馆1988年版,第23—29页。

益的双方或多方参与，对立法草案内容的必要性、合理性等进行辩论，起草单位根据辩论结果，确定草案内容的一项制度。在立法过程中采用听证方式，不仅可以使各方利益在立法决策中都能得到公正平等的反映，而且为不同利益群体之间的沟通交流提供了对话平台，使不同的利益群体之间能够相互了解，并在理性的对话和辩论中达到相互妥协，以使所起草的法案能够最大限度地满足不同利益群体的诉求。因此，它已经发展成为一种比较成熟的立法民主制度，在西方社会受到了普遍的认同。我国的《立法法》第34条中也明确地规定了立法听证制度。

在税收立法中引入听证制度，不仅是因为税收立法是国家立法的一个重要内容，而且，更为重要的是，税收对于国民和国家的存在都有非同寻常的意义。因此，引入听证制度对于公民的财产权利具有重要的意义。洛克（John Locke）曾经明确表示："诚然，政府没有巨大的经费就不能维持，凡享受保护的人都应该从他的产业中支出他的一份来维持政府。但是这仍须得到他自己的同意，即由他们自己或他们所选出的代表所表示的大多数的同意。因为如果任何人凭着自己的权势，主张有权向人民征课赋税而无需取得人民的那种同意，他就侵犯了有关财产权的基本规定，破坏了政府的目的"①。由此可以看出，税收作为国家的经济基础，它存在的根本就在于取得国民的同意。否则，就会侵犯国民的财产权和财产自由，进而影响公民的生存权和发展权。在税收立法中引入听证制度，其意义不仅在于弥补代议制立法过程中民主的缺陷与不足，还在于它是对公民同意课税权的最直接和最广泛的表达，体现了立法民主的核心内容，而且也通过听证制度实现了对国家课税权的限制与规范，从而在国家与公民权利的公平博弈中实现了对公民权利的最大保障。正因如此，在当代世界许多国家，都实行了税收立法的听证制度或活动。例如，在美国，只有众议院有权提出税收立法议案。对于议员们的立法动议，众议长认为可以考虑形成税收立法议案的，即交由众议院税收委员会依程序办理，其中，就有一个听证环节。对于比较重要的议案，众议院筹款委员会也会举行听证活动。由于听证活动过程中的辩论有时十分激烈，所以听证会有时会持续数月之久。税收议案在众议院通过后会提交参议院。参议院的专业委员会，主要是财政委员会也会举行听证会。无论是众议院的筹款委员会，还是参议院的财政委员会，在举行听证会时，受邀的证人一般包括联邦政府的财政部部长、管理和预算局局长、经济顾问委员会主席、联邦储备委员会主席、财政税收方面的专家（财政税收领域的律师、会计师、经济学家）、利益相关人即纳税人（包括了个人和社会团体的代表）等。一般而言，只要是与税收议案的相关

---

① ［英］洛克：《政府论（下篇）》，叶启芳、瞿菊农译，商务印书馆1964年版，第88页。

人员都可出席听证会。听证会在举行过程中，每位证人都会获得平等的对待。参加听证的委员也都有权向证人提出质询。听证会结束后会形成听证报告、各相关委员会还会举行会议研究听证中提出的问题，并对议案提出修正案。立法决策机关也会回应听证中提出的问题。再如，在德国，涉及税收的立法权限大都集中在联邦一级。重要的税收议案一般由政府提出，由联邦众议院和联邦参议院立法。虽然联邦议院的议事规则中并没有规定什么样的立法议案要举行立法听证，但一般而言，由于税收议案与民众的关系比较密切，故都要举行立法听证。税收议案的听证一般由议院指定一个专门委员会主管，其他参审的委员会如果需要举行听证会的，需与主管委员会协商。听证会的陈述人由听证会的举办者根据党团推荐的名单进行邀请。一般包括了专家、利益集团的代表和其他了解相关情况的人员。非经邀请的人员不能成为陈述人，但可以参加旁听或向委员会提供书面证词。非经委员会的投票多数通过，政府成员或雇员不能成为陈述人。听证会一般会持续数天，以保证所有的陈述人都能够发言。听证会的纪录非常完整，会在议院的网页上面公开，有些还会刊登在议院的纸质刊物上，以便民众了解和查询。委员会还会对听证中提出的问题进行讨论，并向议会提出相关建议，供议会立法时参考。从上述两个国家的税收立法听证制度的介绍来看，虽然税收立法听证制度只是一项咨询性的制度，并无实际决策权，但由于听证过程公开透明，听证中的各方代表都能得到平等的对待，对听证中所提出问题的处理比较认真和谨慎，因此，税收立法听证制度得到了越来越多国家的采纳。

（2）税收专家立法制度。所谓专家立法，从严格意义上来讲，应该是"专家参与立法"①。它是指有权机关在制定法律的过程中，邀请相关领域的专业人士，为立法提供专业咨询、论证、帮助起草和审阅法律草案等工作的制度。由于参与立法的专家在相关领域内的专业性、权威性和中立性，故聘请专家参与立法不仅可以提高立法的效率，而且更能彰显立法的民主性和公正性，因此，专家立法是立法公开化和民主化的重要形式，是实现立法公平分配权利义务的重要保障。特别是在税收领域中，鉴于税收本身对专业化和民主化的要求，故在税收立法领域内实行专家立法制度，就更有其重大的意义，在西方许多国家的税收立法中，专家立法已经成为一种普遍的做法。

美国的专家立法。美国专家税收立法制度有三种不同的形式：一是前述的立法听证。税收法案在听证过程中，可以邀请专家参与。二是"罗斯福新政"时期的政府专家。由

---

① 莫纪宏：《论立法的技术路线——专家立法在立法公民参与中的作用》，载《宪法学、行政法学（人大复印）》，2009年第11期。

于当时80%的重大立法都是由政府方面提出的，故国家在立法过程中，会主动约请政府方面有专门知识的人员担任"特别顾问"。三是国会自行选用专家。即自1945年以来国会在税收等领域内任用了专门的人员担任立法专家。而国会内分属两院的筹款委员会和财政委员会、两院的立法顾问局和立法资料馆都有专家负责税收立法工作。此外，美国国会还会邀请税收专家举行座谈会，将有些法律案的特别研究工作以"外约"的方式委托私人机构或大学进行研究等。

英国的专家立法。英国的税法议案一般都是由财政部代表内阁向议会提出的，故它一般属于政府提案。该提案在准备过程中，一般都由名为"议会顾问"的一批专家协助起草工作。此外，该团队中尚有副顾问、顾问助理等人。这些人一般都属于财政部，是一个无党派的专业团体，以保证其地位的超然与专业性。如果该提案被内阁列入了立法计划，则内阁可训令该专家团队准备提案的起草工作。专家起草的提案草案经内阁的一个常设委员会审议后，再交由负担提案的大臣进一步审议。针对该议案在议会审议过程中提出的问题，再由提案大臣在其次官及起草人的协助下进行研究，决定是接受还是否定修改建议，并提出相应的理由，同时还准备参加辩论及答复的发言文稿。

日本的专家立法。日本是一个内阁制国家，政府提案在国会法案中占主导地位。税收法案草案在完成初步的起草后，一般都要交由政府内专门负责税收法案审议的机构政府税制调查会来进行审议。政府税制调查会是根据总理府设置法设置的一个总理府的附属机构，它的任务是"根据内阁总理大臣的咨询，审议有关租税制度的基本性事项"。它由30名以内的委员和若干专门委员组成。委员和专门委员应从"具有学识经验的人"中选出，由总理大臣任命。这些委员或专门委员一般都由退休的官员、学者、专家、行业代表等组成，故有较广的代表性，能够吸收和反映各阶层、各方面的不同意见，从而保证税收法案的公正性。另外，国会两院还分别设有自己的专门委员会、法制局、国会图书馆等机构，拥有确定数额的专职工作人员和专家，专门从事立法调查、法律议案的研究评价等，为法律议案的讨论、审议提供依据和其他必要的帮助。由于日本的专家立法有比较明确的制度规定，从而能够保证专家参与立法的独立性和有效性。

（3）税收立法监督制度。虽然目前我国学术界对立法监督的概念存在着多种理解，但笔者认为，将立法监督理解为有权机关对立法的活动过程以及立法结果的监督可能更为恰当。由于税收立法是创设税收权力、分配税收义务的源权力，故它在国家权力体系中处于一个十分特殊的地位。世界大多数国家的宪法中都把税收立法权作为立法机关的一项重要权力做了明确的规定。如果税收立法机关在税收立法活动中过程不公或所创制的税法内容不公，势必就会导致纳税义务分配过程中相同的情况不能得到相同的对待，或不同情况同等对待，从而违背公平原则，造成对公民财产权的不当侵害，进而损害税法的合理性和正当性。因此，为了防止立法机关对税收立法权的滥用，对税收立法活动及其结果进行监督就是十分必要的。从目前世界各国的实际情况来看，税收立法监督主要有三种不同的模式：一是，议会自我监督的模式。这是奉行议会至上原则的国家普遍实行的监督模式。其典型代表为英国。由于英国的宪政体制将议会的立法监督功能赋予了议会自身，故对英国议会的税收立法监督权的行使就依赖于议会自身。正因如此，英国议会的税收立法程序就十分复杂，且上下两院之间存在着一定制约。如果下院不接受上院通过的税收法案，则它就无法变成法律。上院可以对下院通过的税收法案进行修改，也可以退回给下院。但若下院坚持，则上院就无法阻止其成为法律。从理论上讲，国王也有否决国会通过的税收法案的权力。二是，普通法院的监督模式，以美国为典型代表。美国的司法审查制度是由普通法院（主要是最高法院）对议会立法的合宪性审查，是一种事后审查，即只有在具体案件中对有关的税收法律等的合宪性进行审查。三是，专门机构的监督模式。它具体包括宪法法院的立法监督（如德国、奥地利等）、宪法委员会的立法监督（如法国等）等方式。在现实中不管适用哪种方式，从税收立法监督的具体手段上来讲，无非包含了立法复议、立法否决、立法审查、全民公决等，并无论运用哪种手段，从税收立法监督的内容上来说，除了对立法行为和立法内容的合法性监督之外，还都普遍包括了对立法行为和立法内容的合理性监督。而在合理性的监督之中，税收立法行为的公平性和立法内容的公平性则是其中最为重要的衡量标准之一。

（二）税收公平原则规范下的税收行政执法

在税收公平原则的拘束下，税法的适用问题就自然转化为税法的适用公平问题。它不仅是税收公平原则的应有之意，而且也是实现税收公平原则的重要途径。上一节我们研究税收立法公平问题，解决的只是税法本身的公平性问题。但有了公平的税法，还需要公平的适用，才能实现真正的公平。否则，无论多么公平的税法，如果不能得到公平的适用，那么，税法本身所具有的严肃性、稳定性和权威性将不复存在。从这种意义上来讲，税法自身的公平只是税法公平适用的前提，而税法公平适用则是实现税法公平的关键。由于税法适用包括了税收行政执法、税收司法和税收守法三个方面，因此，税法适用公平问题，也就自然包括了税收行政执法公平、税收司法公平和税收守法公平问题。但是，由于税收司法属于司法的范畴，在司法领域内受到了严格的法律规范和程序约束，故税收的司法公平一般不存在太大的问题。而税收守法实质上是纳税人自我约束的问题，也不需要在此进行专门讨论。故本节主要研究税收行政执法的公平问题。

税收执法是国家税务机关依据法律的授权，实施税收法律，管理税收事务的行为。由于税法本身"侵权法"的特征以及税收执法的专业性、技术性，税收执法行为会直接影响到国家的税收秩序和税收收入，同时也会直接影响到作为管理相对一方纳税人的权益。因此，为了保障税法能够得到公平的实施，就不仅要求税收执法行为在程序上符合公平原则，还要求在实质上符合公平原则。

（1）税收执法程序公平。税收执法程序公平是关于税收执法过程中执法手段、执法方式、执法顺序、执法时间等执法程序要素公平与否的问题。由于执法公平的实质是要保障税收实体法律法规能够被公平地适用于解决具体的税收案件，因此，评价执法公平与否的首要标准就是税收实体法律法规适用于具体案件的程序是否公平。因为，如果执法的程序不公平，则不仅无法保障税收实体法律法规能够公平地适用于解决具体的个案，而且其本身也由于违背公平原则的要求而违反了法律的内在精神和实质。故税收执法程序公平既是保障税收执法实体公平的先决条件和逻辑起点，又是评价税收执法公平的首要标准和核心要求。美国最高法院大法官威廉·道格拉斯（William Orville Douglas）曾说过，"正是程序决定了法治与随心所欲或反复无常的人治之间的大部分差异，坚定地遵守严格的法律程序是我们赖以实现法律面前人人平等的主要保证"[1]。

一般来讲，在现代法治国家中，税收执法程序公平是正当法律程序原则在税收行政执法领域内的具体要求和体现。美国《宪法》第 5 条修正案规定："非经正当法律程序，不得剥夺任何人的生命、自由和财产"。该法第 14 条修正案更进一步明确地指出："凡在合众国出生或归化合众国并受其管辖的人，均为合众国和他们居住的州的公民。任何一州，都不得制定或实施限制合众国公民的特权或豁免权的任何法律；不经正当法律程序，不得剥夺任何人的生命、自由或财产；对于其管辖下的任何人，亦不得拒绝给予平等法律保护。"由此可以看出，正当法律程序的含义不仅包括了程序上的合法性，而且也包括了程序上的合理性和公平性。因此，税收执法程序的公平要求就是正当法律程序原则在税收行政执法过程中的具体体现。税收执法行为只有在程序上是合法的和公平的，才能符合正当性的要求，因而也才能够保证执法行为在实体上的合法性和正当性。

在税收行政执法活动过程中，程序公平作为一项基本的要求，它具体包括以下三个方面的内容：

---

[1] 转引自南方：《司法公正，需努力的不止审判这一环》，载《南方日报》2013 年 5 月 7 日。

第一，税收行政执法公开制度。西方有一句法律谚语："正义不仅应该被实现，而且应当以被看得见的方式来实现。"而看得见的方式就是公开。税收执法作为实现税收公平的重要途径，如果不能够以公开的方式来进行，则就无所谓公平。而只有通过公开执法，让行政执法相对人和社会公众充分地了解执法依据、方式、手段等，才能够对其进行公平与否的评判。因此，执法公开是实现执法公平的首要程序性要件。在税收行政执法过程中，公开原则具体包含了以下几个方面的要求：①执法依据公开。它不但包括税务机关执法时所依据的法律法规，而且还包括作为执法依据的其他规范性文件。②行政决定公开。包括了税务行政机关所做出的行政处理、行政处罚、行政强制执行、行政裁决、行政复议等决定。③行政过程公开。它包括了税务机关各类行政的过程、方式、手续等。④档案资料公开。包括了税务机关的设置情况以及由税务机关掌握的、不涉及国家机密和私人秘密的一切资料。

第二，税务行政执法回避制度。西方有一句法律谚语："任何人不得做自己案件中的法官。"这句话的意思是说，任何法官或执法者，都不得与案件有各种各样的利益牵涉，否则，他就不会获得道义上的合法性和正当性。而现代法治中的回避制度就是这一思想的程序化。在税务行政执法中的回避是指税务行政执法人员遇到法律规定的情况时，不得参与案件的调查、处理等情况。根据现代世界各国的一般性规定，在税务行政执法活动中需要回避的人员一般包括以下四类：①本案的当事人或当事人的近亲属；②本人或本人的近亲属与本案有利害关系；③担任过本案的证人、鉴定人、代理人；④与本案当事人有其他关系，可能影响公正处理案件的。由于这四类人员与税务案件的当事人之间存在一定的利害关系，如果让他们参与税务案件的调查与处理，必然会影响案件的公正性。因此，在世界各国，回避制度已经发展成为税务行政执法中一项普遍的程序性制度。回避制度的建立和实施，不仅可以确保税务案件相对人能够得到公正的对待，确保税务案件能够得到客观公正的处理，而且也能够确保税收法律制度和法律实施过程得到当事人和社会公众的普遍尊重。例如，《克罗地亚共和国税收基本法》第 48 条"税务机关人员的回避"明确规定："①下列税务机关工作人员不得参加税务程序中的工作：作为纳税人或纳税担保人参加该程序的人；与该程序的参加人有关系，或是该程序参加人的法定代表人；该程序的参加人的法定代理人、意定代理人、或援助提供者；与该程序的参加人有商业关系；在公务过程中可能获取利益或受损害的人；参加执行初审程序或做出税收裁定的人。②本法的亲属是指：直系血亲关系；三代以内的旁系亲属关系；配偶；法定监护人、养父母、养子女和抚养人。③有合理理由怀疑工作公正的，由该税务机关负责人决定该工作人员在此程序中的回避；有理由怀疑该税务机关负责人公正的，由上一级税务机关的负责人决定其回避。"我国的《税收征管法》第 12 条也明确规定："税务人员征收税款和查处税收违法案件，与纳税人、扣缴义务人或者税收违法案件有利害关系的，应当回避。"其他许多国家的税法也都有类似的规定。

第三，税务行政执法听证制度。税务行政执法听证制度是指税务行政机关在做出影响纳税人的决定之前听取纳税人的陈述和申辩，了解纳税人的意见，以帮助税务机关全面了解事实真相，避免因偏听偏信而做出不当的行政决定，损害纳税人合法权益的制度。它与税收立法听证的不同之处在于：税收立法听证作为一项制度安排，其主要目的在于通过听证程序，使社会各方对税收立法项目发表意见和建议，不仅可以通过公民直接参与立法活动来实现直接民主，而且还可以协调各方利益，提高立法质量，从而使税法在纳税义务的分配上趋于公平和合理。而税收执法听证制度的主要目的在于通过听取纳税人对税务机关拟做出决定的意见，不仅体现了纳税人参与税收行政活动的平等性，提高了税务行政的透明度，而且有利于税务机关查明事实真相，为税务机关做出合法公正的行政决定提供程序保障。因此，税务行政执法听证已经成为当代世界各国税务行政执法活动中一项普遍的程序性制度。例如，我国国家税务总局专门就税务行政处罚出台了《税务行政处罚听证程序实施办法（试行）》等。

（2）税收执法实体公平。一般来讲，税收执法实体公平也可以称之为税收执法实质公平。它是与税收执法程序公平相对应的概念，指的是税收执法在内容上和结果上要符合税法公平的一般原则与要求。从行政法的角度来看，税收行政执法作为一种具体的行政行为，其实质在于运用一般的法律规定来解决当前的具体案件或事件。在其中，一般的法律规定只是解决当前案件或事件的法律依据。由于法律本身的概括性、抽象性等特点，以及法律在社会发展过程中的滞后性、模糊性、不周延性等缺陷，从而使得行政执法的过程并不是执法者机械地援引法律规定的过程。所以，即使法律本身在内容上是公平的，法律的执行过程也是严格按照公平的程序来进行的，但也不能必然保证对当前案件或事件的处理结果就是公平的。因为，一方面，从法律规定到对某一个具体案件或事件的处理，在法律的运行过程上来讲，它是一个由抽象到具体的过程。而这一过程，并不完全是一个演绎推理的过程，期间还要受到许多条件的制约。例如，执法者对税法条文或规定的理解、执法者对需要解决的案件或事件真相的把握与认定，等等。如果执法者在上述任一方面稍有差池，就可能会导致对案件或事件的处理结果不符合公平的要求。另一方面，无论我们对税收执法的程序公平持何种学术观点，但它仅仅是判定税收执法公平的一个方面的标准或要求。在判定税收执法公平的标准方面，除了要求执法程序公平之外，执法实体公平也是一个非常重要的标准，甚至在许多学者看来是更为重要的标准。而这一标准的实质内容就是个案的结果应当符合税法公平的内在要求。只有当一个税收案件或税收事件的处理在本质上符合税法公平的要求时,这样的结果才是公平的。否则,无论程序如何公平,若结果不符合公平原则的要求,则这样的税收执法很难说是公平的。

  税收执法的实体公平,首先需要对涉案事实的真实把握。在税收行政执法过程中,"以事实为依据,以法律为准绳"是保证税收行政执法公正的基本原则。而以事实为依据,就要求执法者必须把握涉案事实的真实性。在税收案件中,基于涉案客观事实的不可重复性,执法者需要把握涉案法律事实的真实性。虽然在税务案件中存在着当事人陈述的事实与客观事实完全相符的情况,但即使如此,执法人员也不能仅凭当事人的陈述来确认案件的法律事实,而必须要借助于相关的证据来构建涉案的法律事实。否则,如果不能借助证据来构建涉案的法律事实,而仅凭当事人陈述的事实来做出处理,就无法保证税收案件处理结果的实质公平。

  税收执法的实体公平,还需要正确选择与适用作为"准绳"的法律规则或法律原则。德国学者耶林(Rudolf von Jhering)曾指出:"目的是全部法律的创造者。每条法律规则的产生都源于一种目的,即一种事实上的动机"。他宣称,法律是根据人类欲望实现某些预期结果的意志而有意识地制定的。[①]税法也是如此。国家为了实现对人们涉税行为的广泛规范而制定了数量庞杂的税法规则。在其中,每一个税法规则都是为了规范某一类特定的涉税行为,都含有特定的目的或动机。由于税法规则在总体上的多样性和复杂性,不仅会使一些税法规则与另外一些税法规则在表面上表现为高度的相似性,而且也会使一些税法规则的内在目的和动机不太容易从其字面的表达中得到直观的理解和把握。在此情况下,为了正确解决目前面临的具体税收案件或事件,就常常需要依据不同税法规则的内在目的或动机,从一些高度相似的税法规则中寻求最恰当的规则作为处理当前案件或事件的依据。因此,税法规则的选择与适用,都首先需要正确地掌握其内在的目的与动机。只有选择了符合其内在目的或动机的规则,这样的适用才是实质正确的,因而也才能保证税法适用结果的公平与合理。否则,如果没有掌握或理解其内在的目的和动机,这样的规则选择与适用就可能会导致实质违法,从而最终损害税收执法的公平性。因此,对税法规则的立法目的与动机的理解和重构,就是保证税收规则适用的先决条件。

  [①]转引自[美]E. 博登海默:《法理学——法律哲学与法律方法》,邓正来、姬敬武译,中国政法大学出版社1987年版,第104页。

（3）税收行政自由裁量权的控制。根据行政法理论，行政行为一般可分为羁束行政行为和自由裁量行政行为。一般而言，羁束行政行为是指法律、法规或者规章对行政行为的适用条件、程序、范围等内容有明确、具体的规定，行政主体在实施该项行为时只能严格按照这些规定，没有自由选择、裁量的余地，不能将自己的意志参与其间的行为。在法律适用上，羁束行政行为一般要受行政合法性原则的制约。而自由裁量行政行为是指法律、法规或者规章对行政行为适用的条件和方式等内容仅仅规定了原则或者幅度，行政主体在实施该项行政行为时可以在法定的原则或者幅度内，按照自己的意志做出处理决定的行政行为。故自由裁量行为不仅应该受到行政合法性原则的羁束，而且还要受到行政合理性原则的制约。在税收领域中，虽然税收法定原则的存在使得税收执法活动受到了严格的法律拘束，但"由于国会（或者任何规则制定者）没有能力给出精确的指令或者设定毫无疑义的目标，以便行政机关将来对具体情形做出有效决定，所以，行政机关高度自由裁量权的产生是不可避免的"[1]。世界各国的税收执法实践也表明，税收自由裁量权的存在与实施，不仅有利于提高税务行政效率，保护国家、社会和纳税人的合法权益，而且也有利于实现税法的实质公平。但另一方面，税收自由裁量权也是一柄双刃剑。如果对它不加以严格的控制，而是任由税务行政机关滥用税收行政自由裁量权，这样不仅会侵害纳税人的合法权益，而且会破坏税法的公平性和正当性。因此，必须防止对税收行政自由裁量权的滥用。

一般来讲，税收行政自由裁量权滥用指的是税务行政机关在税收法律法规规定的自由裁量范围内不正当地行使裁量权而导致的实质违法行为。从其表现形式上来看，税务机关所做出的裁量决定并没有超出法律法规所规定的幅度或范围，是合法的。但从实质上来讲，这一裁量决定要么不符合税收自由裁量权设置的立法目的，要么考虑了一些不相关的因素或没有考虑相关的因素，要么裁量结果显失公正，因此，从根本上讲，它违背了法律法规的内在要求和精神实质，其结果不仅破坏了税收法律法规的公平性、正当性和权威性，而且也给纳税人的涉税行为带来了不确定性。为了防止税收行政自由裁量权的滥用，英美法系国家一般都要求税收自由裁量行为必须符合合理性原则，而大陆法系国家则要求税收行政自由裁量行为必须符合比例原则。

比例原则又被称为过度禁止原则，其思想最早出现于亚里士多德（Aristotle）的《尼各马可伦理学》一书。他认为公平是比例相称的可能性之间的中部，"因为成比例就是中

---

[1] [美]理查德·B.斯图尔特：《美国行政法的重构》，沈岿译，商务印书馆2002年版，第63页。

部，公平就是比例相称"①。德国学者奥托·迈耶（Otto Mayer）则首次明确用比例原则来论述警察职权的界限，德国联邦宪法法院于1958年8月首次将比例原则适用于"药房案"的判决。此后，比例原则逐步变成了一个行政法的普遍原则，被广泛地适用于对所有行政行为的审查。

根据施正文教授的研究，应当适用比例原则的征税裁量行为主要有：①对征税原因事实的有无及证据证明力如何的认定行为。它们虽属于事实认定问题，不属于税收法定主义的范围，但其与纳税人基本权益密切相关。②在适用类型化征收和推计课税时，有关应税所得额等课税基础事实关系的判定与调整行为。③裁量减免税行为。④税收检查行为。征税机关在实施税收检查的时间、措施、范围等方面有裁量决定权，这些检查行为直接涉及科以税收程序参加人予协力义务。⑤税收处罚行为。征税机关在处罚形式的选择和罚款的幅度上有裁量决定权。⑥税收强制行为。征税机关在选择强制措施的种类、财产的处置方法等方面有决定权。②

按照比例原则的内在要求，税务机关在对上述税收事项进行自由裁量时，必须要满足以下三个方面的要求：

第一，税收行政行为必须要具有妥当性。妥当性指的是税务机关采取的相关措施要有助于税收征管目的的实现。税务机关作为国家专门司职税收征收管理的部门，其主要职责在于维护税收征管秩序，保障国家的税收收入。为此，现代世界各国在税收法律法规中都赋予了税务机关一系列的管理手段与措施，以保障上述职能的实现。故当税务机关在对纳税人采取行政手段或措施时，不仅要考虑拟采取的措施或手段是否能够有助于实现上述目的，而且还要考虑这些手段或措施是否为法律所允许。因此，妥当性的要求实际上是关于手段或措施的有效性和合法性的要求。税务机关在针对纳税人做出行政决定或采取行政措施时，只有同时符合有效性和合法性，这样的行政决定和行政措施才是妥当的。否则，就是不妥当的。当然，在事实上，由于税务行政实践中的每一个措施都会或多或少地有助于税收征管目的的实现，因此，此种要求也就引起了一些非议。与此同时，在税收实践中，税务机关一般不会对纳税人做出违反法律规定的决定或采取法律所不允许的措施或手段，故此项要求在实际上一般很少起作用。

根据国内学者的研究，不符合妥当性要求的行政行为主要有以下几种情况：手段对

---

① 转引自范剑虹：《欧盟与德国的比例原则——内涵、渊源、适用与在中国的借鉴》，载《浙江大学学报（人文社科版）》2000年第5期。

② 施正文：《税法要论》，中国税务出版社2007年版，第60页。

目的来说，显然不能实现目的，或者与目的背道而驰；手段所追求的目的超过了法定的目的；对相对人施加的手段，是法律上不可能或事实上不可能实现的；违反法律规定；目的达到后，或者发现目的无法达到时，就应该立即停止行政行为，否则就是不妥当。①

第二，税收行政行为必须要具有必要性。必要性原则又被称为最少侵害原则、最温和方式原则或不可替代性原则。是指在满足妥当性原则的基础上，税务机关在对税务行政相对人做出决定或采取措施时，应该选择对其权利侵害最少的方式。由此可见，必要性原则是税务机关在面临着两个或两个以上符合妥当性要求的决定或手段时，进行选择与决策的原则。否则，如果手段或措施是唯一的，税务机关不存在选择的可能性，那么也就不存在必要性的问题了。

一般而言，在税务行政过程中必要性原则的适用必须同时考虑两个方面的问题：①这些可供选择的手段或措施是否能够同样程度地达到目的？②在上述多个措施或手段中，哪一个措施或手段给行政相对人造成的侵害是最少的？只有同时符合这两个要求的措施或手段才是符合必要性原则的。

第三，税收行政行为必须要具有法益相称性。法益相称性原则又被称为狭义的比例原则、均衡性原则。它是指税务行政机关对税务行政相对人所采取的行政措施或手段给行政相对人所造成的损失与税务行政目的之间应该符合比例或相称。换言之，虽然一项税务行政决定或措施为达到税务行政目的所必需，但如果这项决定或措施的实施给税务行政相对人所造成的损失超过了税务行政的目的，则税务行政权力的行使就违反了法益相称性原则。由此可见，法益相称性原则是依据税务行政机关的价值取向，从税务行政机关的目的与对税务行政相对人造成的利益损害的比较方面来规范税务行政机关权力行使的原则。

鉴于法益相称性原则是基于对税务行政的目的与税务行政决定或措施给相对人所造成的利益损失之间的衡量与比较之上的，故在税务行政实践中，首先需要税务机关对于所拟作出的税收行政决定或拟采取的税务行政措施所要达成的国家税收利益与该决定或措施对相对人所造成的损失进行评估。由于法益的多样性和复杂性，故在进行评估时，必须要对不同法益之间的关系与顺序进行评定或安排。例如，因纳税人的生存权是最高的法益，所以税务机关无论对纳税人做出何种决定或采取何种措施，都不应该剥夺纳税人用于维持其生存的财产权利或利益。否则，就会违背法益相称性原则而导致税收行政行为的违法。

---

① 余凌云：《行政自由裁量论》，中国人民公安大学出版社 2009 年版，第 50—51 页。

综上所述，虽然对于比例原则三个方面的要求学术界存在不同的看法，但妥当性原则要求措施或手段要有助于目的的实现；必要性原则要求措施或手段是最小侵害的；而相称性原则通过对目的与手段的比较而要求目的本身的适当与不过分。因此，从这种意义上来讲，这三项要求分别是从"目的取向""法律后果"和"价值取向"上规范税收行政权力与其行使之间的关系的。①故三者之间虽然有叠床架屋之嫌，但确有其存在的必要性，并通过相互之间的联系与补充，从而构成了比例原则的完整内容。它对于规范税收行政自由裁量权的行使，保障税收行政执法权力的正当行使，都具有非常重要的意义和作用。

行政合理性原则最早出现于1589年英国鲁克（Rook's）案的判决之中。科克（Coke）法官在判决中写道："尽管委员会授权委员们自由裁量，但他们的活动应受限制并应遵守合理规则和法律规则。因为自由裁量权是一门识别真假、是非、虚实、公平与虚伪的科学，而不应当按照他们自己的意愿和私人感情行事。"②此后，该原则被运用到诸多的案件之中，不仅其内容得到了进一步的发展与完善，而且也被引入到了美国等许多国家，并且成为英美行政法中的一项基本原则。

我国一些行政法学者认为，行政合理性原则是为了约束行政自由裁量权而产生的。它要求行政自由裁量权的行使既要符合立法的目的，还必须要做到客观、适度和公平合理。为了更进一步明确行政合理性原则的内涵，我国的行政法学家们提出了一些自己的见解，例如，胡建淼教授认为行政合理性原则应该包括行政行为的正当性、平衡性和情理性三个方面的内容；③王连昌教授认为行政合理性原则应该包括行政行为必须符合法律的目的、行政行为必须具有合理的动机、行政行为必须考虑相关的因素、行政行为必须符合公正法则四个方面的内容；④罗豪才教授认为行政合理性原则应该包括行政行为应当符合立法的目的、行政行为应当出于正当的考虑、适用法律平等、符合自然规律、符合社会道德五个方面的内容，⑤等等。尽管从表面来看这些观点之间存在着一些明显的区别，但从实质上来看，都是为了防止行政机关滥用行政自由裁量权而导致不合理的行为对行政相对人造成不必要的损害。因此，这里的"合理性"概念针对的是不合理的行政自由裁量行为而言的。而这种不合理的自由裁量行为，根据罗明通和林惠瑜对英国行政法上不

---

① 胡建淼主编：《论公法原则》，浙江大学出版社2005年版，第539页。
② 转引自胡建淼主编：《论公法原则》，浙江大学出版社2005年版，第221页。
③ 胡建淼：《行政法学》，法律出版社2003年版，第66—67页。
④ 王连昌主编：《行政法学》，中国政法大学出版社1997年版，第54—57页。
⑤ 罗豪才主编：《行政法学》，北京大学出版社1996年版，第33—34页。

合理的内涵的研究，概括为了以下几条：行政机关行使裁量权做成行政决定时，将不相关之因素纳入考虑；行政机关行使裁量权做成行政决定时，未将相关因素纳入考虑；行政机关行使裁量权，以非法律所授予之目的或不正当之动机；行政机关以恶意或不诚实行使裁量权；行政机关行使裁量权忽视公共政策；行政机关行使裁量权时，其行使"不公正""不完善""恣意""不公平""过分""刚愎""反复"；行政机关行使裁量权时，忽视市民法律上之合法期待；行政机关行使裁量权时，法律解释不适当；行政机关行使裁量权时，违反禁反言（例如违背契约或承诺）；行政机关行使裁量权时，其行使是如此不合理以致任何具有理性之人不可能如此行使。[①]故在税务行政中，为了约束自由裁量权，也必须使其运用不得出现上述的情况。只有如此，才能保证税务行政自由裁量权的行使能够符合合理性原则的要求。

综上所述，我们可以清楚地看到，虽然比例原则和合理性原则从起源上来讲，分别是大陆法系国家和英美法系国家中行政法的基本原则，但由于它们的功能都是为了约束行政自由裁量权的行使，防止行政自由裁量权的滥用破坏行政相对人的合法权益，故它们在内容上虽然有不同的表现，但其在实质上是相通的。正因如此，在当代欧盟以及英国、美国、日本等地区和国家的行政法中，也已开始引入了比例原则，从而使这两个原则出现了融合的趋势。

[①] 罗明通、林惠瑜：《英国行政法上合理原则之应用与裁量之控制》，群彦图书股份有限公司1995年版，第46—50页。转引自胡建淼主编：《论公法原则》，浙江大学出版社2005年版，第213页。

第八讲　我国税收基本法的立法

早在 1992 年，国家税务总局就开始着手准备税收基本法的起草工作。当年 6 月、9 月以及次年 5 月，国家税务总局先后三次邀请国际货币基金组织的专家来华就税收基本法的起草工作进行咨询，并在此期间收集了许多国家的立法资料。1993 年底，国家税务总局在上报国务院的税收立法计划中，建议将税收基本法列入八届人大的立法计划。1994 年八届全国人大常委会制定的《立法规划》将"税法（及若干单行税法）"和"个人所得税法（修改）"列入了第一类立法项目，即"本届内审议的法律草案"。虽然《立法规划》中的表述为"税法（及若干单行税法）"，而不是"税收基本法"，但社会各界普遍认为，这指的就是税收基本法。这标志着税收基本法正式列入了立法规划。同年 10 月，全国人大确定税收基本法由全国人大财经委负责起草，但委托财政部起草初稿。同年底，财政部决定将税收基本法的初稿起草工作委托给国家税务总局。国家税务总局根据财政部的决定将税收基本法初稿的起草工作交由政策法规司具体负责。1995 年 12 月，相关机构完成了税收基本法草案的初稿。在此后的 3 年中，相关机构在多次听取各方意见的基础上，对税收基本法草案至少修改了 7 次。尽管如此，但八届人大未能对该草案进行审议。1998 年 12 月由九届全国人大常委会制定的《立法规划》将制定"税法（若干单行税法）"列入了第二类立法项目，即"研究起草、成熟时安排审议的法律草案"，并明确国务院为提请审议机关或起草单位。虽然在这个规划中使用的是"税法（若干单行税法）"这样的表述，而没有明确提及税收基本法，但学术界普遍认为其中包括了税收基本法。尽管如此，但从 1998 年开始，税收基本法的立法工作在事实上已经陷入了停滞。其原因，一方面是由于各方对于税收基本法草案的意见较大，难以统一和协调；另一方面是由于当时我国经济形势及税收形势发生了很大的变化。2003 年 11 月由十届全国人大常委会制定的《立法规划》第一次明确将"税收基本法"列入了本届人大第二类立法项目，并明确提请审议机关或起草单位为全国人大财经委和预工委（国务院）。2004 年 3 月，由全国人大财经委（全国人民代表大会财政经济委员会）牵头成立税收基本法起草小组，负责税收基本法的立法起草工作。2006年下半年，全国人大财经委还委托北京大学财经法研究中心组织国内许多专家学者起草了税收基本法专家学者稿。然而，无论是由立法机关、税务行政机关还是由学者起草的草案，都引起了很大的争议，由此导致税收基本法的立法工作再次被搁置。虽然在2013年3月全国人大会议上有代表再次提案要求制定税收基本法，2014年国家税务总局也公开提请全国人大常委会启动税收基本法的立法工作，但第十二届全国人大常委会及第十三届全国人大常委会都没有把税收基本法列入立法规划。这表明税收基本法的立法工作目前仍然被搁置。尽管如此，近年来要求制定税收基本法的呼声不仅没有消失，反而变得越来越强烈。因此，研究税收基本法制定的相关问题，对于促进该法的制定和我国税收法律制度的发展，都具有非常重要的意义。

一、税收基本法的基本理论

在一些已经制定税收基本法的国家中，税收基本法在该国的税收法律体系中一般都处于统帅和支配地位，故有学者称其为税收"宪法性文件""税收母法"或"税收小宪法"。因此，探讨税收基本法的本质与特征，认识税收基本法的地位和作用，不仅有助于深化对税收基本法的理论认识，而且有助于推动我国税收基本法的立法工作。

（一）税收基本法的概念与特征

1. 税收基本法的概念

法律源于人们对秩序的需要。正如博登海默（Edgar Bodenheimer）所言，如果没有秩序，我们就会生活在一个疯狂混乱的世界里。①从这种意义上讲，法律是运用强制性和规范性的手段来规范和调整社会秩序的工具或手段。但是，由于法律所调整的社会关系和社会秩序具有复杂性和多样性，就使得在现代社会中的任何一个法律都不可能把所有

---

① [美] E. 博登海默：《法理学——法哲学及其方法》，华夏出版社1987年版，第209页。

需要调整的社会关系和社会秩序进行规范,这就产生了法律的分化。税法就是在这样的背景下产生发展起来的一个法律部门或部门法。它是以一种特殊的社会关系——税收关系作为其调整的对象,意在维护国家与纳税人之间所形成的税收分配关系和税收征纳秩序,从而形成了自己独特的调整对象——税收法律关系。

  根据一种共通的观点,税收法律关系具有广义和狭义两种不同的含义。一般来讲,狭义的税收法律关系是指纳税人与税收征管机关之间在税收征纳过程中所形成的法律关系。它是税收法律关系中最根本和最核心的内容。而广义的税收法律关系"应当是指围绕着税收活动而发生的所有权利义务关系的总称,是由税收法律制度确认和调整的、因税收行为而引起的、发生在税收活动全过程的、以税收权利义务关系为主要内容和表现形式的社会关系"①。它不但包括了狭义的税收法律关系,而且还包括了中央与地方各级行政机关之间在税收征纳活动和税收权利义务分配过程中所形成的各种法律关系。由此可见,作为税法的调整对象,它不但包括了狭义的税收法律关系,而且也包括了广义的税收法律关系。它不仅涉及纳税人与税收征收管理机关之间权利义务的分配问题,而且也涉及国家与纳税人之间、国家与国家之间、国家内部不同级次的政府之间税收权利义务的分配问题。而这种广义的税收法律关系的形成,不仅要由税法来规定,而且还涉及到了宪法、民法、刑法、国际法、行政法、经济法、诉讼法等众多的法律部门。例如,有关中央与地方的税收管理体制和税收利益分配的问题,在许多国家是由宪法规定的。再如,有关税收债权与一般债权的关系问题,就可能涉及民法的相关规定。又如,国家间的税收利益分配问题,就可能涉及国际法的问题,等等。而狭义的税收法律关系,一般都是通过具体的税收法律法规来规范和表现的。在当代,由于税收分配关系的复杂性和多样性,目前世界上大多数国家都形成了复税制的税收分配格局。为了规范这种税收分配关系,除德国等少数国家制定了税法典外,大多数国家都针对不同的税种制定了相应的单行税法。由于在复税制下,一国的税收体系少则由十多个税种组成,多则由几十个甚至上百个税种组成,故在此种模式下的税收法律体系少则包括十多个税种的法律法规,多则包括了几十个甚至上百个税种的法律法规。如此庞大的税收法律体系在对内关系上,由于各个税种法的调整对象、调整方法都有所不同,故造成了各个税收法律法规之间的差异与不同,甚至是矛盾。在对外关系上,由于税收法律体系只是一国法律体系中的一个法律部门或部门法,它必然要与本国其他的法律部门或部门法发生这样或那样的关系。在此情况下,为了保证税法体系在内外关系上能够和谐一致,就有必要通过制定税收基本法,对

---

  ① 陈学东:《浅论税收基本法的调整对象》,载《扬州大学税务学院学报》,1997年第2卷第4期。

税收分配关系和税收征管活动的基本原则、基本制度征纳程序等内容进行规定，以保证税收分配关系的正常化、规范化和税收秩序的有效运转。

如前所述，由于税收基本法是在各税种单独立法的前提下为规范基本的税收分配关系和税收征纳秩序而制定出来的，因此，税收基本法与其他税法之间的关系就是必须重点解决的问题。笔者认为，考虑到税收基本法本身在税收法律体系中的地位和作用，税收基本法与其他税法之间的关系不应该是取代关系或重复关系。一般而言，在未实行法典化的国家中，税法一般分为两大部分，即税收实体法（也叫实体税法）和税收程序法（也叫程序税法）。其中，税收实体法是关于规定国家和纳税人在税收征纳过程中权利义务的法律规范的总称。在内容上一般包括纳税主体、纳税客体、征税标准、税率、税目、税收减免、税收违法处罚等内容。它实际上是关于税收性质和各个税种的具体规定，是税法的核心内容。而税收程序法主要是关于规定国家和纳税人在税收征纳过程中行使权利或履行义务的程序性规范的总称。其主要包括税收征纳程序和税收行政争议的解决程序两个方面内容，是税法的辅助部分。由此可见，无论是税收实体法还是程序法，都只是规定税收征纳过程中某一方面的内容。而在税收实际征管过程中，我们可以把许多需要解决的问题区分为实体性问题与程序性问题，将其归到税收实体法与税收程序法之中。但是，还有一些问题我们却无法把其归入到具体的税收实体法或税收程序法之中。这些问题包括两个方面：一方面是对于整个税收制度与税收活动具有决定性或基础性的问题，另一方面是在整个税收制度或税收活动中的一些共同的问题。对于这些问题，就需要利用税收基本法来进行规范。因此，税收基本法在内容上就由两部分所组成，一部分是对税法基本事项的规定，另外一部分是对税法中的共同事项的规定。虽然基本事项和共同事项在许多情况下是重合的，但在有些情况下，二者之间还存在一定的区别。其中，税法中的基本事项，一般而言主要指的是税法中的最重要的、对于税收法律制度的制定与执行起到决定性作用的内容或事项。它一般包括税法的基本原则、税法中的重要概念或术语、税收征纳双方的权利和义务、税收制度的基本框架结构、税收管理体制等的内容。而税法中的共同事项，则主要指的是有关税法执行过程中具有普遍意义的内容，如税收征纳的主要程序、税收征管的手段和措施、税收违法处罚的程序及方式等。对于这些基本的事项和共同的事项，无论是在税收实体法中还是税收程序法中都无法做出比较全面的规定，而只能由基本法来加以规定。因此，税收基本法从内容上来讲，是关于税法的基本事项或共同事项的内容。它不是也不可能取代具体的税法，更不是具体税法内容的重复。

由于税收基本法是对上述内容的规定，这就决定了税收基本法在国家的法律体系中只能是一个基本法律。这样，就其制定权限而言，税收基本法只能由国家最高的立法机关来制定，而不得由其他的立法机关来制定。具体到我国，就只能由全国人民代表大会来制定，而不得由全国人民代表大会常务委员会来制定，更不得授权国家最高行政机关或其他的国家机关来制定。

综上所述，我们可以给税收基本法下一个这样的定义，即税收基本法是由国家最高立法机关制定的，规定有关税收活动的一般的和共同事项的法律。

2. 税收基本法的特征

税收基本法作为税法体系中的基本法律，与其他税收法律法规相比，具有如下几个特点：

（1）税收基本法具有广泛性。由于税收基本法作为税收法律体系中的"母法"和"统帅法"，应该统领、协调、规范税收领域内的一切基本的和共同的事项，因此，这就使得其在内容上要能够涵盖税收法律体系中的一切基本的和主要的内容和事项。这些基本内容和事项从税收法律的制定和执行的情况来看，不但包括了税收行政执法的一些基本内容和事项，而且还包括了税收立法、税收司法的一些基本内容和事项；从税收法律体系本身的构成来看，它不但包括了税收实体法的内容，而且还包括了税收程序法、税收救济法、税务机构组织法、税务代理法等的内容；从税收实体法的角度来看，它不但包括了对税收法律关系中基本构成要素如税种、税目、税率、纳税人、税收征纳环节、税收优惠等基本概念等的规定，而且也包括了对纳税人权利与义务等的原则性的规定；从税收程序法的角度来看，不但包括了对税收征管活动基本原则等的规定，而且还包括了对税收征纳的主要环节和基本内容等的规定。因此，税收基本法在内容上涵盖了税收活动的方方面面，从而使其具有了广泛性。

（2）税收基本法具有根本性。税收基本法所规定的是税收法律体系内的基本的和共同的事项。在一国现行的法律体系中，税法的涉及面是很广的，既具有实体方面的，也具有程序方面的；既具有一般的和原则方面的，也具有具体操作和执行方面的；既具有国内的，也涉及国外的；既具有法律，也有行政法规、部门规章、地方性法规等，因此，就形成了一个门类众多、体量庞大的法律体系。在这个体系中，税收基本法作为基本法律或"宪法性法律"，通过对税收基本的和共同的事项的规定，以统帅、协调、规范、指导、约束各个单行的税收法律法规。因此，它是整个税法体系的灵魂，对整个税法的制定与执行都起到了拘束与规范作用。

（3）税收基本法具有原则性和概括性。由于税收基本法作为税收领域内的"母法"，它不能也不可能取代具体的税收法律法规对税收法律体系中的每一个具体问题进行规定，而是通过对税收法律体系中的基本的和共通性问题的规定，从而为税收活动提供基本的法律依据。因此，这就决定了税收基本法在内容上具有原则性和概括性。这种原则性就表现为税收基本法在坚持统一税法、公平税负、鼓励竞争、保证国家的财政收入和国家对市场经济的宏观调整、保护纳税人合法权益这一根本的立法目的和立法指导思想的前提下，对有关税法的基本的和重大的问题做出明确的规定，以保证税收职能的实现。这种概括性就表现为它所规定的内容只是税法领域内的共通的和一般的事项，同时，它在规定这些事项时也只是就其基本内容做出一般的规定，而对于税法领域内的一些具体的和个别的问题，则交由各个具体的税收法律法规来解决，以免模糊了基本法与其他各具体的税收法律法规之间的界限，影响了具体税收法律法规的实施和执行。

（4）税收基本法具有相对稳定性。法律一经制定和公布实施，就必须保持其稳定性，不能朝令夕改。这是法律的内在属性和重要特征。税法也不例外。但是，在任何国家的法律体系中，由于税法是与纳税人在市场经济中从事生产经营活动或从生产经营活动中的获益直接相关的法律，故必须在适应市场的发展与变化中进行适当、及时地修改。这就使税法成为一国法律体系中修改变动最频繁的法律。尽管如此，但为了使税法尽可能满足稳定性的要求，就必须要求在税法具体制度或税法的部门法频繁修改变动的同时，税收基本法必须要具有和保持其稳定性，一方面为整个税法制度及税收活动的实施提供稳定的基础，另一方面为纳税人提供比较稳定的和可预测性的法律指向。正因如此，相对于频繁修改变动的具体税收法律法规而言，税收基本法是最稳定的。它一经制定，就会在一个相当长的时期内保持其原有的形式，而不会频繁的修改或变化。

（二）税收基本法的地位与作用

税收基本法在税法体系中的地位与作用，既是税收基本法效力的表现，也是税收基本法发挥作用的具体体现。

1. 税收基本法的地位

税收基本法在整个税收法律体系中居于最高的层次，对于其他的税收法律法规都具有普遍的规范意义。

（1）税收基本法是基本法律。在当代，由于普遍实行税收法定原则，故关于税收活动的基本的和重要的事项都必须要由法律法规加以规定。凡未经法律规定的事项都不得由行政机关自行加以规定和执行。而之所以实行税收法定原则，除了以法律的手段保障国家的财政收入和国家利用税收手段对市场经济进行宏观调控以外，根本的原因还在于利用法律手段保障纳税人财产不因国家的随意征税而受到非法的侵害。从这种意义上来看，税法实质上不是管制法，而是纳税人的权利保障法。凡是税收活动中的基本原则、制度、纳税人在税收征纳活动中的权利与义务等的内容，都必须体现广大纳税人的共同利益和意志。这就决定了税收基本法在性质上属于基本法律。它不仅应当由全国人民代表大会加以制定，而且对于它所规定的内容，任何单位和个人都不得以任何借口加以改变或拒绝执行。

（2）税收基本法是税收领域内的根本法。根据上述对税收基本法的规定，税收基本法在一国现行的税收法律体系中，其地位仅次于宪法，而高于一般的税收法律、税收行政法规及其他的税收规范性法律文件。它是将宪法和具体税法联接起来的"桥梁"或"纽带"。一方面，它是对宪法中所确定的有关税收活动的基本原则或规定的具体化，以使其能够具有可操作性；另一方面，它又在整个税收法律体系中居于最高的地位。其他的税收法律法规都必须依照税收基本法的规定进行。因此，税收基本法就是税法领域内的"母法"或"小宪法"，对其他的税收法律和法规都具有指导、约束和协调作用。

（3）税收基本法是税收法律体系的核心。在当代，除少数国家制定税法典外，绝大国家都实行的是各税种单独立法的方式。这样，大多数国家的税法就是由多个税种法和程序法组成的。在这个体系中，由于税收基本法在内容和功能上的独特性，它已经成为整个税法体系的核心。它是其他一切法律法规和规章的基础，是制定其他一切法律法规和规章的出发点。其他一切法律法规和规章都必须和税收基本法保持一致。否则，凡是与税收基本法不相一致或矛盾的法律法规和规章都是违法的和必须撤销的。

2. 税收基本法的作用

在整个税收法律体系中，税收基本法的作用主要表现为它对于规范整个税收法律体系的功能。

（1）税收基本法是制定其他税收法律法规的依据。鉴于税收基本法是税收法律的"母法"和"小宪法"，故在制定税收基本法的国家中，税收基本法就成为制定和执行其他税收法律法规的依据。特别是在我国，由于正处于深化市场经济体制的过程中，为适应新时代市场经济的发展，就需要对现有的税收法律制度进行发展和完善。虽然从理论上来讲，我国的税收立法都必须按照宪法的规定进行，但我国宪法只有第56条规定"中华人民共和国公民有依照法律纳税的义务"。这是我国宪法对税收问题的唯一规定。除此之外，宪法再没有涉及税收或税法的问题。另外，《立法法》第8条第6款虽然规定"税种的设立、税率的确定和税收征收管理等税收基本制度"只能制定法律，但这一规定也比较简单和原则，不足以为具体的税收立法提供指导和帮助。在此情况下，税收基本法就承担起了指导和规范税收立法工作的重任。它是进行税收立法的基础和依据。税收领域内的任何法律法规都必须以基本法作为其立法的依据，都不得和基本法的规定相抵触。凡与基本法不相一致的规定都是不合法的和不得执行的。在基本法制定之前所制定的法律法规中，凡是与基本法内容相一致的都是可以保留的，凡是与基本法的规定不相一致的，须经法定程序修改一致后才可以执行；凡是与基本法的规定相抵触的，均须废除。

（2）税收基本法是处理税收活动的根本标准。由于实行税收法定原则，故一切税收活动都必须依法律法规的规定进行。而在税收法律体系中，由于基本法是这一法律体系的基础和母法，故在税收领域内，一切涉税事务的最终处理都必须以基本法为最终依据。它以法律的形式对税收活动的基本行为、基本过程和主要环节都进行了明确的规范，确立了双方的基本权利和义务，从而为税务机关依法征税、纳税人依法纳税提供了法律的依据和保障。在税收活动中，税收征纳双方都必须遵守税收基本法的规定，严格按照基本法的要求依法征税和依法履行纳税义务。否则，如果征纳双方或其中的一方不遵守税收基本法的规定，就势必破坏税收征管秩序，使国家的税收收入无法保证，税收的宏观调控作用无法发挥，纳税人的合法权益也就难以得到保障。这已是为实践所无数次证明了的铁的事实。因此，凡是与基本法的规定相一致的就是合法的。相反，凡是与基本法的内容相抵触或不相一致的，都是不合法的，是不得执行的。

（3）税收基本法是实现税收职能的重要工具。税收是国家强制进行社会财富分配的利器，是国家取得财政收入的主要途径，是国家对经济实行宏观调控的重要手段。而这些活动都必须通过科学、规范、有力的税收征管和执法活动来体现。税收基本法作为税收征管领域内的一部基本法，其通过对税收征管的主要过程、主要环节、主要手段的确立和规范，以法律的形式确立和固化了税收的无偿性原则和刚性原则，为税收政策的贯彻和执行提供了有力的法律保障，这不仅有利于解决税收管理和执法中的随意性和无序性现象，而且也为进一步发挥税收的经济杠杆作用和税收的国家职能奠定了基础。

二、税收基本法的立法基础

任何法律都是为了解决一定的问题而按照一定的原则制定出来的。税收基本法也不例外。由于税收实行法定原则，故税收作为政府筹集财政资金的重要手段和对市场经济进行宏观调控的重要工具，能否发挥其应有的作用，对国家的经济发展和社会进步起到应有的促进作用，税法的制定水平与实施的效果至关重要。但事实上，由于中国目前税收立法及其执行中所存在的一系列问题，导致我国现行的税收法律体系极不完善，从而严重制约了税收功能的实现和税收对中国经济和社会发展的促进作用。因此，明确税收基本法立法的指导思想和立法目的，确立税收基本法的立法原则和立法的具体要求，对于指导税收基本法的立法工作具有非常重要的意义。

（一）税收基本法的立法目的

税收基本法的立法活动是人们的一项自觉的和有意识的活动，这种自觉性和有意识性就表现为税收基本法的立法工作是为了实现一定的目的而进行的。这种目的也就是税收基本法的立法目的。它贯穿于税收基本法的整个立法活动过程之中，对税收基本法的立法起着重要的指导、协调、规划、制约作用。根据我国税收基本法立法的实际情况，这一立法目的可以概括为以下几个方面。

1. 以税收基本法来规范税收关系

税收关系是指有关税收征收和缴纳过程中的权利义务关系。由于它是因法律的规定而产生的，所以，也被称作税收法律关系。在现代世界各国，由于税收活动对于国家的财政需要和纳税人的生活乃至于生产活动都具有极其重要的影响，所以，都普遍实行税收法定原则，并把它作为税法的最高原则加以对待。按照这一原则的要求，凡是有关税收活动的基本事项，都必须要由法律来规定；没有法律的规定，任何机关和个人都不得征税；没有法律的规定，任何人都不得被要求缴纳任何的税收。由此可见，税收法定原则的实质是要求税收的法律化。这就首先要求必须建立科学、完善的税收法律体系。根据当代世界各国税收立法的实际，这一法律体系应该满足以下几个要求：第一，它必须具有完整性。完整性的含义是指税收法律体系必须要能够涵盖税收活动的各个方面，从而使所有的税收活动都能够做到"有法可依"。由于目前我国实行的是多税种并存的复税制税种，共有18个。因此，按照税收法定原则的要求，就必须要为每一税种制定相应的法律；同时，由于税收活动从本质上而言是一种行政活动，必须满足行政活动程序性的要求，所以，还必须制定相应的税收征收与管理的程序性法律；另外，由于税收活动还涉及纳税人的权益保护问题，因此，还必须制定相应的权利救济法。第二，它必须具有协调性。协调性是指税收法律体系的各个部门之间必须相互一致，不发生矛盾和冲突。这种协调性的要求包含了两个方面的含义：一方面，它要求税收法律在内部必须是相互协调的。由于税收法律体系是由众多的税收法律、法规、部门规章、地方性法规等组成的一个庞大的整体，所以，税收法律体系的内部协调既包括了横向协调，又包括了纵向协调。所谓横向协调是指在税收法律体系内部各个法律部门之间应该相互一致，不发生矛盾冲突。所谓纵向协调指税收法律体系内部的各个法律渊源之间应当是相互一致，彼此协调的。另一方面，它要求税收法律体系在外部要与国家其他的法律相协调。由于税收法律只是我国现行法律体系的一个组成部分，它还需要其他法律的支持与配套，所以，还必须与其他的法律相协调。第三，它必须具有科学性。由于税法是国家行使征税权和私人负担纳税义务的法律依据，因此，税法体系本身是否科学，将直接影响着税收权利义务在国家与纳税人之间的分配是否合理，进而影响着税法功能的发挥。这种对税法体系科学性的要求也包含了两个方面的内容：一方面，税法的内容必须是科学的。它要求税收法律体系必须要符合我国社会发展的现实状况，同时，还必须符合我国社会主义法律体系的基本要求。另一方面，税法的形式必须是科学的。它要求税收法律体系必须要结构完整，逻辑性强，用语规范，表述准确。只有这样，才能保证税法真正起到规范税收关系的目的。而要满足这些要求，除了在进行具体的税收立法时要坚持一般的立法原则和规则外，还必须根据税收立法特殊性的要求而制定出进行税收立法的共通原则或规则，对税收立法的一些共通的和一般的事项进行规范，以指导具体的税收立法活动。只有这样，才能真正实现税收法律对税收活动规范性的要求。

2. 以税收基本法来规范税收征管活动

税收征管活动是指各级税务机关及其工作人员依法从事税收征收管理的活动。对于各级税务机关及其工作人员而言，税收征管活动是一种具体的税收行政执法活动。所以，无论是税源管理，还是税款征收、纳税检查，抑或是发票管理、违章处罚，都是一种具体的税务行政行为。按照现代行政法学的研究，税务机关作为国家专门从事税务行政管理的机关，它所开展的一系列税收活动，都必须满足依法行政的要求，做到职权法定、法律优位、行为合法、权责一致等。其中，职权法定是指税收征管权作为一种公权，它的设立只能是由国家权力机关依据宪法的规定通过制定相应的法律来进行。没有法律的规定，任何人或任何税务机关都无权自行设立税收征收与管理的权力，自行进行税收征管。同时，一切违背法律规定的税收征管活动都是违法的和不得执行的。法律优位是指法律在效力上高于任何其他的法律规范。其要求具体包括：第一，在已有法律的情况下，任何其他法律规范包括行政法规、地方性法规和规章等，都不得与法律相抵触，凡有抵触，都以法律为准。第二，在法律尚无规定的情况下，其他法律规范作为规定时，一旦法律就此事做出规定，法律优先，其他法律规范的规定都必须服从法律。权责合一是指税收征管权作为一种行政权，它与民事权利的根本区别在于它是职权与职责的合一，即对于拥有税收征管权力的税务机关及其工作人员而言，从事税收征管，既是其职权，又是其职责，二者是同一事物的不同方面。因此，不依法行使职权或者放弃职权就是失职，应当被追究行政责任。程序合法是指税务行政机关在实施税务行政管理时必须按照法律规定的过程、次序和步骤来进行。由于凭借行政程序可以有效地促使行政机关依法行政，防止滥用职权和保护纳税人的合法权益，所以，没有按照正当的法律程序的行政行为就是无效的和不得执行的。

3. 以税收基本法来保障税收职能的实现

税收职能是税收得以存在的根本原因。根据学者的研究，税收的职能可以从两个方面进行考察：一方面，税收作为向政府提供公共产品、满足社会公共需要的价值补偿所具有的功能；另一方面，税收作为政府履行职责的政策工具所具有的功能。这种功能可以概括为筹集资金功能、资源配置功能、收入分配功能和宏观调控功能。无论是在哪一个方面，法律都发挥了极其重要的作用。第一，税收筹集资金的功能，这是税收的基本功能。虽然现代各国取得财政收入的渠道与途径都呈现出了多样性，但税收在其中占有的主导地位却是一个不争的事实。据统计，目前在世界绝大多数国家中，税收收入一般都占到了其财政收入的80%以上，其中许多发达国家已占到了90%以上，我国从1994年税制改革以来也达到了90%以上。而税收之所以如此，就是由于税收具有法律所赋予的强制性、固定性和无偿性的特点。通过税收立法，规定了纳税人、税目、税率、纳税环节、纳税期限等，为税收活动提供了明确的依据和标准；通过税收行政执法，保障了税收收入的稳定性和税收秩序的稳定性；因此，在组织收入，筹集财政收入的每一个环节都离不开税收法律的保障作用。第二，税收的资源配置职能。价格是资源配置的基本方式，而税收作为决定商品价格的一个重要变量因素，税收的变化会影响到市场价格的变动，从而影响商品供求关系的变化。而税收对商品价格的影响，主要是按照国家税法的规定，通过强行参与市场交换活动而形成的。第三，税收的调节分配职能。通过制定的所得税法、保障税法、遗产与赠与税法、资源税法等法律法规，就可以实现税收对社会成员收入进行分配的功能，从而实现税收的社会职能。第四，税收对经济运行的调节作用。法律作为国家意志的体现，它对税收的规范，实际上是国家对宏观经济进行调控的手段与工具。所以，它直接体现着政府的意志与愿望，调节着经济的运行与发展。总之，税法作为国家意志的体现，更多地表现出了国家对税收职能的规范与保护，以实现国家更好地利用税收手段促进经济发展与社会进步的目的。

4. 以税收基本法来保障纳税人的合法权益

税收的本质是纳税人根据法律的规定把自己的一部分利益无偿地让渡给国家。因此，税收活动必然会导致纳税人与国家之间产生利益冲突与矛盾。但在税收活动中，仅有税务机构是不够的，还必须要有纳税人的参与与配合。如无纳税人的参与与配合，任何税收体制都是无法建立起来的，任何税收活动也都是无法开展下去。而要取得纳税人的参与与配合，就要求，一方面国家必须要利用法律的权威性来建立税收的权威性和纳税人的义务，以督促纳税人依法履行纳税义务，保障国家的税收收入和利用税收手段对国民经济宏观干预。另一方面，在税收征纳活动中，由于纳税人必须履行法定的纳税义务，且在税收行政管理活动中处于被管理者的身份，从而使其在税收行政管理中处于被动、从属和弱者的地位，其权益极易被忽视或侵害，这就会挫伤纳税人的纳税积极性，进而影响到他们履行纳税义务的态度与愿望，甚至影响到税收职能的发挥，影响到社会的经济发展与政治进步。因此，在现代世界大多数国家，都非常重视对纳税人的权益保护。有些国家还制定了专门的法律，规定了纳税人所应该享有的各项权利。通过此举来保护纳税人的权利，同时也约束税务机关的行为。因此，以法律来保护纳税人的合法权益，是实行依法治税的另一重要的任务。

（二）税收基本法的立法原则

立法的基本原则或制定法的基本原则，是立法的指导思想在立法实践中的具体体现和运用，是立法者在立法活动中必须遵循的准则。我国制定税收基本法的基本原则就是制定税收基本法的指导思想在制定税收基本法的实践活动过程中的具体体现，是制定税收基本法时所必须遵守的共同准则。我国在长期的立法实践中，积累了丰富的经验，形成了一系列具有中国特色的社会主义立法基本原则。在制定税收基本法的过程中，我们应该在坚持一般立法原则的前提下，结合我国税收立法的实际，按照制定税收基本法指导思想的要求，归纳概括出制定税收基本法的基本原则，以指导我们制定税收基本法的实践活动。根据上述要求，我们认为，在制定税收基本法的过程中，我们应该坚持的以下几条基本原则。

1. 公开立法原则

在当代社会，法律是一种公共资源，故为了保障法律的公共性，不仅要求法律的内容必须公开，而且要求法律的制定过程也必须公开。这就是立法公开原则。它是立法的一项基本原则。我国也不例外。2015 年修改《立法法》时，在第 5 条中专门增加了"坚持立法公开"的规定，从而确立了立法公开原则的法律效力。鉴于税收基本法在整个税法体系中的重要地位，故在税收基本法的立法过程中，不仅需要坚持公开立法原则，而且更需将公开立法原则进一步具体化和规范化。

第一，落实公开立法的具体措施。虽然立法法规定了立法公开的一些具体方式，如论证会、听证会、设旁听席等，但对于这些方式的具体实施，却没有制定具体的措施或步骤。因此，为了保障税收基本法立法过程中的公开原则能够得到切实有效的实现，就应该对这些措施的具体内容进行规定。例如，对于立法听证会的举行，应该由哪个单位主办、参加听证人员如何确定、听证程序的内容包括哪些、听证意见如何处理等问题，都应该进一步的明确和细化。又如，对于立法论证会，参加论证人员如何确定、论证采用何种方式、哪些问题需要进行论证，论证过程如何确定，论证结果如何处理等问题，都应该制定相应的规则，否则就会使听证会或论证会流于形式。

第二，拓展立法公开的范围。根据《立法法》规定，全国人大在进行立法时，对法案征求意见的对象为全国人大代表。由于税收基本法应当由全国人大立法，故按照立法法的规定，其征求意见的对象应当是全国人大代表。无论是在理论上还是在实际上，向全国人大代表征求对税收基本法的意见，都是应当的。但问题是，由于税法本身的技术性和复杂性以及税收基本法的重要性，故仅向全国人大代表征求意见显然是不够的。因此，我们认为，应当将税收基本法草案征求意见的范围扩大到全国人大常委会立法时征求意见的范围，即在税收基本法立法时，对于专业性较强、需要进行可行性评价的问题，应当召开论证会，听取有关专家、部门和全国人大代表等的意见。对于存在重大意见分歧或者涉及利益关系重大调整、需要进行听证的问题，应当召开听证会，听取有关基层和群体代表、人民团体、专家、全国人大代表和社会有关方面的意见。

第三，扩大税收立法公开的方式和渠道。我国目前的立法公开侧重于对法律草案和通过的法律文本的公开，属于结果性公开和静态性公开，但缺少过程性公开和动态性的公开，例如缺少人大代表发言情况的公开和发言内容的公开。鉴于这些内容是审议过程的具体体现，缺少对这些内容的公开，就难以使广大民众了解法律草案的内容和立法过程中的争论焦点，从而影响立法的内容和质量。有鉴于此，在税收基本法的立法过程中，不仅应该公开相关的资料，还应该增加电视、广播、互联网直播等视频公开方式，特别加强对各代表在审议环节的发言、辩论等立法信息进行公开，使民众可以知晓哪位代表发了言，发言的内容是什么等信息，以提高立法的公开性，同时还有助于督促人大代表完成立法职责。

2. 民主立法原则

立法民主是现代民主原则在立法程序和立法形式上的具体体现，也是现代民主政治发展的必然要求。《立法法》第5条除规定"坚持立法公开"之外，还对立法民主做了具体规定，要求立法要体现人民意志，发扬社会主义民主，保障人民通过多种途径参与立法。由此可见，立法民主是我国立法原则的重要内容。税收基本法作为税收领域中的基础性法律，更应该坚持立法民主原则，从而使税收基本法能够真正集思广益，最大限度地反映广大人民的意愿，凝聚广大人民的共识，维护广大人民的根本利益，扩大税收基本法的社会基础，为全民守法奠定坚实的根基。

第一，建立法律草案公众意见采纳情况反馈机制。建立公众对税法草案意见采纳情况的反馈机制，对民众提出的意见和建议进行反馈，民众不仅才能知道税收法律草案公开征求意见的情况，而且也才能知道对这些意见处理的过程、结果及处理的理由，从而也才能真正理解税法条文的内容及其实质。因此，建立公众对税法草案意见采纳情况的反馈机制，不仅有助于改进税收立法工作，提高税收立法质量，增强税收立法的科学性，而且这也是税收立法民主的应有内容。事实上，近年来，随着我国税收立法民主化的发展，全国人大常委会在审议车船税法草案、耕地占用税法草案等多个税收法律草案的过程中，都向社会公开征求对这些法律草案的意见和建议，并得到了社会各界的广泛响应。但是，由于没有建立公众对税法草案意见采纳情况的反馈机制，故对于公众对税收法律草案的修改建议和意见，以及对这些建议和意见的处理情况的反馈，没有能够制度化和常态化，导致在许多情况下公众对税法草案的建议和意见的处理情况不得而知，从而影响了税收立法的民主化。有鉴于此，应当在修改《立法法》时明确引入公众对草案意见采纳情况的反馈机制。对于涉及群众切身利益的重要法律法规，不仅应当向社会公布法律法规的草案，听取各方意见，而且应当以适当方式公布意见收集和采纳情况，积极回应社会公众关切的问题。而在其中，由于税法与公民经济与物质生活密切相关，故对税收法律草案公开征求意见情况进行反馈，就自然成为税收立法民主化的重要内容。

第二，引入立法听证制度。立法听证制度是指由法案的起草单位主持，由不同利益的代表参加，对立法草案的内容进行辩论，起草单位根据辩论结果，确定草案内容的一项立法制度。在立法过程中采用听证方式，不仅可以使各方利益在立法决策中都能得到公正平等的反映，而且为不同利益群体之间的沟通交流提供了对话平台，使不同的利益群体之间能够相互了解，并在理性的对话和辩论中达到相互妥协，以使所起草的法案能够最大限度地满足不同利益群体的诉求。因此，它已经发展成为一种比较成熟的立法民主制度，在西方社会受到了普遍的认同。虽然我国《立法法》第36条规定的立法听证制度适用于全国人大常委会的立法程序，但由于税收基本法本身的重要性和它的一些内容在现实中涉及重大利益的调整和存在着重大的意见分歧，因此，我们认为，应当根据《立法法》第 23 条的规定，对其中的一些重大问题，根据主席团的提议，由全体大会决定，授权全国人大常委会进行审议。在审议的过程中，由全国人大常委会举行听证会，选取有关基层和群体代表、部门、人民团体、专家、全国人大代表和社会有关方面的陈述人参加，听取社会各界的意见和建议。听证会后，形成的听证报告要全面完整地反映听证会的情况和听证各方的意见和建议。听证报告要及时提交全国人大常委会，以便于全国人大常委会能够了解听证的情况，吸取听证的意见和建议。

第三，引入立法辩论机制。立法辩论指的是"观点对立的议员在立法机关的法案审议会议中，依据一定的议事规则围绕一项法案动议所进行的正式论证、争辩和表决活动"①。一般认为，采用立法辩论机制可以充分调动立法者参与立法程序的积极性，通过辩论的形式对草案中存在的争议展开充分的讨论和思考，有利于制定更完善科学的法律。可见，立法辩论制度的出现就是为了保障程序的可参与性。虽然我国《立法法》中并没有规定立法辩论制度，但《浙江省地方立法条例》《山西省地方立法条例》等一些地方性法规都对立法辩论制度做了规定，在实际立法过程中也采用了立法辩论制度，并且取得了很好的效果。有鉴于此，在税收基本法的立法过程中，我们认为，对于其中的一些重大问题，根据全国人大主席团的提议，由全体大会决定，授权全国人大常委会进行审议。在审议的过程中，对一些争议较大的问题举行公开辩论，由不同观点的代表发表各自的观点，并对这些观点进行相互辩论。这样，通过辩论，就会使问题越辩越明，从而达到充分表达观点，深入交换意见，最终达到形成共识的目的。

3. 科学立法原则

在现代社会中，立法的过程就是将人的精神意志外化成为法律的过程，是人类有目的、有意识的理性活动。因此，"立法者应该把自己看作一个自然科学家，他不是在制造法律，不是在发明法律，而仅仅是在表述法律，他把精神关系的内在规律表现在有意识的现行法律之中"②。这就是科学立法的基本内涵，其根本目的是为了避免立法过程中的任意性和盲目性，从而确保所立之法能真实全面地反映人们的精神意志。为此，《立法法》第 6 条也规定："立法应当从实际出发，适应经济社会发展和全面深化改革的要求，科学合理地规定公民、法人的权利义务、国家机关的权力与责任"。由此可见，坚持科学立法原则，对于克服立法过程中的盲目性，保障法律内容的合理性，意义重大。税收基本法的立法也必须坚持科学立法原则。

---

① 李店标：《从讨论到辩论：我国人大立法审议机制的完善》，载《理论导刊》2015 年第 8 期。
② 《马克思恩格斯全集（第 1 卷）》，人民出版社 1956 年版，第 183 页。

第一，科学立法必须坚持实事求是原则。从实际出发，实事求是，是我们党和国家制定一切路线、方针、政策的根本要求和基本原则，也是我们制定税收基本法的根本要求和基本原则。在制定税收基本法的过程中，我们也必须坚持这一基本原则。首先，在制定税收基本法的过程中，立法工作者要深入实际，做大量的调查研究工作，力争最大限度地掌握我国目前税收立法和执法的实际状况以及我国目前社会的政治、文化，特别是经济发展的状况和客观要求。在调查研究过程中，要注意听取各方面的意见，"偏听则暗，兼听则明"，力争避免"先入为主"的偏见，全面、充分地占有资料，进行仔细的分析研究，去粗取精，去伪存真，从事物矛盾运动的发展中去认识现实，把握规律，为制定税收基本法提供坚实的理论基础和现实根据。其次，在制定税收基本法的过程中，我们在学习和借鉴外国成功的立法经验的同时，要注意从本国的国情出发，切不可盲目冒进，贪大求洋。这就要求我们一定要注意把握两个方面的问题：一方面，要搞好基本框架。税收基本法的立法不可能一步到位，这已经被其他国家和地区的立法实践所证实。因此，我们在制定税收基本法时也不应追求一步到位，而应当把主要精力放在税收基本法体例结构和框架的选择设计上，力争做到立法规模适中，间架结构合理，概念用语科学，条文表述准确。另一方面，要突出重点。鉴于税收基本法在税法体系中的地位和作用，故在当前的立法过程中，除了要解决我国税法体系中的一些基本事项和基本原则外，重点应当以税收法律关系为核心，从税收法律关系的主体、客体和内容三个方面来解决税务机关的职权、纳税人权利的保障和纳税义务的履行等问题。而对于其他一些新出现的问题或认识还有待统一的问题，可以通过之后税收基本法的修订来解决。

第二，科学立法必须坚持专家参与立法原则。专家参与立法是指有权机关在制定法律的过程中，邀请相关领域的专业人士，为立法提供专业咨询、论证、帮助起草和审阅法律草案等工作的制度。由于参与立法的专家在相关领域内的专业性、权威性和中立性，故专家参与立法不仅可以提高立法的效率，而且更能提高立法的科学性。鉴于税法本身的复杂性和技术性以及税收基本法在税法中地位和作用，故专家参与税收基本法的立法，对于提高税收基本法的立法效率和税收基本法的科学性，具有特别重要的意义。我国《立法法》第36条也对专家参与立法做了三个方面的规定。①虽然这一规定适用的对象是全

---

① 根据《立法法》第36条的规定，专家参与立法的三种情况是：第一，对于法律案中专业性较强需要进行可行性评价的问题，应当召开听证会，听取有关专家等的意见；第二，法律案中存在重大意见分歧或涉及利益重大调整的问题需要进行听证的，应当召开听证会，听取有关专家等的意见；第三，全国人大常委会工作机构应当将法律草案发送相关专家等征求意见。

国人大常委会，而税收基本法应当由全国人大立法，但考虑到税收基本法的性质与特征，故应当在税收基本法立法过程中采纳专家立法这一做法。对于涉及税收权利义务分配、税收利益重大调整等问题，在立法调研、法案起草、草案论证等过程中，可以聘请专家参与其中，对相关问题进行研究，提供研究报告。对于在审议过程中出现重大分歧的问题，可以聘请专家提供专业咨询意见，以帮助审议人员理解法案内容，进行意见沟通，从而保证法案的科学性。

第三，科学立法必须要坚持立法内容的统一。税收基本法作为税收领域的"母法"或"小宪法"，不仅是税收领域的根本法，而且也是协调税法与其他法律的重要法律。因此，为了能够使税收基本法体系完整，内容科学，还必须要求在税收基本法的制定过程中，坚持立法内容的统一。这种立法内容的统一，包括了两个方面的内容，即内部的统一和外部的统一。其中，内部的统一，就是要求在税法体系内部，各单行的税法、税收行政法规之间在内容上要相互一致，不得相互抵触。这种内部的统一，实际上就是要求我们在制定税收基本法时，要突出税收基本法在整个税法体系中的"小宪法"或"母法"的作用，赋予它统领、协调、约束各单行税收法律、法规的功能，使各单行的税收法律、法规在内容上都要符合税收基本法的基本精神和要求，以税收基本法为依据，化解它们之间的冲突或矛盾，从而实现税法体系的协调性和一致性。外部的统一，是指在制定税收基本法时，要使税收基本法和我国法律体系中的其他法律如宪法、刑法、民法、诉讼法等法律在内容上一致。由于以税收基本法为统领的税法只是我国法律体系的一个组成部分，它和刑法、民法、经济法、行政法、诉讼法等一起构成了我国完整的社会主义法律体系，因此，尽管它有不同于其他法律的内容、要求、任务和目的等，但是，它与其他各法之间不可避免地要发生这样或那样的联系与衔接。所以，我们要求税收基本法外部的统一，就是要求以税收基本法为统领的税法在与其他法律相互衔接时要保持一致，不得发生抵触，甚至相互矛盾。

（三）税收基本法的内容要求

税收基本法的内容安排是税收基本法立法工作中的一项重大事项，也是当前我国税收基本法立法关注的热点和争议的焦点。围绕着税收基本法的内容及其安排，不仅学者之间的争论比较激烈，而且立法者、税务行政机关之间的争论也比较激烈，难以取得一致的意见。尽管如此，但笔者认为，虽然每种观点都有其一定的理论基础或现实基础，也都具有一定的合理性或科学性，但税收基本法作为一项立法工作，不可能吸纳所有的观点或意见，否则，它就变成了一锅"大杂烩"。同时，在税收基本法立法中采纳哪一种观点，写入哪些内容，也并不都是由现实需要或理论依据决定的。换言之，在具体的立法过程中，采纳哪种观点，写入哪些内容，往往都是立法者之间进行博弈或选择的结果。因此，只要立法过程符合相关的规定，立法的结果也都是合法的和应当接受的。不过，为了使税收基本法的立法工作能够实现立法的目的，笔者认为，除了在立法过程中要坚持立法原则之外，在税收基本法的内容方面，还应该满足以下各项要求。

第一，税收基本法在内容上必须既具有全面性，又具有概括性。由于税收基本法在整个税法体系中具有统帅地位，因此，就要求税收基本法在内容上必须具有全面性，要能够涵盖税收领域的各个方面。它必须要能够适用、指导、协调和规范整个税收执法活动及一切税种的开征、停征、减征、免征等，而且，还要能够指导、规范整个税收立法、税务司法以及税务机关的组成等方面，从而保证税收工作依法有效的运转。同时，由于税收基本法作为统领各单行税法之母法，其基本立场决定了它只能是对税收领域内的基本的和共同的法律问题进行概括和提炼，而不能取代各具体法律的内容，因此，这就决定了它在内容的安排上必须具有原则性和概括性，而不宜过多涉及一些税收领域内的具体问题，以免模糊了基本法与各具体的税收法律法规之间的界限，影响了具体税收法律法规的实施和执行。这就要求在税收基本法的制定过程中要抓主要矛盾。根据税收基本法的性质和功能定位，我们认为税收基本法所要解决的主要矛盾就是税收法律关系问题。进一步讲，就是国家和纳税人在税收活动过程中的权利和义务及其分配的问题。它既包括了税收立法机关的权利和义务，也包括了税收执法机关的权利和义务，还包括纳税人的权利和义务。可以这么说，当前我国税收立法和执法中所出现的种种矛盾和问题，归根结底都是由于我们对这一问题的规定不够科学、全面而引起的。因此，我们在制定税收基本法的过程中，就应该紧紧地抓住税收法律关系这一核心问题和主要矛盾，围绕着如何理顺税收权利和义务这个题目来做文章。而对于其他一些问题或认识还有待统一的问题，可以通过之后税收基本法的修订来解决。

第二，税收基本法必须既具有现实性，又具有前瞻性。法律的现实性和前瞻性，是制定任何法律时都必须解决的一对矛盾。任何法律都是为了解决现实问题而制定的，因此，法律应该具有现实性。同时，任何法律一经制定就必须保持相对稳定，而不能朝令夕改。因此，为了使法律能够适应社会发展的需要，法律又必须具有一定的前瞻性。对于税收基本法的立法工作来说，如何解决税收基本法在内容上的现实性和前瞻性，就是一个必须面对的重要问题。笔者认为，税收基本法在内容上的现实性，就是指税收基本法的制定与实施要面向现实，能够解决当前我国税法在现实中存大的实际问题。为此，笔者认为，在税收基本法的立法过程中，首先要求立法工作必须要从实际出发，通过持续广泛的走访调查，力争最大限度地掌握目前税收立法和税法实施的实际状况和存在的主要问题。其次，在实际调研的基础上，要对所发现的问题进行深入的分析研究，以从根本上揭示这些问题产生的主要原因。再次，针对所要解决的问题及其成因，根据税收立法的指导思想和立法原则，确定解决这些问题的主要思路和基本方略。最后，在借鉴国外的立法例以及我国在其他领域立法的成功经验，通过对法律规范的设计和法律条文的编纂，最终完成立法工作。同时，税收基本法在内容上的现实性还要求税收基本法要符合我国的国情。由于我国还处于经济体制改革和社会主义市场经济体制的发展深化过程之中，还没有形成科学完善的税制体系，我国税收立法水平也还有待于进一步提高。因此，这就要求在税收基本法的立法过程中，在吸收借鉴国外成功的做法和经验时，要注意从本国的国情出发，切不可盲目冒进，贪大求洋。要从我国的政治、经济、文化，特别是税收立法和执法的实际状况出发，在认清现实的基础上要搭好框架，突出重点，认真研究和解决我们目前所面临的主要矛盾和问题，力争使所制定的税收基本法能够满足我国社会主义法制建设和税收事业发展的需要。税收基本法在内容上的前瞻性是指在税收基本法的制定过程中，应该根据我国经济体制、政治体制改革的目标和进程，根据我国社会经济政治环境变化的趋势和方向，对税收基本法在内容上做出具有一定前瞻性和预见性的规定。这就要求我们在制定税收基本法的过程中，既要研究把握我国税收立法和执法的现状，又要研究和预测我国未来社会的政治、经济、文化，特别是税收事业发展改革的方向和力度。在起草税收基本法的过程中要把已有的、被实践证明是正确的成果用法律的形式固定下来，同时还要在其中反映未来一个时期内税收工作发展方向和速度，从而使税收基本法既具有指导当前税收工作的现实性，又具有引导未来税收改革和发展的超前性和预见性，以维护税收基本法的稳定性和权威性，防止在今后一段时间内过于频繁地修改。

　　第三，税收基本法在内容上必须既具有原则性，又具有灵活性。税收基本法作为税收法律体系中的"母法"和龙头，它必须贯彻和执行税收基本法立法的指导思想，必须坚持统一税法，公平税负，鼓励竞争，保证国家的财政收入和保护纳税人的合法权益。这就是制定本法时所必须坚持的原则性。它是立法的主导、前提和根本保证。如果没有原则性，立法工作就会迷失方向，达不到预定的目标。笔者认为，税收基本法在内容上的原则性，就是必须要围绕上述原则，从而在税收基本法中对以下几个方面的内容做出明确的规定：第一，是对税法基本立场与功能的界定。虽然税收是为国家筹集财政资金和国家对市场进行宏观调控的重要工具，税法应该保证税收的这一职能。但是，之所以需要以制定税法，根本的目的是为了防止国家随意征税而破坏纳税人的合法权益。故从根本上讲，税法是纳税人的权利保护法。因此，税收基本法在内容的确定上，必须要坚持这一根本立场。要从保护纳税人权利的视角来确定税法的任务和作用。其次，是对税法原则的规定。税法原则是税法的"灵魂"和"中枢神经"，是指导税法制定和实施的根本导向。确定不同的基本原则，就会导致税法不同的功能与作用。基于对税法立场与职能的定位，故在税收基本法中应该确立税收法定原则、税收公平原则与纳税人权利保护原则等。再次，是税种制度。国家开征哪些税种，这不仅是一个经济政策的考量问题，而且是一个对国家和纳税人都会产生重大影响的根本问题。因此，税种制度就必须要在税收基本法中加以规定。最后，是税收征管的基本制度。不同的税收征管不仅会对税收活动产生不同的后果，而且会对国家的政治经济和社会生活产生不同的后果。因此，在税收基本法中必须要对税收征管的基本制度、基本方式和基本手段等做出规定。这样，基于上述四个方面的重要性，故它应该成为税法的原则性内容而在税收基本法中加以明确规定。而税收基本法在内容上的灵活性则是指在基本法律原则允许的限度和范围内，对某些问题做出有一定弹性的或者变通的规定。如对税收授权立法的规定，对税收征管中的自由裁量的规定，对税收征管具体措施与手段的确定，等等。这些内容虽然在税收基本法中处于从属的地位，并且应当服从原则性的内容，但它却是税收基本法在内容上不可缺少的重要组成部分，对落实税收基本法的原则性内容具有重要的作用。因此，只有把二者结合起来，才能保证立法目的顺利实现。

第四，制定税收基本法在内容上既要吸收外国的立法成果，又要接纳本国的立法成果。法律是人类智慧的结晶。前已述及，当前世界上已有不少的国家制定了税收基本法或税法典，它们不仅在税收基本法或税法典的制定过程中有许多成功的经验和失败的教训可资借鉴，而且在税收基本法的具体内容上，都做出了许多创新性的贡献，并在税法的实施过程中取得了非常好的效果。因此，在借鉴外国税收基本法或税法典的立法经验的同时，把它们的一些创新性的、并被实践证明是非常好的一些具体制度或规定引入到我国的税收基本法中来，不仅可以降低税收基本法的立法难度，减少立法成本，加快立法进程，而且，更重要的是，可以大大提高立法水平，使税收基本法不仅在内容上更加科学完善，而且能够大大缩短中国与其它国家在税收基本法内容上的差距。这对于促进中国税法的发展和税收制度的进步，促进我国税收法律制度的国际化与现代化，具有非常重要的意义。同时，在税收基本法的内容上也要注意吸收我国自己的立法成果。这包括两个方面：一方面是税收立法的成果。从1949年以来，特别是自改革开放以来，我国各级各类的立法机关和行政机关相继制定了许多税收法律和法规，其中的一些税法的立法难度并不亚于税收基本法的立法。另一方面是其它法律的立法成果。近年来，随着我国社会主义法治国家建设的飞速进步，我国相继制定和修改了许多的法律法规，从而使我国的社会主义法律体系已基本形成。在这些新近制定或修改的法律法规中，确立了许多新的制度或规定。这些新的制度或规定，不仅可以用于调整其他的法律关系或事项，而且也可以被移植或纳入到税收基本法中，用于对税收法律关系或税收事项的调整，从而对于丰富税收基本法的内容，实现税收基本法与其他法律之间的衔接与融合，都会产生重要的作用。

三、税收基本法的体例结构

法律的体例结构安排，通俗地讲，是指法律的各个组成部分的排列组合及表达方式。科学合理地安排法律的体例结构，就能够准确地反映立法的宗旨、指导思想和立法者的意志，从而有利于法律的实施和遵守。在税收基本法的制定过程中，其体例结构的设计和安排，自然是立法者需要认真研究和妥善处理的重要问题。

（一）税收基本法的内在结构

法律的内在结构，一般是指法律内部诸要素及其组合安排的问题。税收基本法也不例外。一般而言，在税收基本法的草案设计过程中，有关其内在结构的问题，主要涉及两个方面的内容：第一，是税收基本法规范性内容与非规范性内容之间的关系；第二，是在税收基本法中规范性内容内部各要素之间的关系。

1. 税收基本法中的规范性内容与非规范性内容

从立法学的角度看，法律的基本内容包含规范性内容和非规范性内容。税收基本法当然也不例外。其中的规范性内容是指以法律条文的形式所表达的税收关系中不同主体的权利义务等的规定，是税收基本法的核心内容。因此，为了使税收基本法能够真正起到规范税收关系的功能，税收基本法中的规范性内容就必须满足明确性、完整性和普遍性的要求。其中，明确性是指在税收基本法中所规定的规范性内容要具有比较明确的指向和内容，而不应该对象不明，内容含混，以避免在立法中出现空泛的规定或者不具有普遍性而只针对特定人、特定事项的规定。完整性具有两个方面的含义。一方面，是指税收基本法中所规定的行为规范的构成要素齐备，即在税收基本法中规定的行为模式，应当能在税收基本法及相关的税收法律、法规中找到相应的法律后果。另一方面，是指在税收基本法中尽可能地把应该规范的行为都做出规定，以避免出现漏洞和空白。普遍性是指税收基本法规定的行为规范必须具有一般性和共通性。它应该针对的是一般的、共同的在税法中具有普遍性的行为，而不只是针对某一个或某一些特殊的行为。

非规范性内容主要指的是关于法的效力等级内容、关于法的时间效力内容以及其他非规范性内容。其他非规范性内容包括关于立法指导思想、依据、目的、原则的说明，关于专门概念和术语的解释，关于法的适用范围的规定，关于授权有关机关制定变通、补充规定或实施细则的规定，关于废止有关法的规定等。法的非规范性内容的存在，对于实现法的规范具有不可忽视的作用，也是法的内容的重要组成部分。究竟一个法中应当有哪些其他非规范性内容，与法的形式和法所调整的社会关系的范围和特点有着密切的关系。由于税收基本法在整个税法体系中所处的地位和作用，故一般认为，相对于其他的税收法律而言，它所包括的非规范性内容应该更多一些。在其中，除了有关税收基本法的效力等级、时间效力等的内容外，有关税收基本法的立法目的、立法依据以及对税法中一些基本范畴和术语的解释等内容是必不可少的。特别是一些基本的范畴和术语，如税收、税法、税率、纳税人、征税对象、所得、居所、常设机构等，由于在其他的具体税法中不便于做出比较集中和比较完整的规定，因此，必须在税收基本法中对此进行规定。

2. 税收基本法中规范性内容的内在结构

如前所述，税收基本法的规范性内容主要指的是税收基本法所应当规定的各税收法律关系的主体所享有的权利和应尽的义务等内容。但如何在税收基本法中确定所需要规定的这些规范性的内容，则是一个比较大的问题。为此，笔者认为，我们应该借鉴潘德克顿学派的理论和德国民法典的模式，以法律关系的要素作为构建税收基本法规范性内容体系的骨架。

在当代法学界，有关法律关系的理论已经成为现代法学理论的核心范畴和理论基点，也成为构建现代法律制度的基本方略，因而也成为构建税收基本法内容体系的理论指导和基本方略。按照这一理论及其方略，在税收基本法的内容结构上，除了非规范性的内容之外，规范性内容及其内在的结构应该按照主体、客体、内容、税收法律关系的运行等四个环节来进行设计。

主体制度是有关税收法律关系各方主体的权利能力和行为能力的规定。它包括了征税主体和纳税主体。鉴于税收基本法所规范的征税主体主要指的是各级各类的税务机关,因此,在税收基本法中对征税主体的规定应该主要集中于对各级各类税务机关征税的权力能力和行为能力的规定上。同时,由于我国目前实行的是分税制管理体制,因此,对于各级各类税务机关的权力能力和行为能力,应该是在分税制所设定的管理体制的基础上做出的原则性的规定。纳税主体既包括了纳税义务的具体承担者(即狭义的纳税人),也包括了纳税担保者、代扣代缴者,等等(即广义的纳税人),它从形态上既包括了自然人,也包括了法人及其他社会组织。因此,在税收基本法中应该对于他们承担纳税义务和享受纳税权利的资格和能力做出规定。

客体制度主要是指税收权利和税收义务所指向的对象的规定。它一般被抽象地理解为对各种"税收利益"[1]的规定。

内容制度主要指的是有关税收法律关系的主体所享有的权利和应该履行的义务的规定。鉴于纳税主体与征税主体各自所处的地位不同,故他们的权利与义务也是不相同的。因此,在税收基本法中应该分别对于他们各自的权利和义务进行规定。

税收法律关系的运行制度主要指的是有关税收法律关系的产生、变更和消灭等的法律规定。包括了因生产、经营或所得而发生的税收征纳法律关系;因纳税人对税务机关的处理决定不服而发生的税收救济关系;因纳税人的身份变更或税务机关的设置变化而发生的纳税人的税收法律关系的变更以及因一定法律事实的改变而导致的税收法律关系的消灭等内容。

(二)税收基本法的外在结构

法律的外在结构,一般是指法律的内在结构的表现方式和表达方式。税收基本法也不例外。它的外在结构主要指的是税收基本法的各部分内容及其相互之间在形式上的前后次序及其表达的问题。一般来讲,它也包括了三个方面的问题,即税收基本法的总则、分则与附则的安排问题;税收基本法的章、节、条、款的设计及安排的问题;税收基本法的体例与篇幅的问题。

1. 税收基本法的总则、分则与附则

在成文法国家中,虽然总则、分则与附则的结构安排并非每一个法律所必须,但大多

---

[1] 刘剑文主编:《财税法学》,高等教育出版社2004年版,第354页。

数法律，特别是一些规模较大、内容庞杂的法律都应该有这三个部分。税收基本法在形式结构上也理应由这三个部分所组成。事实上，从目前所提供的各种草案来看，也基本上都包括了上述三个部分。但现在需要研究的是这三个部分各自应该包括哪些内容的问题。

一般来讲，总则作为法律形式结构中的重要内容，一般都居于法律的开篇。按照法律编排的一般原理和总则本身的地位，故总则中所规定的内容，应该是有关法律的纲领性和全局性的内容。在税收基本法中，总则也应该如此。它的内容都是有关税收法律的原则性、概括性的规定。这些规定，属于税收法律活动的总规则，对该法及由其派生的法律、法规具有统帅作用和普遍指导意义。它是设立、理解和适用具体法律规范以及进行法律推理的前提条件，具有统领全篇的作用。从具体内容来看，它应该包括税收基本法的立法目的、立法依据、税法的基本原则、税法基本制度、税法中的基本范畴和术语、税法的管辖和适用等内容。

与总则相比，分则部分是法律的结构中内容数量占最大比重的部分。它既是对总则中的立法目的、立法依据、税法基本原则、税法基本制度及其他内容的具体化，也是对有关征税主体、纳税主体的基本权利义务和税收征纳活动主要环节和内容等的具体规定。分则规定是否科学、恰当，直接关系到税收基本法的整体质量及其实施效果。因此，研究税收基本法的立法技术在很大程度上是研究如何制定税收基本法分则的技术。根据对税收基本法的定位，笔者认为，在税收基本法的分则中，它主要应该包括分税制的规定、税务机构及其权利和义务、纳税人及其权利和义务、纳税义务及其产生变更和消灭、税收立法、税收征纳的一般规则、税收救济等的内容。

附则在税收基本法中应该位于最后的部分。附则不是杂则，它也有其确定的内容。根据我国现行的立法技术和税收基本法本身的内容规定，附则应该包括三个方面的内容，即税收基本法的适用范围、解释权限、生效时间。

2. 税收基本法的章节与条款

作为一部成文法，税收基本法的所有内容都必须通过法律条文的方式表现出来。因此，合理的安排税收基本法的条文编排及其前后次序，不但对于准确地反映税收基本法各法条之间的内在联系和逻辑关系具有非常重要的意义，而且对于正确地理解和执行税收基本法都意义重大。

从理论上来讲，法律的内容可以通过卷、编、章、节、条、款、项、目等 8 个层次来组合和表达。但从国外税收基本法的立法实例和我国现行立法的实际情况来看，基本上没有使用卷的形式（实际上，只有像《法国民法典》《德国民法典》《日本民法典》等这样卷帙浩繁的民法典中才使用卷的形式）。虽然我国现行的《民法典》《刑法》《刑事诉讼法》《民事诉讼法》等法中都有编的设置，但其他的法律法规中都没有编的设置，因此，它属于一些特殊的情况。同时，国外税收基本法的立法例中也都没有编的设置。至于目前，由于我国在立法中极少使用，且在国外的立法例中也极少见到，故笔者认为，在税收基本法中也不需要目这一层次。因此，笔者认为，我国的税收基本法在体例上也不需要设置卷、编和目这三个层次。而只用章、节、条、款、项五个层次就可以了。

从我国目前的立法实践来看，除个别篇幅较小的法律外，篇幅比较大的法律基本上都是把其中的内容分成了不同的章来进行安排的。因此，税收基本法中也应该有章的安排。考虑到"章是法的结构中连接法的整体的最主要的因素，是使人们了解这些法的结构、整体、主要内容和风格的尤为重要的要件。章的设置是否妥当，宏观上关系到法的整体框架是否科学，中观上关系到法的结构中各组成部分是否和谐，微观上关系到各个具体条文、规范是否能得到妥善安排"①，因此，在税收基本法中对各章的内容构造及各章之间前后次序的设置就需要给予特别的重视。笔者认为，在税收基本法中应该设置10章内容，其中第一章和最后一章分别根据我国立法的惯例是总则和附则，而第二章到第九章分别规定我国的税收管理体制、税务机构及其权力义务、纳税人及其权利义务、纳税义务及其履行、税管管理、税款征收、税务检查、税务行政救济的内容。

节只存在于设章的法律法规之中，但并非所有设章的内容中都必须设节。税收基本法也是如此。笔者认为，在税收基本法中是否设节，是要根据各章的内容进行确定。例如，在总则部分，由于涉及的内容比较多，因此，可以按其内容的不同分成若干节来进行安排，而附则部分，由于只有三个方面的内容，故不需要设节。其他二至七章中是否设节也不可一概而论，要根据实际情况进行确定。

条是常规立法中最为主要的内容。一般法的内容，都必须通过条的形式来进行表达。税收基本法也理应如此。考虑到税收基本法的功能与地位，笔者认为，我国的税收基本法在条的设计上应当以150条左右为宜，最长不超过200条。在条的内容设置上，要考虑到每条内容的完整性、准确性和相对独立性。要注意避免各条文内容的重复，也要注意避免把同一个内容分置于不同的条文之中，造成法律内容的割裂和分散。同时，在条文的编排上，要注意其前后之间的内在关系和逻辑联系。编排方式采取统一按顺序编号的方式。

款和项的设置在税收基本法的结构设计中不能一概而论。是否需要设置款和项，要

---

① 周旺生：《立法学教程》，北京大学出版社2006年版，第509页。

根据各个条文所包含的内容而定。如果一个条文中所包含的内容较多，且这些内容之间层次关系明确，则可以用款的形式来分别表达。如果某一款的内容中包含了数项内容，也可以在款之下再用项的方式进行安排。否则，如果某一条文的内容比较简单，就没有必要再用款的形式，更没有必要使用项了。

总之，税收基本法在篇章结构的安排上，要通过科学的研究和合理的规划，努力使税收基本法能够满足"层次分明、结构合理、逻辑严谨、详略适当"的要求，从而真正成为一部立法水平较高的好法律。

（三）税收基本法的篇幅

从目前世界各国税收基本法的具体情况来看，各国税收基本法的篇幅差别较大。以德国为代表的税收基本法篇幅宏大、结构复杂、包罗万象。整部法律共计9编25章48节72小节415条，除了包括税法内容外还涉及民法、经济法、行政法、刑法、刑事诉讼、民事诉讼、行政诉讼、法院法等内容。以韩国为代表的税收基本法章节适中、结构简洁、内容得体。韩国的税收基本法总共有8章19节86条，外加9个附则。日本税收基本法分为10章139条（加上附则的12条），与有关法律交叉不多。以蒙古国为代表的税收基本法篇幅短小、结构简便、内容狭小。该法只有3章26条，内容集中于对税收权利与义务的规定，而不包括税收征纳的程序。

考虑到我国税收基本法的立法目的和我国的立法习惯，笔者认为，我国的税收基本法可采取与日本、韩国的税收基本法相类似的立法模式。具体来讲，条文数量以150条左右为宜，最多不超过200条，整部法律总字数不超过5万字。之所以如此，笔者认为，一方面，这是考虑到了我国现行的立法技术水平和立法习惯。另一方面，也考虑到了国际上的立法通例和我国税收基本法的立法目的。因为，税收基本法只有在条文上达到了一定的数量时，它才能够具有一定的容量和包容性，也才能够把应该包含的内容都纳入进去，从而使基本法在内容上具有全面性和完整性，而不会出现遗漏和空缺。同时，税收基本法的篇幅又不宜过大。这样，一方面，可以避免出现税收基本法中的内容与其他税法或其他法律中的内容重复的问题；另一方面，也可以避免税收基本法中的内容过于详细或重复的情况。

（四）税收基本法的主体框架

基于上述认识，我们认为，税收基本法的主体框架主要应该由以下10章组成。

第一章，总则。从形式结构上来看，总则是税收基本法不可缺少的重要部分，与分则、附则一起构成了税收基本法完整的形式体系。从内容上来看，它规定的是税收基本法中有关纲领性和全局性的内容，在税收基本法中处于统领性的地位。根据税收基本法的内容和立法要求，我们认为，为了完整地体现税收基本法的性质与功能，在总则部分应该包括以下几个方面的内容：税收基本法的立法目的和立法依据、税法的基本原则、税收基本制度、税法的通用条款等问题。

第二章，税收管理体制。税收管理体制主要是有关划分中央与地方的税收管理权限的制度。虽然我国从1994年以来就一直实行的是分税制的税收管理体制，但这一重大问题却没有在一些基本的税收法律中得到体现，从而为税收征管带来了许多问题。有鉴于此，我们认为，在税收基本法中应该对中央税、地方税、中央与地方共享税的收入划分及其原则等内容进行规定。

第三章，税务机构及其职权。税务机构是根据国家职能的划分专门从事税收事务管理与税款征收的机关，是税法的具体执法机构。故为了规范各级税务机构的工作，有必要在税收基本法中对税务机构的地位、设立、管理及各级税务机构及其税务工作人员的权限等问题进行规定。

第四章，纳税人及其权利义务。纳税人是指根据法律法规的规定负有纳税义务的个人或组织。它是税收实体法中的第一要件，是税收行政管理的主要相对人。由于在税收征管中纳税人总是处于比较弱势的一方，所以，近年来，一些国家和国际组织非常重视对纳税人及其权利的保护。如经济合作与发展组织（OECD）为其成员国制定了《纳税人权利宣言》范本，要求各成员国照此制定各自保护纳税人的法律。美国、加拿大、英国、新西兰等国除了在相关税收法律中规定了纳税人的权利外，还依照上述要求专门制定了《纳税人权利法案》《纳税人权利宣言》《纳税人权利宪章》《纳税人章程》等专门的法律。我国除在《税收征收管理法》中对纳税人的权利做了规定外，还在其他的税收法律法规中对纳税人的权利进行了规定。但这些规定不够完善。因此，我们认为，应该根据国际立法的动态和我国税收立法的实际，在税收基本法中对纳税人的权利与义务做系统全面的规定，以提高对纳税人的规范和保护的力度。

第五章，纳税义务及其履行。一般而言，现代世界各国的税法都是围绕着纳税义务的确定、履行等展开的。纳税人的其他权利与义务，都建立在纳税人履行纳税义务的基础之上。从这种意义上讲，纳税义务就是税法的核心问题。正因如此，在许多国家，除了在各税种法中规定不同税种的具体纳税义务外，还在税法总则、税收基本法中对纳税义务做出概括性的规定。基于税收基本法在我国税法体系中的地位和作用，我们认为，我们也应当在税收基本法中对纳税义务做出概括性的规定。①纳税义务的产生。一般来说，纳税义务是依据税法的强行性规范产生的，私人向国家负担的金钱债务。它是一种公法上的法定义务，以国家的强制力为后盾。纳税人是否承担具体的纳税义务，应该取决于纳税人是否满足了税法所规定的课税要件。一旦纳税人满足了税法规定的各项构成要件时，纳税义务即告成立，纳税人必须按照税法规定的时间、地点和方式全面履行该纳税义务，不得转让、拖延或拒绝。否则，纳税人则不产生相应的纳税义务，税收机关也不得向其征税。②纳税义务的变更。纳税义务的变更是指税法规定的事实或行为发生变更时，纳税义务相应发生改变的情况。一般来讲，导致纳税义务发生变更的情况主要包括纳税人自身组织结构的变化、纳税人生产经营或财务状况的变化、税收法律法规的修订变化，以及出现不可抗力的情况等。由于这些情况会引起纳税义务的主体、纳税义务的内容和纳税义务的履行时间、履行地点等的变化，从而导致纳税人应纳税额等的变化，故在税收基本法中应该对其做出原则性的规定。③纳税义务的消灭。纳税义务的消灭是指当出现法律规定的事项或行为时，纳税人全部的纳税义务随之终止的情况。一般来说，根据税法的规定，引起纳税义务消灭的情况主要包括因纳税义务人不存在而引起的纳税义务的消灭、因纳税义务已履行引起的纳税义务的消灭、因纳税义务的豁免而引起的纳税义务的消灭、因法律政策的修改而引起的纳税义务的消灭等。由于纳税义务的消灭会导致纳税人不再履行纳税的义务，故税收基本法应当对纳税义务消灭的基本原则和主要内容加以规定。④纳税义务的履行。纳税义务的履行是指纳税人根据纳税义务的要求，做出或不做出一定的行为，以保证税收得以实现的活动。由于纳税义务的履行是实现税收功能的重要手段，故在税收基本法中对纳税义务履行的基本原则和主要内容做出规定，就是必需的。因此，我们认为，在税收基本法中，我们除了应当规定依法履行原则、全面履行原则和诚实信用原则等外，还应当对纳税义务履行的主要几种情况做出原则的规定。

第六章，税务管理。税务管理是指税务机关依据税收法律法规的规定，为完成税收工作，对日常的税收活动进行有计划地组织、管理、监督、检查等的制度与活动。税务管理是税款征收的前提和基础性工作，是为税款征收工作服务的。根据我国现行的税务管理制度和税务管理的实践，我国的税务管理主要包括税务登记、发票管理、账簿和凭证管理、纳税申报等四个方面的内容。虽然在《税收征管法》中对税务管理的具体制度进行了专门的规定，但我们认为，我们还应该在税收基本法中对税务管理的基本原则与基本制度做出相应的规定，以统领和协调具体的税务管理制度和税务管理活动。

第七章，税款征收。税款征收是指税务机关依照税收法律、法规的规定将纳税人应当缴纳的税款组织入库的一系列活动的总称。它是税收征收管理工作的中心环节，是税务登记、账簿票证管理、纳税申报等税务管理工作的目的和归宿，在整个税收征收管理工作中占有极其重要的地位。鉴于税款征收的重要性，在税款征收的主体上，除税务机关、税务人员及经税务机关依照法律、行政法规委托的单位和人员外，任何单位和个人不得进行税款征收活动；在税款征收的方式上，税务机关必须依照法律、行政法规的规定征收税款，不得违反法律、行政法规的规定开征、停征、多征、少征、提前征收、延缓征收或者摊派税款。另外，为了保证税款征收能够得到实现，各国一般都赋予了税务机关一定的税收保全措施和强制执行措施。虽然《税收征管法》对税款征收的内容做了一些规定，但由于这些规定比较具体，不仅缺少对一些重要的征收方式或手段的规定，而且也缺少对一些一般性和原则性的规定。因此，对于这些内容应当在税收基本法中予以规定。

第八章，税务检查。税务检查与税务管理、税款征收共同构成了税收征收管理法律制度中的三个重要的环节。管理是基础，征收是核心，检查是保障。纳税人缴纳税款后，税务机关依法实施税务检查，既可以发现税务登记、申报等事前监控中的漏洞和问题，也可以检查核实税款征收的质量，从而成为事后监控的一道重要环节。由于税务检查不仅是一种政策性、技术性和策略性极强的业务，而且会对纳税人产生重大的影响，故除了在《税收征管法》中对税务检查的内容等做了具体规定外，还应该在税收基本法中对税务检查的一般原则、检查方法与检查程序等做一般性和原则性的规定。

第九章，税务行政处罚与行政救济。税务行政处罚制度、行政复议制度和行政诉讼制度，是直接涉及纳税人权益减损和权利维护的重要制度。由于税务行政处罚、税务行政复议和税务行政救济分别属于行政处罚、行政复议和行政救济的范围，故在法律适用上，应当分别适用《行政处罚法》《行政复议法》《行政诉讼法》等法律。但是，由于税务行政处罚、税务行政复议和税务行政诉讼与其他的行政处罚、行政复议和行政诉讼之间存在一些具体的甚至是很大的区别，而这些区别在有些情况下还会对纳税人的权益造成重大的影响，如复议前置程序，故除了在《税收征管法》等法律法规中对这些特别之处作出相应的规定外，我们认为，还应该在税收基本法中对税收争议解决的主要原则、方法与途径等内容进行一些概括性的规定。

第十章，附则。主在规定税收基本法适用范围、时间、解释机关、溯及力等的内容。

第九讲　税制改革的法律原则与发展趋势

近年来，随着我国政治体制改革的发展和经济体制改革的深化，要求进行新一轮税制改革的呼声日益高涨。2013年12月，党的十八届三中全会通过的《中共中央关于全面深化改革若干重大问题的决定》，对深化我国财税体制改革作了系统部署。2015年，中共中央办公厅和国务院办公厅联合印发《深化国税、地税征管体制改革方案》，提出要通过税制改革"进一步增强税收在国家治理中的基础性、支柱性、保障性作用"。2021年3月，《中华人民共和国国民经济和社会发展第十四个五年规划和2035年远景目标纲要》提出我国在"十四五"时期要"完善现代税收制度"。这些文件的出台，不仅标志着新一轮税制改革已上升至国家治理改革的层面，而且也标志着新一轮税制改革的号角已经吹响。

新一轮税制改革是在经济全球一体化的大背景下，为深化我国的经济体制，促进社会经济全面发展的目标而进行的。它不仅仅是1994年税制改革的延续，更是为适应新时代国内外政治经济形势的发展而对现行税制进行的一次重大改革，其目的是要建立一个法治、公平、科学和充满活力的税制体系，以促进中国经济和社会继续健康、稳定、快速、有序的发展。因此，新一轮税制改革就必须要立足现实，放眼未来，既要研究解决现行税制中存在的主要问题，又要为未来税收制度的发展做出一些前瞻性的计划和安排。正因如此，准确理解和把握税制改革的基本内涵和根本原则，顺应世界各国税制改革的发展趋势，借鉴其他国家税制改革的成功经验，对于促进我国新一轮税制改革的发展，都具有十分重要的意义。

一、对税制改革的基本认识

什么是税制改革？这也许被认为是一个常识性问题而不需要进行讨论。事实上，也许笔者孤陋寡闻，但就笔者所见到的文献而言，除了刘军、郭庆旺等主编的《世界性税制改革理论与实践研究》一书对此问题有比较简略的论述以外，几乎没有看到有学者对此问题进行过比较系统深入的理论研究。笔者认为，这一问题虽然常识，但却非常具有探讨的必要。

何为税制？对这一问题，国内外以"税法学""税收学""税收经济学""公共经济学""中国税制""外国税制"等命名的教材、著作的回答基本都是一致的，即它是"税收制度"一词的简称。但关于"税收制度"一词的含义，却存在三种不同的观点。第一种观点笔者将其命名为"法律法规说"。它认为，所谓税收制度，就是"指一个国家根据其税收政策、税收原则，结合本国的国情和财政需要所制定的各项税收法规及征税办法的总称"①，或"是一个国家用法律手段规定的税种设置和每种税征收方法的总和"②。第二种观点笔者名之为"广义狭义说"。这种观点认为，所谓税制，有广义和狭义之分。广义的税收制度是指一国的各种税收组织体系，是国家以法律程序规定的征税依据和规范，它由国家的一整套税收法规组成。狭义的税收制度是指一国各种税收及其要素的构成体系，包括税收分类和税制要素。理论界一般都认为税收制度应为广义的税收制度。③第三种观点笔者名之为"两层含义说"。这种观点认为，从法的角度看，税收制度是一国税收法律、法规、规章的统称。从税收结构分析来看，税收制度是指一国各种税收及其要素的构成体系。④从这三种不同的观点来看，虽然存在着具体内容上的差异，但有一点是共同的，即都承认税收制度本身是一种法律制度或税收制度首先是一种法律制度。事实也的确

---

① 安福仁：《现代税收理论》，东北财经大学出版社1995年版，第120页。
② 李海莲编著：《税收经济学》，对外经济贸易大学出版社2004年版，第20页。
③ 晏鸣主编：《税收概论》，中国税务出版社1999年版，第118页。
④ 许建国主编：《中国税制》，中国财政经济出版社1995年版，第1-2页。

此。由于现代各国普遍对税收实行法治化管理，故一国的税收制度在进行设计和构建时，除了要考虑如何实现税收的筹资功能和调控功能、分配功能等问题外，还必须要解决税收的合法性、规范性、稳定性、强制性的问题。而要解决这些问题，唯一可行的办法就是立法。只有通过税收立法，将有关税收的一些重要的和基本的事项以法律的形式固定下来，税收活动才能够获得其合法性、规范性、稳定性和强制性，从而也才能得到社会的广泛承认和纳税人的普遍遵从，税收的功能和作用也才能得到具体的实现。因此，从这种意义上来讲，税收制度就首先是一项法律制度。

根据刘军和郭庆旺的观点，一般而言，税制改革（Tax reform）是通过税制设计和税制结构的边际改变来增进福利的过程。它与税制改良（Tax improvements）的不同之处在于，税制改良是指对适应当时社会经济环境的既定税收制度的某些不完善之处进行修补以使其变得更好，而税制改革则是指对税收制度的重新构造。它是属于对税收制度的重大结构调整，会改变税收负担的分配。它既包括税率、纳税档次或起征点的升降和税基的变化，又有新税种的出台和旧税种的废弃，还包括税种搭配的变化等。[①]由此可见，税制改革不是对现行税制的小修小补，而是要动大手术。它不仅会引起一国税制结构的明显变化，从而改变国家的收入分配格局，影响国家的财政收入和国家的宏观经济形势以及纳税人的经济利益，而且，由于税收制度首先是一项法律制度，故税制改革就首先是一种法制改革。它的实行，会影响到税法的稳定性及税法与其他法律法规之间的协调性，从而影响一国整个法律体系的稳定性。因此，税制改革就是一项十分复杂的系统工作。正因如此，当代世界各国无不对其采取极其严肃、慎重的态度。在进行税收改革时，除了要对税制改革的理论问题进行系统科学地研究，对设计税制改革的方案进行反复地分析论证，对税制改革的时机实行谨慎地选择外，还必须要研究和解决税制改革过程中的各种法律问题。中国的税制改革也不例外。只有这样，我国的税制改革才有可能取得成功。

[①] 刘军、郭庆旺主编：《世界性税制改革理论与实践研究》，中国人民大学出版社2001年版，第2—3页。

二、税制改革的基本原则

税制改革是通过税制设计和税制结构的边际改变来增进社会福利的过程。它不仅是一项内容庞杂的系统工程,而且是一项影响深远的战略性工程。税制改革的成功与否,不仅会对税收职能的实现产生直接的影响,而且会对国家的政治权力、经济体制和社会发展产生重大的影响。是故,在我国新一轮税制改革过程中,我们除了要明确税制改革的方向、细化税制改革的目标外,还必须要确立和坚持税制改革的基本原则。

(一)税收法定原则

在当代许多国家中,税收法定原则已经发展成为一项宪法原则和"支配税法全部内容的基本原则"①。它根据"税收是法律的设定物"的观点,将国家的征税权和公民的纳税义务设定为法律上的权利和义务。它强调税收的设定权为法律,②一切税收的课赋和征收均须以国家立法机关制定颁布的法律为依据,没有法律的授权或批准,国家或政府不得征税,国民也不得被要求纳税。而在现代社会,税收法律的制定权是由代表公民意愿的立法机关所掌握,否则,"无代议士则不纳税"。税收的设立必须要通过"代议士"而获得广大国民的同意。所以,现代各国宪法对税收法定原则的采纳与应用,实际上,就是在"合宪性"的前提下,通过公民代表所制定的法律,赋予国家从事税收征收与管理的合法性和公民履行纳税义务的法律依据。因此,税收法定原则已经成为现代各国税收活动的第一原则或基本原则。但在我国,由于人们更多的是从经济的角度而不是从法律的角度来理解税收活动,人们习惯于将税收制度看成是一种经济制度,故作为税法的基本原则,税收法定原则虽然已经写入了《立法法》,但在理论上并未能够得到人们的普遍

---

① [日] 金子宏:《日本税法原则》,刘多田等译,中国财政经济出版社1989年版,第47页。
② 此处所讲的"法律"概念是狭义上的法律,即专门指由国家立法机关依据国家宪法的规定所制定的法律,而不包括行政法规和地方性法规。

理解与接受，在税收立法实践中也并没有得到完全的接受。近年来，虽然按照立法法的规定和 2015 年党中央批准的《贯彻落实税收法定原则的实施意见》，我国税收立法的步伐明显加快。全国人大常委会先后制定了《环境保护税法》《烟叶税法》《耕地占用税法》等法律，但增值税、消费税、土地增值税等税种还是依据 1995 年全国人大的授权制定的"暂行条例"来征收的。这样做，虽然大大提高了税制改革的效率，但却在理论上有违税收法定原则的规定，在实践上造成了税收立法级次太低、税收法律效力不高等弊端，从而严重影响了上述法律法规的实施。因此，此次的税制改革应当严格按照税收法定原则的要求，对我国现行的税收法律体系进行全面梳理。

由于我国目前的税收实体法是按税种单独立法的方式进行的，没有制定综合性的税收法典。因此，按照税收法定原则的要求，我国的税收法律格局应该是在宪法的基础上，坚持"一税一法律"的方式，按照税种的不同制定相应的法律。有鉴于此，笔者认为，借此次税制改革的时机，我们应该按照税收法定原则的要求，对我国现行的税收法律体系进行一次全面的梳理和完善。具体而言，应该进行以下几个方面的工作：首先，对根据 1985 年《全国人民代表大会关于授权国务院在经济体制改革和对外开放方面可以制定暂行的规定或者条例的决定》制定的、以"暂行条例"或"条例"等命名的税收行政法规，在经过实践检验、认为制定法律的条件已经成熟的，提请全国人民代表大会常务委员会审议通过，使之上升为法律，以满足现有税种都是依据法律规定征收的这一基本要求。其次，对于未来将要开征的一些新税种，如房产税、社会保障税等，在开征前应该先行立法，制定相应的法律，以满足所有新税种都是依据法律规定开征的这一基本要求。最后，在税收程序法方面，应该根据重要性原则，在《税收征管法》的基础上，对税收征管中的一些重要的征管方式、征管手段和征管措施等，在吸取国外立法经验的基础上，根据我国的实际情况，制定相应的法律。如对于税收征管中极为重要的发票问题，应该在对《发票管理办法》进行修订的基础上通过立法程序使之上升为《发票管理法》，针对纳税人的权利保护问题应该制定《纳税人权利保护法》等。

（二）税收公平原则

在国内外税法理论界，税收公平原则被认为是税法的基本原则和"当今世界各国制订税收制度的首要准则"[①]。它是"法律面前人人平等"这一现代法律思想在税收领域的

[①] 金鑫、许毅主编：《新税务大辞海》，九洲图书出版社 1995 年版，第 39 页。

体现和发展，是以法的形式对税收公平理念的确认和规范。由于税收活动从本质上来讲就是一种分配活动，故税收公平从本质上来讲也就属于分配公平的范畴，税收公平原则也就是关于税收权利义务分配公平的原则。它从内容上来讲，不但要求纳税义务在纳税人之间的分配公平，也要求纳税权利在国家与纳税人之间的分配公平，还要求税收权力和税收利益在不同国家机关之间的分配公平和在国家不同级次政府之间的分配公平。根据学者们的最新研究，现代意义上的税收公平应该包括三个不同的层次。第一层次是税收负担的公平。在具体内容上包括了横向公平和纵向公平两个不同的方面。横向公平也叫税收水平公平，是指条件相同的人应该负担相同的税收。税收纵向公平也叫税收垂直公平，是指条件不同的人应该负担不同的税收。第二层次是税收的经济公平。主要是指通过课税机制扫除社会平等竞争的障碍，建立机会平等的经济环境。①第三层次是税收的社会公平。即税收应当对天赋和由此造成的贡献保持中性，对劳动和由其所造成的贡献给予鼓励，而对因血统、出身、地位、权力以及因生产资料占有上的优先权形成的特殊利益用累进所得税的办法给予一定程度的"掠夺"，用以补偿不能占有特殊利益的人们，达到某种程度的平均。只有同时实现这三个层次的公平，才能够真正实现税收的公平目标。

但是，在税收制度的具体设计过程中，公平问题作为一个极其重要的问题，总是与效率问题紧密联系在一起的。一方面，税收效率是税收公平的前提。因为，没有效率的税收，再公平也无法实现其筹集财政资金和调节社会经济发展的目的。另一方面，公平是效率的必要条件。因为失去了公平的税收，其效率最终也无法得到真正的实现。所以，只有同时兼顾公平与效率的税制才是最好的税制。但事实上，由于公平与效率毕竟是两种不同的价值目标，故历来被认为是一对难解的矛盾，其间存在着很大的排他性。故在现实中，要么强调效率，以牺牲公平为代价，换取效率的提高；要么强调公平，以牺牲效率为代价，换取公平的实现。正因如此，世界各国在税制建设的过程中，都根据各自的国情或为了实现特定的政治经济目标，分别选择以公平或效率为侧重点的税收政策，从而形成了效率型税制和公平型税制两种不同的税制形式。如发展中国家大多实行"效率型"税制以促进本国经济的腾飞，而发达国家大多实行"公平型"税制以保障社会的安定。但无论是"效率型"税制还是"公平型"税制，都在强调或侧重一方的同时，也尽量要兼顾另一方面的存在，把二者之间的冲突与对立降低到最小的程度。

---

① 由于出身、地位、权力、财富和金钱等的不同，企业或个人在市场中的地位是不平等的。所谓税收的经济公平就是要通过税收机制来消除此种差别，为企业公平竞争创造一个良好的环境。

我国在 1994 年进行税制改革时，虽然也确立了"效率为主，兼顾公平"原则，但实际上，由于当时整个国家还处于计划经济向市场经济的转型过程中，一方面对税收公平原则及公平与效率关系问题的认识还比较粗浅和幼稚，另一方面当时所要解决的主要问题是税收收入的增长问题。故在税收制度的价值取向上，过分强调了税收效率而忽略了税收公平，从而使我国的税收制度存在严重的缺陷。2000 年以来，随着我国经济体制的发展完善，我国的市场经济取得了飞速的发展。特别是到 2021 年，我国的人均 GDP 已经达到了 1.25 万美元。按照联合国的标准，中国已经处于中等偏上收入国家。在此情况下，税收作为调整国民收入再分配的重要手段，就需要按照"公平优先、兼顾效率"的原则，对现行税制进行全面地修正，以使其在调节社会收入分配的过程中真正发挥积极的作用。

笔者认为，按照上述原则，本次的税制改革应该在坚持公平优先兼顾税率的前提下，重点解决我国目前税制中存在的公平问题。具体而言，主要包含以下几个方面：第一，修订《企业所得税法》，通过完善企业所得税优惠制度，从而解决不同地区之间、不同产业之间、不同产品之间、不同行业之间的税收负担不平衡的问题，真正实现企业之间税收负担的公平分配。同时，完善个人所得税与企业所得税之间的衔接，避免对企业收入和利润的双重征税。第二，修订《个人所得税法》，进一步完善综合分类相结合的课税模式；简化税率，减少级次，拉大级距，降低边际税率；进一步提高免征额，以减少对纳税人基本生活费用的征税；扩大专项扣除的范围，对一些社会公益支出允许进行税前扣除等。第三，尽早制定《消费税法》，调整消费税的征税对象，完善消费税的税率结构，完善消费税的征收管理等。第四，加强税收征管的改革，完善税收征管的手段与措施，防止税收流失所导致的纳税人税收负担的实际不公平。

（三）税制协调原则

协调（Coordinate）作为一个哲学范畴，它指的是在一个系统之中各个组成部分之间以及各个组成部分与整体之间的协同与调和。而经济学中的协调更是一种机制，"体现为一个相互协作、互动以促进发展的机制，它包含有制度的演进和结构变动方面的意义"[①]。它作为一种评价机制，追求系统的统一、一致和整体质的最优。

---

① 松山公纪：《经济发展：协调问题》，转引自崔联会：《中国财政制度研究》，经济科学出版社 2004 年版，第 283 页。

税制改革的协调原则在内容上主要包括三个方面的要求，即税收法律制度的内部协调、税收法律制度与其他法律制度的协调和税收法律制度与社会经济、政治、文化发展的协调。其中，税收法律制度的内部协调是指税收法律制度内部各税收法律法规之间的协调。在非法典化的国家，税收法律体系是由许多单行的税收法律、法规组成的，因而，任何一部单行的税收法律法规都不足以以有效的规范和调整所有的税收法律关系。它们只有通过对其性质和功能的定位，并按照一定的标准或原则将其组织结合成为一个具有高度组织性的体系，才能真正发挥其作用。因此，其一般包含了两个方面的含义，即横向协调和纵向协调。所谓横向协调是指具有相同法律位阶之间的税收法律、法规之间的协调，所谓纵向协调是指不同法律位阶之间的法律法规之间的协调。对于横向协调，它要求具有相同位阶的税收法律、法规之间应该在内容上保持一致，不得发生抵触、冲突乃至矛盾。对于纵向协调，它要求在不同位阶的税收法律法规之间，下位法不得同上位法相矛盾，否则，下位法就是违法的和不得执行的。税收法律制度与其他法律制度的协调是指税收法律制度作为一国法律体系中的重要内容，它必须与一国法律体系中的其他法律法规相协调。在当代世界各国，税法永远只能是一国法律体系中的一个组成部分，它的制定与实施也离不开其他法律法规。因此，税收法律体系与其他法律法规的协调就要求税收法律制度与其他法律如宪法、民法、刑法、行政法、经济法等法律制度必须保持一致，不得相互抵触。所谓税收法律制度与社会政治、经济、文化的协调是指税收法律的制定与实施必须满足国家政治、经济、社会、文化发展的需要，对国家政治、经济、社会与文化的发展产生积极的推动作用，而不是阻碍作用。这就要求任何一国的税收法律体系应该在适应和满足本国政治体制和经济体制的前提下，具有一定的前瞻性和预见性，从而真正发挥税法引导市场资源配置、调节社会收入分配的功能，实现维护和促进经济发展、社会稳定的基本任务。

近年来，随着我国社会政治、经济、文化的发展，我国的税收立法也取得了较大的进步，国家立法机关相继制定了多部税收法律。这些法律对于促进我国社会主义税收法律体系的发展、推动我国社会主义市场经济的深化都起到了重大的作用。但不可否认的是，由于我们过去在税收立法时过分强调税法的技术性和特殊性，导致税收立法过分依赖于行政机关的授权立法，从而使我国现行的税收法律体系长期游离于整个法律体系之外，再加上在税法制定和实施时缺乏统一的计划和安排，故使我国现行的税收法律法规在协调性上还存在许多问题与不足。这主要表现在三个方面：第一，我国的税法体系内部存在着重大的缺陷和不足。这主要表现为：税收立法级次较低；税法体系残缺不全；税收立法技术简单粗糙；税法内容漏洞太多等，从而导致税法在内容上的不一致、不协调、甚至相互矛盾之处大量存在；第二，我国的税法体系与我国现行的其他法律体系之间存在着不一致和矛盾之处。这主要表现为税法与宪法、民法、行政法、诉讼法、刑法等法律部门之间的不一致甚至相互矛盾等。第三，我国的税收法律体系与我国的市场经济体制之间还存在许多的不一致之处。这主要表现为，由于我国现行的一些税收法律法规是在计划经济向市场经济转型过程中制定的，故在内容上还呈现出了很强的计划经济特色，不利于市场经济体制的发展等。

为了解决我国税收法律制度的协调性问题，我们应该在未来的税制改革过程中，从以下几个方面来研究和完善我国现行的税收法律制度：第一，制定《税收基本法》，规范我国税收法律体系的基本内容。由于我国现行的税收法律体系是在各税种单独立法的基础上形成的相对独立的体系，在其中既包括了实体法，也包括了程序法，还包含了争讼法，因而就使得其中的任何一部法律或法规都无法也不可能将所有这些实体法、程序法和争讼法中的共同的和一般的问题都包含进去和规定下来，这就决定了我们必须在现有税收法律法规的基础上，借鉴其他国家的经验和做法，制定一部《税收基本法》，对各税法中无法规定而又必须规定的一些内容，如税法的定义、原则、税收机关的组织机构和权力义务、纳税人的权利和义务、税收立法、税收执法、税收司法、税务争讼、税务中介和代理等进行明确的界定，以使其对上能够和宪法相衔接，对下能够统领和指导其他的税收法律和法规，从而使其真正起到税收领域的"小宪法"或"母法"的作用，以保证税收法律体系的完整、统一和科学。第二，全面修订现行税法，以达到税法体系的内外统一。这可以从两个方面来进行：一方面，根据税法在我国社会主义法律体系中的地位作用，对税法与其他法律之间的关系进行全面的梳理和检查，以消除税法与其他法律之间的相互抵触甚至矛盾之处，以求达到税法与其他法律之间的协调和统一；另一方面，对我国不同税法之间的关系进行全面的梳理和检查，消除相互之间的不协调或矛盾，以求达到税收法律体系内部的统一、规范和完整。第三，根据我国市场经济体制的需要和我国市场化发展的进程，在强化税法的效力和税法本身的透明度的同时，树立与市场经济和民主政治相适应的现代税法精神和价值原则。进一步强化税收法定原则，以提升我国现行税法的位阶与效力。强化税收公平原则，以发挥税法在缓解当前我国社会所面临的严重的收入分配不公问题时所应有的作用，促进社会政治的稳定、经济的发展和文化生活水平的提高。

三、世界税制改革的发展方向（一）：税法趋同化

近年来，随着互联网技术和数字经济、全球经济一体化的快速发展，税法趋同化成为世界各国税制改革和发展过程中出现的一个非常典型的特征。研究税法趋同化的有关问题，不仅有助于了解当代世界各国税制改革和税法的发展现状和发展趋势，而且也有助于推进我国的税制改革和税法的发展。

（一）税制趋同化的内涵

根据《现代汉语词典》第1126页的解释，"趋同"一词的含义是指"趋于一致"。与此相应，《新华汉语词典》第1019页的解释，"趋同"一词的含义是"趋向于一致和同一"。而所谓的法律趋同化，根据李双元等人的理解，"是指不同国家的法律，随着社会需要的发展，在国际交往日益发达的基础上，逐步相互吸收、相互渗透，从而趋于接近甚至趋于一致的现象，其表现是在国内法律的创制和运作过程中，越来越多地涵纳国际社会的普遍实践与国际惯例，并积极参与国际法律统一的活动等等"[①]。它虽然是一种历史现象，但却在当代得到了最大化的发展。不仅引起了当代世界法律格局的变化，而且也深刻影响到了世界各国政治、经济、文化的变化与发展。

在当代世界法律趋同化的大潮中，税法的国际趋同化表现得尤为突出。税法的调整对象是税收活动，而税收活动是基于经济活动进行的。在当代，随着世界经济全球化的发展，世界市场正在逐步形成，各国之间的相互依赖日益增强。所有国家都必须打开国门主动融入世界经济一体化的大潮中才有出路。在此情况下，世界所有国家都面临着国家主权与全球经济利益的冲突与协调这一重大的现实问题。一方面，每个国家都必须要积极融入到经济全球化的浪潮中来，并从中得到最大化的经济利益。另一方面，每个国家都需要在经济全球化的背景下坚持和维护自己的国家主权。为了满足前者的要求，每

---

① 李双元主编：《市场经济与当代国际私法趋同化问题研究》，武汉大学出版社1994年版，第3页。

个国家都必须通过制定和遵守一些共同的法律规则，以解决国际贸易争端，确保国际贸易顺利、有序、自由地进行。为了满足后者的要求，每个国家都必须要通过对参与国际贸易的国内组织和参与本国贸易活动的外国经济组织的管理或制约来显示国家主权，以确保国家的政治利益和经济利益。为了实现二者之间的平衡，每个国家都必须谨慎地选择切入点，以构筑一个双赢的法律体系，既能够维护国家的主权，又能够实现国家在国际经济贸易活动过程中的利益最大化。而要达到此目的，最好的途径莫过于对税法的选择与适用了。由于税法的核心问题是解决国家课税权的问题。而国家课税权在本质上是国家主权的重要组成部分。在国际法上，任何一个主权国家在不违背国际法和国际公约的前提下都可以根据自己的国情和实际需要独立选择课税权，建立相应的税收法律体系。因此，课税权的选择与行使，就不仅是一个经济问题，而且是一个政治问题。直接决定着国家财政收入的规模和数量，影响着国家的存在及其职能实现的程度和水平，影响着国家对市场进行宏观调控的能力和水平，同时，还直接影响着国家主权的行使以及国家在国际经济贸易中的地位及其利益。而在国际贸易中，由于每个主权国家都具有独立的课税权，故只要存在跨国经济，就必然存在着国家之间的税收分配关系。因此，在符合国际法和国际公约的前提下，每个国家如果能够按照国际经济发展的现实需要选择真正体现国家主权要求的课税权，则不仅有利于维护国家主权和尊严，维护国家的政治利益和经济利益，同时，也有利于资本和技术的国际流动，有利于实现资源的优化配置，促进本国经济和技术的发展。由此可见，税法的趋同化是在全球经济一体化的过程中协调国家主权原则与全人类共同利益的一个出路，是不同国家间的政治利益和经济利益在相互抗衡的过程中寻找协调与合作的一个方法。它是国内法与国际法相互协调的产物，是国际法律改革的一个方向或趋势，是经济市场化和全球化的一个结果或反映。

但是需要进一步明确的是，税法的趋同化只是世界各国税法发展过程中的一个方向。这是因为，在当代世界经济一体化发展的同时，世界政治也出现了多极化的趋势。税法作为上层建筑，它在适应全球经济一体化发展的同时，也出现了多极化的趋势。在此情况下，税法的趋同化只是税法在当代发展的一个方面或一个趋势。同时，税法的国际趋同化只是各国税法在发展中互相接近、相互吸收、相互融合、取长补短的一个过程，它不可能达到完全的一致。它是税法在发展过程中的异中之同，故不等于一致化，也不是一体化，更不是完全一致或相互取代。最后，税法的趋同化不等于税法的全球化。全球化只是税法趋同化发展中的一个方面。税法除了全球化外，还表现为区域化等的特征。

另外，需要说明的是，税法的国际趋同化并不是法律发展的自然历史过程，而是世界各国主动迎合世界经济政治发展大势的一种必然结果，也是税收国际协调的结果。其中，除了一些国家按照本国经济发展的需要积极主动地对本国税法进行修改外，一些国际性组织和机构则发挥了极其重要的作用，如世界贸易组织（WTO）、经济合作与发展组织（OECD）等。这些组织和机构通过制定一些国际条约提供了一些示范法，要求成员国进行采用等，从而对于税法的国际趋同化起到了直接的推动作用。

（二）税法趋同化的形式

在当代，税法的国际趋同化作为一种不可抗拒的潮流，正在全世界范围内迅速蔓延开来。但是，由于税法的趋同化是以各国税法之间存在差异为前提的，故这种趋同化也就表现为具有差异的趋同化。这就使得税法的国际趋同化表现出了不同的形式。

1. 税法在全球范围内的趋同化

这也被称作税法的全球化，又可以分为两种不同的情况。第一，是指根据一些国际条约的规定或安排而出现的"世界性法律"或"全球性法律"中所包含的被全球各国普遍认可与遵守的相关税收法律制度。如《关税与贸易总协定》中有关关税的法律规定。第二，是指一些国家所制定的税法获得了世界上绝大多数国家的认同和首肯，从而被世界上绝大多数的国家所采用或借鉴的情况。如从1954年法国通过立法正式开征增值税以来，到2020年，世界上已经有140多个国家和地区借鉴法国增值税的立法开征了增值税，从而使其成为真正全球化的税种。

2. 税法在一些区域性组织内部或一些区域国家内部的趋同化

这也被称作税法的国际区域化。它包括两种不同的情况：第一，是指在一些区域性组织领导下各成员国内部的税法趋同化。它是指以区域性贸易协定（RTAs）为基础而形成的一些经济区域组织所签署的区域贸易协定。截止到2018年底，仅在WTO组织备案的区域性贸易协定就达到280个左右。虽然这些区域性贸易协定并不都是关于税法的，但由于税收是影响区域贸易不可回避的问题，故其中的许多协定都对税收问题进行了直接或间接地规定。例如，《欧洲共同体条约》和《欧洲联盟条约》包含了一系列适用于协调税收关系法律原则的条款，从而成为欧盟解决税收问题的条例、指令和欧洲法院裁决的基础。而欧盟的许多指令、条例等不但直接对欧盟各国的税收制度进行协调，而且也直接导致了欧盟税法一体化的发展。再如，《安第斯公约》是1971年由南美的五国作为多边税收协定而签署的。它的主要内容是解决成员国内部的外国资本、专利、商标、特许权和版权使用费方面实行统一税收管理的问题。第二，是指一定区域内的各个国家之间相互吸收税制改革的成功经验，从而实现一定区域内的各个国家税法的趋同化。例如，统一税（英文为 The Flat Tax，有人译为单一税）最早是于 1994 年由爱沙尼亚推出的。随后，拉脱维亚、克罗地亚、立陶宛、俄罗斯、塞尔维亚、乌克兰、罗马尼亚、格鲁吉亚等国也先后开征了此税。斯洛伐克、克罗地亚、保加利亚、匈牙利等国的法律制定者也正在讨论实行此税。波兰和捷克的反对党也承诺在大选获胜后推动此税。由此形成了东欧地区的税收趋同化的浪潮。

3. 一些国家之间通过双边税收协定而实现的税收趋同化

20 世纪 80 年代以来，国际双边税收协定发展迅速。截至 2018 年，全世界的双边税收协定已接近 3000 个，并且近年来双边税收协定的数量还在增长。这些税收双边协定已经成为国际税法的主体性内容，主宰着国际税法的存在与发展。由于这些双边税收协定绝大多数都是以《OECD 关于对所得和财产征税的协定范本》和《联合国税收协定范本》为蓝本制定的，具有高度的一致性。同时，这些协定"不仅是国际法下的契约，而且是国内法下的成文法"①，故它就直接制约着国内法的制定与修改，从而导致协定国之间税法的趋同化。例如，埃及早在 1940 年的税法中就有了关于常设机构的界定，但却一直没有正式实行。近年来埃及已经与 45 个国家签订了税收协定，为了解决税收协定与国内法的协调问题，埃及于 2005 年 6 月 10 日起开始实施修订后的新个人所得税法。该法的主要内容就要贯彻以往税法的国际税收规定，故新法在修改过程中按照联合国税收协定范本对常设机构做了详细的规定。再如墨西哥在 2005 年对所得税法进行修改时，就是根据 OECD 有关鉴定避税港的所在因素，对避税港的标准进行了规定。

（三）税制趋同化的内容

税法的国际趋同化除了具有上述形式上的表现之外，更主要的是其税法在具体内容上的趋同或一致。税法在内容上的趋同化主要表现为以下三个方面：

1. 税法基本原则的趋同化

税法基本原则是税法本质的集中体现，是税收立法和执法必须遵循的基本规则。它对于指导税收立法、完善税法体系、规范税法解释、保障税法功能等都具有十分重要的意义。近年来，随着经济全球化的发展，世界各国开始借鉴其他国家税法的基本原则，并把它们上升到了宪法的高度，使之成为一项宪法原则，用以规范和指导本国税法的制定

---

① [美] 罗伊·哈罗吉：《国际税收基础》，林海宁、范文祥译，北京大学出版社 2006 年版，第 21 页。

与实施,从而导致了各国税法在基本原则方面的国际趋同化。这种趋同化主要表现为两个方面:第一,是税收法定原则的宪法化。到目前为止,除朝鲜等极少数国家外,绝大多数国家都在宪法中对税收法定原则做了相应的规定。例如,卢森堡宪法第 99 条规定:"非根据法律,不得规定任何由国家征收的税收。"尼加拉瓜宪法第 115 条规定:"法律规定税收,确定征收范围、税率和纳税人的权利保障。国家不强行征收法律未事先规定的税目。"西班牙宪法第 133 条第 1 款规定:"规定税赋之原始权利为国家所专有,通过法律行使之。"秘鲁宪法第 139 条规定:"捐税的设立、修改或取消,免税和其他税收方面的好处的给予只能根据专门法律进行。"等等。第二,是税法公平原则的宪法化。公平原则作为税法的一项基本原则,近年来,它已经在许多国家中上升为了一项宪法原则,使之成为指导税法制定和实施的另一基本原则。例如,菲律宾宪法第 28 条第 1 款规定:"税则应该统一和公平。国会应制定累进税则。"意大利宪法第 53 条规定:"所有的人均根据其纳税能力,负担公共开支。税收制度应按累进税率制订。"厄瓜多尔宪法第 52 条第 1 款规定:"税收制度以公平、按比例和普遍性为基本原则。"等等。此外,据笔者的不完全统计,还有土耳其、委内瑞拉、葡萄牙、尼加拉瓜、危地马拉、约旦、多米尼加、巴西、西班牙等国的宪法中都对此原则做了规定。因此,税收公平原则已"成为当今世界各国制定税收制度的首要准则"[①]。

2. 税法具体制度的趋同化

这也表现为两个方面:第一,是税制结构的趋同化。20 世纪 80 年代开始的世界性税制改革使得无论是发达国家还是发展中国家,无论是以所得税为主体的国家还是以商品税为主体的国家,逐步出现了双主体税种的税制结构。这可以通过所得税地位的下降和流转税地位的上升来体现。OECD 的 26 个国家个人所得税的最高税率从 1980 年的平均 67% 下降到 2007 年的平均 42.5%,27 年间下降了 25.5 个百分点。与此同时,公司所得税的税率也有所下降。资料显示,从 1996 年到 2018 年间,OECD 的 30 个成员国公司所得税(含中央及省级征收)的平均最高税率由 37.6% 下降到了 23.7%,下降了 13.9 个百分点。另外,许多国家都取消了各种各样的税收优惠措施,从而使所得税的税基有所扩大。而另一方面,增值税的地位得到了较大的提升。到目前为止,除美国外,OECD 其他的成员国都开征了增值税,并且,增值税的税率也由当初各国开征时的 12.5% 提高到了 2018 年的 19.2%。同时,增值税在发展中国家也得到了极大的发展,增值税的税收收入在许多国家中已经占到了税收收入的 40%~60%。所得税的下降和以增值税为代表的

[①] 金鑫、许毅主编:《新税务大辞海》,九洲图书出版社 1995 年版,第 39 页。

商品税的提升，使目前世界各国的税制结构出现了所得税和商品税并重的双主体税制结构。第二，是新兴税种的趋同化。近年来，除原有的一些税种外，许多国家或地区开始建立一些新的税种。例如，除墨西哥、智利之外的其他拉美国家近年来都开征了金融交易税。再如，智利、新加坡、比利时等国已经正式开征了托宾税，而还有一些国家或国际组织则建议在全球开征托宾税。又如，针对目前世界范围内的贫困和疾病、环境保护等问题，一些国家或国际组织提议开征一些国际税种。作为对此种提议的回应，2005年6月召开的工业化八国（G8）首脑会议上一致同意考虑一个对飞机票的征税方案。

3. 税收征管的趋同化

近年来，为了防止跨国纳税人进行国际避税和逃税，世界各国在税法实施和税收征管上的国际趋同化也越来越明显。这主要表现为：第一，是纳税申报制度的趋同化。现代世界上越来越多的国家都在税法中，特别规定了纳税人对与纳税有关的事项向税务机关报告和举证的责任。同时，在对纳税人所申报的经营收入、利润、成本、费用列支等情况的计算办法也都越来越趋于一致。第二，是会计审计制度的趋同化。现代世界上越来越多的国家对纳税人，特别是跨国纳税人的会计业务制定了审计制度，要求外国公司，特别是股份公司所申报的各类报表一律要经过公证会计师的审核，否则不予承认。第三，是所得核定制度的趋同化。对于纳税人不能提供或不能准确提供成本、费用凭证，不能正确计算应税所得时，许多国家都在相应的法律法规中规定了税务机关的核定制度，以防止逃税的发生。第四，税收监控方法和手段的趋同化。现代科学技术的发展为税收监控提供了越来越多的先进技术和手段。故在此情况下，世界上越来越多的国家在税收法律法规中都规定了利用现代电子技术手段对与税收活动有关的经济活动进行监控的合法性，从而使全球性税收监控的科技化、电子化出现了趋同化的现象。第五，是国家间在反避税国际协作方面的趋同性。税收情报交换是国家间反避税协作的主要内容。近年来，越来越多的税收协定中有关税收情报交换的内容都是完全或主要依据OECD范本和联合国范本来确定的，从而导致了国家间反避税协作、税收情报交换等方面的趋同化。

（四）税制趋同化的路径

税法的国际趋同化作为一种不可回避的法律发展潮流，它主要是由于世界各国在顺应世界经济发展的客观现实的前提下，通过积极主动的参与税收法律的创制等方式来实现的。这种趋同化是通过以下三种方式或路径来达到的。

1. 移植他国的税法或转化国际条约

它包括三个方面：第一，是对他国税收法律的移植。由于税法的技术性和复杂性，法律移植就成为当代世界上一些税收法律发展比较落后的国家税收立法的一个重要方法。例如，在增值税的立法中，目前世界上已有 130 多个国家或地区直接或间接地移植了按欧式发票扣除的方法。第二，是对国际税收条约的转化。是指国际法的原则、规则和制度由于国内法律行为而纳入国内法律体系中，成为国内法律，或者具有国内法律的效力。① 相当于参照国际条约进行国内立法，使国际条约在国内法里有了相应的规定，这样，国内法院适用的就是国内法而不是国际法。② 第三，是对一些国际组织所拟定或推荐的税收范本或示范法的移植。例如，埃及 2005 年修订的所得税法中对常设机构的详细规定，就是移植自联合国税收范本。再如，墨西哥现行《所得税法》中对避税港标准的新订条款，就是根据 OECD 有关反对有害税收竞争报告内容确定的。

2. 纳入国际公约、双边或多边协定

在国际法上，纳入（adoption）也叫直接转化，是指由国内法采纳国际法，使其在国内发生效力，而不需要将国际法转化为国内法。③ 不需要国内重新立法，而只要原则性地宣告国际条约可以在国内法中适用，故它没有改变条约作为国际法的性质。它主要是通过承认国际组织的一些协定或双边协定等方式实现国际法的国内化，从而导致税法的国际趋同化的趋势。

3. 通过法律判例或案例

这主要是指欧洲法院通过判例以促使欧洲各国税法的趋同化。这又表现为以下几个方面：第一，欧洲法院通过判例确立了欧盟法的直接效力原则和最高效力原则。关于前者，是通过 Van Gend en Loose 案确立的。在该案中，欧洲法院认为，共同体创立了新的国际法律秩序，成员国的主权因此受到限制。共同体法不仅为个人施加义务，还为个人创设权利。这些权利不仅产生于共同体条约的字面上，还存在于条约所明确施加个人、成员国、共同体机构的义务中。在该案之后，欧洲法院还通过一系列案例发展了直接效力原则和条约条文具备直接效力的条件。④ 最高效力原则在 Van Gend en Loose 一案中就

---

① 王铁崖：《国际法引论》，北京大学出版社 1998 年版，第 199 页。
② 慕亚平：《和平、发展与变革中的国际法问题》，法律出版社 2003 年版，第 312 页。
③ 王铁崖：《国际法引论》，北京大学出版社 1998 年版，第 199 页。
④ 翟继光：《欧洲法院在税收协调中的作用及对我国的启示》，http：//www.studa.net/shuiwu/060711/16022856.html. 2020 年 11 月 25 日。

已经被提出，欧洲法院认为，共同体创立了新的国际法秩序，成员国的主权因此受到限制，成员国不能通过国内法来改变共同体法。在 Flaminio Costa v. ENEL 案中，欧洲法院指出，共同体法的最高效力是无条件的和绝对的。共同体条约、二级立法（规则、指令、决定）、共同体法的一般原则、共同体与第三方签订的国际协定，不论它们是否有直接效力，都应当优先于成员国国内法而适用。①第二，欧洲法院还通过一些具体的判决，确立了对一些欧洲共同体条约的解释。如欧洲共同体条约第 25 条强调"禁止在成员国之间征收进口关税和与关税具有相同作用的捐税。这种禁止也应适用于具有财政性质的关税。"这里的"货物""关税"以及"捐税"的具体含义是由法院通过 Sociaal Fonds voor de Diamantarbeiders v. SACh. Brachfeld & Sons 案的判例来确定的。第三，欧洲法院通过一些判例确定了若干判例法。如欧洲法院做出的关于哈里法克斯银行无权抵扣其电话服务站点建设过程中发生的高达 700 万英镑的增值税进项税款案的最终裁决及另外两个相似的案件所做出的相似裁决，使得这类避税筹划从游离于合法与非法边界的"非违法"变为"非法"，从而使这类筹划被视为"税法滥用"而成为指导反避税实践的经典判例。第四，它通过一些判例对成员国的法律或欧盟的法律进行了司法审查。欧洲法院判决玛莎百货退税案的胜诉则宣布了英国有关集团税项减免的法规是非法的。再如，欧洲法院对于 2004 年受理的 Lenz 案和 Mannine 案的裁决，认为奥地利和芬兰两国对来自居民与非居民公司的股息区别征税是违反了欧共体条约第 56 条第 1 款的"禁止对成员国之间，以及成员国与第三国之间资本流动的一切限制"的规定，是违反欧盟法律的，等等。

四、世界税制改革的发展方向（二）：征管科学化

最近十多年来，为了应对经济全球化给各国税收征管提出的新挑战，世界许多国家主动制定国家税收发展战略规划，对未来的税收征管改革工作进行统筹安排。在这些国家税收发展战略规划中，不仅大量地吸收了专家学者的最新理论研究成果，而且大量地

---

① 翟继光：《欧洲法院在税收协调中的作用及对我国的启示》，http://www.studa.net/shuiwu/060711/16022856.html。

吸收了企业管理、行政管理等领域内的实际做法和成功经验，从而形成了一套全新的税收征管理论、征管制度和征管措施，用于指导国家的税收征管改革。其中，《美国国内收入局 2005—2009 年战略规划》（以下简称"美国战略规划"）、《爱尔兰 2008—2010 年战略规划》（以下简称"爱尔兰战略规划"）、《澳大利亚国税局 2006—2010 战略规划及 2007—2008 遵从管理规划》（以下简称"澳大利亚战略规划"）、《荷兰税务和海关管理局 2006—2010 工作规划》（以下简称"荷兰工作规划"）、《加拿大税务局总体工作规划》（以下简称"加拿大工作规划"）、《挪威国税局 2005—2008 年战略规划》（以下简称"挪威战略规划"）、《南非税务局战略规划（2007/08 至 2009/10）》（以下简称"南非战略规划"）等西方七国的战略规划最具代表性。因此，研究这七个国家税收战略规划，探讨其中所蕴含的税收征管新理论和新观点，研究他们进行税收征管改革措施与手段，对于完善我国的税收征管制度，改善税收征管环境，提升税收征管水平，促进经济发展和社会进步，都具有非常重要的意义。

（一）引入客户理论：建立新型的税收征纳关系

按照传统的税收征管的理论，税收征管机关与纳税人之间的关系是管理与服从的关系，其中，税务机关是税法的执行者和税务行政活动的主导者，在税收征纳关系中占据着主导的地位。纳税人只是纳税义务的履行者，被动地按照税务机关的命令履行纳税义务。纳税人履行纳税义务的情况主要取决于税务机关的命令以及税务机关执行税法的强度和处罚的严厉性。这种税收征管的理论定位和制度设计是传统的国家行政管理理念与管理模式在税收行政管理中的体现。这种管理制度和管理方法曾经在西方国家过去的税收征管活动中发挥了极其重要的作用。但是，近年来，随着西方国家政治体制改革和社会民主化运动的发展，西方社会对国家职能的认识已经发生了很大的改变。国家除了具有传统的政治统治功能之外，更多地被认为是一个履行社会管理职能和公共服务职能的公共服务机构。在此情况下，税务机关作为国家的一个重要职能部门，它最主要的职能就在于筹集政府从事行政管理和提供公共服务所必需的资金。但是，在税收征管关系中，纳税人虽然是纳税义务的承担者和履行者，然而，如果没有纳税人的遵从与配合，即使税务机关多么强大，要想完成庞大的税收任务也只能是一种空想。特别是在现代西方国家大多实行自我纳税申报制度的国家中，纳税人对税收法律制度的自觉遵从更是成为决定税务机构执法效果的根本要素。事实上，"只有大部分的人自觉遵守税收法规规定的义务，复杂的税收制度才能正常运转"①。在此情况下，税务机构就必须改变以往的管理理念与模式，弱化税务机关与纳税人之间的税收行政管理关系，而强化他们之间合作与博弈的关系。同时，税务部门的职能设置也决定了它本身是国家或政府各部门中与社会大众接触范围最广的一个部门，税务机关及其员工比任何其他的机关都更加代表着政府的形象。因此，在建立现代服务型政府的大背景下，税务机构就必须改变以往管理者的形象，而要以服务者的形象来面对纳税人，为纳税人履行纳税义务提供各种必需的服务。只有这样，税务机关的形象与工作作风才能够得到社会和广大纳税人的认同，税收法律制度才能够得到有效的实施与执行，税务机关也才有可能完成税收任务。

　　正是基于这种认识上的转变，当代西方国家的高层税务管理者们开始借鉴近年来在企业营销管理中发展迅速的客户理论，用于对纳税人的管理。根据移植的客户理论，税务机关与纳税人之间的关系，不再完全是一种管理者与被管理者的关系，而主要变成了一种税收服务的提供者与接受者之间的关系。在其中，税务机关通过提供完善高效的服务，为纳税人履行纳税义务提供方便与帮助，而纳税人则应该在接受税务机关服务的过程中履行自己的纳税义务。在此过程中，税务机关能否提供完善高效的纳税服务，不仅影响着税务机关的自身形象，而且直接影响着税务机关完成税收任务的效果。因为，满意的客户是企业获得经营成功的必要条件。这对于税务机关也是如此。只有获得纳税人的满意，税务机关的自身形象和工作效率也才可能得到根本的保证。正因如此，目前世界上的许多国家都把税务机构称作 service，如美国、加拿大、意大利、韩国、智利等国。还有许多国家则在很多场合下把纳税人称为 client 或 customers，如爱尔兰、加拿大、澳大利亚、英国、新加坡等国。这样，把纳税人当成客户，就在无形中改变了纳税人和税务机关的关系，它对于重建税务机关与纳税人之间的信任关系，提高纳税人对于税务机关税收征管工作的满意度，具有非常重要的意义。当然，并不是所有的纳税人都愿意被当成为税务机关的"客户"，而税务机关的许多工作人员也并不能够坦然地接受纳税人是客户的这一观点，但是，把纳税人当成客户，这并不取决于纳税人或税务机关是否认同这一观念，而是取决于在税收征管中税务机构是否真正把纳税人当成客户一样来看待。如果税务机构在税收征管中把纳税人当成真正的客户一样来看待，使纳税人在纳税过程中能够受到客户般的关心和照顾，那么，纳税人是否真正是客户的问题也就无关紧要了。

---

　　① 引自《美国国内收入局 2005—2009 年战略规划》。需要说明的是，本文后面所引用的各国税收战略规划中的内容，只是用引号标出，而不再标明出处。

在税收征管活动中，客户理论的引入必然导致对纳税人的重新认识和税务管理机关与纳税人之间关系的重新定位。依据传统理论，纳税人与税务机关是天生的死对头。纳税人是千方百计少缴纳税款的经济人，而征税人则如圣经中描述的那样，是与醉鬼、贪食者、异教徒、娼妓以及其他的社会渣滓一样的人物。税务机关在征税活动中试图取悦纳税人是一种傻瓜的徒劳行为。但是，现行的实证调查则表明，绝大多数的纳税人是诚实的。根据美国国内税务局原局长的说法，"事实上，绝大多数美国人是诚实纳税的。98%的税收都不是由国税局的强制干预实现的，80%以上的纳税人都表示他们不会有一丝一毫的欺骗行为"[1]。正是因为他们诚实地自觉地履行了纳税义务，才保证了国家税收征收管理活动的正常进行和税收收入能够及时足额的满足国家的实际需要。因此，纳税人就应该得到税务机关应有的尊重和平等的对待。

客户理论的引入还必然导致税务机关税收征管方式和征管手段的重大变革。把纳税人当成客户，除了要求税务机构在税收征管制度的设计和执行上，充分尊重和保障纳税人的各项权利，还要求税务机关必须要根据纳税人的情况来进行分类管理和服务创新。一方面，税务机关必须要细分纳税人，并针对不同的纳税人实行人性化和个性化的管理。另一方面，税务机关必须要进行服务创新。要给予纳税人更优质的服务，减少纳税人的纳税成本，以换取纳税人的信任和合作，提高纳税人的纳税遵从意识。为此，税务机关就必须改变原有的税收征管方式和征管手段，而注重对纳税人权利的保护和提供给纳税人优质的纳税服务。

这一新理念的引入不仅已经深深地改变了税务决策者和税收征收管理者的思想观念，而且已经外化为了西方税务机关税收征管管理与改革的重要目标。美国税收战略规划明确他们的任务是"通过帮助美国纳税人理解并履行税收义务，正直、公平地对全体公民执行税收法律，从而为纳税人提供最优质的服务"，进而实现国会授予他们的任务：更好地满足纳税人的需要和征收税款。澳大利亚税收战略规划中则明确表示，"税务管理方法的首要问题是帮助纳税人及其代理人了解权利和义务"。荷兰税务工作规划中明确提出，他们期望他们的工作人员在未来的工作中坚持以下原则：以一种恰当的并且是以顾客为导向的态度来展开工作；必须具备能够提供独立而专业的意见；避免任何形式的利益冲突；要起表率作用，处理违规行为要做到有理有据；必须准备为他们的行动和决定承担责任。加拿大税收总体工作规划局局长 Carol Skelton 女士明确提出，加拿大税务局"必

---

[1] [美]查尔斯 O. 罗索蒂：《绝处逢生——美国前国税局长工作笔记》，康蓉、吴越译，商务印书馆 2007 年版，第 132 页。

须始终贯彻公平、高效和可靠的工作方针,保持加拿大人民对我们税收管理体系公平性和公正性的信心"。

总之,客户理论的引入,一方面,是现代国际政治民主化和经济全球化趋势下税收征管改革的发展趋势和必然结果。另一方面,也确实导致了税收征管的理念变革和税收征纳关系的重新定位。它使得纳税机关与纳税人之间的关系更加自然、更加贴近、也更加和谐,这对于提升税务机构的专业形象、完成国家所赋予的工作任务,将会产生非常重要的影响。

(二)提高税收遵从:修正税收征管工作的重心

虽然从职能设置上来讲,税款征收是税务机构最为重要的职能,但从税收征管的过程来看,它在税收征管过程中是属于比较靠后的环节。税务机关在征收税款之前,还有许多基础性的管理工作或管理环节,如税源管理、纳税人管理,等等。如果没有这些基础性的管理工作,税务机关就无法与纳税人取得联系,更无从掌握纳税人的生产、经营、收入等的情况,税务机关也因此就失去了征管的目标和对象。特别是在西方实行自我纳税申报的国家中,由于税务机关与纳税人之间的关系不再主要是一种管理与被管理的关系,而变成了一种合作与博弈的关系,在此情况下,纳税人能否自觉履行纳税义务,自觉进行纳税申报与税款缴纳,将完全决定着税务机关的工作成效。换言之,如果有相当数量的纳税人不遵守税法的规定,不进行纳税申报与税款缴纳,则税务机关就无法完成税款征收的任务。因此,研究纳税人的税收遵从问题,提高纳税人的税收遵从,就成为当代西方税收管理者最关心的问题。

一般认为,税收遵从理论是 20 世纪 80 年代以来在美国产生和发展起来的一种理论。它通过研究一定时期纳税人应该按照税法的规定缴纳的税款与实际缴纳税款之间的差额(即税收缺口),来对纳税人在纳税活动中的决策或行为进行研究,从而把纳税人的纳税行为区分为税收遵从和税收不遵从两种情况,以此对税务机构进行税收征管决策提供依据和支持。很显然,由于税收遵从理论是在纳税人中心论的背景下,重点研究纳税人履行纳税义务时的行为决策问题,它还从博弈论的角度对纳税人的行为决策与税务机关的管理活动之间的互动关系进行了研究,因此,这一理论具有非常强的解释力和说服力。它能够解释纳税人的行为决策,能够科学地评价税务机关税收征管的效果,能够指导税务机关对纳税人实行分类管理,能够帮助税务机关调整税收征管的目标和重点、改革税收征管的方式手段,能够协助税收机关提高纳税人自觉纳税的意识和行为,能够降低税务机关税款征收的成本和纳税人的纳税成本，从而提高税款征收的效率。因此，税收遵从理论很快便得到理论界的认可并应用于税务管理机构。它不仅已经成为现代税务管理的核心理论，而且"很多国家将税收遵从的概念引入其税收管理部门战略管理体系的使命宣言中，将提高税收遵从确定为税收管理的根本目标"①。爱尔兰国家税务机构早在2005年1月发布第5个战略规划时就明确了主要战略目标：改善遵从，使税收款征收最大化。这一目标在战略规划中更是得到了进一步的强化："所有的现代税务和海关系统依赖于强有力的公众遵从标准。我们的主要战略目标是最大化自愿遵从的水平""国税局的主要目标是尽可能保证每个人遵从纳税义务——在正确的时间缴纳税款，以及履行税法规定的所有义务"。荷兰工作规划中明确宣布："我们的工作围绕着'遵从'开展：税务和海关管理局必须保证纳税人和辅助福利申请人的想法和意愿（在原则上）能够符合有关法律的规定"。澳大利亚规划中明确规定，2007—2008年度的首要任务目标是"实现公众对澳大利亚税收和养老金法律的更高的主动遵从度"。挪威战略规划中也明确宣布："2005—2008年度，遵从将会是我们的首要任务"。

关于税收遵从的内容，各个国家虽然具体有异，但大体相当。例如，美国国内收入署提出了"服务＋执法＝遵从"的理念。爱尔兰战略规划则认为，纳税遵从主要内容是"在正确的时间缴纳税款，以及履行税法规定的所有义务"。该规划还认为，未来三年内改善税收遵从的关键是继续提供高质量的服务和基于风险的遵从干预。其中，在服务领域中提供更多的定制服务，并简化遵从流程，减少企业和个体纳税人的负担。在风险领域，一方面，使用更多的数据和技术来处理不遵从，并将对遵从纳税人的影响最小化。另一方面，增加对严重逃税行政的起诉。荷兰工作规划则认为，"税务和海关管理局必须保证纳税人和辅助福利申请人的想法和意愿（在原则上）能够符合有关法律法规的规定。如果个人和企业及时、准确、全面地提交了有关的事实依据，并且支付了正确的数额的税金，那么我们就认为他遵守了相关的义务。除了本着以客为本并且充分尊重客户权利的原则进行工作外，税务和海关管理局还会采取有关的处罚纠正措施来促使相关法律的执行，在必要的时候，我们会追究其相关的刑事责任"。南非战略规划则提出，"遵从方法的整体目标是提高遵从度。考虑到南非的历史和社会背景，我们采用了由三部分组成的遵从模式：教育、服务和执行"。

---

① 靳东升、付树林主编：《外国税收管理的理论与实践》，经济科学出版社2009年版，第208页。

（三）提升纳税服务水平：加强对遵从纳税人的帮助

基于上述国家对大多数纳税人是诚实纳税人的认识，在税收征管中，加强对诚实纳税人的纳税服务，减轻诚实纳税人的纳税成本，就成为现代西方国家税收征管改革的一个主要内容。为此，上述国家都在提供纳税服务方面进行了大量改革，力图为诚实的纳税人提供更多、更好的服务。

美国国内收入局局长马克·W. 艾弗逊在美国战略规划的局长致辞中明确提出："绝大多数的纳税人，包括个人和公司，是诚实守法的。他们理应获得高效、专业的服务以及公平的税收执法。当他们遵守税法的时候，应获得其所期望的权利保障，同样，其合作伙伴和商业竞争对手也应该如此。"因此，为了帮助诚实的纳税人理解并履行他的纳税义务，美国国内收入署制定了优化纳税服务的战略目标，并将其细化为三个不同的子目标。这三个子目标分别是：第一，为纳税人提供更多的服务选择。具体方法和策略包括：①扩展电子化服务范围的途径。开发新的申报和纳税方式；将电子申报扩展到企业所得税和免税项目；关注合伙企业申报表、不动产申报表、雇员申报表及个人申报表等；电子支付手段多样化；为新企业提供快速注册流程，为执业者更新软件包；等等。②为不能使用电子化服务的纳税人提供教育培训和替代服务。包括重新校订1600种税法出版物；使用更多的沟通方式；增加信息发布途径；等等。③确保对税法咨询的及时、准确的答复。第二，提高公众在税收体系中的参与度。此子目标的主要目的在于吸引不主动的纳税人参与到税收体系中来，使之主动寻求帮助、自觉履行纳税义务。具体方法与策略包括：①为纳税人提供多种技术手段，帮助他们参与税收体系。包括为纳税人提供更多的渠道与国内收入署进行互动；通过互联网登录纳税人账户，相互讨论解答咨询和解决问题，为纳税人提供自助服务；为不常使用互联网的纳税人制定专门的方案，帮助他们使用国内收入署的网点。②为语言、文化或其他方面有障碍的纳税人消除困难。③为新纳税人提供教育、帮助他们加入"自愿遵从的税收体系"。在纳税申报期，志愿者通过"所得税志愿辅导组织（VITA）"的网站向纳税人提供申报服务；根据客户需求，完善服务项目；联合其他机构为纳税人提供一站式服务；启动多语种服务，等等。第三，简化办税流程。具体方法与策略包括：①对所有类别的纳税人简化纳税申报和税款缴纳的流程。具体包括：简化纳税申报表格，使它们更适应电子平台；改造现行的电子申报系统，方便纳税人一次性提交不同类型的纳税申报表；根据客户需求，开发并提供更完善的工具，以更准确迅速地传递通知、信件及退税；等等。②通过减少记录保管期限减轻纳税人负担,并尽可能减少纳税申报表填报和复核过程。③确保各类税收指引能恰当地满足纳税人的需要,以清晰、准确、易懂的语言进行描述,并及时发布。

爱尔兰战略规划也是将为客户提供优质创新服务作为一个战略目标。为此,他们制定了两个战略:①帮助客户正确缴纳税款并享受应得的权利。②让纳税人与税务局的业务往来使用尽可能地方便。

加拿大战略规划中也提出了服务纳税人的两大举措:①纳税人和业务支持。税务局为纳税人提供所需的工具、协助和信息,以使其参与加拿大的自评税务系统。具体包括:加强网上纳税服务;实现服务渠道的集中,以方便纳税人在不同渠道之间的转换;增强服务延伸项目,加强对纳税人和企业的咨询服务;保证持续、及时和准确的信息;在服务中增加合作与创新;等等。②申报评估与支付处理。税务局提供高效的大容量处理。

挪威战略规划中针对纳税人的纳税服务提出了让做正确的事变得容易的战略。这些措施包括:根据客户的需求提供产品与服务;减少表格的数量,并让一些必须填写的表格变得更容易;简化规章制度;服务电子化,通过网络服务、电话或单独联系等方式与客户沟通;等等。

总之,为纳税人提供高效、科学、完整的纳税服务,不仅可以使纳税人做到税收遵从的最大化,而且确实能够降低纳税人的纳税成本,使纳税人的纳税事务变得更为容易和方便。同时,对于税务局来讲,为纳税人提供纳税服务可以提高纳税人对税收管理体系公平性和公正性的信心,从而可以减轻税务局税收征收管理的难度,提高税款征收的成功率。

(四)强化执法力度:加大对不遵从纳税人的查处

在实际的税收征管中,税收不遵从根本无法完全消除。究其原因,除了一些客观因素外,有相当一部分的税收不遵从是由于纳税人故意所为。因此,在对税收遵从的纳税人提供高质量纳税服务的同时,通过改革税收监管,加强对税收不遵从纳税人的严格执法,就成为现代西方国家税收征管改革的另一重点内容。

美国战略规划中针对不遵从的纳税人明确提出了强化税收执法的战略。根据该战略,美国国内收入局在分析了不同主体在税收流失中所占比例的基础上,尤其针对高收入人群和企业滥用违法交易避税的意图进行严格执法。为此,他们设计了四个不同的子目标,并针对不同的子目标制定了具体的方法与策略。这四个子目标分别是:第一,重点打击与遏制公司和高收入个人的税收不遵从行为。具体策略和战略包括:①对不遵从可能性较高的领域进行重点审计。②缩短审计周期,改善审计覆盖率和成效。③加强对滥用不正当避税交易的执法力度。④改善分析检测税收不遵从的手段。⑤优化执法资源的配置。⑥通过其他政府部门、外部合作伙伴、利益相关人和媒体，提高执法工作的效能。第二，确保律师、会计师和其他税收从业人员恪守专业标准和法律要求。具体策略和战略包括：①加强与执业者合作以建立最高的职业精神，同时改善税收遵从度。②为执业者建立清晰、健全而且符合时代要求的执业准则。③建立一个有活力、目标清晰、有效的执业者监管体系。④对不遵守执业规范的执业者建立一个公平有效的处罚体系。第三，查处国内及离岸的税收和金融犯罪。具体手段和策略包括：①优化犯罪调查业务流程，加快案件挑选和调查的进度。②查处公司偷税行为、高收入个人滥用税收筹划行为、恶意不申报行为、国际间避税筹划以及与恐怖活动有关的金融犯罪。第四，查处免税组织和政府组织中滥用税收权利的行为，以及第三方利用该类组织进行避税的非故意行为。具体方法和策略包括：①加强对特定领域的审计调查，减少免税组织内部人员非故意行为造成的优惠滥用。②调查其他组织滥用税收优惠避税的非故意行为。③防止免税组织成为恐怖主义及其他金融犯罪的财产转移场所。

　　爱尔兰战略规划中针对不遵从的纳税人，他们采用了基于风险的目标审计和其他干预措施，以及适当的制裁手段来对税收不遵从的纳税人进行干预。为此，他们专门制定了保证个人遵从纳税责任的战略目标，并将其具体化为三个不同的子目标。它们分别是：①保证高效的征收和及时的遵从。根据该目标，所有 3 年以上的可回收税款应该强制执行或通过支付协议征收，到 2010 年末,可回收税款占毛税收收入的比例降到 1.3%。②通过更有针对性的干预改进遵从。根据该目标，将包含新数据来源的"REAP"风险分析模型作为选择被审计案件的主要工具，在 2008 年到 2010 年末扩展到薪酬税、消费税和关税风险等领域；为了增加干预的比例而进行案件干预计划；在战略规划期内至少开展 15 项衡量特定税收减免等遵从水平的计划；从 2008 年开始大力开展计算机审计；在 2008 年完成对国税局情报来源管理的可靠性研究；等等。③通过适当的制裁改进遵从。根据该目标，首先，要对严重的逃税行为和其他违反税收与关税的行为进行更多的起诉。每年至少要对 40 起严重的违法行为进行调查并起诉；对不遵从税法和关税义务的起诉逐年增加；起诉的范围扩展到对没有恰当记录或者没有开增值税发票等单个案件。其次，增加披露避税交易的激励。最后，出于利益和强制征收的考虑，重新开发系统，执行新的 IT 系统，改革确定和干预案件的及时性；2009 年考虑案件的强制执行；等等。

　　荷兰税务和海关管理局在通过计算机实现大规模程序化处理纳税事务的基础上，就可以用更多的力量对不遵从的纳税人进行监督工作。他们在战略规划中明确规定，税收监管那些以风险为导向的、可见的、以结果为基础的、具有典型性的恶意逃税现象。这就意味着监管的重点将不是数量的多少，而更加侧重于监督的具体内容和监管的实际效果。其中，风险控制仍然是具有决定性的监督办法。同时，加大对企业的横向监管。通过与企业加强伙伴关系，让双方都能够了解实际的风险，并且明确各自的立场。另外，由于考虑到税收欺诈不是一个孤立的违法行为，因此，税收管理机关加大了与其他监管机构的合作，并与许多市（郡）的管理当局签订了合作协议，以打击税收违法行为。

加拿大税务局针对不遵从的纳税人在战略规划中制定了两个项目，分别是项目3的应收款和申报遵从度和项目4的报告遵从度。其中，项目3主要是针对欠税，通过实施增加核心业务的手段，以达到抑制不遵从和最大限度追缴欠税的目的。项目4主要是通过有目的的审计和强制措施，处理和阻止重点地区的非遵从行为。包括对过激税收筹划行为的关注；继续打击地下经济和GST/HST欺诈；改善对"主动举报方案"的管理；等等。

挪威国家税务局明确提出了"与地下经济和涉税犯罪做斗争"的战略目标。根据该战略，挪威国家税务局将实施既能够发现涉税犯罪和逃税又有预防效果的方法。同时，将分配更多的资源进行有目的性监管和税款征收，并对严重不遵从的行为优先进行处理。他们还将建立特殊的工作组并使用新方法与涉税犯罪进行斗争，并公开逃税案件的处罚后果及对其监管的后果。

总之，通过对不遵从纳税人的主动干预和对税收违法犯罪行为的严格执法，一方面，维护了税法的权威性和严肃性，保障了国家的税收收入和财政需要。另一方面，也提高了税务管理工作的效率，减轻了税务机关的工作压力。同时，也使纳税人真正认识到了税收违法犯罪的后果，从而对促使纳税人主动进行税收遵从。

（五）完善配套措施：优化税收征纳环境

近年来，国际经济全球化及电子信息技术的快速发展和世界各国政治、经济形势的变化，使得税务局只有合理安排有限资源、科学设计征管流程、提高信息处理能力，才能满足服务纳税人和提高税收执法水平的需要。为此，上述国家的税务机关在尽可能的范围内，大力进行配套措施的改革。这些改革措施主要有以下几个方面：

第一，细分纳税人，并根据纳税人的需要改革税务机构和税收管理方法。为了提高税务机关的服务水平和执法能力，美国国会早在1998年7月就通过了《美国国内收入署重建和改革法案》。根据该法案，国税局设置不再按照地理区划来进行，而是按照纳税人的需要来进行。从2000年9月起美国国内收入署的业务组织结构形式按纳税人类型分为4个执行部门，即工资和投资收入部、小型企业和独立劳动者部、大中型企业部、免税和政府机关部,每个部门负责向相应的纳税人提供点对点服务。同时有两个服务组织(美国国内收入署的信息系统和服务共享系统)向执行部门提供信息和服务支持。另外,美国国内收入署还重组了以下重要部门:把诉讼部和纳税人委员会调整为负责向纳税人提供独立、专有服务的全国性组织;确定犯罪调查部的唯一责任是调查那些违反税法的行为,并且首次成为美国国内收入署中的一个垂直管理单位;全国顾问委员会向美国国内收入署各部门提出意见、给予指导和提供法律方面的服务。通过这样的机构重组,形成了一个规模较小、设置合理的联邦税务机构。而澳大利亚战略规划中则把纳税人群体分成六个不同的类型,即个人、微型企业、中小型企业、大型企业、非营利性组织、政府部门等,并针对不同的纳税人,确定了税务管理的首要问题和一般方法,研究了不同群体所特有的遵从问题,提出了解决特定问题的特殊方法。爱尔兰则在2008—2010年的战略规划执行期内,成立了位于阿赛(Athy)、纳文(Nanan)、本纽卡斯尔(Newcastle West)等地的分权办公室,进行权力下放,以方便基层税务局的服务和执法活动。荷兰的税务和海关管理局在2007年前削减3450个职位,同时,还新增加1800个职位,以适应新的任务。南非税务局将纳税人分为三类,即少数的大企业和有高平均纳税额的个人、不断增长的中小企业和中产阶级、大量具有较低平均纳税额的微型和非正式实体,并在此基础上实施差异化的业务模式。

　　第二,加强税务人员的业务培训和税收文化建设。高质量的纳税服务和准确的执法需要高素质的人员来进行。为此,西方国家都比较重视员工的培训。美国战略规划中明确提出了提高组织效能确保员工实现最大生产力的子目标。他们为此确定了四个方面的方法与策略:①为满足未来不断变化的需求,通过提供培训,发展现有的能力。②吸引和招聘组织需要的专业人才。③确保持续有力的领导和广泛深入的组织认知。④优化工作环境,为全体员工提供公平公正的机会,激励他们自我超越。荷兰的战略规划中明确提出,国税局必须是一个有能力、灵活和以结果为导向的组织,故首先必须提高人员素质,特别是新成员的素质。为此,他们专门将提高人员素质作为一个子目标,明确提出了通过针对性的培训、教育和招募新员工的方式,来满足工作的挑战。而对于荷兰税务和海关管理局来讲,让所有员工都积极参与到组织机构和工作程序的完善和改革中来是他们最大的期望,为此,他们努力营造使工作人员感觉舒适的工作环境。除了加强对工作人员的培训和教育,确保他们能圆满履行其职责外,还非常重视对员工责任感的教育,鼓励员工认真的工作态度和以成果为导向的工作行为,并给予员工自我管理的工作模式。加拿大在战略规划的实施期内则继续实施以能力为基础的人力资源管理框架。南非国税局则在工作中努力贯彻组织价值观,并通过实施业绩管理和激励制度来激发员工的工作积极性。同时,他们还通过培养领导力和员工的能力,来确保实现税务局的工作目标。

第三,优化税收征管信息系统。现代化的税收征管离不开大规模的电子高新技术和网络信息系统的支持。因此,优化税收征管信息系统,实现征管手段的现代化,就成为上述国家税收征管改革的另一重要举措。美国在战略规划中明确提出要使用现代化的信息系统替代主申报程序。他们通过多种手段加强"业务系统现代化(BSM)"项目的管理,包括建立第三方的实现项目复核、强化合同管理、合理分配美国国内收入署与信息系统供应商之间的风险、加强 BSM 项目团队的力量、确保业务单位的支配权、实施绩效标准,以及落实系统整体改进和运行的问题。他们把所有的信息技术项目和现代化项目都作为优先级次序进行开发,并将业务流程与技术策略融合为一体。爱尔兰则把信息和通信技术作为国税局运行过程中很重要的一部分,要求国税局在战略计划中创造性地使用信息和通信技术,尤其是在客户服务和对付不遵从的风险方法等方面。而澳大利亚国税局更是提出了"大规模就是数字化"的口号。他们一方面继续优化现有的纳税申报流程,另一方面落实部分新的申报流程。按照他们的设想,在未来的几年内,不只是纳税人申报后的后续处理方面,而且包括大规模的核查原则上也必须在没有人为干预的情况下完成。同时,这种大规模的处理流程还将涉及驳回、复议、申请、对临时申请表驳回、延期请求(简单的)以及税款支持计划。加拿大税务局则明确提出在本战略规划期间内为纳税人提供加强版的网络服务、实施重新开发的 GSH/HST 系统、通过在线工具提供税收专业服务,等等。南非也针对现行的信息和通信技术提出了改造的计划。

第四,改革税收征管流程。为了提供高效优质的服务,美国国税局进行了工作流程的再造。他们增加申报复核、税款征收和解决纳税人不遵从等工作的有效性和及时性。在税款强制征收工作中减少运作时间,改善案件执行质量。建立不与纳税人直接接触的流线型组织结构,把更多的资源投入到基层的纳税服务、征收管理和执行中去。澳大利亚国税局在战略规划期内致力于简化业务流程。他们实现了国税局内部案件管理、业务流程和 IT 系统的一体化,将企业注册成一个"跨政府"流程,多机构共同承担责任,进而实现了日常工作的全部自动化,这样就可以以月、星期甚至天为单位来分配资源。同时,工作流程的改进为纳税人及其代理人提供了更及时的服务,并有利于纳税人权利保护。荷兰国税局计划针对个人所得税的纳税人推出纳税申报表的预填报制度。为此他们需要建立配套的处理流程和相应的组织体系。还需要建立收入登记基本制度、制定法律明确第三方的信息申报义务、与数据提供者进行沟通以确保提供准确完整的数据。这种申报表在理论上应该是数字化的,因此,他们还需要调整计算机系统,以使其能够适应新的需要。南非国税局则计划在 2007—2008 年集成不同部门的人力资源和财务信息来优化规划和交易处理流程，并将一些需要大量人力手动处理纸质文档的流程自动化。

第五，加强与其他部门的合作。美国战略规划中特别强调与联邦政府机构、州政府和地方政府、私人组织和全国雇佣者联盟保持战略合作伙伴关系。在其中，财政部、国土安全部、司法部、劳动部、社会保障局、养老金信托公司、税收从业者行业协会、税收软件专业人员等都是其关键伙伴。他们在税收犯罪调查、简化申报、文件配比、总统施政纲领落实、数据库共享、教育与协助项目等方面保持合作关系。澳大利亚国税局为了打击税务犯罪，专门将多机构工作计划列入其战略和操作层面。这些机构包括打击犯罪委员会、联邦警察局、海关、证券和投资委员会、交易报告与分析中心，等等。他们也与政府律师局、联邦司法部、联邦公诉局等机构密切合作。另外，他们还通过维肯比项目和戈尔迪项目等多机构合作项目，进一步加强了与其他国内外机构的合作。荷兰税务局专门在战略规划中写入协作的内容，旨在与更多其他的监管部门进行合作，共同打击税收犯罪行为。另外，他们还与很多地方政府部门签订合作协议，解决执法短缺和信息交流共享的问题，以打击所谓的"政府庇护所"。挪威国税局将积极与其他组织合作作为一个专门的战略目标写入战略规划。根据此目标，他们与其他业务和公共部门合作开发基于网络的服务项目，并在公共服务中心为用户提供服务。他们还与警察局、检察院以及其他司法机构进行合作，加强监管工作。他们与各种协会和商业组织合作，提高纳税遵从度和可靠性。他们还与国外的税务机构进行合作，并与其他国家建立了互惠协定，以处理国际税收问题。

（六）结论：反思与借鉴

他山之石，可以攻玉。研究当代西方国家税收征管改革的发展情况，不仅可以了解当前世界税收征管改革的发展潮流和趋向，而且可以为我国目前正在进行的税收征管改革提供参考和借鉴。

当前，我国新一轮《税收征管法》的修订工作正在紧锣密鼓地进行中。鉴于《税收征管法》是我国税收征管的基本法律，因此，该法的修订情况如何，将直接制约着我国未来税收征管工作的开展。故该法的修订工作应该采取谨慎的态度，在深入研究当前我国税收征管实际状况的基础上，要把握世界范围内税收征管发展的方向和趋势，并广泛地吸收其他国家税收征管的成功经验，只有这样，该法的修订工作才能取得真正的成功。

笔者认为，目前我国《税收征管法》修订的主要任务是要解决在新的市场经济形势下我国税收征管的规范化、科学化和现代化的问题。具体而言，所谓规范性的问题主要指的是现行征管法由于其法律的刚性不足而导致在现实中征纳双方有法不依、执法不严、违法难究、处罚不力的问题。科学化的问题主要是指现行征管法由于设置的税收征管方式不够科学、征管环节不够严密、征管手段不够合理，从而导致在税收征管的现实中漏洞百出、措施不力、效率低下、征管资源浪费严重等问题。而现代化的问题则是指由于现行征管法在立法理念上不能够适应现代民主社会中公民意识的提高所带来的税收征管过程中税收征纳双方关系的变更，不能够适应经济全球化背景下税收征管国际化所带来的税收征管措施的更新，不能够适应现代科学技术、特别是网络技术的飞速发展所带来的税收征管手段和技术的更新，从而在现实中出现的损害纳税人权益、对外商投资企业和对外投资业务等跨国税收监管不力、无法适应网络时代经济贸易发展等的问题。而要解决这些问题，除了需要我们进行规范严谨的理论研究和扎实细致的实际调研外，上述国家的战略规划为我们提供了许多可资借鉴的宝贵经验。

科学的税收征纳关系必须建立在对纳税人的充分信赖和纳税人主动遵从的基础之上。因此，征管法的修订必须首先重新界定税收征纳双方的关系问题。只有摒弃传统的税务行政中心论，从法律制度的设计上把税务机关与纳税人之间的关系界定为一种平等的关系，税收法律制度才能够获得纳税人的信赖与遵从。其次，新的税收征管的制度设计必须以纳税人为核心，税收征收工作的重点在于如何帮助和督促纳税人主动履行纳税义务。因此，税收征管的流程设计、征管方法和征管手段的规定都必须有利于纳税人方便地履行纳税义务。第三，完善的纳税服务是提高纳税人税收遵从的最好手段。通过持久、广泛、深入、细致的税法宣传使纳税人能够知法懂法；采用方便高效的征纳方式和征纳手段能够大大降低纳税人的纳税成本；给予纳税人应有的礼遇和必要的帮助可以大大提高纳税人的纳税自觉性和主动性。第四，有针对性地进行税收执法是维护税收征管秩序、提高税收征管效率的有效手段。研究表明，虽然逃避履行纳税义务在任何社会中都是在所难免的，但逃避履行纳税义务的行为并不是均匀地分布在所有的纳税人中间，也不是均匀地分布在所有的税种和所有的税收征管环节之中，而是集中在一部分纳税人身上、集中在某些税种上、集中在某些征管环节上。因此，有针对性地进行税收执法制度的设计与执行，能够更好地树立税法的权威性和税收征管工作的效率。第五，建立广泛的税收征管协助体系是必不可少的。第六，实现税收征管的现代化和网络化是税收征管改革的重要任务。需要指出的是，实现征管手段的现代化并不仅仅是适应现代税收征管的需要，而且它本身就是未来税收征管的发展方向。因此，给予电子网络手段在税收征管中的合法地位，优化税收征管的电子网络系统，扩大电子网络征管的覆盖面，对于提升我国的税收征管水平和征管效率，必定产生重大的影响。

参考书目

1. 安福仁. 税收理论与政策研究 [M]. 北京：中国财政经济出版社，2006.
2. 安福仁. 政府职能与税收问题研究 [M]. 大连：东北财经大学出版社，2002.
3. 白彦锋. 税权配置论：中国税权纵向划分问题研究 [M]. 北京：中国财政经济出版社，2006.
4. 曹静韬. 中国税收立法研究 [M]. 北京：经济科学出版社，2016.
5. 陈丹. 论税收正义——基于宪法学角度的省察 [M]. 北京：法律出版社，2010.
6. 陈清秀. 税法总论 [M]. 第 4 版. 台北：元照出版公司，2006.
7. 陈清秀. 现代财税法原理 [M]. 厦门：厦门大学出版社，2017.
8. 陈晴. 以权利制约权力：纳税人诉讼制度研究 [M]. 北京：法律出版社，2015.
9. 陈少克，陆跃祥. 税制结构的性质与中国税制改革研究 [M]. 北京：经济科学出版社，2013.
10. 陈少英. 税法基本理论专题研究 [M]. 北京：北京大学出版社，2009.
11. 陈少英. 税收债法制度专题研究 [M]. 北京：北京师范大学出版社，2013.
12. 陈志楣. 税收制度国际比较研究 [M]. 北京：经济科学出版社，2000.
13. 程莉. 税收程序价值研究 [M]. 北京：经济科学出版社，2016.
14. 崔皓旭. 宪政维度下的税收研究 [M]. 北京：知识产权出版社，2009.
15. 崔晓静. 国际税收行政合作的新发展及其法律问题研究 [M]. 北京：中国社会科学出版社，2014.
16. 邓子基. 税种结构研究 [M]. 北京：中国税务出版社，2000.
17. 樊丽明，张斌等. 税收法治研究 [M]. 北京：经济科学出版社，2004.
18. 傅樵. 赋税制度的人本主义审视与建构 [M]. 重庆：重庆出版社，2015.
19. 高军. 纳税人基本权研究 [M]. 北京：中国社会科学出版社，2011.

20. 高凌江. 中国税收分配与税制结构问题研究［M］. 北京：中国经济出版社，2011.

21. 高亚军. 中国地方税研究［M］. 北京：中国社会科学出版社，2012.

22. 葛克昌. 国家学与国家法——社会国、租税国与法治国理念［M］. 台北：月旦出版社股份有限公司，1996.

23. 葛克昌. 税法基本问题——财政宪法篇［M］. 第 2 版. 台北：元照出版公司，2005.

24. 葛夕良. 全球化下企业所得税国际税收问题思考［M］. 北京：经济日报出版社，2015.

25. 龚伟. 税法中的利益及其平衡机制研究［M］. 北京：中国法制出版社，2016.

26. 谷城. 财政分权与中国税制改革研究［M］. 北京：北京师范大学出版社，2012.

27. 国家税务总局税收科学研究所. 国外税收研究［M］. 北京：中国财政经济出版社，1995.

28. 国家税务总局税收科学研究所. 西方税收理论［M］. 北京：中国财政经济出版社，1997.

29. 韩绍初. 改革进程中的中国增值税［M］. 北京：中国税务出版社，2010.

30. 郝春虹. 多元目标约束下的中国税制优化研究——理论与实证［M］. 北京：中国财政经济出版社，2005.

31. 胡小红. 税收立法权研究［M］. 合肥：安徽大学出版社，2009.

32. 黄俊杰. 纳税人权利之保护［M］. 北京：北京大学出版社，2004.

33. 黄俊杰. 税捐正义［M］. 北京：北京大学出版社，2004.

34. 黄茂荣. 税法总论：法学方法与现代税法［M］. 台北：植根法学丛书编辑室，2005.

35. 黄茂荣. 税捐法专题研究［M］. 台北：植根法学丛书编辑室，2001.

36. 贾康，梁季，刘薇，等. 大国税改：中国如何应对美国减税［M］. 北京：中信出版社，2018.

37. 贾绍华. 中国税收流失问题研究［M］. 第 2 版. 北京：中国财政经济出版社，2015.

38. 贾绍华. 税收治理论［M］. 北京：中国财政经济出版社，2019.

39. 姜浩. 美国联邦公司税法制度研究［M］. 北京：中国政法大学出版社，2009.

40. 靳东升. 依法治税：中央与地方税权关系研究［M］. 北京：经济科学出版社，2005.

41. 李大庆. 财税法制整体化的理论与制度研究［M］. 北京：中国检察出版社，2017.

42. 李刚. 税法与私法关系总论——兼论中国现代税法学基本理论［M］. 北京：法律出版社，2013.

43. 李刚. 现代税法学要论［M］. 厦门：厦门大学出版社，2014.

44. 李建人. 英国税收法律主义的历史源流［M］. 北京：法律出版社，2012.

45. 李升. 现代税收制度研究［M］. 北京：经济科学出版社，2015.

46. 李炜光. 税收的逻辑［M］. 北京：世界图书出版公司北京公司，2011.

47. 李旭鸿. 税式支出制度的法律分析［M］. 北京：法律出版社，2012.

48. 梁文永. 人权与税权的制度博弈［M］. 北京：中国社会出版社，2008.

49. 廖益新，李刚，周刚志. 现代财税法学要论［M］. 北京：科学出版社，2007.

50. 林石猛，邱基俊. 行政程序法在税务争讼之运用［M］. 台北：元照出版有限公司，2011.

51. 刘剑文，熊伟. 税法基础理论［M］. 北京：北京大学出版社，2004.

52. 刘剑文. 财税法专题研究［M］. 第 3 版. 北京：北京大学出版社，2015.

53. 刘磊. 税收控制论［M］. 北京：中国财政经济出版社，1999.

54. 刘丽. 个人所得税制累进性与社会收入分配［M］. 北京：立信会计出版社，2011.

55. 刘丽. 税权的宪法控制［M］. 北京：法律出版社，2006.

56. 刘庆国. 纳税人权利保护理论与实务［M］. 北京：中国检察出版社，2009.

57. 刘蓉，刘为民. 宪政视角下的税制改革研究［M］. 北京：法律出版社，2008.

58. 刘小兵. 中国税收实体法研究［M］. 上海：上海财经大学出版社，1999.

59. 吕冰洋. 税收分权研究［M］. 北京：中国人民大学出版社，2011.

60. 潘英芳. 纳税人权利保障之建构与评析——从司法保障到立法保障［M］. 台北：翰芦图书出版有限公司，2009.

61. 钱俊文. 国家征税权的合宪性控制［M］. 北京：法律出版社，2007.

62. 秦玉娈. 中国国民税权法律保障问题研究［M］. 北京：法律出版社，2013.

63. 施正文. 税法要论［M］. 北京：中国税务出版社，2007.

64. 施正文. 税收程序法论——监控征税权运行的法理与立法研究［M］. 北京：北京大学出版社，2003.

65. 孙建波. 财税改革的理想与现实：宪政视角［M］. 北京：经济科学出版社，2008.

66. 孙建波. 税法解释研究——以利益平衡为中心［M］. 北京：法律出版社，2007.

67. 孙玉霞. 税收遵从：理论与实证［M］. 北京：社会科学文献出版社，2008.

68. 孙园. 中国税收管理制度研究：基于新制度经济学视角［M］. 北京：中国税务出版社，2010.

69. 谭智哲. 当代中国税法理念转型研究：从依法治税到税收法治［M］. 北京：法律出版社，2013.

70. 汤贡亮. 税改双轮驱动：税收法定与税收改革［M］. 北京：中国财政经济出版社，2017.

71. 汤洁茵. 金融交易课税理论探索与制度建构——以金融市场的稳健发展为核心［M］. 北京：法律出版社，2014.

72. 涂龙力，王鸿貌. 税法学通论［M］. 北京：中国税务出版社，2007.

73. 涂龙力，王鸿貌. 税收基本法研究［M］. 大连：东北财经大学出版社，1998.

74. 王春玲. 我国税收制度的经济学分析——一种法经济学的视角［M］. 北京：经济科学出版社，2007.

75. 王冬. 税法理念问题研究［M］. 北京：法律出版社，2015.

76. 王鸿貌，陈寿灿. 税法问题研究［M］. 杭州：浙江大学出版社，2004.

77. 王鸿貌，向东. 税收基本法立法问题研究［M］. 北京：中国税务出版社，2009.

78. 王鸿貌. 法定与公平：税法基本原则的解构与建构［M］. 北京：生活·读书·新知三联书店，2022.

79. 王鸿貌. 税法学的立场与理论［M］. 北京：中国税务出版社，2008.

80. 王鸿貌. 税收法定原则中国化的路径研究［M］. 西安：西北大学出版社，2020.

81. 王惠. 税法基本问题研究［M］. 南昌：江西人民出版社，2004.

82. 王磊. 税收社会学［M］. 北京：经济科学出版社，2011.

83. 王乔，席卫群，等. 法治中国背景下的税收制度建设研究［M］. 北京：人民出版社，2017.

84. 王文婷. 税法规范生成的解释［M］. 北京：法律出版社，2016.

85. 王霞. 税收优惠法律制度研究：以法律的规范性及正当性为视角［M］. 北京：法律出版社，2012.

86. 魏贵和. 税收的复兴［M］. 北京：中国税务出版社，2000.

87. 魏俊. 税权效力论［M］. 北京：法律出版社，2012.

88. 温海滢. 个人所得税制度设计的理论研究［M］. 北京：中国财政经济出版社，2007.

89. 翁武耀. 欧盟增值税反避税法律问题研究［M］. 北京：中国政法大学出版社，2015.

90. 吴玉霞. 中国税收结构评价与优化——基于经济增长理论的研究［M］. 北京：经济管理出版社，2013.

91. 熊伟. 法治、财税与国家治理［M］. 北京：法律出版社，2015.

92. 熊伟. 美国联邦税收程序［M］. 北京：北京大学出版社，2006.

93. 徐蓉. 所得税征税客体研究［M］. 北京：法律出版社，2010.

94. 徐妍. 欧盟税法的理论与实践[M]. 北京：中国政法大学出版社，2018.

95. 许国云. 税收与文明演进[M]. 北京：中国税务出版社，2007.

96. 许建国. 中国地方税体系研究[M]. 北京：中国财政经济出版社，2014.

97. 严锡忠. 税法哲学[M]. 北京：立信会计出版社，2015.

98. 杨斌. 治税的效率和公平——宏观税收管理理论与方法的研究[M]. 北京：经济科学出版社，1999.

99. 杨大春. 中国四十年来税收法治史述论稿[M]. 北京：法律出版社，2018.

100. 杨盛军. 税收正义——兼论中国遗产税征收的道德理由[M]. 长沙：湖南人民出版社，2014.

101. 杨文利. 中国税权划分问题研究[M]. 北京：中国税务出版社，2001.

102. 杨小强. 税法总论[M]. 长沙：湖南人民出版社，2002.

103. 杨小强. 中国增值税法：改革与正义[M]. 北京：中国税务出版社，2008.

104. 杨志强. 税收法治通论[M]. 北京：中国税务出版社，2014.

105. 姚轩鸽. 大国税事[M]. 北京：九州出版社，2019.

106. 姚轩鸽. 优良税制论：基于伦理视域的探索与尝试[M]. 北京：中国财政经济出版社，2017.

107. 叶金育. 税法整体化研究：一个法际整合的视角[M]. 北京：北京大学出版社，2016.

108. 叶姗. 税收利益的分配法则[M]. 北京：法律出版社，2018.

109. 尹守香. 我国税收立法权配置问题研究[M]. 北京：经济管理出版社，2014.

110. 於鼎丞. 两岸税制比较[M]. 北京：中国税务出版社，2009.

111. 翟继光. 美国联邦最高法院经典税法案例评析[M]. 北京：立信会计出版社，2009.

112. 张进得. 诚实信用原则应用于租税法[M]. 台北：元照出版有限公司，2008.

113. 张美中. 税收契约理论研究[M]. 北京：中国财政经济出版社，2007.

114. 张守文. 财税法疏议[M]. 第2版. 北京：北京大学出版社，2016.

115. 张守文. 税法的困境与挑战——财富的分割利器[M]. 广州：广州出版社，2000.

116. 张守文等. 公平分配的财税法促进与保障[M]. 北京：北京大学出版社，2017.

117. 张晓君. 国家税权的合法性问题研究[M]. 北京：人民出版社，2010.

118. 简化、公平、促进经济增长：美国的税制改革——联邦税制改革总统顾问团报告[M]. 张学诞，许生，许文，译. 北京：中国市场出版社，2007.

119. 张怡，等. 人本税法研究[M]. 北京：法律出版社，2016.

120. 张永明. 国家租税权之界限[M]. 台北：翰芦图书出版有限公司，2010.

121. 钟晓敏. 竞争还是协调：欧盟各国税收制度和政策的比较研究[M]. 北京：中国税务出版社，2002.

122. 周广仁. 中国税收征管能力问题研究[M]. 北京：中国税务出版社，2006.

123. 周全林. 税收公平研究[M]. 南昌：江西人民出版社，2007.

124. 周天勇. 替纳税人管好"钱袋子"——周天勇谈财税体制改革[M]. 北京：中国友谊出版公司，2010.

125. 朱丘祥. 分税与宪政——中央与地方财政分权的价值与逻辑[M]. 北京：知识产权出版社，2008.

126. 朱一飞. 税收调控权研究[M]. 北京：法律出版社，2012.

127. 迪特尔·比尔克. 德国税法教科书[M]. 第1版. 徐妍，译. 北京：北京大学出版社，2018.

128. 伯纳德·萨拉尼. 税收经济学[M]. 陈新平，王瑞泽，陈宝明，等，译. 北京：中国人民大学出版社，2005.

129. 盖伊·彼得斯. 税收政治学：一种比较的视角[M]. 郭为桂，黄宁莺，译. 南京：江苏人民出版社，2008.

130. 麦锡尔. 经济合作与发展组织成员国的税收政策：选择与冲突[M]. 国家税务总局税收科学研究所，译. 北京：中国财政经济出版社，1997.

131. 黛博拉·布罗蒂加姆，奥德-黑格尔·费耶尔斯塔，米克·摩尔. 发展中国家的税收与国家建设[M]. 卢军坪，毛道根，译. 上海：上海财经大学出版社，2017.

132. 丹尼尔·沙维尔. 解密美国公司税法[M]. 许多奇，译. 北京：北京大学出版社，2011.

133. 哈罗德·格罗夫斯. 税收哲人：英美税收思想史二百年[M]. 刘守刚，刘雪梅，译. 上海：上海财经大学出版社，2018.

134. 克里斯·爱德华兹，丹尼尔·米切尔. 全球税收革命：税收竞争的兴起及其反对者[M]. 黄凯平，李得源，译. 北京：中国发展出版社，2015.

135. 鲁文·阿维-约纳. 国际法视角下的跨国征税——国际税收体系分析[M]. 熊伟，译. 北京：法律出版社，2008.

136. 斯莱莫德. 课税于民：公众税收指南[M]. 刘蓉，刘洪生，彭晓杰，译. 大连：东北财经大学出版社，2013.

137. 史蒂文·谢福林. 税收公平与民间正义[M]. 杨燕，译，上海：上海财经大学出版社，2016.

138. 休·奥尔特，布赖恩·阿诺德，等. 比较所得税法：结构性分析［M］. 丁一，崔威，译. 北京：北京大学出版社，2013.

139. 北野弘久. 日本税法原论［M］. 第5版. 郭美松，陈刚，译. 北京：中国检察出版社，2008.

140. 金子宏. 日本税法［M］. 战宪斌，郑林根，等，译. 北京：法律出版社，2004.

141. 中里实，弘中聪浩，渊圭吾，等. 日本税法概论［M］. 西村朝日律师事务所西村高等法务研究所，监译. 郑林根，总校. 北京：法律出版社，2014.

142. 何塞·路易斯·卡多佐，佩德罗·莱恩. 为自由国家而纳税：19世纪欧洲公共财政的兴起［M］. 徐静，黄文鑫，曹璐，译. 王瑞民，校译. 上海：上海财经大学出版社，2018.

143. 马丁·唐顿. 公平税赋：1914——1979年英国税收政治［M］. 范泽思，李欣，译. 北京：经济科学出版社，2017.

144. 詹姆斯·莫里斯. 福利、政府激励与税收［M］. 王俊，译. 北京：中国人民大学出版社，2012.

145. 詹姆斯·莫里斯，英国财政研究所. 税制设计［M］. 湖南国税翻译小组，译. 长沙：湖南人民出版社，2016.

146. 盖伊·彼得斯. 税收政治学［M］. 郭为桂，黄宁莺，译. 南京：江苏人民出版社，2008.

147. 查尔斯·亚当斯. 善与恶——税收在文明进程中的影响［M］. 原书第2版. 翟继光，译. 北京：中国政法大学出版社，2013.

148. 史蒂芬·霍尔姆斯，凯斯·桑斯坦. 权利的成本——为什么自由依赖于税［M］. 毕竞悦，译. 北京：北京大学出版社，2004.

149. 维克多·瑟仁伊. 比较税法［M］. 丁一，译. 北京：北京大学出版社，2006.

150. 图若尼. 税法的起草与设计［M］. 北京：中国税务出版社，2004.

后 记

本书是根据我给西北大学法学院经济法学专业研究生开设的财税法专题研究课程的授课内容整理而来。

一般来说，由于税法本身的专业性和技术性，故在法律服务市场上，税法业务一般都属于高端业务。能够向客户或纳税人提供专业税法服务的人员，被认为是法律服务市场上的"丛林之王"。因此，对经济法学专业的研究生，学习和掌握税法的专业知识和专业能力，就是不言自明的。由于目前国内很多法学院系没有给本科生开设财税法或税法课程，这就使我们所招收的大多数学生都没有系统学习过税法。同时，他们中的大多数学生毕业后都不会继续从事税法学的教学研究工作或与税法有关的实务工作。因此，对于学生来说，如何学好这门课程，就是一个很迷茫的问题。基于我个人对经济法学专业研究生培养目标的理解，我认为，学生不仅应当掌握税法学的基础理论和专门知识，而且应当掌握从事税法学教学研究和解决税收法律问题的能力。因此，如何能够在有限的时间内将学生引入税法之门，使他们达到这一目标，就是教师必须要面对和解决的重要问题。在长期的教学实践过程中，我发现在帮助学生建立税法学的学科范式和税法学理论体系的同时，把教师自己从事的学术研究工作引入课堂，把教师自认为最有价值的研究成果和正在进行的研究内容与学生交流和共享，是引领学生学习税法的最好方法。这样做不仅可以大大提高学生的学习兴趣，而且可以方便地带领学生进入税法的学科前沿，对税法学的理论知识和税收法律制度有比较深入的理解和掌握。故在10多年的教学过程中，在强调学生自学税法基础知识的同时，我根据自己对税法学的理解，把我的研究成果按照它们之间的逻辑关系，形成了这样的一个教学体系，与学生进行分享和交流。实践证明，学生不仅对这样的教学方式和教学内容有浓厚的兴趣，而且我自己也从与学生的交流过程中受益良多。职是之故，借西北大学研究生院和西北大学出版社策划出版"研究生卓越人才教育培养系列教材"项目之机，我将我的教学内容整理付梓，希望能够得到读者的认可。

曹雪芹曾用"十年辛苦不寻常"来描述《红楼梦》的成书历程。实际上，任何一本书的写作都不可能是简单的和快乐的。由于本书的内容全部来自我之前主持的各类课题、发表的多篇论文和出版的多部著作，因此，不仅在之前研究、写作、发表或出版过程中都遇到过许多困难，而且在本次修改成书过程中也问题不断。时势在变，我的学问和心境也在变，故将这些东西纳入本书时，有些内容必须"长话短说"，有些观点必须"改弦更张"，有些论证必须"另辟蹊径"，有些表达必须"另找说辞"，凡此种种，颇费思量。同时，即使花了很大力气修改后的东西，有时候看起来也觉得有些"言不及意"或"面目可憎"。不过，毕竟这些东西都是经过我本人认真思考之后写出来的，也在课堂上和学生们进行过多次的交流，故虽然有些不太满意，我还是把它放了进来，希望按照"重要的是表达"这一原则，达到引导学生进行思考的目的。

自进入税法之门以来，我不仅从国内外同行的著述中获得了大量的学术资源和思想上的启迪，而且也在与学生的交流过程中收获良多。自2010年下半年加入西北大学以来，吴振磊、马朝琦、胡征俊、刘丹冰、王思锋、李一凡、成剑、李丰庆、代水平等领导和同事，无论是在教学科研方面还是在生活安排方面，都给我提供了大量的支持和帮助。西北大学出版社的马来社长，对本书的出版给予了大力支持。西安明德理工学院的李雪艳老师作为我过去的学生，不仅根据过去上课的笔记本对书中的部分内容进行了订正校对，而且还对第四讲、第八讲和第九讲进行了改写，加进了许多她自己的观点和思想。可以说，这三讲是我们两人共同的成果。我的研究生赵田田不仅承担了书稿的校对工作，而且还承担了许多具体性的事务。另外，我的家人对我长期埋首书斋读书写作的生活给予了最大的理解、支持和帮助。民间有句谚语："书生人情纸半张"。作为一个以读书、教书和写书为业的"教书匠"，希望能够借本书的出版，以表达我对所有人的谢意。

当然，由于本人学识有限，本书肯定存在许多缺陷与不足，期望读者能够不吝赐教。

王鸿貌

2022年7月9日